中国腐蚀状况及控制战略研究丛书
“十三五”国家重点出版物出版规划项目

非金属承压设备的耐腐蚀性及应用

中国腐蚀与防护学会高分子管道和容器专业委员会　组织编写
郑伟义　陈国龙　高继轩　李茂东 等　编著

科学出版社
北京

内 容 简 介

本书根据中国工程院关于促进我国防腐蚀产业的发展，提高我国防腐蚀技术水平的精神要求及最新行业标准编写而成。本书归纳了目前最新的非金属材料制的容器和管道的耐腐蚀性能，以及在新时期、新领域的应用，对当前针对金属腐蚀研究较多、对非金属尤其是承压设备领域的非金属研究较少的现状是重要的弥补。本书介绍了非金属承压设备，即非金属压力容器和压力管道的基本概况、标准体系、常用材料、设计、使用寿命及风险评估、常用检测方法等基本内容，重点介绍了四种压力容器（石墨、玻璃钢、塑料及衬里、搪玻璃）、两种压力管道（聚乙烯燃气管、其他非金属管道）的耐腐蚀性及应用。

本书适用于腐蚀防护领域，特别是从事非金属防护领域的科研人员、技术人员参考；也适用于高校腐蚀防护专业的本科生、研究生及教师学习参阅。

图书在版编目（CIP）数据

非金属承压设备的耐腐蚀性及应用 / 郑伟义等编著；中国腐蚀与防护学会高分子管道和容器专业委员会组织编写. —北京：科学出版社，2017.2

（中国腐蚀状况及控制战略研究丛书）

"十三五"国家重点出版物出版规划项目

ISBN 978-7-03-051779-1

Ⅰ. ①非…　Ⅱ. ①郑…　②中…　Ⅲ. ①非金属材料–压力容器–防腐–研究　②非金属材料–压力管道–防腐–研究　Ⅳ. ①TH49　②U173.9

中国版本图书馆 CIP 数据核字（2017）第 028916 号

责任编辑：李明楠　李丽娇 / 责任校对：贾娜娜

责任印制：张　伟 / 封面设计：铭轩堂

科学出版社 出版

北京东黄城根北街 16 号

邮政编码：100717

http://www.sciencep.com

北京中石油彩色印刷有限责任公司 印刷

科学出版社发行　各地新华书店经销

*

2017 年 2 月第　一　版　开本：B5（720×1000）

2018 年 5 月第三次印刷　印张：21 1/4

字数：425 000

定价：128.00 元

（如有印装质量问题，我社负责调换）

“中国腐蚀状况及控制战略研究”丛书
顾问委员会

“中国腐蚀状况及控制战略研究”丛书
总编辑委员会

《非金属承压设备的耐腐蚀性及应用》
编写委员会

主　　编：郑伟义　陈国龙　高继轩　李茂东

编　　委：马建萍　李　俊　陈　虎　毛　烨　应仁爱　田　力
徐小华　辛明亮　林　伟　周　杰　李　涛　卢丹亚
张欣涛　王　晓　罗　保　陈　招　郑汪萍　田博洋
赵　波　吕　圣　刘昌财　黄建智　黄焕东　张伟雨
王志渊　肖　潇　吴　波　赵　炜　赵　君　董长胜
王新华　冯德富　刘兴有　肖玉刚　林华义　温　原

《非金属承压设备的耐腐蚀性及应用》
技术支持单位

国家质量监督检验检疫总局特种设备安全监察局

国家塑料制品质量监督检验中心（福州）

温州赵氟隆有限公司

广州特种承压设备检测研究院

西安塑龙熔接设备有限公司

四川理工学院

宁波市特种设备检验研究院

亚德化工设备（上海）有限公司

温州市质量技术监督检测院

长春特种设备检测研究院

广州市公用事业规划设计院

上海市特种设备监督检验技术研究院

承德市精密试验机有限公司

天华化工机械及自动化研究设计院有限公司

云南省第二安装工程公司

中国腐蚀与防护学会

浙江瑞美标准化技术服务有限公司

温州众创空间

佑利控股集团有限公司

浙江瑞堂塑料科技有限公司

丛 书 序

腐蚀是材料表面或界面之间发生化学、电化学或其他反应造成材料本身损坏或恶化的现象，从而导致材料的破坏和设施功能的失效，会引起工程设施的结构损伤，缩短使用寿命，还可能导致油气等危险品泄漏，引发灾难性事故，污染环境，对人民生命财产安全造成重大威胁。

由于材料，特别是金属材料的广泛应用，腐蚀问题几乎涉及各行各业。因而腐蚀防护关系到一个国家或地区的众多行业和部门，如基础设施工程、传统及新兴能源设备、交通运输工具、工业装备和给排水系统等。各类设施的腐蚀安全问题直接关系到国家经济的发展，是共性问题，是公益性问题。有学者提出，腐蚀像地震、火灾、污染一样危害严重。腐蚀防护的安全责任重于泰山！

我国在腐蚀防护领域的发展水平总体上仍落后于发达国家，它不仅表现在防腐蚀技术方面，更表现在防腐蚀意识和有关的法律法规方面。例如，对于很多国外的房屋，政府主管部门依法要求业主定期维护，最简单的方法就是在房屋表面进行刷漆防蚀处理。既可以由房屋拥有者，也可以由业主出资委托专业维护人员来进行防护工作。由于防护得当，许多使用上百年的房屋依然完好、美观。反观我国的现状，首先是人们的腐蚀防护意识淡薄，对腐蚀的危害认识不清，从设计到维护都缺乏对腐蚀安全问题的考虑；其次是国家和各地区缺乏与维护相关的法律与机制，缺少腐蚀防护方面的监督与投资。这些原因就导致了我国在腐蚀防护领域的发展总体上相对落后的局面。

中国工程院“我国腐蚀状况及控制战略研究”重大咨询项目工作的开展是当务之急，在我国经济快速发展的阶段显得尤为重要。借此机会，可以摸清我国腐蚀问题究竟造成了多少损失，我国的设计师、工程师和非专业人士对腐蚀防护了解多少，如何通过技术规程和相关法规来加强腐蚀防护意识。

项目组将提交完整的调查报告并公布科学的调查结果，提出切实可行的防腐蚀方案和措施。这将有效地促进我国在腐蚀防护领域的发展，不仅有利于提高人们的腐蚀防护意识，也有利于防腐技术的进步，并从国家层面上把腐蚀防护工作的地位提升到一个新的高度。另外，中国工程院是我国最高的工程咨询机构，没有直属的科研单位，因此可以比较超脱和客观地对我国的工程技术问题进行评估。把这样一个项目交给中国工程院，是值得国家和民众信任的。

这套丛书的出版发行，是该重大咨询项目的一个重点。据我所知，国内很多领域的知名专家学者都参与到丛书的写作与出版工作中，因此这套丛书可以说涉及了我国生产制造领域的各个方面，应该是针对我国腐蚀防护工作的一套非常全面的丛书。我相信它能够为各领域的防腐蚀工作者提供参考，用理论和实例指导我国的腐蚀防护工作，同时我也希望腐蚀防护专业的研究生甚至本科生都可以阅读这套丛书，这是开阔视野的好机会，因为丛书中提供的案例是在教科书上难以学到的。因此，这套丛书的出版是利国利民、利于我国可持续发展的大事情，我衷心希望它能得到业内人士的认可，并为我国的腐蚀防护工作取得长足发展贡献力量。

徐匡迪

2015 年 9 月

丛书前言

众所周知，腐蚀问题是世界各国共同面临的问题，凡是使用材料的地方，都不同程度地存在腐蚀问题。腐蚀过程主要是金属的氧化溶解，一旦发生便不可逆转。据统计估算，全世界每90秒钟就有一吨钢铁变成铁锈。腐蚀悄无声息地进行着破坏，不仅会缩短构筑物的使用寿命，还会增加维修和维护的成本，造成停工损失，甚至会引起建筑物结构坍塌、有毒介质泄漏或火灾、爆炸等重大事故。

腐蚀引起的损失是巨大的，对人力、物力和自然资源都会造成不必要的浪费，不利于经济的可持续发展。震惊世界的“11·22”黄岛中石化输油管道爆炸事故造成损失7.5亿元人民币，但是把防腐蚀工作做好可能只需要100万元，同时避免灾难的发生。针对腐蚀问题的危害性和普遍性，世界上很多国家都对各自的腐蚀问题做过调查，结果显示，腐蚀问题所造成的经济损失是触目惊心的，腐蚀每年造成损失远远大于自然灾害和其他各类事故造成损失的总和。我国腐蚀防护技术的发展起步较晚，目前迫切需要进行全面的腐蚀调查研究，摸清我国的腐蚀状况，掌握材料的腐蚀数据和有关规律，提出有效的腐蚀防护策略和建议。随着我国经济社会的快速发展和“一带一路”战略的实施，国家将加大对基础设施、交通运输、能源、生产制造及水资源利用等领域的投入，这更需要我们充分及时地了解材料的腐蚀状况，保证重大设施的耐久性和安全性，避免事故的发生。

为此，中国工程院设立“我国腐蚀状况及控制战略研究”重大咨询项目，这是一件利国利民的大事。该项目的开展，有助于提高人们的腐蚀防护意识，为中央、地方政府及企业提供可行的意见和建议，为国家制定相关的政策、法规，为行业制定相关标准及规范提供科学依据，为我国腐蚀防护技术和产业发展提供技术支持和理论指导。

这套丛书包括了公路桥梁、港口码头、水利工程、建筑、能源、火电、船舶、轨道交通、汽车、海上平台及装备、海底管道等多个行业腐蚀防护领域专家学者的研究工作经验、成果以及实地考察的经典案例，是全面总结与记录目前我国各领域腐蚀防护技术水平和发展现状的宝贵资料。这套丛书的出版是该项目的一个重点，也是向腐蚀防护领域的从业者推广项目成果的最佳方式。我相信，这套丛书能够积极地影响和指导我国的腐蚀防护工作和未来的人才培养，促进腐蚀与防护科研成果的产业化，通过腐蚀防护技术的进步，推动我国在能源、交通、制造业等支柱产业上的长足发展。我也希望广大读者能够通过这套丛书，进一步关注我国腐蚀防护技术的发展，更好地了解和认识我国各个行业存在的腐蚀问题和防腐策略。

在此，非常感谢中国工程院的立项支持以及中国科学院海洋研究所等各课题承担单位在各个方面的协作，也要衷心地感谢这套丛书的所有作者的辛勤工作以及科学出版社领导和相关工作人员的共同努力，这套丛书的顺利出版离不开每一位参与者的贡献与支持。

前　言

腐蚀问题遍布国民经济和国防建设的各个领域，消耗大量的能源和资源。使用非金属耐蚀材料是防止材料腐蚀的主要措施之一。随着科技的不断发展、进步及新材料、新工艺的不断涌现，石墨、玻璃钢、塑料等材料制非金属承压设备在石油化工、能源、核工业、化纤、冶金、城市公用事业等领域的应用越来越广泛，且有向高参数、大容积方向发展的趋势。由于介质的复杂性和多样性，设备因腐蚀引发的破坏、泄漏等安全事故会造成严重的经济损失，给人民的生命财产造成严重威胁，影响社会公共安全。因此，研究非金属承压设备的耐腐蚀性是一个非常重要的课题。

2015 年 5 月，中共中央国务院正式印发《中国制造 2025》；2016 年 5 月，中共中央国务院又正式印发《国家创新驱动发展战略纲要》，这都充分体现了国家对材料设备制造业发展与创新的高度重视。本书是中国腐蚀与防护学会高分子管道和容器专业委员会组织行业专家历时一年编写而成的。书中汇集了近年来国内外非金属承压设备设计、材料、制造、使用、失效模式、风险评估与检验评价方面最新的研究应用成果，重点介绍了不同类型设备的耐蚀特性与应用情况，目的是使广大读者（工业企业技术人员、大学与科研机构研究人员及防腐蚀设计人员等）通过阅读本书能够全面系统地了解非金属承压设备的耐蚀特性、使用现状、腐蚀破坏形式与机理等知识和信息，以期对实际工作提供理论支撑和实践指导。

本书将理论与实践相结合，所述内容适合我国国情，叙述简明、系统，结构合理、层次清晰，实用性、新颖性和针对性较强。

本书编写过程中得到了中国腐蚀与防护学会陈光章、张达威等专家指导和国内非金属承压设备行业专家的大力支持，还参考了国内外很多行业专家的论文、资料和研究成果。科学出版社对本书的出版付出了辛勤的努力并给予了真诚的指导。在此一并表示衷心的感谢！

由于编著者水平所限，书中不足之处在所难免，恳请读者批评指正。

编　者

2017 年 1 月

目　录

第1章 非金属承压设备基本概况

1.1 概 述

按照我国2014年颁布实施的新版《特种设备目录》，特种承压设备包括锅炉（种类代码为1000）、压力容器（种类代码为2000）和压力管道（种类代码为8000）三个种类。凡是符合目录规定的容器和管道均属于压力容器和压力管道，压力容器包括金属压力容器和非金属压力容器，压力管道包括金属压力管道和非金属压力管道，其中非金属压力容器和非金属压力管道是非金属承压设备的重要部分[1]。

依据《特种设备目录》的规定，压力容器为“盛装气体或者液体，承载一定压力的密闭设备，其范围规定为最高工作压力大于或者等于0.1MPa（表压）的气体、液化气体和最高工作温度高于或者等于标准沸点的液体、容积大于或者等于30L且内直径（非圆形截面指截面内边界最大几何尺寸）大于或者等于150mm的固定式容器和移动式容器；盛装公称工作压力大于或者等于0.2MPa（表压），且压力与容积的乘积大于或者等于1.0MPa·L的气体、液化气体和标准沸点等于或者低于60℃液体的气瓶；氧舱”。压力容器划分为固定式压力容器、移动式压力容器、气瓶和氧舱四大类别，包括14个品种。

依据《特种设备目录》的规定，压力管道为“利用一定的压力，用于输送气体或者液体的管状设备，其范围规定为最高工作压力大于或者等于0.1MPa（表压），介质为气体、液化气体、蒸汽或者可燃、易爆、有毒、有腐蚀性、最高工作温度高于或者等于标准沸点的液体，且公称直径大于或者等于50mm的管道。公称直径小于150mm，且其最高工作压力小于1.6MPa（表压）的输送无毒、不可燃、无腐蚀性气体的管道和设备本体所属管道除外。其中，石油天然气管道的安全监督管理还应按照《安全生产法》《石油天然气管道保护法》等法律法规实施”。压力管道划分为长输管道、公用管道、工业管道三大类别，包括7个品种。

在《特种设备目录》中，压力管道元件（种类代码为7000）划分为压力管道管子、压力管道管件、压力管道阀门、压力管道法兰、补偿器、压力管道密封元件和压力管道特种元件七大类别，包括23个品种。其中非金属材料管、非金属管件、非金属阀门、非金属法兰、非金属膨胀节、非金属密封元件和防腐管道元件

7 个品种是典型的非金属压力管道元件[2]。

在非金属承压设备中，常用的非金属材料主要包括有机非金属材料、无机非金属材料及非金属复合材料。

常用的有机非金属材料主要有塑料、橡胶、涂料等高分子材料，它们具有良好的耐腐蚀和易加工成型的性能。塑料按热成型的特点划分为热塑性塑料、热固性塑料，包括聚乙烯（PE）、聚氯乙烯（PVC）、聚丙烯（PP）、聚苯乙烯（PS）、聚甲醛（POM）、聚碳酸酯（PC）、丙烯腈-丁二烯-苯乙烯共聚物（ABS 塑料）、聚酰胺（PA）、氯化聚醚、呋喃塑料、环氧类塑料、聚酯类塑料等适合常温使用的塑料，以及聚四氟乙烯（PTFE）、聚三氟氯乙烯（PCTFE）、聚全氟乙丙烯（FEP）、聚酰亚胺（PI）、聚苯硫醚（PPS）等耐高温塑料。橡胶按来源划分为天然橡胶和合成橡胶，其中合成橡胶包括丁苯橡胶、氯丁橡胶、丁基橡胶、丁腈橡胶和乙丙橡胶等。涂料按组分数量划分为单组分涂料和双组分涂料，包括环氧涂料、聚氨酯涂料、丙烯酸树脂涂料、酚醛树脂涂料等。

常用的无机非金属材料主要有石墨材料和搪玻璃材料，它们具有良好的耐腐蚀和耐高温性能，其中搪玻璃材料包括耐酸搪玻璃、耐碱搪玻璃、高强度搪玻璃、高温搪玻璃、低温搪玻璃、微晶搪玻璃等。

常用的非金属复合材料主要是纤维增强塑料，它们具有良好的耐腐蚀性能，并且具有高强、轻质、成型工艺多样的优点。常用的塑料主要有不饱和聚酯、环氧树脂和酚醛树脂；纤维增强材料主要有玻璃纤维、碳纤维、硼纤维及其晶须材料。

常见的非金属压力容器有石墨制压力容器、玻璃钢制压力容器、塑料及衬里制压力容器、搪玻璃制压力容器等；常见的非金属压力管道有聚乙烯燃气管道和其他非金属管道。由于非金属压力容器比金属压力容器具有更好的耐酸、碱、盐等腐蚀介质的性能，广泛应用于化工生产中，常作为反应器、换热器、分离器、储存器等装置；非金属压力管道因具有良好的地下耐腐蚀性和高韧性，常用于输送天然气、石油等介质，以及输送和传导各种危险化学介质。相对于传统的金属承压设备，非金属承压设备虽然在耐压强度、耐高温及热传递等方面受到限制，但是比金属承压设备具有明显优异的耐腐蚀性能。在生产和安装过程中，使用非金属承压设备可减少金属承压设备必需的防腐工艺环节，并且具有相对温和的加工成型工艺条件，从而显著地降低了生产成本；在长期使用过程中，几乎不存在随时间而累积的设备壁厚腐蚀问题，减少了因壁厚腐蚀产生的壁厚减薄的现象，从而减少了因设备材料腐蚀而导致的壁厚检查环节，极大地降低了维护费用，这赢得了生产企业的好感和使用单位的认可，同时顺应了国家可持续发展战略、节能环保的发展趋势。

1.2　非金属承压设备的类型和形式

按照设备的形状，非金属承压设备的类别可划分为非金属压力容器和非金属压力管道[3]，常见的非金属压力容器如图 1-1 所示，非金属压力管道如图 1-2 所示。

(a) 内衬氟塑料

(b) 搪玻璃反应釜

(c) 玻璃钢罐

(d) 玻璃钢槽

(e) 玻璃钢塔

(f) 石墨制器

图 1-1　常用的非金属压力容器

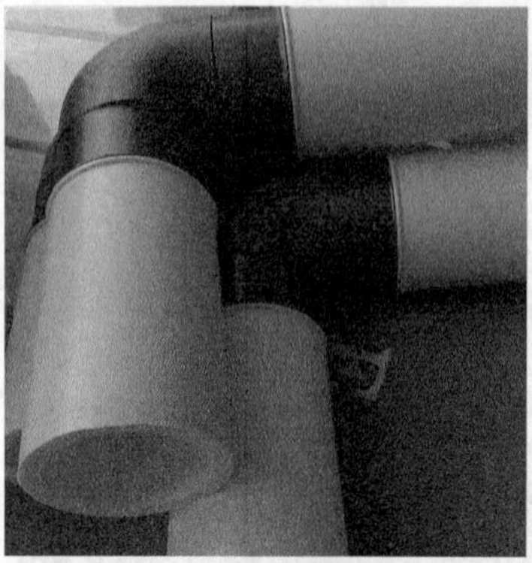
(a) PE燃气管

(b) PE水管

(c) 玻璃钢管

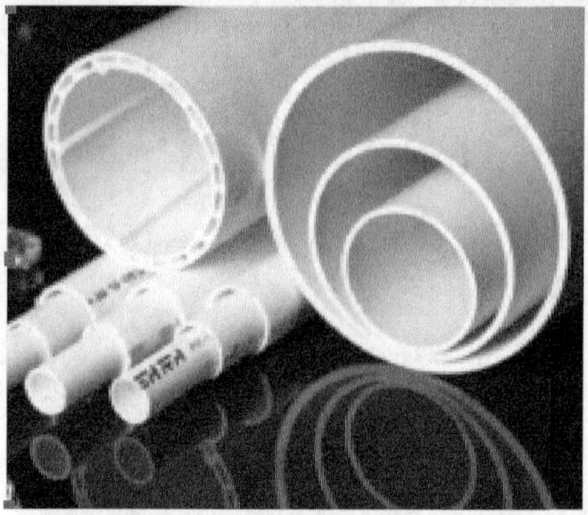
(d) PVC化工管

(e) 内衬塑料防腐管

(f) 外涂防腐管

图 1-2　常用的非金属压力管道

与金属压力容器类似，非金属压力容器的分类方法有很多，如从材料、使用、制造和监检的角度进行分类。按照不同角度划分叙述如下。

（1）按使用材料的角度可划分为：石墨制压力容器、玻璃钢制压力容器、塑料及衬里压力容器、搪玻璃制压力容器等。

（2）如表 1-1 所示，按工艺过程中的作用角度可划分为：反应压力容器（代号 R）、换热压力容器（代号 E）、分离压力容器（代号 S）、储存压力容器（代号 C，其中球罐代号 B）。

表 1-1　按工艺过程中的作用角度分类

序号	设备名称	用途	常见设备名称
1	反应压力容器（代号 R）	用于完成介质的物理、化学反应	反应器、反应釜、聚合釜、合成塔、变换炉、煤气发生炉等
2	换热压力容器（代号 E）	用于完成介质的热量交换	热交换器、冷却器、冷凝器、蒸发器、消毒锅等
3	分离压力容器（代号 S）	用于完成介质的流体压力平衡缓冲和气体净化分离	分离器、过滤器、集油器、洗涤器、吸收塔、铜洗塔、干燥塔、汽提塔、分汽缸、除氧器等
4	储存压力容器（代号 C，其中球罐代号 B）	用于储存或者盛装气体、液体、液化气体等介质	压缩气体或液化气体储罐、压力缓冲等各种型式的储罐

（3）按盛装介质的角度可划分为：非易燃、无毒用压力容器，易燃或有毒用压力容器，剧毒用压力容器。

（4）按使用方式的角度可划分为：固定式压力容器、移动式压力容器。

（5）按结构形式的角度可划分为：圆筒形压力容器、球形压力容器、矩形压力容器、圆锥形压力容器、管壳形压力容器、夹套形压力容器、组合式压力容器等。

（6）按照设计温度（T）高低的角度可划分为：低温压力容器（$T<-20℃$）、常温压力容器（$-20℃\leqslant T<150℃$）、中温压力容器（$150℃\leqslant T<450℃$）、高温压力容器（$T\geqslant 450℃$）。

（7）如表 1-2 所示，按承受压力等级的角度可划分为：低压容器（代号 L）、中压容器（代号 M）、高压容器（代号 H）和超高压容器（代号 U）。

表 1-2　按承受压力的等级角度分类

序号	名称	设计压力 p 的范围
1	低压容器（代号 L）	$0.1\text{MPa}\leqslant p<1.6\text{MPa}$
2	中压容器（代号 M）	$1.6\text{MPa}\leqslant p<10\text{MPa}$
3	高压容器（代号 H）	$10\text{MPa}\leqslant p<100\text{MPa}$
4	超高压容器（代号 U）	$p\geqslant 100\text{MPa}$

（8）按安装方式的角度可划分为：立式压力容器、卧式压力容器。

（9）按壁厚大小的角度可划分为：薄壁压力容器（容器外径与内径之比小于等于 1.2）、厚壁压力容器（容器外径与内径之比大于 1.2）。

（10）根据压力容器制造的难易程度及特点，按制造级别的角度可划分为：A1 级，超高压容器，设计厚度大于 150mm 并且容积大于 $20m^3$ 的高压容器；A2 级，除 A1、A3 级以外的第Ⅲ类压力容器（以下详述）；A3 级，现场制造的压力容器（含球形储罐）；A4 级，非金属压力容器；D 级，第Ⅰ类、第Ⅱ类压力容器（以下详述）。

（11）如图 1-3 和图 1-4 所示，按照我国 TSG 21—2016《固定式压力容器安全技术监察规程》中规定的工作压力、介质危害性及其在生产中的作用的角度可划分为：Ⅰ类压力容器、Ⅱ类压力容器、Ⅲ类压力容器，其中第一组介质为极度和高度危害介质、易爆介质和液化气体；第二组介质为除第一组介质外的其余介质。介质毒性危害程度和爆炸危险程度按照 HG 20660—2000《压力容器中化学介质毒性危害和爆炸危险程度分类》来确定；HG 20660—2000《压力容器中化学介质毒性危害和爆炸危险程度分类》没有规定的，由压力容器设计单位参照 GBZ 230—2010《职业性接触毒物危害程度分级》的原则来确定介质组别。压力和容积的关系如图 1-3 和图 1-4 所示。

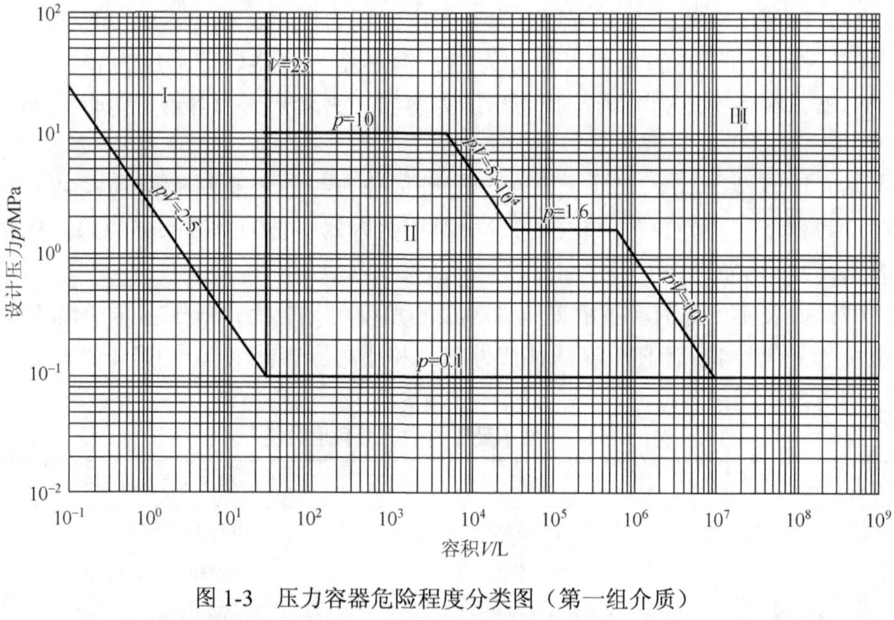

图 1-3 压力容器危险程度分类图（第一组介质）

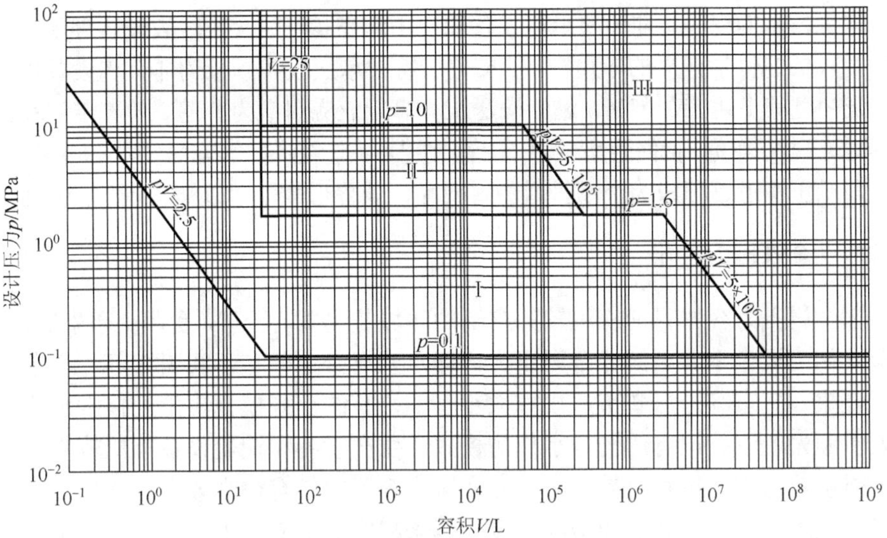

图 1-4　压力容器危险程度分类图（第二组介质）

与非金属压力管道分类类似，非金属压力管道的分类方法也很多，从材料、介质、级别和安装标准的角度可以划分为以下种类。

（1）按使用材料的角度可划分为：聚乙烯燃气管道、其他非金属压力管道（包括防腐蚀压力管道元件）。

（2）按传输介质的角度可划分为：非易燃、无毒用压力管道，易燃或有毒用压力管道，剧毒用压力管道。

（3）按级别的角度可划分为：长输管道（GA）、公用管道（GB）、工业管道（GC）。

（4）按安装标准的角度可划分为：GA 类［长输（油气）管道］、GB 类（公用管道）、GC 类（工业管道）、GD 类（动力管道）。

1.3　国内非金属承压设备概况

新材料的运用是社会发展的基础，金属材料具有高强度、高韧性、耐高温等优异性能，这是其作为特种承压设备主要制造材料的重要原因。广泛应用于大规格、超高温或超低温、超高压的锅炉和压力容器及压力管道的金属材料占据了国民生产的重大组成部分。但是金属承压设备生产与加工成本也较高，同时存在不可避免的金属材料腐蚀问题，这直接制约了金属材料的使用，并增大了金属承压设备使用的成本。

随着材料技术的发展，塑料和搪玻璃等非金属材料的合成、加工技术日臻先进，各种性能优异的非金属材料不断出现，越来越多地被应用于各行各业。随着非金属材料加工技术的提高，非金属承压设备的应用越来越广泛。在耐酸碱盐等压力与温度相对较低的化学介质的应用领域，应用于特种承压设备领域的非金属设备也越来越广泛，尤其在化工、制药、燃气输送工程等行业应用最为普遍。随着工业和民用工程对介质洁净度、管网耐腐蚀性、工程使用寿命、经济性等方面要求的不断提高，非金属承压管道逐渐成为金属管道的替代品，业界形成了“以塑代钢”的局面。

1.3.1 非金属压力容器

非金属压力容器目前应用较为广泛的领域是化工、轻工、食品、印染等行业。非金属化工设备是典型的非金属压力容器，生产企业分布于我国江苏、山东、浙江、天津、广东等沿海省市，规模大小不一，有的已规模化，生产技术水平在国内处于领先地位；但有的仍是小作坊模式，生产设备和检验设备都比较简单，在产品质量控制方面也相对差些。非金属压力容器因具有耐强酸强碱介质腐蚀、重量轻、强度高、阻燃和耐冲击等特点，越来越广泛地应用于化工产品的生产、储存和运输过程。尤其是在航空航天领域和交通运输中，广泛采用复合材料制成的非金属压力容器盛装液化燃料气体。

多层非金属压力容器的最内层为内衬材料，可采用喷涂法、电沉积或纤维缠绕的方法制作；第二层是承载层，可以由石墨、树脂等材料构成；第三层是保温绝热层；最外层是复合材料阻燃或抗冲击层。

目前，应用最为广泛的非金属压力容器包括石墨制压力容器、玻璃钢制压力容器、塑料及塑料衬里压力容器和搪玻璃压力容器。

我国石墨制压力容器生产开始于 20 世纪 70 年代，具有一定规模的石墨设备生产厂家有沈阳化工机械有限公司、南通碳素厂、大连氯酸钾厂等，其中大连氯酸钾厂和南通碳素厂发展较快，后者年产能力可达 1 万平方米（1987 年数据），占当时全国总产量的 1/4。在 20 世纪 50 年代中期至 80 年代末的 30 多年时间里，全国用在科研、开发、生产、投放市场中的石墨设备总产量由 1980 年的 1.4 万平方米增加到 1988 年的 4 万平方米，有明显的快速进步。在随后的几十年里，我国的石墨设备制备技术和产量都有所提高，但是总体技术水平与国外相比，其差距仍是客观存在的，需要进一步发展和提高。

我国的玻璃钢制压力容器开始于 1958 年。1978 年中共十一届三中全会前，玻璃钢制造业主要致力于国防军工，此后生产社会化，逐步将其应用于国家经济建设与人民生活所需的玻璃钢设备。1974 年，第一代国产冷却塔投入使用。1984 年，经国家建筑材料工业局报呈国家经济贸易委员会，批准中国玻璃钢工业协会成立。1986 年，我国引进意大利纤维缠绕玻璃钢管道与储罐生产线，首开规模化生产玻璃钢制品之先河，自此整个玻璃钢工业向高层次、规模化发展。我国制造玻璃钢的厂家，90%以上为乡镇企业，星罗棋布在全国各地（除西藏外），其中大多为中小企业，与国外同行相似。比较集中的省份（含地区）有：江苏省，包括常州市（含武进区、金坛市）、无锡市（含江阴市、锡山区、宜兴市）、苏州市（含吴江区、张家港市、常熟市）、南通市（含海门市、如皋市、海安县）；山东省，包括德州市（市区及武城县、庆云县）、胶东地区（威海市、烟台市）、潍坊市（含安丘市）、东营市（胜利油田）；河南省，包括沁阳市、郑州市、新乡市、中原油田；河北省，包括衡水市（含枣强县、冀州市、故城县）；广东省，包括珠江三角洲（广州市、东莞市、中山市、佛山市、珠海市、深圳市）等。

玻璃纤维增强塑料（玻璃钢）压力容器，一般采用高性能树脂和玻璃纤维缠绕成形，内衬采用丙烯腈-丁二烯-苯乙烯（ABS）塑料、聚乙烯（PE）塑料或纤维增强复合塑料（FRP）等高性能材料，具有耐腐蚀、高强度、重量轻、运输容易、安装方便、外型美观的特点，广泛应用于给水及废水处理行业、轻工、化工、电子、石化制药、食品等各工业领域。我国的氟塑料成型加工行业是20世纪60年代初开始发展的，60年代和70年代主要用于国防工业，进入80年代以后进行了军民结合和推广应用工作。主要的成型工艺有缠绕烧结、模压成型、等压成型、挤压成型、传递模塑成型、旋转成型、膨体成型、浸渍成型和注塑成型等。

我国大型全塑压力容器自20世纪80年代开始制造。某中外合资公司用挤出缠绕无缝焊接专有技术生产HDPE和PP等塑料的储罐、洗涤塔、吸收塔、搅拌罐、中和罐、分馏罐、混合工艺罐及管道等，最大容积可达$60m^3$。全塑压力容器样式比较多，储罐（贮罐）有立式（平底、锥底）、卧式；运输罐有汽车运输罐车、车厢运输罐；搅拌罐有平盖平底、平盖锥底、反应罐式，各类储罐还可根据所需自行定制。常见的PP全塑压力容器可使用温度范围较宽，一般为−10～120℃。PE和PP储罐具有无焊接缝、不渗漏、无毒性、抗老化、抗冲击、耐腐蚀、寿命长、符合卫生标准等优点。它弥补了全塑滚塑储罐刚性强度差、不耐压、耐温差的缺点。产品内衬面平整、光滑、坚固，与传统的钢衬塑料板储槽、钢衬橡胶储罐、钢衬玻璃钢储槽相比，具有更良好的耐腐蚀、不渗漏、不剥离、耐磨损、可耐一定压力、可耐较高温度、寿命更长等优点，其价格低于同规格的传统储罐，是储存腐蚀液体的理想容器。因而其是一种极为优异的耐腐蚀储罐。其可存放介质种类多，适合存放无机酸（包括稀硫酸、稀硝酸、盐酸、磷酸等）、有机酸（包括甲酸、乙酸、丙酸等）、碱及氢氧化物（包括氢氧化钠、氢氧化钾、氢氧化铵等）、醇、醛、酮、醚、酯、烃及石油产品等有机物及其他无机化合物（包括硫、硫胶体、磷等）。

塑料衬里压力容器常见的品种为氟塑料衬里压力容器。制造工艺主要有挤压法、模压法、液压法、推压法、黏结法、焊接法、缠绕法、喷涂法及滚塑法。该类压力容器具有较为完善的产品标准和试验方法标准。常用的产品标准为GB/T 26501—2011《氟塑料衬里压力容器　通用技术条件》，还形成了专用的氟塑料衬里压力容器试验方法标准系列GB/T 23711.1—2009《氟塑料衬里压力容器　电火花试验方法》、GB/T 23711.2—2009《氟塑料衬里压力容器 耐低温试验方法》、GB/T 23711.3—2009《氟塑料衬里压力容器 耐高温试验方法》、GB/T 23711.4—2009《氟塑料衬里压力容器 耐真空试验方法》、GB/T 23711.5—2009《氟塑料衬里压力容器 热胀冷缩试验方法》、GB/T 23711.6—2009《氟塑料衬里压力容器 压力试验方法》，涉及电火花试验、热胀冷缩试验和压力试验等 6 个试验方法。

搪玻璃压力容器在新中国成立初期开始生产，20 世纪 60 年代，制造厂家达到 15 家左右，搪瓷化工设备的生产量达 8500 吨/年左右。70 年代进入发展新时期，全国有搪玻璃设备厂家 40 多家，产量超过 3.6 万吨，工业总产值 2.16 亿元。80 年代时乡镇企业风起云涌，整机生产企业已达 79 家。90 年代产量达 8.6 万吨/年，工业总产值达 7.8 亿元/年，行业布局逐步向沪宁地区、京津地区集中和延伸。据 2000～2008 年的统计数据，搪玻璃设备行业生产总值平均达 15.6 亿元/年，折合产量为 12.1 万吨/年，年平均增长率为 10%。

大部分搪玻璃压力容器均为非标设备，主要包括钨酸钠压煮釜（蒸煮、搅拌），化工反应釜（不锈钢釜、碳钢釜），铅锌冶炼提取设备（熔铅锅、夹套式熔铅炉、水夹套回转干燥窑），气体、液体储罐（液氨储罐、液氯储罐、氮气储罐、氧气储罐），塔器设备，换热器，木材防腐蒸压釜，回转式不锈钢干燥窑，氧化锌回转窑，工业煤气发生炉，片碱锅，水轮机座环（有专用镗孔设备）及各类联轴器。其中，钨酸钠压煮釜规格型号可达 15 000L 以上，设计压力可达 2.5MPa，搅拌形式包括双斜桨式、四叶开启涡轮式、锚式、框式，加热方式包括远红外加热、电加热、夹套式蒸汽加热、特定机构饱和蒸汽直接加热、电热导热油炉循环导热油加热（包括夹套式和盘管式）、夹套电加热管导热油加热（限小体积、低电压）等形式；氧化锌回转窑的规格可达 Φ2500m×40m 以上；工业煤气发生炉的规格为 Φ3.3m 以上。

1.3.2 非金属压力管道

我国在 20 世纪 50 年代开始生产和使用非金属承压管道，由于其具有节能、节水、节材、环保等优点，符合国家产业发展方向，20 世纪 90 年代，产业发展十分迅速。随着原料合成工艺、管道生产设备制造技术、管道元件生产技术、设计理论和施工技术的快速提升，非金属承压管道产能技术增强。随着我国城镇化建设和工业化的快速发展，"西部大开发""西气东输""南水北调"及全国公路网、铁路网建设，化工、石化产业发展，城市建设和重大的化工与石化管网建设等都为非金属承压管道开辟了空前的应用市场。目前，非金属承压管道已经在我国的经济建设中占据了重要地位，并且形成了一定的规模。国家经济贸易委员会、住房和城市建设部、国家质量监督检验检疫总局和国家建筑材料工业局于 2000 年曾联合发文要求从 2000 年 6 月 1 日起在城镇新住宅建设中禁止使用冷镀锌管作为给水管道，逐步限制热镀锌管，推广应用铝塑复合管、交联聚乙烯管、无规共聚聚丙烯管等新型管材。目前，非金属承压管道在全国各类管道市场占有率达到了 50%，而我国的城市化水平仅 40%左右，相比之下，发达国家平均超过 70%。“十二五”非金属承压管道和容器产量保持在 10%左右的增长速度。因此，非金属承压管道元件将突出产业结构调整，注重相关行业的交流与合作，形成有竞争优势的产业集群，提高行业综合竞争能力。同时，应依靠科技创新和技术进步，进一步加强高性能、高附加值的新产品开发，以适应不同市场、不同领域对塑料管道产品的不同需求，产业整体水平达到或接近国际先进水平。可以预见，随着城市化进程的加快和不断推行的绿色环保理念，未来将为非金属管材行业带来巨大的需求。

非金属承压管道产品的品种繁杂，形式多样，分类方法也多样。由于制造工艺、应用领域、功能特点不同，目前广泛应用的非金属承压管道元件包括：①燃气用非金属及非金属复合管道元件（管子、管件、阀门、法兰和膨胀节等）；②石化行业增强型复合管材和管件（纤维增强型和金属增强型）；③防腐蚀压力管道元件；④其他非金属承压管道元件。

其中，PE 燃气管道最早应用于 20 世纪 50 年代，英国率先在燃气管道系统中使用 PE 管材。经过几十年的发展与竞争，PE 燃气管道以它优越的特性已成为国外最成熟的塑料管道品种，被公认为是最适宜用作燃气输送的管材。英国、丹麦等国 PE 燃气管道普及率已经超过 90%，法国从 1998 年开始新铺设的中低压燃气管道几乎 100%采用 PE 管道。我国推广 PE 燃气管道已有近三十年的历史，最早使用聚乙烯管输送城市燃气是 1982 年在上海。1998 年全国的用量只有 3 千～5 千吨，PE 燃气管铺设量占全国燃气管道铺设量的 10%以下。随着我国 PE 燃气管生产厂的相继建成，以及 PE 燃气管质量的不断提高，我国 PE 燃气管道使用量逐年增加。全国各城市铺设埋地 PE 燃气管道达百万公里，最大公称外径达 400mm，是目前市政中压管道的重要管道元件。由于其具有良好的耐腐蚀性和韧性，逐步替代了金属燃气管道，广泛应用于各大城市的主要中压管线；在金属燃气管道腐蚀后，更换或维护时一般也使用 PE 管道，因其具有良好的施工性和经济性。

以钢骨架 PE 塑料复合管、孔网钢带 PE 复合管、钢塑复合管、搭接焊铝塑复合压力管、铝塑复合管为代表的金属增强型 PE 复合管，既具有较好的强度，又具备优异的耐腐蚀性能，广泛应用于化工、石油、冶金、医药、轻工、食品、印染、环保等行业部门。其中，钢丝缠绕增强塑料复合管应用比较广泛，钢丝缠绕增强塑料复合管用材料、力学响应特性、失效模式、寿命预测方法、设计方法、连接技术、制造工艺和性能检测方法等方面都有比较成熟的认识。

1.3.3　非金属承压设备相关法律法规

非金属承压设备是我国特种设备的重要组成部分，随着国家对特种设备安全质量的监督管理的完善，尽管非金属承压设备使用时间相对较短，专门的技术标准和监管法规还不够全面和完善，但是，在近几年的发展中，与金属承压设备一样，非金属承压设备的相关技术标准和法律法规逐步健全和完善，形成了以《特种设备安全法》为核心的法律法规体系，覆盖了材料、生产工艺、产品性能、安全运行、操作人员等方面的相关监管法规和指导规范。

一方面，在制造与安装的监督检验、定期检验及焊接作业人员管理方面，均已形成了较为完善的安全技术法规。其中，2004 年颁布实施了专门的 TSG R0001—2004《非金属压力容器安全技术监察规程》，随着 TSG 21—2016《固定式压力容器安全技术监察规程》的颁布实施，与其他固定式压力容器共同遵循统一的管理，规定了其材料、设计、制造、安装、改造与修理、监督检验、使用管理、在用检验、安全附件及仪表等方面；2005 年颁布实施 TSG D7001—2005《压力管道元件制造监督检验规则（埋弧焊钢管与聚乙烯管）》（现已作废，现行为 TSG D7001—2013《压力管道元件制造监督检验规则》）规定了聚乙烯管的制造监督检验方式、项目、方法及要求，同时规定了监检机构、监检人员和制造单位等的职责；2010 年颁布实施的 TSG Z6002—2010《特种设备焊接操作人员考核细则》规定非金属焊接作业人员的考核程序与要求；2006 年颁布实施的 TSG D2002—2006《燃气用聚乙烯管道焊接技术规则》聚乙烯燃气管道焊接工艺评定及焊接技术作了明确的规定[4]。

另一方面，大部分非金属压力容器和非金属压力管道形成了其原材料、生产工艺和产品性能的标准体系。其中，以聚乙烯燃气管道元件为代表的燃气用聚乙烯管材、管件和阀门，分别形成了相应的产品标准，并且根据实际使用情况和技术发展标准也得到了相应的更新。非金属压力容器的产品标准正在起草中，不久即将颁布实施，这将更好地指导和规范非金属压力容器的制造、设计、检验和应用。

1.4 国外非金属承压设备概况

随着经济发展和社会进步，压力容器和压力管道在数量上不断增加，而且在使用功能和科技含量方面也不断发展，非金属承压设备朝着更安全、更节能环保、长周期、更轻型化、更通用化与标准化、更特殊化和专业化的趋势发展。全球不少研究机构针对非金属材料的固有特性，研究出大量改性材料或新材料，新的先进技术也不断应用于非金属承压设备领域。这为非金属承压设备的安全运行和广泛应用提供了条件。目前世界各国实施可持续发展战略，在特种设备行业，综合或有效地使用金属和非金属材料，更好地满足环保和节能的发展需求。不少非金属材料具有轻质、高强的性能，随着生产工艺的优化，形成了大量的通用化和标准化的生产与连接工艺过程与方法，为非金属承压设备的性能稳定性和安全性提供了保障[5]。

国外搪玻璃设备制造厂都是由日用搪瓷品制造商转制的，世界上最早的搪玻璃设备制造商法国德地氏建厂已有 320 年，美国法德尔、德国泰勒也有 100 年以上的历史。我国的某些药厂在 1953 年，分别试制成功 200L 和 100L 搪玻璃反应釜，至今也已有 60 年历史。

在工业发达的国家，非金属承压管道从 20 世纪 30 年代就开始使用，广泛应用于工业和民用的各个领域，在替代金属材料和其他传统材料应用上发展十分迅速，而且随着科学技术的进步，管道元件加工工艺、原辅材料和设备不断创新发展，其制造的新技术、新材料和新工艺也不断涌现。在过去十年中，国外非金属承压管道的应用以平均每年 8%的速度增长。美国已成为世界上非金属承压管道产量最大的国家。德国是开发应用非金属承压管道最早的国家。

另外，在石油行业，非金属和复合材料压力管道已经在国外油气田得到认可和广泛应用，不仅成功应用于油气田内部管网、集输管线和分支管道，而且开始用于高压天然气传输[6]。在这些应用过程中，逐渐形成几个世界著名的非金属管材生产单位，他们也代表了世界上非金属与复合材料在油气田的应用发展趋势。

1.5　非金属承压设备的耐腐蚀性与应用概况

材料腐蚀和设备腐蚀是人类发展过程中不可避免的现象。在使用过程中，在介质的作用下，设备中金属及合金部分发生化学或电化学作用而致使金属承压设备腐蚀破坏。腐蚀引起的危害是惊人的，它既会带来巨大的经济损失，又可能导致意外的人身安全事故。金属设备的腐蚀会带来生产停顿、物料流失、能源浪费、产品质量下降、环境污染等后果，甚至引起爆炸、火灾等灾难性的事故。据统计，每年由于设备所造成的直接经济损失，约占国民经济产值的 1%～4%；据美国国家标准局的统计，美国在 1975 年因腐蚀造成的损失约达 700 亿美元，大大超过了火灾、水灾、风灾和地震等自然灾害所造成损失的总和[7]。

相对于金属材料，非金属材料具有较为显著的耐腐蚀性能，在承压设备制造和使用中，合理选择作用介质和环境介质对设备材料腐蚀性较小的非金属材料，是可以显著减少因材料腐蚀而导致的设备失效。一方面，设备腐蚀与材料本身特性有关。例如，无机非金属材料具有优异的除氢氟酸以外的耐酸性能，但对碱性介质比较敏感；塑料类高分子材料具有较好的耐腐蚀性能，但存在小分子溶剂溶胀甚至溶解的缺陷，并且具有在紫外线、湿度、温度及大气氧作用下存在分子链断裂的可能[8]。另一方面，设备腐蚀与材料内部分子间隙和结晶程度有关。由于材料分子间隙和致密性的不同，可以作用和渗透的介质分子大小不同。对于致密性不高的非金属材料和设备，在一定压力、温度和湿度的介质分子长期作用下，出现设备表面腐蚀，逐步向内溶胀和分解，最终导致设备失效。

尽管目前非金属承压设备使用的压力和温度不是很高，数量也不是很多，但是，随着人们对承压设备使用范围需求的增大、应用范围的扩大和使用数量的增加，既需要进一步提高非金属承压设备的技术水平，又要进一步加强制造与使用单位的安全意识和质量意识，避免无法可依、有法不依、执法不严、违法难究的现象。

参考文献

[1] TSG 21—2016. 固定式压力容器安全技术监察规程.

[2] TSG R0001—2004. 非金属压力容器安全技术监察规程.

[3] TSG D7001—2005. 压力管道元件制造监督检验规则（埋弧焊钢管与聚乙烯管）.

[4] TSG D2002—2006. 燃气用聚乙烯管道焊接技术规则.

[5] TSG D7001—2013. 压力管道元件制造监督检验规则.

[6] TSG Z6002—2010. 特种设备焊接操作人员考核细则.

[7] HG 20660—2000. 压力容器中化学介质毒性危害和爆炸危险程度分类.

[8] GBZ 230—2010. 职业性接触毒物危害程度分级.

第 2 章　非金属承压设备的标准体系

2.1　概　　述

2.1.1　基本概念

恩格斯说“任何一个学科的兴起和发展，开始就是由生产所决定的”。标准化工作也不例外，人类开始认识自然、改造自然，学会使用工具，从事生产活动以来，为了协调个人行为和社会活动需求的一致，不断提高人类活动的有效性和效率，就需要对人类活动的概念和事物提出标准化的要求。在生产实践活动中对工具、器物的性能和形状提出相似和统一的要求，以便利于加工、制造和操作，就推动了建立在手工劳动基础上的产品和工艺标准化；人们对在生产中发展起来的科学技术和成功经验加以确认和推广，转化为更大的生产力；为了满足社会发展需要，将逐步复杂起来的管理系统化、规范化和简约化，使管理、指挥更加有效，使各项社会活动和经济、技术活动建立正常的最佳秩序，从而以各种资源的最少投入、得到更多的产出结果，来满足人类不断提高的生活质量需要[1]。

2.1.2　标准化

1）标准化的概念

标准化是指“为了在既定范围内获得最佳秩序，促进共同效益，对现实问题或潜在问题确立共同使用和重复使用的条款及编制、发布和应用文件的活动[2]。

注 1：标准化活动确立的条款，可形成标准化文件，包括标准和其他标准化文件。

注 2：标准化的主要效益在于为了产品、过程或服务的预期目的改进它们的适用性，促进贸易、交流及技术合作。

从上述定义中可以看出：标准化是一项活动，这种活动的结果是制定条款，制定条款的目的是在一定范围内获得最佳秩序，所制定的条款特点是共同使用和重复使用，针对的对象是现实问题或潜在问题。再结合标准的定义可以得出：多项条款的组合构成了标准化文件。所以，标准化文件是标准化活动的主要成果。

综上所述，可以明确理解标准化的以下要点：①标准化活动是制定、发布和实施标准的系统过程，标准是标准化活动过程的产物之一；②标准对活动或活动的结果规定了共同重复使用的规则、导则或特性文件，这类文件制定的基础是科学、技术和经验的综合成果；③此类文件的产生应经相关方协商一致，对标准涉及的实质问题，是各相关方基本同意，没有坚持反对意见，经过征求、考虑所有相关方的意见并协调任何关键异议的过程；④标准必须经机构以一定格式和程序批准；⑤标准化不是一个孤立的事物，而是一个涉及如制定、发布和实施等相互相关又相互作用的系统过程；⑥标准化是一个相对动态的概念，无论是一项标准，还是一个标准体系，都在随着时代的步伐向更深层次和广度变化发展；⑦标准化的相对性概念，还存在于事物和概念进步的标准化与非标准、个性和共性的相互不断转化的客观规律上，任何已经标准化的事物和概念，都可能随时代的发展、条件的变化，突破共同的规定，成为非标准，这是不以人的思想为转移的客观进化规律；⑧标准化的效果只有当标准在实践中得到实施才能表现出来，因此，在标准化活动中，标准的贯彻实施是不可或缺的重要环节，没有标准的实施就不可能有标准化；⑨标准化的本质特征是统一，是对重复性的事物和概念做出共同遵循和重复使用的规则的活动；⑩标准化的目的是在一定范围内获得最佳秩序。

2）标准化的基本原则

长期的标准化活动中总结出“简化、统一、协调、优化”等四项基本原则，它既是标准化活动存在的规律性法则，又是指导标准化实践活动的依据。

简化原则：是在一定范围内，精简标准化对象（事物或概念）的类型数目，以合理的数目类型在既定的时间空间范围内满足一般需要的一种标准化形式和原则。

统一原则：是把同类事物两种以上的表现形式归并为一种，或限定在一定范围内的标准化形式。统一化改期遵循适时、适度和等效的原则。

协调原则：是指在标准内各要素要协调，相关标准之间要协调，标准体系之间要协调。

优化原则：“择其善者而从之”是人们处理事物的自然原则。在标准化活动中始终贯穿了“最优化”意识，也就是依据标准化方针、目标，在一定条件下，对标准体系构成要素及其相互关系进行优化选择。

上述标准化的四项基本原则都不是孤立地存在和起作用的，它们之间不仅密切关联，而且在标准化实践过程中相互渗透，相互依存，结合成一个有机的整体，综合反映了标准化的规律。

3）标准化的作用

标准化的作用主要表现在以下十个方面：①标准化为科学管理奠定了基础。所谓科学管理，就是依据生产技术的发展规律和客观经济规律对企业进行管理，而各种科学管理制度的形式，都以标准化为基础；②促进经济全面发展，提高经济效益。标准化应用于科学研究，可以避免在研究上的重复劳动；应用于产品设计，可以缩短设计周期；应用于生产，可使生产在科学和有秩序的基础上进行；应用于管理，可促进统一、协调、高效率等；③标准化是科研、生产、使用三者之间的桥梁。一项科研成果，一旦纳入相应标准，就能迅速得到推广和应用。因此，标准化可使新技术和新科研成果得到推广应用，从而促进技术进步；④随着科学技术的发展，生产的社会化程度越来越高，生产规模越来越大，技术要求越来越复杂，分工越来越细，生产协作越来越广泛，这就必须通过制定和使用标准，来保证各生产部门的活动，在技术上保持高度的统一和协调，以使生产正常进行。所以说标准化为组织现代化生产创造了前提条件；⑤促进对自然资源的合理利用，保持生态平衡，维护人类社会当前和长远的利益；⑥合理发展产品品种，提高企业应变能力，以更好地满足社会需求；⑦保证产品质量，维护消费者利益；⑧在社会生产组成部分之间进行协调，确立共同遵循的准则，建立稳定的秩序；⑨在消除贸易障碍、促进国际技术交流和贸易发展、提高产品在国际市场上的竞争能力方面具有重大作用；⑩保障身体健康和生命安全，大量的环保标准、卫生标准和安全标准制定发布后，用法律形式强制执行，对保障人民的身体健康和生命财产安全具有重要作用。

2.1.3　标准

1）标准的定义

标准是指"通过标准化活动，按照规定程序经协商一致制定，为各种活动或其结果提供规则、指南或特性，供共同使用和重复使用的文件。

注 1：标准宜以科学、技术和经验的综合成果为基础。

注 2：规定的程序指制定标准的机构颁布的标准制定程序。

注 3：如国际标准、区域标准、国家标准等，由于它们可以公开获得，必要时通过修正或修订保持与最新技术水平同步，因此它们被视为构成了公认的技术规则。其他层次上通过的标准，如专业协（学）会标准、企业标准等，在地域上可影响多个国家。

2）标准的内涵

从上述定义可以看出，标准包括以下六个层面的含义：①标准产生的基础是科学、技术和经验的综合成果；②制定标准的目的是获得最佳秩序，促进最佳的共同效益；③标准是协商一致的产物；④标准的制定应遵循规范程序，并由机构批准发布；⑤标准是被共同使用和重复使用的；⑥标准是一类规范性文件。

3）标准的作用

经济社会发展的实践证明，标准在提高产品、工程、服务质量，保障人身财产安全健康，促进产业和社会可持续发展，维护市场秩序，促进贸易等方面都发挥着重要作用[3]。具体表现为：①保证质量，保障安全，维护消费者权益；②规范市场秩序；③促进贸易发展；④引导产业发展，优化产业结构；⑤促进科研成果和技术创新成果的推广应用；⑥有利于保护环境和合理利用资源，推动社会可持续发展。

4）标准的分类[4]

按标准的性质可分为：①强制性标准；②推荐性标准；③指导性技术文件。

按标准的使用范围可分为：①国际标准；②区域标准；③国家标准；④行业标准；⑤地方标准；⑥协会（团体）标准；⑦企业标准。

按标准的对象可分为：①基础标准；②术语标准；③符合标准；④方法标准；⑤产品标准；⑥过程标准；⑦服务标准；⑧接口标准；⑨安全标准；⑩卫生标准；⑪环境保护标准等。

按标准的内容可分为：①技术标准；②管理标准；③工作（岗位）标准。

2.1.4 标准体系

1）体系的概念

体系（system）是一个科学术语，泛指一定范围内或同类的事物按照一定的秩序和内部联系组合而成的整体。自然界的体系遵循自然的法则，而人类社会的体系则要复杂得多。影响这个体系的因素除人性的自然发展之外，还有人类社会对自身认识的发展。

关于体系，往大了说，总宇宙是一个体系，各个星系是一个体系；往小了说，社会是一个体系，人文是一个体系，宗教是一个体系，甚至每一学科及其内含的各分支均是一个体系，一人、一草、一字、一微尘，也是一个体系。大体系里含有无穷无尽的小体系，小体系里含有无尽无量的、可以无穷深入的更小的体系。众多的小体系，构成了一个大体系以至于总体系。总则为一，化则无穷，反之亦然，这就是体系。

体系的概念是指相互关联或相互作用的一级要素[5]。

注：系统可以指整个实体。系统的组件也可能是一个系统，此组件可称为子系统。

2）标准体系的定义

国家标准 GB/T 13016—2009《标准体系表编制原则和要求》对标准体系的定义是：一定范围内的标准按其内在联系形成科学的有机整体[6]。该定义有如下含义：

（1）“一定范围”是指标准体系所包括的范围，也是标准体系的活动范围，如“国家标准体系”包括的是全国范围；“行业标准体系”包括的是全国行业范围；“非金属承压设备标准体系”包括非金属承压方面的各类标准；

（2）“内在联系”是指系统联系、结构联系和功能联系：“系统联系”是指标准体系内，各分系统之间及分系统与子系统之间存在着相互依赖又相互制约的联系；“结构联系”是指层次的联系，或上下联系与左右联系；即上层标准指导、约束下层标准，下层标准要服从上层标准的要求；“功能联系”是指标准相同功能和不相同功能的联系。

（3）“科学的有机整体”是指根据“内在联系”原则制定出的标准得到贯彻以后，才能发挥出标准化系统的功能，才能使一个整体系统达到最佳秩序和社会效益。

3）标准体系的基本特性

标准体系的基本特征体现在：目的性特征、集成性特征、层次性特征、支柱性特征和阶段性特征。

4）标准体系表

标准体系表定义：一定范围的标准体系内标准按其内在联系排列起来的图表[7]。

注：标准体系表用来表达标准体系的构思、设想、整体规划，是表达标准体系概念的模型。

2.1.5　标准体系表的编制

1）编制标准体系表的意义

标准体系表把一定范围的标准体系内的标准按一定形式排列起来并以图表的形式表述出来，以作为编制标准制定或修订规划和计划的依据之一；它是促进一定标准化工作范围内达到科学合理和有序化的基础；它是一种展示现有、应有和预计发展标准的全面蒙头蓝图，并将随着科学技术的发展而不断地得到更新和充实。

2）有关概念

（1）行业：生产同类产品或提供同类服务的经济活动基本单位的总和。

（2）专业：这里讲的专业，小于行业，实际是行业中的中小行业。

（3）相关标准：属于其他体系而受本体系直接采用并关系密切的标准，为本体系的相关标准。

（4）个性标准与共性标准：直接表达一种标准化对象的个性特征的标准称为个性标准；同时表达存在若干标准化对象间共有的共性特征的标准称为共性标准。

（5）基础标准：在一定范围内作为其他标准的基础并普遍使用，具有广泛指导意义的标准。

（6）方法标准：以试验、检查、分析、抽样、统计、计算、测定、作业等方面为对象制定的标准。

（7）产品标准：为保证产品的适用性，对产品必须达到的某些或全部要求所制定的标准。其范围包括品种规格、技术性能、试验方法、检验规则、标志标签、包装、储存、运输等。

3）编制原则和要求

（1）目标原则：任何标准体系的建立都有明确的目标，都是围绕某一个特定的标准化目标形成的，即目标性。

（2）系统原则：系统是由两个以上的组成部分结合成具有特定功能的有机整体，它本身又是它所从属的一个更大系统的组成部分。

（3）层次原则：是将一定范围内所有的标准以内在的上下层联系集合起来的层次。个性的标准放在最低层，指导约束个性标准的应安排在高层次。

（4）协调原则：标准体系内的标准之间必须相互协调一致。标准之间存在着相互连接、相互依存、相互制约的内在联系，只有相互协调一致，才能发挥标准整体功能，获得最佳效益。

（5）编制要求：编制要做到全面成套、层次恰当和划分明确。

2.2 国内非金属承压设备标准体系

2.2.1 概况

钢是压力管道中应用最广泛的材料，其强度、加工性能、工艺性能、经济适用等特性是目前其他材料无法替代的。但由于环境介质的侵蚀性，其腐蚀问题遍及国民经济和国防建设各领域，一直困扰着管道设计、使用、检验等各方人员，是设备和构件失效的重要原因之一，不仅会造成巨大的经济损失，还常常导致重大事故和环境灾难，阻碍高新技术和国防事业的发展。美国每年因腐蚀而报废的设备钢材约占其钢年产量的40%，直接经济损失约为750亿美元。据报道，具体到我国1995年、2005年和2008年的腐蚀损失分别高达1500亿、5000亿和6000亿元人民币；仅密布于各大城市的供油、供水、供气和供热等地下管网，每年因腐蚀泄漏造成的经济损失就达400亿元人民币以上。材料腐蚀不仅导致设备和管道破裂，致使“跑、冒、滴、漏”现象频繁发生，造成停电、停水、停气甚至停产，严重影响生产和生活，甚至带来灾难性事故。基于腐蚀危害的普遍性及严重性，腐蚀控制具有十分重要的现实意义。实践证明，有效的防腐措施可避免25%～40%的腐蚀损失。防腐蚀压力管道具有化学稳定性好、耐蚀能力强、强度高、温度适用范围广、使用寿命长等优点，因此具有广阔的“用武之地”[8]。

压力管道是生产、生活中广泛应用的可能引起燃爆或中毒等安全事故的危险性较大的特种设备，在国民经济中占有重要地位，被誉为“生命线”。随着石油、化工、冶金和电力等工业的快速发展，以及城镇化建设大力推进带来的城镇管网的迅速普及，非金属材料石墨、玻璃钢、塑料、搪玻璃及衬里材料等广泛应用于承压设备，使非金属承压设备的性能得到大幅度提升，特别是使非金属承压设备耐腐蚀性有了可靠的保证。非金属承压设备应用范围进一步扩大，推动了非金属承压设备的高速发展。承压设备采用的非金属材料大类有通用塑料［聚氯乙烯、氯化聚氯乙烯（PVC-C）、聚乙烯、氯化聚乙烯、聚丙烯、聚苯乙烯等］、工程塑料［聚酰胺（PA）、ABS 等共聚物］、含氟塑料［聚四氟乙烯、聚全氟乙丙烯、四氟乙烯-全氟烷基乙烯基醚共聚物（PFA）、聚偏氟乙烯（PVDF）、聚三氟氯乙烯、聚氟乙烯及其他的共聚氟塑料聚合物］、石墨、玻璃钢及搪玻璃等。非金属承压设备压力元件主要表现形式是板材、管材、管件、阀、法兰等，通过连接、滚塑、离心浇铸、缠绕、缠绕烧结、挤出、挤出缠绕、喷涂及其他形式或组合等加工工艺进行制造加工。例如，强氧化性的腐蚀介质、酸碱交替反应及机械磨蚀和化学腐蚀并存等情况下的防腐材料选择，非金属材料是最为理想的首选材料。但高分子材料普遍具有机械强度低、易蠕变等特性，不宜单独作为提供强度和刚度的结构材料；分子内聚力大、性能稳定，几乎不溶于任何溶剂，因而难以制成涂料。因此，高分子材料在压力管道元件产品上的防腐应用，多以整体采用非金属材料或衬里层型式实现设备防腐功能，以“松衬”“滚塑”“模压”等方式套衬在各类设备中，使金属基体与腐蚀介质隔离，达到防腐的目的。

作为非金属承压设备生产和应用大国，我国在非金属的产品创新、行业转型、产业布局等方面有了很大的进步，但与国际先进水平相比仍有差距，尤其在产品质量方面，需要进一步提升。近几年来，尽管国家加大了对标准化管理工作的力度，仍然不能满足非金属承压设备标准化发展的需要。尤其是近几年新开发与应用的新产品，国内外标准化工作相对滞后，标准化覆盖率低，有些产品甚至无标生产，国家监督机构因缺乏监督检查的检验依据，不能更好地确保非金属承压设备的产品质量与安全。

本标准体系，以国内、国外标准分类为基线，收集了国内外大量的非金属承压设备的相关标准，按国内与国外分别建立非金属承压设备标准体系，标准体系中包括国际和国外先进国家的标准、我国国家标准、行业标准和地方标准等。这些标准覆盖了非金属承压元件的基础标准、产品标准、方法标准及通用标准。非金属承压设备标准体系的建立，为行业标准化工作提供了有力的技术支持；现行或现有的标准能够用于生产制造企业指导生产和质量把关，尤其是为企业采用国际标准或国外先进标准提供了技术依据，促使企业提高产品质量；对行政监督部门，本标准体系提供产品质量监督和标准技术方面的支持；本标准体系的建立，将大大提高非金属承压设备标准化进程，促进我国非金属承压设备的技术进步和国民经济的加速发展。

2.2.2　非金属承压设备国内标准体系结构图

（1）参考 TSG 21—2016《固定式压力容器安全技术监察规程》对非金属承压设备的分类，按法规编制的非金属承压设备标准体系结构图如图 2-1 所示。

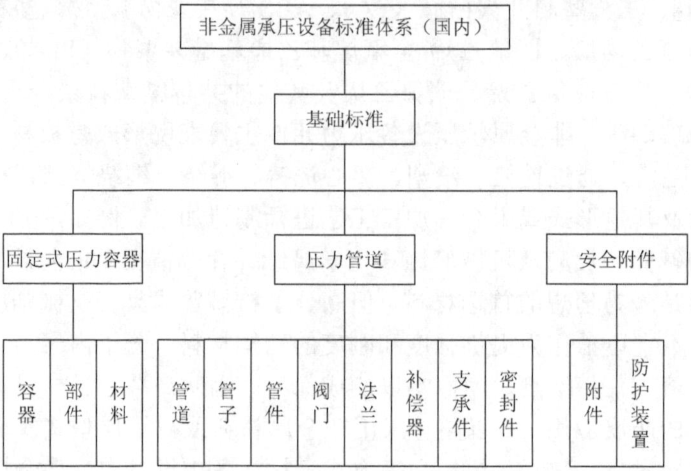

图 2-1　按法规编制的非金属承压设备标准体系结构图（国内）

（2）由于实际非金属承压设备分类常以材料及用途的不同划分，本书将非金属承压设备分为石墨制、玻璃钢制、塑料制、衬里制及搪玻璃制承压设备，为与本书保持一致，以减少篇幅及方便查阅为原则编制了“非金属承压设备标准体系结构图（国内）”（图 2-2），从结构图可以看出，此标准体系结构重点是规定了石墨制、玻璃钢制、塑料制、衬里制及搪玻璃制承压设备的材料与产品标准及方法标准两要素组成，只要先确定类型，然后再明确是材料与产品还是方法标准，在明细表中就会很方便地找到所需要的标准。

（3）国外非金属承压设备标准体系主要是国际标准、美国标准、欧盟标准、日本标准及部分协会学会标准，如美国机械工程师协会（American Society of Mechanical Engineers，ASME）等组织颁布的标准。非金属承压设备相关国外标准体系结构图见图 2-3。

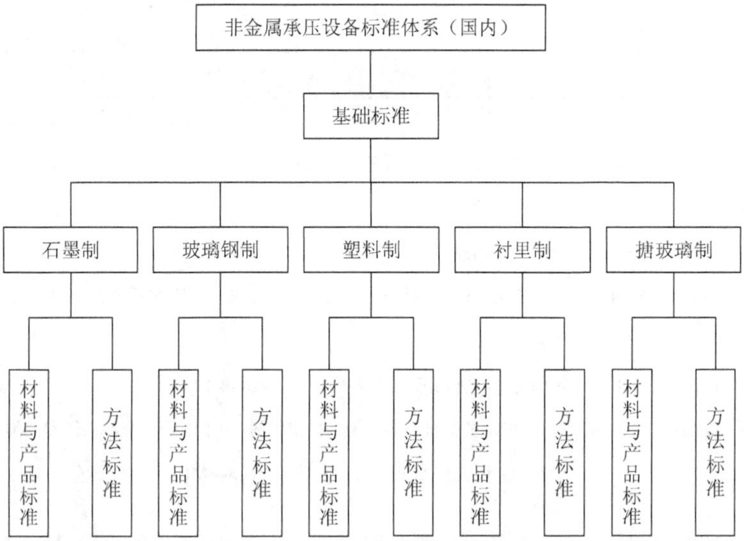

图 2-2　本书编制的非金属承压设备标准体系结构图（国内）

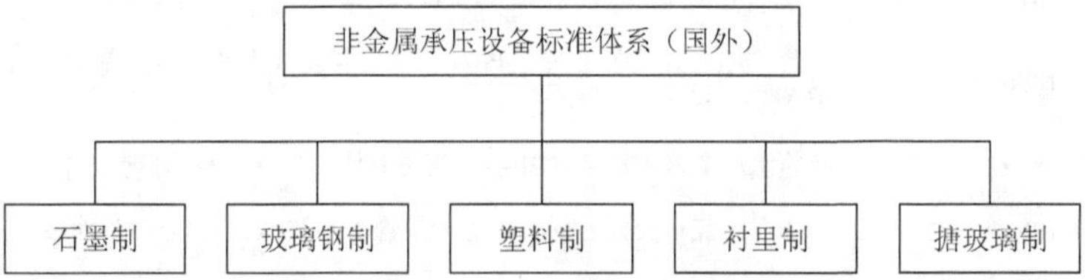

图 2-3　非金属承压设备标准体系结构图（国外）

2.2.3　参考材料及工艺不同编制的非金属承压设备相关国内标准明细表

1. 基础标准明细表

非金属承压设备基础标准明细表见表 2-1。

表 2-1　非金属承压设备基础标准

序号	标准号	标准名称
1	GB150.1—2011	压力容器 第 1 部分：通用要求（附第 1 号勘误表）
2	GB 150.2—2011	压力容器 第 2 部分：材料（附第 1 号勘误表和第 1 号修改单）
3	GB 150.3—2011	压力容器 第 3 部分：设计（附第 1 号勘误表）
4	GB 150.4—2011	压力容器 第 4 部分：制造、检验和验收（附第 1 号勘误表）
5	GB/T 1047—2005	管道元件 DN（公称尺寸）的定义和选用
6	GB/T 1048—2005	管道元件 PN（公称压力）的定义和选用

续表

序号	标准号	标准名称
7	GB/T 1845.1—2016	塑料 聚乙烯（PE）模塑和挤出材料 第1部分：命名系统和分类基础
8	GB/T 2546.1—2006	塑料 聚丙烯（PP）模塑和挤出材料 第1部分：命名系统和分类基础
9	GB/T 3961—2009	纤维增强塑料术语
10	GB/T 4217—2008	流体输送用热塑性塑料管材 公称外径和公称压力
11	GB/T 6594.1—1998	聚苯乙烯（PS）模塑和挤出材料 第1部分：命名系统和分类基础
12	GB/T 9019—2015	压力容器公称直径
13	GB/T 10798—2001	热塑性塑料管材通用壁厚表（包含修改单1）
14	GB/T 12001.1—2008	塑料 未增塑聚氯乙烯模塑和挤出材料 第1部分：命名系统和分类基础
15	GB/T 13454.1—2013	塑料 粉状三聚氰胺-甲醛模塑料（MF-PMCs）第1部分：命名系统和分类基础
16	GB/T 18475—2001	热塑性塑料压力管材和管件用材料分级和命名 总体使用（设计）系数
17	GB/T 18719—2002	热喷涂 术语、分类
18	GB/T 18742.1—2002	冷热水用聚丙烯管道系统 第1部分：总则
19	GB/T 18964.1—2008	塑料 抗冲击聚苯乙烯（PS-I）模塑和挤出材料 第1部分：命名系统和分类基础
20	GB/T 18992.1—2003	冷热水用交联聚乙烯（PE-X）管道系统 第1部分：总则
21	GB/T 18993.1—2003	冷热水用氯化聚氯乙烯（PVC-C）管道系统 第1部分：总则
22	GB/T 18998.1—2003	工业用氯化聚氯乙烯（PVC-C）管道系统 第1部分：总则
23	GB/T 19824—2005	热喷涂 热喷涂操作人员考核要求
24	GB/T 20417.1—2008	塑料 丙烯腈-丁二烯-苯乙烯（ABS）模塑和挤出材料 第1部分：命名系统和分类基础
25	GB/T 21461.1—2008	塑料 超高分子量聚乙烯（PE-UHMW）模塑和挤出材料 第1部分：命名系统和分类基础
26	GB/T 22271.1—2008	塑料 聚甲醛（POM）模塑和挤塑材料 第1部分：命名系统和分类基础
27	GB/T 26929—2011	压力容器术语
28	GB/T 27734—2011	压力管道用聚丙烯（PP）阀门 基本尺寸 公制系列
29	GB/T 28799.1—2012	冷热水用耐热聚乙烯（PE-RT）管道系统 第1部分：总则
30	GB/T 30924.1—2006	塑料 乙烯-乙酸乙烯酯（EVAC）模塑和挤出材料 第1部分：命名系统和分类基础
31	HG/T 2899—1997	聚四氟乙烯材料命名
32	HG/T 5100—2016	塑料焊接机具 热熔焊机
33	HG/T 5101—2016	塑料焊接机具 电熔焊机
34	HG/T 5102—2016	塑料焊条

续表

序号	标准号	标准名称
35	JB/T 4711—2003	压力容器涂敷与运输包装
36	JB/T 4712.2—2007	容器支座 第 2 部分：腿式支座
37	TSG 21—2016	固定式压力容器安全技术监察规程
38	TSG D0001—2009	压力管道安全技术监察规程-工业管道
39	TSG D2001—2006	压力管道元件制造许可规则
40	TSG D7001—2013	压力管道元件制造监督检验规则
41	TSG D7002—2006	压力管道元件型式试验规则
42	TSG D7003—2010	压力管道定期检验规则 长输（油气）管道
43	TSG D7004—2010	压力管道定期检验规则 公用管道
44	TSG R7001—2013	压力容器定期检验规则
45	TSG R7004—2013	压力容器监督检验规则

2. 石墨制标准明细表

（1）石墨制承压设备相关材料与产品标准明细表见表 2-2。

表 2-2　石墨制承压设备相关材料与产品标准

序号	标准号	标准名称
1	GB/T 3518—2008	鳞片石墨
2	GB/T 3519—2008	微晶石墨
3	GB/T 14898—2004	人造金刚石用石墨
4	GB/T 21432—2008	石墨制压力容器
5	HG/T 2059—2014	不透性石墨管技术条件
6	HG/T 2370—2005	石墨制化工设备技术条件
7	HG/T 3192—2009	石墨直角弯头
8	HG/T 3193—2009	石墨 45°弯头
9	HG/T 3194—2009	石墨三通
10	HG/T 3195—2009	石墨四通
11	HG/T 3196—2009	石墨外接头
12	HG/T 3197—2009	石墨丝堵头
13	HG/T 3198—2009	石墨管端盖

续表

序号	标准号	标准名称
14	HG/T 3199—2009	石墨丝埋头
15	HG/T 3200—2009	石墨管凸缘
16	HG/T 3201—2009	石墨内接头
17	HG/T 3202—2009	石墨温度计套管
18	HG/T 3203—2009	石墨管道用钢制对开法兰
19	HG/T 3205—2009	石墨管道补偿器
20	HG/T 3206—2009	石墨管道视镜
21	HG/T 3207—2009	石墨管凸缘连
22	JB/T 2750—2006	高纯石墨

（2）石墨制承压设备相关方法标准明细表见表 2-3。

表 2-3　石墨制承压设备相关方法标准

序号	标准号	标准名称
1	GB/T 3521—2008	石墨化学分析方法
2	GB/T 8722—2008	石墨材料中温导热系数测定方法
3	GB/T 13465.1—2014	不透性石墨材料试验方法 第 1 部分：力学性能试验方法总则
4	GB/T 13465.2—2014	不透性石墨材料试验方法 第 2 部分：抗弯强度
5	GB/T 13465.3—2014	不透性石墨材料试验方法 第 3 部分：抗压强度
6	GB/T 13465.4—2014	不透性石墨材料试验方法 第 4 部分：冲击强度
7	GB/T 13465.5—2009	不透性石墨酚醛粘接剂收缩率试验方法
8	GB/T 13465.6—2009	不透性石墨管水压爆破试验方法
9	GB/T 13465.7—2009	不透性石墨增重率和填孔率试验方法
10	GB/T 13465.8—2009	不透性石墨粘接剂粘接剪切强度试验方法
11	GB/T 13465.9—2009	不透性石墨粘接剂粘接抗拉强度试验方法
12	GB/T 21921—2008	不透性石墨材料抗拉强度试验方法
13	GB/T 26961—2011	不透性石墨设备水压试验方法
14	HG/T 2378—2007	石墨粘接剂粘接抗拉强度试验方法
15	HG/T 2380—1992	石墨酚醛胶粘接剂收缩率试验方法
16	HG/T 2381—1992	不透性石墨管水压爆破试验方法
17	JB/T 7609—2006	炭石墨材料抗冲击强度试验方法
18	YB/T 5146—2000	高纯石墨制品灰分的测定

3. 玻璃钢制标准明细表

（1）玻璃钢制承压设备相关材料与产品标准明细表见表 2-4。

表 2-4　玻璃钢制承压设备相关材料与产品标准

序号	标准号	标准名称
1	GB/T 7190.1—2008	玻璃纤维增强塑料冷却塔　第 1 部分：中小型玻璃纤维增强塑料冷却塔
2	GB/T 7190.2—2008	玻璃纤维增强塑料冷却塔　第 2 部分：大型玻璃纤维增强塑料冷却塔
3	GB/T 8237—2005	纤维增强塑料用液体不饱和聚酯树脂
4	GB/T 14206—2015	玻璃纤维增强聚酯连续板
5	GB/T 21238—2016	玻璃纤维增强塑料夹砂管
6	GB/T 21492—2008	玻璃纤维增强塑料顶管
7	GB/T 24151—2009	塑料　玻璃纤维增强阻燃聚对苯二甲酸丁二醇酯专用料
8	GB/T 29165.1—2012	石油天然气工业　玻璃纤维增强塑料管　第 1 部分：词汇、符号、应用及材料
9	GB/T 29165.2—2012	石油天然气工业　玻璃纤维增强塑料管　第 2 部分：评定与制造
10	GB/T 29165.3—2015	石油天然气工业　玻璃纤维增强塑料管　第 3 部分：系统设计
11	GB/T 29165.4—2015	石油天然气工业　玻璃纤维增强塑料管　第 4 部分：装配、安装与运行
12	GB/T 29640—2013	塑料　玻璃纤维增强聚对苯二甲酰癸二胺
13	GB/T 31539—2015	结构用纤维增强复合材料拉挤型材
14	GB/T 32380—2015	用于石油产品、乙醇汽油的玻璃纤维增强塑料地下贮罐
15	GB 51160—2016	纤维增强料设备和管道工程技术规范（附条文说明）
16	HG/T 2128—2009	改性酚醛玻璃纤维增强塑料管技术条件
17	HG/T 2129—2009	改性酚醛玻璃纤维增强塑料管件技术条件
18	HG/T 2349—1992	聚酰胺 1010 树脂
19	HG/T 3732—2004	改性酚醛玻璃纤维增强塑料球阀技术条件
20	HG/T 3983—2007	耐化学腐蚀现场缠绕玻璃钢大型容器
21	HG/T 21633—1991	玻璃钢管和管件
22	HG/T 21636—1987	玻璃钢/聚氯乙烯（FRP/PVC）复合管和管件
23	HG/T 20520—1992	玻璃钢/聚氯乙烯（FRP/PVC）复合管道设计规定（附条文说明）
24	HG/T 21504.1—1992	玻璃钢储槽标准系列（VN0.5m^3～VN100m^3）（附条文说明）
25	HG/T 21504.2—1992	拼装式玻璃钢储罐标准系列（VN100m^3～VN500m^3）（附条文说明）
26	HG/T 21579—1995	聚丙烯/玻璃钢（PP/FRP）复合管及管件
27	HY/T 067—2002	水处理用玻璃钢罐
28	JB/T 7525—1994	聚丙烯-玻璃纤维增强塑料复合管和管件
29	JC/T 587—2012	玻璃纤维缠绕增强热固性树脂耐腐蚀立式贮罐
30	JC 692—1998	反渗透水处理装置用玻璃纤维增强塑料压力壳体
31	JC/T 2096—2011	玻璃纤维增强塑料高压管线管
32	JC/T 717—2010	地面用玻璃纤维增强塑料压力容器
33	JC/T 2286—2014	钢-玻璃纤维增强塑料双层埋地储油罐
34	SY/T 0326—2012	钢质储罐内衬环氧玻璃钢技术标准
35	SY/T 6946—2013	石油天然气工业不锈钢内衬玻璃钢复合管

（2）玻璃钢制承压设备相关方法标准明细表见表 2-5。

表 2-5 玻璃钢制承压设备相关方法标准

序号	标准号	标准名称
1	CB 1200.1—1988	玻璃钢构件的强度计算 单层结构
2	GB/T 1040.5—2008	塑料 拉伸性能的测定 第 5 部分：单向纤维增强复合材料的试验条件
3	GB/T 1040.4—2006	塑料 拉伸性能的测定 第 4 部分：各向同性和正交各向异性纤维增强复合材料的试验条件
4	GB/T 1446—2005	纤维增强塑料性能试验方法总则
5	GB/T 1447—2005	纤维增强塑料拉伸性能试验方法
6	GB/T 1448—2005	纤维增强塑料压缩性能试验方法
7	GB/T 1449—2005	纤维增强塑料弯曲性能试验方法
8	GB/T 1458—2008	纤维缠绕增强塑料环形试样力学性能试验方法
9	GB/T 1462—2005	纤维增强塑料吸水性试验方法
10	GB/T 1463—2005	纤维增强塑料密度和相对密度试验方法
11	GB/T 1634.2—2004	塑料 负荷变形温度的测定 第 2 部分：塑料、硬橡胶和长纤维增强复合材料
12	GB/T 2572—2005	纤维增强塑料平均线膨胀系数试验方法
13	GB/T 2573—2008	玻璃纤维增强塑料老化性能试验方法
14	GB/T 2576—2005	纤维增强塑料树脂不可溶分含量 试验方法
15	GB/T 2577—2005	玻璃纤维增强塑料树脂含量试验方法
16	GB/T 3139—2005	纤维增强塑料导热系数试验方法
17	GB/T 3140—2005	纤维增强塑料平均比热容试验方法
18	GB/T 3354—2014	定向纤维增强聚合物基复合材料拉伸性能试验方法
19	GB/T 3356—2014	定向纤维增强聚合物基复合材料弯曲性能试验方法
20	GB/T 3854—2005	增强塑料巴柯尔硬度试验方法
21	GB/T 3855—2005	碳纤维增强塑料树脂含量试验方法
22	GB/T 3856—2005	单向纤维增强塑料平板压缩性能试验方法
23	GB/T 3857—2005	玻璃纤维增强热固性塑料耐化学介质性能试验方法
24	GB/T 4944—2005	玻璃纤维增强塑料层合板层间拉伸强度 试验方法
25	GB/T 5009.125—2003	尼龙 6 树脂及成型品中己内酰胺的测定
26	GB/T 5258—2008	纤维增强塑料面内压缩性能试验方法
27	GB/T 5349—2005	纤维增强热固性塑料管轴向拉伸 性能试验方法
28	GB/T 5351—2005	纤维增强热固性塑料管短时水压 失效压力试验方法
29	GB/T 6011—2005	纤维增强塑料燃烧性能试验方法 炽热棒法
30	GB/T 6058—2005	纤维缠绕压力容器制备和内压试验方法
31	GB/T 8924—2005	纤维增强塑料燃烧性能试验方法 氧指数法
32	GB/T 9979—2005	纤维增强塑料高低温力学性能 试验准则
33	GB/T 16778—2009	纤维增强塑料结构件失效分析一般程序
34	GB/T 27797.1—2011	纤维增强塑料 试验板制备方法 第 1 部分：通则
35	GB/T 27797.2—2011	纤维增强塑料 试验板制备方法 第 2 部分：接触和喷射模塑
36	GB/T 27797.3—2011	纤维增强塑料 试验板制备方法 第 3 部分：湿法模型
37	GB/T 27797.4—2013	纤维增强塑料 试验板制备方法 第 4 部分：预浸料模塑

续表

序号	标准号	标准名称
38	GB/T 27797.5—2011	纤维增强塑料 试验板制备方法 第5部分：缠绕成型
39	GB/T 27797.6—2011	纤维增强塑料 试验板制备方法 第6部分：拉挤模塑
40	GB/T 27797.7—2011	纤维增强塑料 试验板制备方法 第7部分：树脂传递模塑
41	GB/T 27797.8—2011	纤维增强塑料 试验板制备方法 第8部分：SMC及BMC模塑
42	GB/T 27797.9—2011	纤维增强塑料 试验板制备方法 第9部分：GMT/STC模塑
43	GB/T 27797.10—2011	纤维增强塑料 试验板制备方法 第10部分：BMC和其他长纤维模塑料注射模塑 一般原理和通用试样模塑
44	GB/T 27797.11—2011	纤维增强塑料 试验板制备方法 第11部分：BMC和其他长纤维模塑料注射模塑 小方片
45	GB/T 30022—2013	纤维增强复合材料筋基本力学性能试验方法
46	GB/T 30967—2014	复合材料纤维增强体取向编码方法
47	JC/T 778—2010	玻璃纤维增强塑料板材和蜂窝夹层结构弯曲蠕变试验方法

4. 塑料钢制标准明细表

（1）塑料钢制承压设备相关材料与产品标准明细表见表2-6。

表2-6　塑料制承压设备相关材料与产品标准

序号	标准号	标准名称
1	GB/T 4219.1—2008	工业用硬聚氯乙烯（PVC-U）管道系统 第1部分：管材
2	GB/T 4219.2—2015	工业用硬聚氯乙烯（PVC-U）管道系统 第2部分：管件
3	GB/T 5761—2006	悬浮法通用型聚氯乙烯树脂
4	GB/T 5836.1—2006	建筑排水用硬聚氯乙烯（PVC-U）管材
5	GB/T 5836.2—2006	建筑排水用硬聚氯乙烯（PVC-U）管件
6	GB/T 8804.2—2003	热塑性塑料管材 拉伸性能测定 第2部分：硬聚氯乙烯（PVC-U）、氯化聚氯乙烯（PVC-C）和高抗冲聚氯乙烯（PVC-HI）管材
7	GB/T 10002.1—2006	给水用硬聚氯乙烯（PVC-U）管材
8	GB/T 10002.2—2003	给水用硬聚氯乙烯（PVC-U）管件
9	GB/T 10002.3—2011	给水用硬聚氯乙烯（PVC-U）阀门
10	GB/T 10009—1988	丙烯腈-丁二烯-苯乙烯（ABS）塑料挤出板材
11	GB/T 11115—2009	聚乙烯（PE）树脂
12	GB/T 12670—2008	聚丙烯（PP）树脂
13	GB/T 12671—2008	聚苯乙烯（PS）树脂
14	GB/T 12672—2009	丙烯腈-丁二烯-苯乙烯（ABS）树脂
15	GB/T 13508—2011	聚乙烯吹塑容器
16	GB/T 13663—2000	给水用聚乙烯（PE）管材

续表

序号	标准号	标准名称
17	GB/T 13663.2—2005	给水用聚乙烯（PE）管道系统 第 2 部分：管件
18	GB 15558.1—2015	燃气用埋地聚乙烯（PE）管道系统 第 1 部分：管材
19	GB 15558.2—2005	燃气用埋地聚乙烯（PE）管道系统 第 2 部分：管件
20	GB 15558.3—2008	燃气用埋地聚乙烯（PE）管道系统 第 3 部分：阀门
21	GB/T 15700—2008	聚四氟乙烯波纹补偿器
22	GB/T 18477.1—2007	埋地排水用硬聚氯乙烯（PVC-U）结构壁管道系统 第 1 部分：双壁波纹管材
23	GB/T 18477.2—2011	埋地排水用硬聚氯乙烯（PVC-U）结构壁管道系统 第 2 部分：加筋管材
24	GB/T 18477.3—2009	埋地排水用硬聚氯乙烯（PVC-U）结构壁管道系统 第 3 部分：双层轴向中空壁管材
25	GB/T 18742.2—2002	冷热水用聚丙烯管道系统 第 2 部分：管材
26	GB/T 18742.3—2002	冷热水用聚丙烯管道系统 第 3 部分：管件
27	GB/T 18992.2—2003	冷热水用交联聚乙烯（PE-X）管道系统 第 2 部分：管材
28	GB/T 18993.2—2003	冷热水用氯化聚氯乙烯（PVC-C）管道系统 第 2 部分：管材
29	GB/T 18993.3—2003	冷热水用氯化聚氯乙烯（PVC-C）管道系统 第 3 部分：管件
30	GB/T 18998.2—2003	工业用氯化聚氯乙烯（PVC-C）管道系统 第 2 部分：管材
31	GB/T 18998.3—2003	工业用氯化聚氯乙烯（PVC-C）管道系统 第 3 部分：管件
32	GB/T 19472.1—2004	埋地用聚乙烯（PE）结构壁管道系统 第 1 部分：聚乙烯双壁波纹管材
33	GB/T 19472.2—2004	埋地用聚乙烯（PE）结构壁管道系统 第 2 部分：聚乙烯缠绕结构壁管材
34	GB/T 20207.1—2006	丙烯腈-丁二烯－苯乙烯（ABS）压力管道系统 第 1 部分：管材
35	GB/T 20207.2—2006	丙烯腈-丁二烯-苯乙烯（ABS）压力管道系统 第 2 部分：管件
36	GB/T 20674.1—2006	塑料管材和管件 聚乙烯系统熔接设备 第 1 部分：热熔对接
37	GB/T 20674.2—2006	塑料管材和管件 聚乙烯系统熔接设备 第 2 部分：电熔连接
38	GB/T 22271.3—2016	塑料 聚甲醛（POM）模塑和挤塑材料 第 3 部分：通用产品要求
39	GB/T 22789.1—2008	硬质聚氯乙烯板材 分类、尺寸和性能 第 1 部分：厚度 1mm 以上板材
40	GB/T 24150—2009	塑料 阻燃抗冲击聚苯乙烯专用料
41	GB/T 24452—2009	建筑物内排污、废水（高、低温）用氯化聚氯乙烯（PVC-C）管材和管件
42	GB/T 24456—2009	高密度聚乙烯硅芯管
43	GB/T 25197—2010	静置常压焊接热塑性塑料储罐（槽）
44	GB 26255.1—2010	燃气用聚乙烯管道系统的机械管件 第 1 部分：公称外径不大于 63mm 的管材用钢塑转换管件
45	GB 26255.2—2010	燃气用聚乙烯管道系统的机械管件 第 2 部分：公称外径大于 63mm 的管材用钢塑转换管件
46	GB/T 28799.2—2012	冷热水用耐热聚乙烯（PE-RT）管道系统 第 2 部：管材
47	GB/T 29554—2013	超高分子量聚乙烯纤维
48	GB/T 30772—2014	酚醛模塑料用酚醛树脂

续表

序号	标准号	标准名称
49	GB/T 31403—2015	塑料 丙烯腈-丁二烯-苯乙烯/聚甲基丙烯酸甲酯合金
50	GB/T 32018.1—2015	给水用抗冲改性聚氯乙烯（PVC-M）管道系统 第 1 部分：管材
51	GB/T 32018.2—2015	给水用抗冲改性聚氯乙烯（PVC-M）管道系统 第 2 部分：管件
52	CJ/T 272—2008	给水用抗冲改性聚氯乙烯（PVC-M）管材及管件
53	HG/T 2904—1997	模塑和挤塑用聚全氟乙丙烯树脂
54	HG/T 4750—2014	塑料焊接机具 挤出焊枪
55	HG/T 4751—2014	塑料焊接机具 热风焊枪
56	HG/T 20539—1992	增强聚丙烯（FRPP）管和管件（附编制说明）
57	HG/T 20640—1997	塑料设备
58	HG/T 21561—1994	丙烯腈-丁二烯-苯乙烯（ABS）管和管件（附编制说明）
59	NB/T 47003.1—2009	钢制焊接常压容器（附标准释义）（同 JB/T 4735.1—2009）
60	QB/T 1916—2004	硬聚氯乙烯（PVC-U）双壁波纹管材
61	QB/T 1929—2006	埋地给水用聚丙烯（PP）管材
62	QB/T 1930—2006	给水用低密度聚乙烯管材
63	QB/T 2029—1994	丙烯腈-丁二烯-苯乙烯/聚氯乙烯（ABS/PVC）片材
64	QB/T 2471—2000	聚丙烯（PP）挤出片材
65	QB/T 2480—2000	建筑用硬聚氯乙烯（PVC-U）雨落水管材及管件
66	QB/T 2490—2000	聚乙烯（PE）挤出板材
67	QB/T 2568—2002	硬聚氯乙烯（PVC-U）塑料管道系统用溶剂型胶粘剂
68	QB/T 2668—2004	超高分子量聚乙烯管材
69	QB/T 2783—2006	埋地钢塑复合缠绕排水管材
70	QB/T 2892—2007	给水用聚乙烯（PE）柔性承插式管材
71	QB/T 3632—1999	聚氯乙烯热收缩薄膜、套管
72	QB/T 3802—1999	化工用硬聚氯乙烯管件

（2）塑料钢制承压设备相关方法标准明细表见表 2-7。

表 2-7　塑料制承压设备相关方法标准

序号	标准号	标准名称
1	GB/T 1040.1—2006	塑料 拉伸性能的测定 第 1 部分：总则
2	GB/T 1040.2—2006	塑料 拉伸性能的测定 第 2 部分：模塑和挤塑塑料的试验条件
3	GB/T 1040.3—2006	塑料 拉伸性能的测定 第 3 部分：薄膜和薄片的试验条件
4	GB/T 1041—2008	塑料 压缩性能的测定

续表

序号	标准号	标准名称
5	GB/T 1043.1—2008	塑料 简支梁冲击性能的测定 第 1 部分：非仪器化冲击试验
6	GB/T 1633—2000	热塑性塑料维卡软化温度（VST）的测定
7	GB/T 1634.1—2004	塑料 负荷变形温度的测定 第 1 部分：通用试验方法
8	GB/T 1634.2—2004	塑料 负荷变形温度的测定 第 2 部分：塑料、硬橡胶和长纤维增强复合材料
9	GB/T 1634.3—2004	塑料 负荷变形温度的测定 第 3 部分：高强度热固性层压材料
10	GB/T 1842—2008	塑料 聚乙烯环境应力开裂试验方法
11	GB/T 1843—2008	塑料 悬臂梁冲击强度的测定
12	GB/T 2546.2—2003	塑料 聚丙烯（PP）模塑和挤出材料 第 2 部分：试样制备和性能测定
13	GB/T 2918—1998	塑料试样状态调节和试验的标准环境
14	GB/T 3682—2000	热塑性塑料熔体质量流动速率和熔体体积流动速率的测定
15	GB/T 5470—2008	塑料 冲击法脆化温度的测定
16	GB/T 6111—2003	流体输送用热塑性塑料管材耐内压试验方法
17	GB/T 6671—2001	热塑性塑料管材 纵向回缩率的测定（包含修改单 1）
18	GB/T 7141—2008	塑料热老化试验方法
19	GB/T 7142—2002	塑料长期热暴露后时间-温度极限的测定
20	GB/T 8324—2008	塑料 模塑材料体积系数的测定
21	GB/T 8721—2009	炭素材料抗拉强度测定方法
22	GB/T 8801—2007	硬聚氯乙烯（PVC-U）管件坠落试验方法
23	GB/T 8802—2001	热塑性塑料管材、管件 维卡软化温度的测定
24	GB/T 8803—2001	注射成型硬质聚氯乙烯（PVC-U）、氯化聚氯乙烯（PVC-C）、丙烯腈-丁二烯-苯乙烯三元共聚物（ABS）和丙烯腈-苯乙烯-丙烯酸盐三元共聚物（ASA）管件热烘箱试验方法
25	GB/T 8804.1—2003	热塑性塑料管材 拉伸性能测定 第 1 部分：试验方法总则
26	GB/T 8804.3—2003	热塑性塑料管材 拉伸性能测定 第 3 部分：聚烯烃管材
27	GB/T 8806—2008	塑料管道系统 塑料部件 尺寸的测定
28	GB/T 9341—2008	塑料 弯曲性能的测定
29	GB/T 9345.5—2010	塑料 灰分的测定 第 5 部分：聚氯乙烯
30	GB/T 9348—2008	塑料 聚氯乙烯树脂 杂质与外来粒子数的测定
31	GB/T 9349—2002	聚氯乙烯、相关含氯均聚物和共聚物及其共混物热稳定性的测定 变色法
32	GB/T 9352—2008	塑料 热塑性塑料材料试样的压塑
33	GB/T 9647—2003	热塑性塑料管材环刚度的测定
34	GB/T 11546.1—2008	塑料 蠕变性能的测定 第 1 部分：拉伸蠕变
35	GB/T 11547—2008	塑料 耐液体化学试剂性能的测定
36	GB/T 12001.2—2008	塑料 未增塑聚氯乙烯模塑和挤出材料 第 2 部分：试样制备和性能测定

续表

序号	标准号	标准名称
37	GB/T 13454.2—2013	塑料 粉状三聚氰胺-甲醛模塑料（MF-PMCs） 第 2 部分：试样制备和性能测定
38	GB/T 13454.3—2013	塑料 粉状三聚氰胺-甲醛模塑料（MF-PMCs） 第 3 部分：选定模塑料的要求
39	GB/T 13525—1992	塑料拉伸冲击性能试验方法
40	GB/T 13526—2007	硬聚氯乙烯（PVC-U）管材 二氯甲烷浸渍试验方法
41	GB/T 14152—2001	热塑性塑料管材耐外冲击性能试验方法 时针旋转法
42	GB/T 15560—1995	流体输送用塑料管材液压瞬时爆破和耐压试验方法
43	GB/T 15598—1995	塑料剪切强度试验方法 穿孔法
44	GB/T 15820—1995	聚乙烯压力管材与管件连接的耐拉拔试验
45	GB/T 17037.1—1997	热塑性塑料材料注塑试样的制备 第 1 部分：一般原理及多用途试样和长条试样的制备
46	GB/T 17037.3—2003	塑料 热塑性塑料材料注塑试样的制备 第 3 部分：小方试片
47	GB/T 17037.4—2003	塑料 热塑性塑料材料注塑试样的制备 第 4 部分：模塑收缩率的测定
48	GB/T 17391—1998	聚乙烯管材与管件热稳定性试验方法
49	GB/T 18042—2000	热塑性塑料管材蠕变比率的试验方法
50	GB/T 18252—2008	塑料管道系统 用外推法确定热塑性塑料材料以管材形式的长期静液压强度
51	GB/T 18476—2001	流体输送用聚烯烃管材 耐裂纹扩展的测定 切口管材裂纹慢速增长的试验方法（切口试验）
52	GB/T 18743—2002	流体输送用热塑性塑料管材简支梁冲击试验方法
53	GB/T 18964.2—2003	塑料 抗冲击聚苯乙烯（PS-I）模塑和挤出材料 第 2 部分：试样制备和性能测定
54	GB/T 19279—2003	聚乙烯管材 耐慢速裂纹增长 锥体试验方法
55	GB/T 19280—2003	流体输送用热塑性塑料管材 耐快速裂纹扩展(RCP)的测定 小尺寸稳态试验(S4 试验)
56	GB/T 19466.6—2009	塑料 差示扫描量热法（DSC） 第 6 部分：氧化诱导时间（等温 OIT）和氧化诱导温度（动态 OIT）的测定
57	GB/T 19471.1—2004	塑料管道系统 硬聚氯乙烯（PVC-U）管材弹性密封圈式承口接头 偏角密封试验方法
58	GB/T 19471.2—2004	塑料管道系统 硬聚氯乙烯（PVC-U）管材弹性密封圈式承口接头 负压密封试验方法
59	GB/T 19712—2005	塑料管材和管件 聚乙烯（PE）鞍形旁通 抗冲击试验方法
60	GB/T 19806—2005	塑料管材和管件 聚乙烯电熔组件的挤压剥离试验
61	GB/T 19807—2005	塑料管材和管件 聚乙烯管材和电熔管件 组合试件的制备
62	GB/T 19808—2005	塑料管材和管件 公称外径大于或等于 90mm 的聚乙烯电熔组件的拉伸剥离试验
63	GB/T 19809—2005	塑料管材和管件 聚乙烯（PE）管材/管材或管材/管件热熔对接组件的制备
64	GB/T 19810—2005	聚乙烯（PE）管材和管件热熔对接接头拉伸强度和破坏形式的测定
65	GB/T 19993—2005	冷热水用热塑性塑料管道系统 管材管件组合系统热循环试验方法
66	GB/T 20417.2—2006	塑料丙烯腈-丁二烯-苯乙烯（ABS）模塑和挤出材料 第 2 部分：试样制备和性能测定

续表

序号	标准号	标准名称
67	GB/T 21189—2007	塑料简支梁、悬臂梁和拉伸冲击试验用摆锤冲击试验机的检验
68	GB/T 21461.2—2008	塑料 超高分子量聚乙烯（PE-UHMW）模塑和挤出材料 第 2 部分：试样制备和性能测定
69	GB/T 22271.2—2008	塑料 聚甲醛（POM）模塑和挤塑材料 第 2 部分：试样制备和性能测定
70	GB/T 23653—2009	塑料 通用型聚氯乙烯树脂 热增塑剂吸收量的测定
71	GB/T 29460—2012	含缺陷聚乙烯管道电熔接头安全评定
72	GB/T 29461—2012	聚乙烯管道电熔接头超声检测
73	GB/T 3398.1—2008	塑料 硬度测定 第 1 部分：球压痕法
74	GB/T 30924.2—2014	塑料 乙烯-乙酸乙烯酯（EVAC）模塑和挤出材料 第 2 部分：试样制备和性能测定
75	GB/T 3398.2—2008	塑料 硬度测定 第 2 部分：洛氏硬度
76	HG/T 4280—2011	塑料焊接工艺评定
77	HG/T 4281—2011	塑料焊接工艺规程
78	HG/T 4282—2011	塑料焊接试样 拉伸检测方法
79	HG/T 4283—2011	塑料焊接试样 弯曲检测方法
80	HG/T 5103—2016	塑料冷焊接工艺评定
81	HG/T 5104—2016	塑料冷焊接工艺规程
82	JB/T 12530.1—2015	塑料焊缝无损检测方法 第 1 部分：通用要求
83	JB/T 12530.2—2015	塑料焊缝无损检测方法 第 2 部分：目视检测
84	JB/T 12530.3—2015	塑料焊缝无损检测方法 第 3 部分：射线检测
85	JB/T 12530.4—2015	塑料焊缝无损检测方法 第 4 部分：超声检测
86	NB/T 47013.1—2015	承压设备无损检测 第 1 部分：通用要求
87	QB/T 2803—2006	硬质塑料管材弯曲度测量方法
88	QB/T 3801—1999	化工用硬聚氯乙烯管材的腐蚀度试验方法

5. 衬里制标准明细表

（1）衬里制承压设备相关材料与产品标准见表 2-8。

表 2-8　衬里制承压设备相关材料与产品标准

序号	标准号	标准名称
1	GB/T 19352.1—2003	热喷涂 热喷涂结构的质量要求 第 1 部分：选择和使用指南
2	GB/T 19352.2—2003	热喷涂 热喷涂结构的质量要求 第 2 部分：全面的质量要求
3	GB/T 19352.3—2003	热喷涂 热喷涂结构的质量要求 第 3 部分：标准的质量要求
4	GB/T 19352.4—2003	热喷涂 热喷涂结构的质量要求 第 4 部分：基本的质量要求

续表

序号	标准号	标准名称
5	GB/T 19356—2003	热喷涂 粉末 成份和供货技术条件
6	GB/T 23257—2009	埋地钢质管道聚乙烯防腐层
7	GB/T 26500—2011	氟塑料衬里钢管、管件通用技术要求
8	GB/T 26501—2011	氟塑料衬里压力容器 通用技术条件
9	GB/T 29037—2012	热喷涂 抗高温腐蚀和氧化的保护涂层
10	GB/T 30923—2014	塑料 聚丙烯（PP）熔喷专用料
11	HG/T 2437—2006	塑料衬里复合钢管和管件
12	HG/T 2902—1997	模塑用聚四氟乙烯树脂
13	HG/T 2903—1997	模塑用细颗粒聚四氟乙烯树脂
14	HG/T 3028—1999	糊状挤出用聚四氟乙烯树脂
15	HG/T 3215—1986	聚三氟氯乙烯塑料衬里截止阀
16	HG/T 3704—2003	氟塑料衬里阀门通用技术条件
17	HG/T 3705—2003	金属网聚四氟乙烯复合管与管件
18	HG/T 3915—2006	氟塑料衬里反应釜
19	HG/T 3985—2007	聚四氟乙烯波纹管膨胀节
20	HG/T 4077—2009	防腐蚀涂层涂装技术规范
21	HG/T 4088—2009	塑料衬里设备 通用技术条件
22	HG/T 4112—2009	塑料衬里储槽和罐式容器技术条件
23	HG/T 4277—2011	钢制塑料衬里塔式容器技术条件
24	HG/T 4304—2012	耐蚀聚烯烃（PO）塑料衬里技术条件
25	HG/T 4584—2014	化工用等静压成型衬聚四氟乙烯管道、管配件
26	HG 20538—2016	衬塑钢管和管件选用系列
27	HG/T 20536—1993	聚四氟乙烯衬里设备
28	HG/T 20676—1990	砖板衬里化工设备（附编制说明）
29	HG/T 20678—2000	衬里钢壳设计技术规定
30	HG/T 21501—1993	衬胶钢管和管件
31	HG/T 21562—1994	衬聚四氟乙烯钢管和管件（附编制说明）
32	JB/T 10688—2006	聚四氟乙烯垫片 技术条件
33	QB/T 3625—1999	聚四氟乙烯板材
34	QB/T 4041—2010	聚四氟乙烯棒材
35	QB/T 4877—2015	聚四氟乙烯管材
36	QB/T 4883—2015	聚全氟乙丙烯管材
37	SH/T 3154—2009	石油化工非金属衬里管道技术规范
38	SY/T 6856—2012	石油天然气工业复合材料内衬钢管

（2）衬里制承压设备相关方法标准见表 2-9。

表 2-9 衬里制承压设备相关方法标准

序号	标准号	标准名称
1	GB/T 8642—2002	热喷涂 抗拉结合强度的测定
2	GB/T 8923.1—2011	涂覆涂料前钢材表面处理 表面清洁度的目视评定 第 1 部分：未涂覆过的钢材表面和全面清除原有涂层后的钢材表面的锈蚀等级和处理等级
3	GB/T 8923.2—2008	涂覆涂料前钢材表面处理 表面清洁度的目视评定 第 2 部分：已涂覆过的钢材表面局部清除原有涂层后的处理等级
4	GB/T 8923.3—2009	涂覆涂料前钢材表面处理 表面清洁度的目视评定 第 3 部分：焊缝、边缘和其他区域的表面缺陷的处理等级
5	GB/T 8923.4—2013	涂覆涂料前钢材表面处理 表面清洁度的目视评定 第 4 部分：与高压水喷射处理有关的初始表面状态、处理等级和闪锈等级
6	GB/T 11374—2012	热喷涂涂层厚度的无损测量方法
7	GB/T 23711.1—2009	氟塑料衬里压力容器 电火花试验方法
8	GB/T 23711.2—2009	氟塑料衬里压力容器 耐低温试验方法
9	GB/T 23711.3—2009	氟塑料衬里压力容器 耐高温试验方法
10	GB/T 23711.4—2009	氟塑料衬里压力容器 耐真空试验方法
11	GB/T 23711.5—2009	氟塑料衬里压力容器 热胀冷缩试验方法
12	GB/T 23711.6—2009	氟塑料衬里压力容器 压力试验方法
13	GB/T 31564—2015	热喷涂 热喷涂沉积效率的测定
14	HG/T 2900—1997	聚四氟乙烯树脂体积密度试验方法
15	HG/T 2901—1997	聚四氟乙烯树脂粒径试验方法
16	HG/T 4089—2009	塑料衬里设备 水压试验方法
17	HG/T 4090—2009	塑料衬里设备 电火花试验方法
18	HG/T 4091—2009	塑料衬里设备 耐温试验方法
19	HG/T 4092—2009	塑料衬里设备 热胀冷缩试验方法
20	HG/T 4093—2009	塑料衬里设备 衬里耐负压试验方法

6. 搪玻璃制标准明细表

（1）搪玻璃制承压设备相关材料与产品标准见表 2-10。

表 2-10 搪玻璃制承压设备相关材料与产品标准

序号	标准号	标准名称
1	GB/T 7996—2013	搪玻璃容器公称容积与公称直径
2	GB 25025—2010	搪玻璃设备技术条件
3	GB/T 25026—2010	搪玻璃闭式搅拌容器
4	GB/T 25027—2010	搪玻璃开式搅拌容器

续表

序号	标准号	标准名称
5	HG/T 2048.1—2012	搪玻璃填料箱
6	HG/T 2049—2012	搪玻璃设备 高颈法兰
7	HG/T 2050—2013	搪玻璃设备 垫片
8	HG/T 2051.1—2013	搪玻璃搅拌器 锚式搅拌器
9	HG/T 2051.2—2013	搪玻璃搅拌器 框式搅拌器
10	HG/T 2051.3—2013	搪玻璃搅拌器 叶轮式搅拌器
11	HG/T 2051.4—2013	搪玻璃搅拌器 桨式搅拌器
12	HG/T 2052—2013	搪玻璃设备 传动装置
13	HG/T 2053—2012	搪玻璃设备 人孔法兰
14	HG/T 2054—2007	搪玻璃设备 卡子
15	HG/T 2055.1—2015	搪玻璃人孔
16	HG/T 2055.2—2013	搪玻璃带视镜人孔
17	HG/T 2105—2011	搪玻璃设备 活套法兰
18	HG/T 2130—2014	搪玻璃管
19	HG/T 2131—2014	搪玻璃 30°弯头
20	HG/T 2132—2014	搪玻璃 45°弯头
21	HG/T 2133—2014	搪玻璃 60°弯头
22	HG/T 2134—2014	搪玻璃 90°弯头
23	HG/T 2135—2014	搪玻璃 180°弯头
24	HG/T 2136—2015	搪玻璃三通
25	HG/T 2137—2015	搪玻璃四通
26	HG/T 2138—2015	搪玻璃同心异径管
27	HG/T 2139—2015	搪玻璃偏心异径管
28	HG/T 2140—2015	搪玻璃异径法兰
29	HG/T 2141—2015	搪玻璃法兰盖
30	HG/T 2142—2015	搪玻璃定距件
31	HG/T 2143—2012	搪玻璃设备 管口
32	HG/T 2144—2012	搪玻璃设备 视镜
33	HG/T 2145.1—2015	搪玻璃平盖手孔
34	HG/T 2145.2—2015	搪玻璃带视镜手孔
35	HG/T 2145.3—2015	搪玻璃快开手孔
36	HG/T 2145.4—2015	搪玻璃带视镜快开手孔
37	HG/T 2374—2011	搪玻璃闭式贮存容器

续表

序号	标准号	标准名称
38	HG/T 2375—2011	搪玻璃卧式贮存容器
39	HG/T 2434—2012	搪玻璃阀门技术条件
40	HG/T 2638—2011	搪玻璃设备质量分等
41	HG/T 3217—2016	搪玻璃上展式放料阀
42	HG/T 3218—2016	搪玻璃下展式放料阀
43	HG/T 3219—2016	搪玻璃平面阀
44	HG/T 3220—2016	搪玻璃球阀
45	HG/T 4286—2011	搪玻璃换热管
46	HG/T 4798—2014	搪玻璃釉

（2）搪玻璃制承压设备相关方法标准见表 2-11。

表 2-11　搪玻璃制承压设备相关方法标准

序号	标准号	标准名称
1	GB/T 7987—2013	搪玻璃层耐温差急变性试验方法
2	GB/T 7988—2013	搪玻璃釉 耐碱性溶液腐蚀性能的测定
3	GB/T 7989—2013	搪玻璃釉 耐沸腾酸及其蒸气腐蚀性能的测定
4	GB/T 7990—2013	搪玻璃层耐机械冲击试验方法
5	GB/T 7991.5—2014	搪玻璃层试验方法 第 5 部分：用电磁法测量厚度
6	GB/T 7991.6—2014	搪玻璃层试验方法 第 6 部分：高电压试验
7	GB/T 7991.9—2014	搪玻璃层试验方法 第 9 部分：抗拉强度的测定
8	GB/T 7991.10—2014	搪玻璃层试验方法 第 10 部分：铅、镉溶出量的测定
9	GB/T 7994.1—2014	搪玻璃设备试验方法 第 1 部分：水压试验
10	GB/T 7994.2—2014	搪玻璃设备试验方法 第 2 部分：气密性试验
11	GB/T 9988—1988	搪瓷耐碱性能测试方法
12	GB/T 9989.1—2015	搪瓷耐化学侵蚀的测定 第 1 部分：室温下耐酸侵蚀的测定
13	GB/T 9989.2—2015	搪瓷耐化学侵蚀的测定 第 2 部分：耐沸腾酸、沸腾中性液体及其蒸气化学侵蚀的测定
14	GB/T 9989.3—2015	搪瓷耐化学侵蚀的测定 第 3 部分：用六角形容器进行耐碱溶液侵蚀的测定
15	GB/T 9989.4—2015	搪瓷耐化学侵蚀的测定 第 4 部分：用圆柱形容器进行耐碱溶液侵蚀的测定
16	GB/T 9989.5—2015	搪瓷耐化学侵蚀的测定 第 5 部分：在封闭系统中耐化学侵蚀的测定
17	GB/T 19353—2003	搪玻璃釉 密闭系统中的腐蚀试验
18	GB/T 25144—2010	搪玻璃釉平均线热膨胀系数的测定方法
19	GB/T 30199—2013	搪玻璃层抗划伤性能的测定
20	HG/T 2377—2009	搪玻璃层耐沸腾水腐蚀性能的测定
21	HG/T 2637—2011	搪玻璃设备试验方法 第1部分：水压试验
22	HG/T 3221—2009	搪玻璃层耐温差急变性试验方法

2.3　国外非金属承压设备的标准体系

2.3.1　非金属承压设备相关国外标准组成

国外非金属承压设备标准体系主要有美国法规所引用的压力管道标准：主要为美国国家标准学会（American National Standards Institute，ANSI）、美国机械工程师协会、美国石油学会（American Petroleum Institute，API）、美国材料与试验协会（American Society for Testing and Materials，ASTM）及美国腐蚀工程师学会（National Association and Corrosion Engineers，NACE）、美国阀门及管件制造商工业标准化协会（Manufacturers Standardization Society of the Valve and Fitting Industry，MSS）等组织颁布的标准。另外，还包括制造单位及检验机构审查认证、检验人员资格认证等方面的标准，以及欧盟、加拿大和澳大利亚等国际组织和国家压力管道安全法规标准体系所引用的标准组成。

2.3.2　非金属承压设备相关国外标准体系表

（1）石墨制承压设备相关国外标准见表 2-12。

表 2-12　石墨制承压设备相关国外标准

序号	标准号	标准名称（英文）
1	ASTM C1025-2015	Standard Test Method for Modulus of Rupture in Bending of Electrode Graphite [石墨电极挠曲断裂模数的试验方法]
2	ASTM C1179-2015	Standard Test Method for Oxidation Mass Loss of Manufactured Carbon and Graphite Materials in Air [成品碳素材料和石墨材料空气中氧化重量损失的试验方法]
3	ASTM C560-2015	Standard Test Methods for Chemical Analysis of Graphite [石墨化学分析试验方法]
4	ASTM C561-2016	Standard Test Method for Ash in a Graphite Sample [石墨样品中灰分的试验方法]
5	ASTM C562-2015	Standard Test Method for Moisture in a Graphite Sample [石墨样品中水分的试验方法]
6	ASTM C565-2015	Standard Test Methods for Tension Testing of Carbon and Graphite Mechanical Materials [机制碳和石墨材料拉力试验方法]
7	ASTM C611-1998（2010）e1	Standard Test Method for Electrical Resistivity of Manufactured Carbon and Graphite Articles at Room Temperature [室温下成品碳和石墨制品电阻率的试验方法]
8	ASTM C651-2015	Standard Test Method for Flexural Strength of Manufactured Carbon and Graphite Articles Using Four-Point Loading at Room Temperature [室温下用四点负荷法测定成品炭及石墨制品抗挠强度的试验方法]
9	ASTM C695-2015	Standard Test Method for Compressive Strength of Carbon and Graphite [碳和石墨抗压强度试验方法]

续表

序号	标准号	标准名称（英文）
10	ASTM C709-2009	Standard Terminology Relating to Manufactured Carbon and Graphite [有关成品炭和石墨的术语]
11	ASTM C714-2005	Standard Test Method for Thermal Diffusivity of Carbon and Graphite by a Thermal Pulse Method [用热脉冲法对碳和石墨热扩散率的试验方法]
12	ASTM C749-2015	Standard Test Method for Tensile Stress-Strain of Carbon and Graphite [碳及石墨拉伸应力-应变试验方法]
13	ASTM C838-2016	Standard Test Method for Bulk Density of As-Manufactured Carbon and Graphite Shapes [人造炭精及石墨型材体积密度试验方法]
14	ASTM C886-1998（2015）	Standard Test Method for Scleroscope Hardness Testing of Carbon and Graphite Materials [测试碳和石墨材料回跳硬度的试验方法]
15	ASTM D7775-2011（2015）	Standard Guide for Measurements on Small Graphite Specimens [小石墨试样测量指南]
16	ASTM D7779-2011（2015）	Standard Test Method for Determination of Fracture Toughness of Graphite at Ambient Temperature [室温下测定石墨断裂韧性的试验方法]
17	ASTM D7972-2014	Standard Test Method for Flexural Strength of Manufactured Carbon and Graphite Articles Using Three-Point Loading at Room Temperature [室温下用三点法载荷试验测定制造的碳和石墨制品弯曲强度的试验方法]
18	EN 13445-6/PRA1-2013	Unfired pressure vessels-Part 6: Requirements for the design and fabrication of pressure vessels and pressure parts constructed from spheroidal graphite cast iron [非火加热的压力容器 第 6 部分：由球形石墨铸铁生产的压力容器和压力零部件的设计和生产要求]
19	GOST 17022-1981	Graphite. Types，marks and general technical requirements [石墨 类型、牌号和一般技术要求]
20	GOST 18191-1978	Special graphite with low ash content. Specifications [低灰分专用石墨 技术条件]
21	GOST 23463-1979	High purity graphite powder. Technical specifications [高纯粉状石墨 技术条件]
22	GOST 5420-1974	Cryptocrystalline graphite. Specifications [隐晶石墨 技术条件]
23	JIS M8511-2014	Methods for industrial analysis and testing of natural graphite [天然石墨工业分析和试验方法]
24	JIS M8601-2005	Natural graphite [天然石墨]
25	JIS R7222-1997	Test methods for physical properties of graphite materials [石墨原料物理性质测定方法]
26	KS E3801-1969（2006）	Crystalline graphite [鳞状石墨]
27	KS E3802-1974（2006）	Amorphous graphite [土状石墨]
28	AD2000-规范 N2	Pressure vessel using electric graphite and graphite as raw material [以电石墨和碳烧结石墨为原料的压力容器]
29	ASME Ⅷ卷	Requirements for pressure vessels made of impregnated graphite [对浸渍石墨制压力容器的要求（2015 年版）]

（2）玻璃钢制承压设备相关国外标准见表 2-13。

表 2-13 玻璃钢制承压设备相关国外标准

序号	标准号	标准名称（英文）
1	ISO 10952-2014	Plastics piping systems. Glass-reinforced thermosetting plastics（GRP）pipes and fittings. Determination of the resistance to chemical attack for the inside of a section in a deflected condition [塑料管道系统 玻璃纤维增强热固性塑料（GRP）管道和配件 在偏转条件下截面内部耐化学侵蚀的测定]
2	ISO 14692-1-2002	Petroleum and natural gas industries glass-reinforced plastics（GRP）piping. Part 1：Vocabulary，symbols，applications and materials first edition [石油和天然气工业 玻璃增强塑料（GRP）管 第 1 部分：术语、符合、应用和材料]
3	ISO 14692-2-2002	Petroleum and natural gas industries glass-reinforced plastics（GRP）piping. Part 2：Qualification and manufacture first edition [石油和天然气工业 玻璃增强塑料（GRP）管 第 2 部分：鉴定与加工]
4	ISO 14692-3-2002	Petroleum and natural gas industries glass-reinforced plastics（GRP）piping. Part 3：System design first edition [石油和天然气工业 玻璃增强塑料（GRP）管 第 3 部分：系统设计]
5	ISO 14692-4-2002	Petroleum and natural gas industries glass-reinforced plastics（GRP）piping. Part 4：Fabrication，installation and operation first edition [石油和天然气工业 玻璃增强塑料（GRP）管 第 4 部分：加工、安装和操作]
6	ISO 16486-1-2012	Plastics piping systems for the supply of gaseous fuels. Unplasticized polyamide（PA-U）piping systems with fusion jointing and mechanical jointing. Part 1：General [气态燃料供给用塑料管道系统 带熔接和机械连接的未增塑聚酰胺（PA-U）管道系统 第 1 部分：总则]
7	ISO 16486-2-2012	Plastics piping systems for the supply of gaseous fuels. Unplasticized polyamide（PA-U）piping systems with fusion jointing and mechanical jointing. Part 2：Pipes [气态燃料供给用塑料管道系统 带熔接和机械连接的未增塑聚酰胺（PA-U）管道系统 第 2 部分：管子]
8	ISO 16486-3-2012	Plastics piping systems for the supply of gaseous fuels. Unplasticized polyamide（PA-U）piping systems with fusion jointing and mechanical jointing. Part 3：Fittings [气态燃料供给用塑料管道系统 带熔接和机械连接的未增塑聚酰胺（PA-U）管道系统 第 3 部分：配件]
9	ISO 16486-5-2012	Plastics piping systems for the supply of gaseous fuels. Unplasticized polyamide（PA-U）piping systems with fusion jointing and mechanical jointing. Part 5：Fitness for purpose of the system [气态燃料供给用塑料管道系统 带熔接和机械连接的未增塑聚酰胺（PA-U）管道系统 第 5 部分：系统的适用性]
10	ISO 16486-6-2012	Plastics piping systems for the supply of gaseous fuels. Unplasticized polyamide（PA-U）piping systems with fusion jointing and mechanical jointing. Part 6：Code of practice for design，handling and installation [气态燃料供给用塑料管道系统 带熔接和机械连接的未增塑聚酰胺（PA-U）管道系统 第 6 部分：设计、搬运和安装的实施规程]
11	ISO 16694-2015	Space systems. The measured parameters at firing bench and flight tests of liquid rocket engines [航天系统 液体火箭发动机在发射台和飞行试验时的测量参数]
12	ISO 17467-1-2012	Plastics piping systems for the supply of gaseous fuels. Unplasticized polyamide（PA-U）piping systems jointed by solvent cement. Part 1：General [气态燃料供给用塑料管道系统 带液状粘固剂的未增塑聚酰胺(PA-U)管道系统 第 1 部分：总则]

续表

序号	标准号	标准名称（英文）
13	ISO 17467-2-2012	Plastics piping systems for the supply of gaseous fuels. Unplasticized polyamide（PA-U）piping systems jointed by solvent cement. Part 2：Pipes [气态燃料供给用塑料管道系统 带液状粘固剂的未增塑聚酰胺（PA-U）管道系统 第2部分：管子]
14	ISO 17467-3-2012	Plastics piping systems for the supply of gaseous fuels. Unplasticized polyamide（PA-U）piping systems jointed by solvent cement. Part 3：Fittings [气态燃料供给用塑料管道系统 带液状粘固剂的未增塑聚酰胺（PA-U）管道系统 第3部分：配件]
15	ISO 1874-2-2012	Plastics. Polyamide（PA）moulding and extrusion materials. Part 2：Preparation of test specimens and determination of properties（ISO 1874-2：2012）; German version EN ISO 1874-2：2012 [塑料 聚酰胺（PA）模塑和挤出材料 第2部分：试样制备和性能测定]
16	ISO 18851-2015	Plastics piping systems. Glass-reinforced thermosetting plastics（GRP）pipes and fittings. Test method to prove the structural design of fittings [塑料管道系统 玻璃纤维增强热固性塑料（GRP）管道和配件 验证配件结构设计的试验方法]
17	ISO 307-2007	Plastics. Polyamides. Determination of viscosity number fifth edition [塑料 聚酰胺 粘度值的测定]
18	ISO 7510-1997	Plastics piping systems. Glass-reinforced plastics（grp）components. Determination of the amounts of constituents using the gravimetric method first edition [塑料管道系统 玻璃纤维增强塑料（GRP）元件 重量法测定成分]
19	ISO 8513-2016	Plastics piping systems. Glass-reinforced thermosetting plastics（GRP）pipes. Test methods for the determination of the initial longitudinal tensile strength [塑料管道系统 玻璃纤维增强热固性塑料（GRP）管道 初始纵向拉伸强度的测定用试验方法]
20	ASTM D2563-2008（2015）	Standard Practice for Classifying Visual Defects in Glass-Reinforced Plastic Laminate Parts [玻璃增强塑料层压零件可见缺陷分类规程]
21	ASTM D2992-2012	Standard Practice for Obtaining Hydrostatic or Pressure Design Basis for “Fiberglass”（Glass-Fiber-Reinforced Thermosetting-Resin）Pipe and Fittings [玻璃增强热固树脂（玻璃纤维）管及配件用液压或压力设计基础的获得规程]
22	ASTM D3517-2014	Standard Specification for 'Fiberglass'（Glass-Fiber-Reinforced Thermosetting-Resin）Pressure Pipe [玻璃纤维增强热固性树脂（玻璃纤维）耐压管规格]
23	ASTMD3914-2002（2016）	Standard Test Method for In-Plane Shear Strength of Pultruded Glass-Reinforced Plastic Rod [挤拉制玻璃纤维增强塑料棒平面剪切强度的试验方法]
24	ASTM D3917-2015a	Standard Specification for Dimensional Tolerance of Thermosetting Glass-Reinforced Plastic Pultruded Shapes [热固性玻璃增强塑料拉挤型材尺寸公差规格]
25	ASTM D4066-2013	Standard Classification System for Nylon Injection and Extrusion Materials（PA） [尼龙注塑和挤压材料的标准分类系统（PA）]
26	ASTM D5204-2013	Standard Classification System for Polyamide-Imide（PAI）Molding and Extrusion Materials [聚酰胺酰亚胺模制和挤压材料分类体系]

续表

序号	标准号	标准名称（英文）
27	ASTM D6779-2016	Standard Classification System for and Basis of Specification for Polyamide Molding and Extrusion Materials（PA） [聚酰胺成型料与挤出料的分类体系]
28	ASTM D789-2015	Standard Test Methods for Determination of Solution Viscosities of Polyamide（PA） [测定聚酰胺溶液黏度的试验方法]
29	ASTM F1733-2013	Standard Specification for Butt Heat Fusion Polyamide（PA）Plastic Fitting for Polyamide（PA）Plastic Pipe and Tubing [聚酰胺塑料管和管道系统用对接热熔聚酰胺塑料管件的规格]
30	ASTM F2785-2012	Standard Specification for Polyamide 12 Gas Pressure Pipe，Tubing，and Fittings [聚酰胺 12 燃气压力管、管材及管件规格]
31	ASTM F2945-2015	Standard Specification for Polyamide 11 Gas Pressure Pipe，Tubing，and Fittings [聚酰胺 11 煤气压力管、管道及配件规格]
32	DIN 16982-1974	Polyamide tubes of circular cross-section（PA）；dimensions [聚酰胺（PA）管；尺寸]
33	DIN 16984-1980	Polyamide（PA）sheets；dimensions [聚酰胺（PA）板；尺寸]
34	DIN 73377-1991	Fittings for polyamide tubing；insert profiles [聚酰胺管用连接件.剖视图]
35	EN 1119-2009	Plastics piping systems. Joints for glass-reinforced thermosetting plastics（GRP）pipes and fittings. Test methods for leaktightness and resistance to damage of non-thrust resistant flexible joints with elastomeric sealing elements [塑料管道系统.玻璃增强热固塑料管和配件.挠性和还原接合接头密封性和耐损伤性试验方法]
36	UNI EN 1229-1998	Plastics piping systems. Glass-reinforced thermosetting plastics（GRP）pipes and fittings. Test methods to prove the leaktightness of the wall under short-term internal pressure [塑料管道系统.玻璃增强热固性塑料管.验证短期内部压力下墙的密封性试验方法]
37	DINEN 13100-2-2005	Non-destructive testing of welded joints of thermoplastics semi-finished products. Part2：X-ray radiographic testing；German version EN13100-2：2004 [热塑性塑料焊接无损试验 第 2 部分：X 射线检测]
38	DINEN 13100-3-2005	Non-destructive testing of welded joints in thermoplastics semi-finished products. Part3：Ultrasonic testing；German version EN13100-3：2004 [热塑性塑料焊接无损试验 第 3 部分：超声波检测]
39	UNI EN 1393-1998	Plastics piping systems. Glass-reinforced thermosetting plastics（GRP）pipes. Determination of initial longitudinal tensile properties [塑料管道系统.玻璃增强热固性塑料（GRP）管.初始径向拉伸特性的测定]
40	DIN EN 1447-2011	Plastics piping systems. Glass-reinforced thermosetting plastics（GRP）pipes. Determination of long-term resistance to internal pressure [塑料管道系统.玻璃增强热固性塑料（GRP）管道.耐长期内压能力的测定]
41	EN 14728-2005	Imperfections in thermoplastic welds. Classification [热塑塑料焊接头的缺陷 分类]
42	BS EN 1638-1997	Plastics piping systems. Glass-reinforced thermosetting plastics（GRP）pipes. Test method for the effects of cyclic internal pressure systemes de canalisa tions en plastiques [塑料管道系统.玻璃增强热固塑料管道（GRP）.柱状内压效果的试验方法]

续表

序号	标准号	标准名称（英文）
43	BS EN 2746-1998	Glasfaserverstaerkte Kunststoffe. Biegeversuch. Dreipunktverfahren Glass Fibre Reinforced Plastics-Flexural Test-Three Point Bend Method Plastiques renforces au verre textile. Essai de flexion. Methode des trois panes [玻璃纤维增强塑料.弯曲试验.三点弯曲法]
44	BS EN 2747-1998	Glasfaserverstaerkte Kunststoffe. Zugversuch Glass Fibre Reinforced Plastics-Tensile Test Plastiques renforces au verre textile. Essai de traction [玻璃纤维增强塑料.抗拉试验]
45	UNI EN 705-1995	Plastics piping systems. Glass-reinforced thermosetting（GRP）pipes and fittings. Methods for regression analyses and their use [塑料管道系统.玻璃增强热固性（GRP）塑料管和配件.回归分析及其使用方法]
46	JIS K6920-1-2000	Plastics. Polyamide（PA）moulding and extrusion materials. Part 1：Designation [塑料 聚酰胺（PA）模塑和挤压材料 第 1 部分：命名系统及规格标志的基础]
47	JIS K6920-2-2009	Plastics. Polyamide（PA）moulding and extrusion materials. Part 2：Preparation of test specimens and determination of properties [塑料 聚酰胺（PA）模塑和挤压材料 第 2 部分：试样制备和性能测定]
48	JIS K7011-1989	Glass fiber reinforced plastics for structural use [结构用玻璃纤维增强塑料]
49	JIS K7012-2013	Glass-fiber reinforced thermosetting resin chemical-resistant tanks [玻璃纤维增强热固性树脂耐腐蚀贮槽]
50	JIS K7031-2003	Plastics piping systems. Glass-reinforced thermosetting plastics（GRP）pipe and fitting. Test methods to prove the leaktightness of the wall under short-term internal pressure [塑料管线 玻璃增强热固性塑料（GRP）管及管配件 短期内压试漏方法]
51	JIS K7032-2002	Plastics piping systems. Glass-reinforced thermosetting plastics（GRP）pipes. Determination of initial specific ring stiffness [塑料管系 玻璃增强热固性塑料（GRP）管 管道初始刚性的测定方法]
52	JIS K7033-1998	Plastics piping systems. Pipes made of glass-reinforced thermosetting plastics（GRP）. Determination of initial tensile properties [塑料管系 玻璃增强热固性塑料管 轴向拉伸特性测定方法]
53	JIS K7035-2014	Glass-reinforced thermosetting plastics（GRP）pipes. Determination of the long-term specific ring creep stiffness under wet conditions and calculation of the wet creep factor [玻璃增强热固性塑料（GRP）管 在潮湿条件下长期偏平环蠕变刚度的求取方法和湿蠕变指数的计算方法]
54	JIS K7037-1998	Plastics piping systems. Glass-reinforced thermosetting plastics（GRP）pipes. Determination of the apparent initial circumferential tensile strength [塑料管系 玻璃增强热固性塑料管 表观初始圆周方向拉伸强度的测定]
55	JIS K7038-1998	Plastics piping systems. Glass-reinforced thermosetting plastics（GRP）pipes. Test method to prove the resistance to initial ring deflection [塑料管系 玻璃增强热固性塑料管 环初期位移破坏强度的试验方法]
56	JIS K7039-1998	Plastics piping systems. Glass-reinforced thermosetting plastics（GRP）pipes. Determination of the long-term ultimate bending strain and calculation of the long-term ultimate relative ring deflection，both under wet conditions [塑料管系 玻璃增强热固性塑料管 在潮湿条件下管的长期极限弯曲应变的测定方法及长期极限相对位移的计算方法]

续表

序号	标准号	标准名称（英文）
57	JIS K7040-1998	Plastics piping systems. Glass-reinforced plastics（GRP）components. Determination of the amount of constituents using the gravimetric method [塑料管系 玻璃增强热固性塑料部件 用重量法测定组件]
58	JIS K7058-1995	Testing method for transverse shear strength of glass fiber reinforced plastics [玻璃纤维增强塑料横向剪切试验方法]
59	JIS K7061-1992	Testing method for charpy impact strength of glass fiber reinforced plastics [玻璃纤维增强塑料摆锤冲击试验方法]

（3）玻璃钢制承压设备相关国外标准明细表见表 2-14。

表 2-14　塑料制承压设备相关国外标准

序号	标准号	标准名称（英文）
1	ISO 10931-2005	Plastics piping systems for industrial applications. Poly（vinylidene fluoride）（PVDF）. Specifications for components and the system [工业用塑料管道系统　聚偏氟乙烯（PVDF）　零件和系统规范]
2	ISO 11413-2008	Plastics pipes and fittings. Preparation of test piece assemblies between a polyethylene（PE）pipe and an electrofusion fitting [塑料管材和管件 聚乙烯（PE）管和电熔配件之间组装试件的制备]
3	ISO 11414-2009	Plastics pipes and fittings. Preparation of polyethylene（PE）pipe/pipe or pipe/fitting test piece assemblies by butt fusion [塑料管材和管件 聚乙烯（PE）管材/管材或管材/管件热熔对接组件的制备]
4	ISO 1163-2-1995	Plastics. Unplasticized poly（vinyl chloride）（PVC-U）moulding and extrusion materials. Part 2：Preparation of test specimens and determination of properties [塑料 未增塑聚氯乙烯均聚物和共聚物的化合物 第 2 部分：性能的测定]
5	ISO 12162-2009	Thermoplastics materials for pipes and fittings for pressure applications. Classification，designation and design coefficient [热塑性塑料压力管材和管件用材料 分级、命名和设计系数]
6	ISO 12176-1-2012	Plastics pipes and fittings. Equipment for fusion jointing polyethylene systems. Part 1：Butt fusion [塑料管道和配件 聚乙烯系统熔接设备 第 1 部分：对熔接]
7	ISO 12176-2-2008	Plastics pipes and fittings. Equipment for fusion jointing polyethylene systems. Part 2：Electrofusion [塑料管道和配件 聚乙烯系统熔接设备 第 2 部分：电熔]
8	ISO 13479-2009	Polyolefin pipes for the conveyance of fluids. Determination of resistance to crack propagation. Test method for slow crack growth on notched pipes [流体输送用聚烯烃管材 耐裂纹扩展的测定 切口管材裂纹慢速增长的试验方法]
9	ISO 13924-2000	Plastics pipes and fittings. Bending-tensile cycle test for PE/metal transition fittings，PE tapping tees and PE branch saddles [塑料管材和管件 聚乙烯/金属转换管件\聚乙烯鞍型三通和聚乙烯支管管托的弯曲拉伸循环试验]

续表

序号	标准号	标准名称（英文）
10	ISO 13956-2010	Plastics pipes and fittings. Decohesion test of polyethylene（PE）saddle fusion joints. Evaluation of ductility of fusion joint interface by tear test [塑料管材和管件 聚乙烯（PE）鞍形熔接的减聚力试验 通过撕裂试验评定熔接接口的延展性]
11	ISO 1452-1-2009	Plastics piping systems for water supply and for buried and above-ground drainage and sewerage under pressure. Unplasticized poly（vinyl chloride）（PVC-U）. Part 1：General [供水以及在压力下地下与地上废水和污水排放用塑料管道系统 未增塑的聚氯乙烯（PVC-U） 第 1 部分：总则]
12	ISO 1452-2-2009	Plastics piping systems for water supply and for buried and above-ground drainage and sewerage under pressure. Unplasticized poly（vinyl chloride）（PVC-U）. Part 2：Pipes [供水以及在压力下地下与地上废水和污水排放用塑料管道系统 未增塑的聚氯乙烯（PVC-U） 第 2 部分：管道]
13	ISO 1452-3-2009	Plastics piping systems for water supply and for buried and above-ground drainage and sewerage under pressure. Unplasticized poly（vinyl chloride）（PVC-U）. Part 3：Fittings [供水以及在压力下地下与地上废水和污水排放用塑料管道系统 未增塑的聚氯乙烯（PVC-U） 第 3 部分：配件]
14	ISO 1452-4-2009	Plastics piping systems for water supply and for buried and above-ground drainage and sewerage under pressure. Unplasticized poly（vinyl chloride）（PVC-U）. Part 4：Valves [供水以及在压力下地下与地上废水和污水排放用塑料管道系统 未增塑的聚氯乙烯（PVC-U） 第 4 部分：阀门]
15	ISO 1452-5-2009	Plastics piping systems for water supply and for buried and above-ground drainage and sewerage under pressure. Unplasticized poly（vinyl chloride）（PVC-U）. Part 5：Fitness for purpose of the system [供水以及在压力下地下与地上废水和污水排放用塑料管道系统 未增塑的聚氯乙烯（PVC-U） 第 5 部分：系统的适用性]
16	ISO 14631-1999	Extruded sheets of impact-modified polystyrene（PS-I）. Requirements and test methods first edition [冲击改良的聚苯乙烯（PS-I）的挤压片 要求和试验方法]
17	ISO 14632-1998	Extruded sheets of polyethylene（PE-HD）. Requirements and test methods first edition [聚乙烯（PE-HD）的挤压片材 要求和试验方法]
18	ISO 15013-2007	Plastics. Extruded sheets of polypropylene（PP）. Requirements and test methods second edition [塑料聚丙烯挤压片材（PP） 要求和试验方法]
19	ISO 15015-2011	Plastics. Extruded sheets of impact-modified acrylonitrile-styrene copolymers（ABS，AEPDS and ASA）. Requirements and test methods [塑料 抗冲击性改进的丙烯腈-苯乙烯共聚物挤制薄板（ABS，AEPDS 和 ASA）要求和试验方法]
20	ISO 15494-2015	Plastics piping systems for industrial applications. Polybutene（PB），polyethylene（PE），polyethylene of raised temperature resistance（PERT），crosslinked polyethylene（PE-X），polypropylene（PP）. Metric series for specifications for components and the system [工业用塑料管道系统 聚丁烯（PB）、聚乙烯（PE）、耐热聚乙烯（PERT）、交联聚乙烯（PE-X）、聚丙烯（PP）组件和系统的公制系列规范]

续表

序号	标准号	标准名称（英文）
21	ISO 15494-2015	Plastics piping systems for industrial applications. Polybutene（PB），polyethylene（PE），polyethylene of raised temperature resistance（PE-RT），crosslinked polyethylene（PE-X），polypropylene（PP）. Metric series for specifications for components and the system [工业用塑料管道系统 聚丁烯（PB）、聚乙烯（PE）、耐热聚乙烯（PERT）、交联聚乙烯（PE-X）、聚丙烯（PP）组件和系统的公制系列规范]
22	ISO 15590-2-2003	Petroleum and natural gas industries. Induction bends，fittings and flanges for pipeline transportation systems. Part 2：Fittings [石油和天然气工业 管道运输系统用诱导弯头、管件和法兰 第 2 部分：管件]
23	ISO 15590-3-2004	Petroleum and natural gas industries. Induction bends，fittings and flanges for pipeline transportation systems. Part 3：Flanges [石油和天然气工业 管道运输系统用诱导弯头、管件和法兰 第 3 部分：法兰]
24	ISO 15874-1-2013	Plastics piping systems for hot and cold water installations. Polypropylene（PP）. Part 1：General [冷热水设备用塑料管道系统 聚丙烯（PP） 第 1 部分：总则]
25	ISO 15874-2-2013	Plastics piping systems for hot and cold water installations. Polypropylene（PP）. Part 2：Pipes [冷热水设备用塑料管道系统 聚丙烯（PP） 第 2 部分：管道]
26	ISO 15874-3-2013	Plastics piping systems for hot and cold water installations. Polypropylene（PP）. Part 3：Fittings [冷热水设备用塑料管道系统 聚丙烯（PP） 第 3 部分：管件]
27	ISO 15874-5-2013	Plastics piping systems for hot and cold water installations. Polypropylene（PP）. Part 5：Fitness for purpose of the system [冷热水设备用塑料管道系统 聚丙烯（PP） 第 5 部分：系统适用性]
28	ISO 15877-1-2009	Plastics piping systems for hot and cold water installations. Chlorinated poly（vinyl chloride）（PVC-C）. Part 1：General [冷热水装置用塑料管道系统 氯化聚氯乙烯（PVC-C）第 1 部分：总则]
29	ISO 15877-2-2009	Plastics piping systems for hot and cold water installations. Chlorinated poly（vinyl chloride）（PVC-C）. Part 2：Pipes [冷热水装置用塑料管道系统 氯化聚氯乙烯（PVC-C） 第 2 部分：管道]
30	ISO 15877-3-2009	Plastics piping systems for hot and cold water installations. Chlorinated Poly（vinyl chloride）（PVC-C）. Part 3：Fittings [冷热水装置用塑料管道系统 氯化聚氯乙烯（PVC-C） 第 3 部分：配件]
31	ISO 15877-5-2009	Plastics piping systems for hot and cold water installations. Chlorinated poly（vinyl chloride）（PVC-C）. Part 5：Fitness for purpose of the system [冷热水装置用塑料管道系统 氯化聚氯乙烯（PVC-C） 第 5 部分：系统的适用性]
32	ISO 161-1-1996	Thermoplastics pipes for the conveyance of fluids. Nominal outside diameters and nominal pressures. Part 1：Metric series [流体输送用热塑性塑料管材.公称外径和公称压力 第 1 部分：公制系列]
33	ISO 1622-1-2012	Plastics. Polystyrene（PS）moulding and extrusion materials. Part 1：Designation system and basis for specifications [塑料 聚苯乙烯（PS）模塑和挤出材料 第 1 部分：命名系统和分类基础]

续表

序号	标准号	标准名称（英文）
34	ISO 1622-2-1995	Plastics. Polystyrene（PS）moulding and extrusion materials. Part 2：Preparation of test specimens and determination of properties [塑料 聚苯乙烯（PS）模塑与挤塑材料 第2部分：试样的制备和性能的测定]
35	ISO 16422-2014	Pipes and joints made of oriented unplasticized poly（vinyl chloride）（PVC-O）for the conveyance of water under pressure.Specifications [压力下输送水的定向未增塑聚氯乙烯（PVC-U）管子和接头 规范]
36	ISO 16631-2016	Ductile iron pipes， fittings， accessories and their joints compatible with plastic（PVC or PE）piping systems，for water applications and for plastic pipeline connections，repair and replacement [输水用球墨铸铁管、管件、附件及其接头与塑料（聚氯乙烯或聚乙烯）管道系统的兼容以及与塑料管道的连接、维修和更换]
37	ISO 17855-1-2014	Plastics. Polyethylene（PE）moulding and extrusion materials. Part 1：Designation system and basis for specifications [塑料 聚乙烯（PE）模塑和挤出材料 第 1 部分：命名系统和分类基础]
38	ISO 17855-2-2016	Plastics. Polyethylene（PE）moulding and extrusion materials. Part 2：Preparation of test specimens and determination of properties [塑料 聚乙烯（PE）模塑和挤出材料 第 2 部分：试样制备和性能测定]
39	ISO 19062-1-2015	Plastics. Acrylonitrile-butadiene-styrene（ABS）moulding and extrusion materials. Part 1：Designation system and basis for specifications [塑料 丙烯腈-丁二烯-苯乙烯（ABS）模塑和挤出材料 第 1 部分：命名系统和分类基础]
40	ISO 19065-1-2014	Plastics. Acrylonitrile-styrene-acrylate（ASA），acrylonitrile-（ethylene-propylene-diene）-styrene（AEPDS）and acrylonitrile-（chlorinated polyethylene）-styrene（ACS）moulding and extrusion materials. Part 1：Designation system and basis for specifications [塑料 丙烯腈-苯乙烯-丙烯酸酯（ASA）、丙烯腈（乙烯-丙烯-二烯）-苯乙烯（AEPDS）和丙烯腈-（聚氯乙烯）-苯乙烯（ACS）模塑和挤出材料 第 1 部分：命名系统和分类基础]
41	ISO 2035-1974	Unplasticized polyvinyl chloride（PVC）moulded fittings for elastic sealing ring type joints for use under pressure. Pressure-resistance test [压力下使用的弹性密封圈式连接的硬聚氯乙烯（PVC）注塑管件 耐压试验]
42	ISO 2044-1974	Unplasticized polyvinyl chloride（PVC）injection-moulded solvent-welded socket fittings for use with pressure pipe. Hydraulic internal pressure test [压力管用注塑溶剂粘接的硬聚氯乙烯（PVC）承口管件 内水压试验]
43	ISO 21307-2011	Plastics pipes and fittings. Butt fusion jointing procedures for polyethylene（PE）pipes and fittings used in the construction of gas and water distribution systems [塑料管材和管件 煤气和水分配系统结构中使用的聚乙烯（PE）管材和管件热熔对接规程]
44	ISO 22391-1-2009	Plastics piping systems for hot and cold water installations. Polyethylene of raised temperature resistance（PE-RT）. Part 1：General [热水和冷水装置用塑料管道系统 耐热聚乙烯（PE-RT）第 1 部分：总则]
45	ISO 22391-2-2009	Plastics piping systems for hot and cold water installations. Polyethylene of raised temperature resistance（PE-RT）. Part 2：Pipes [热水和冷水装置用塑料管道系统 耐热聚乙烯（PE-RT）第 2 部分：管道]

续表

序号	标准号	标准名称（英文）
46	ISO 22391-3-2009	Plastics piping systems for hot and cold water installations. Polyethylene of raised temperature resistance（PE-RT）. Part 3：Fittings [热水和冷水装置用塑料管道系统 耐热聚乙烯（PE-RT）第 3 部分：配件]
47	ISO 22391-5-2009	Plastics piping systems for hot and cold water installations. Polyethylene of raised temperature resistance（PE-RT）. Part 5：Fitness for purpose of the system [热水和冷水装置用塑料管道系统 耐热聚乙烯（PE-RT）第 5 部分：系统的适用性]
48	ISO 22621-5-2010	Plastics piping systems for the supply of gaseous fuels for maximum operating pressures up to and including 2MPa（20 bar）. Polyamide（PA）Part 5：Fitness for purpose of the system [最大工作压力≤2MPa（20bar）的气态燃料供给用塑料管道系统 聚酰胺（PA）第 5 部分：系统的适用性]
49	ISO 22621-6-2010	Plastics piping systems for the supply of gaseous fuels for maximum operating pressures up to and including 2MPa（20 bar）. Polyamide（PA）Part 6：Code of practice for design，handling and installation [最大工作压力≤2MPa（20bar）的气态燃料供给用塑料管道系统 聚酰胺（PA）第 6 部分：设计、搬运和安装的实施规程]
50	ISO 2507-2-1995	Thermoplastics pipes and fittings. Vicat softening temperature. Part 2：Test conditions for unplasticized poly（vinyl chloride）（PVC-U）or chlorinated poly（vinyl chloride）（PVC-C）pipes and fittings and for high impact resistance poly [热塑性塑料管材和管件 维卡软化温度 第 2 部分：硬聚氯乙烯（PVC-V）或氯化聚氯乙烯（PVC-C）管材及管件和高抗冲聚氯乙烯（PVC-HI）管材的试验条件]
51	ISO 2536-1974	Unplasticized polyvinyl chloride（PVC）pressure pipes and fittings，metric series. Dimensions of flanges [硬聚氯乙烯（PVC）压力管材和管件，公制系列 法兰尺寸]
52	DIN ISO 2580-1-1999	Kunststoffe acrylnitril/butadien/styol (ABS)-formmassen teil 1:bezeichnungs system und basis fuer spezifikationen [塑料 丙烯腈-丁二烯-苯乙烯聚合物（ABS）的模塑和挤塑材料 第 1 部分：命名系统和规范基础]
53	ISO 2580-2-2003	Plastics. Acrylonitrile/butadiene/styrene（ABS）moulding and extrusion materials. Part 2：Preparation of test specimens and determination of properties [塑料 丙烯腈-丁二烯-苯乙烯共聚物（ABS）的模塑和挤塑材料 第 2 部分：试样的制备和性能的测定]
54	ISO 2898-1-1996	Plastics. Plasticized poly（vinyl chloride）（PVC-P）moulding and extrusion materials. Part 1：Designation system and basis for specifications [塑料 塑化聚氯乙烯（PVC-P）模塑和挤出材料 第 1 部分：命名系统和分类基础]
55	ISO 2898-2-2008	Plastics. Plasticized poly（vinyl chloride）（PVC-P）moulding and extrusion materials. Part 2：Preparation of test specimens and determination of properties [塑料 塑化聚氯乙烯（PVC-P）模塑和挤出材料 第 2 部分：试样制备和性能测定]
56	ISO 3458-2015	Plastics piping systems. Mechanical joints between fittings and pressure pipes. Test method for leaktightness under internal pressure [塑料管道系统 管件和压力管之间的机械连接 在内压下密封性的试验方法]
57	ISO 3503-2015	Plastics piping systems. Mechanical joints between fittings and pressure pipes. Test method for leaktightness under internal pressure of assemblies subjected to bending [塑料管道系统 管件和压力管之间的机械连接 组件在受弯曲内压下密封性的试验方法]

续表

序号	标准号	标准名称（英文）
58	ISO 3603-1977	Fittings for unplasticized polyvinyl chloride (PVC) pressure pipes with elastic sealing ring type joints. Pressure test for leakproofness [弹性密封圈式硬聚氯乙烯（PVC）压力管件. 密封压力试验]
59	ISO 3663-1976	Polyethylene（PE） pressure pipes and fittings，metric series. Dimensions of flanges [聚乙烯（PE）压力管材和管件. 公制系列 法兰尺寸]
60	ISO 4427-1-2007	Plastics piping systems. Polyethylene（PE） pipes and fittings for water supply. Part 1：General [塑料管道系统 供水用聚乙烯管和配件 第 1 部分：总则]
61	ISO 4427-2-2007	Plastics piping systems. Polyethylene（PE） pipes and fittings for water supply. Part 2：Pipes [塑料管道系统 供水用聚乙烯管和配件 第 2 部分：管道]
62	ISO 4427-3-2007	Plastics piping systems. Polyethylene（PE） pipes and fittings for water supply. Part 3：Fittings [塑料管道系统 供水用聚乙烯管和配件 第 3 部分：配件]
63	ISO 4427-5-2007	Plastics piping systems. Polyethylene（PE） pipes and fittings for water supply. Part 5：Fitness for purpose of the system [塑料管道系统 供水用聚乙烯管和配件 第 5 部分：系统的适用性]
64	ISO 4433-1-1997	Thermoplastics pipes. Resistance to liquid chemicals. Classification. Part 1：Immersion test method first edition；replaces iso 4433 [热聚性塑料管 耐液体化学药品 分类 第 1 部分：浸入试验的方法]
65	ISO 4433-2-1997	Thermoplastics pipes. Resistance to liquid chemicals. Classification. Part 2：Polyolefin pipes first edition；replaces iso 4433 [热塑性塑料管 耐液体化学药品 分类 第 2 部分：聚烯烃管材]
66	ISO 4433-3-1997	Thermoplastics pipes. Resistance to liquid chemicals. Classification. Part 3：Unplasticized poly（vinyl chloride）（PVC-U），high-impact poly（vinyl chloride）（PVC-HI）and chlorinated poly（vinyl chloride）（PVC-C） pipes [热塑性塑料管 耐液体化学药品 分类 第 3 部分：硬聚氯乙烯（PVC-U）、高抗冲聚氯乙烯（PVC-HI）和氯化聚氯乙烯（PVC-C）管材]
67	ISO 4433-4-1997	Thermoplastics pipes. Resistance to liquid chemicals. Classification. Poly（vinylidene fluoride）（PVDF） pipes [热塑性塑料管 耐液体化学药品 分类 第 4 部分：聚偏氟乙烯（PVDF）管材]
68	ISO 6259-1-2015	Thermoplastics pipes. Determination of tensile properties. Part 1：General test method [热塑性塑料管材 拉伸性能测定 第 1 部分：试验方法总则]
69	ISO 6259-3-2015	Thermoplastics pipes. Determination of tensile properties. Part 3：Polyolefin pipes [热塑性塑料管材 拉伸性能测定 第 3 部分：聚烯烃管材]
70	ISO 6402-2-2003	Plastics. Acrylonitrile-styrene-acrylate（ASA），acrylonitrile-（ethylene-propylene-diene）-styrene（AEPDS）and acrylonitrile-（chlorinated polyethylene）-styrene（ACS）moulding and extrusion materials. Part 2：Preparation of test specimens and determination of properties [塑料 丙烯腈-苯乙烯-丙烯酸（ASA）、丙烯腈-（乙丙二烯）苯乙烯（AEPDS）和丙烯腈（氯化聚乙烯）苯乙烯（ACS）模塑和挤塑材料 第 2 部分：试样制备和性能测定]

续表

序号	标准号	标准名称（英文）
71	ISO 6993-4-2006	Buried，high-impact poly（vinyl chloride）（PVC-HI）piping systems for the supply of gaseous fuels. Part 4：Code of practice for design，handling and installation [燃气用地下高抗冲击聚氯乙烯（PVC-HI）管道系统 第 4 部分：设计、搬运和安装实施细则]
72	ISO 7245-1984	Pipes and fittings of acrylonitrile/butadiene/styrene（ABS）. General specification for moulding and extrusion materials [丙烯腈-丁二烯-苯乙烯共聚物（ABS）管材和管件 注塑和挤出料的总规范]
73	ISO 7508-1985	Unplasticized polyvinyl chloride（PVC-U）valves for pipes under pressure. Basic dimensions. Metric series [承压管用硬聚氯乙烯（PVC-U）阀门 基本尺寸 公制系列]
74	ISO 8283-1-1991	Plastics pipes and fittings. Dimensions of sockets and spigots for discharge systems inside buildings. Part 1：Unplasticized poly（vinyl chloride）（PVC-U）and chlorinated poly（vinyl chloride）（PVC-C） [塑料管材和管件 建筑物内排水系统的承口和插口尺寸 第 1 部分：硬聚氯乙烯（PVC-U）和氯化聚氯乙烯（PVC-C）]
75	ISO 8361-2-1991	Thermoplastics pipes and fittings. Water absorption. Part 2：Test conditions for unplasticized poly（vinyl chloride）（PVC-U）pipes and fittings [热塑性塑料管和管件 吸水性 第 2 部分：硬聚氯乙烯（PVC-U）管材和管件试验条件]
76	ISO 9988-1-2004	Plastics. Polyoxymethylene（POM）moulding and extrusion materials. Part 1：Designation system and basis for specifications [塑料 聚甲醛模塑和挤塑材料 第 1 部分：命名体系和基本规范]
77	ISO 9988-2-2006	Plastics. Polyoxymethylene（POM）moulding and extrusion materials. Part 2：Preparation of test specimens and determination of properties [塑料 聚甲醛模塑和挤出材料 第 2 部分：试样制备和性能测定]
78	ISO/TR 10358-1993	Plastics pipes and fittings. Combined chemical-resistance classification table [塑料管材和管件 综合抗化学性能分类表]
79	ISO/TS 15874-7-2003	Plastics piping systems for hot and cold water. Polypropylene（PP）. Part 7：Assessment of conformity [冷热水装置用塑料管道系统 聚丙烯（PP）第 7 部分：合格评定导则]
80	ISO/TS 18226-2006	Plastics pipes and fittings. Reinforced thermoplastics pipe systems for the supply of gaseous fuels for pressures up to 4MPa（40bar） [塑料管材和管件 用于供给压力在 4MPa（40bar）以下气态燃料的增强热塑性塑料管道系统]
81	ISO/TS 22391-7-2011	Plastics piping systems for hot and cold water installations. Polyethylene of raised temperature resistance（PE-RT）. Part 7：Guidance for the assessment of conformity [热水和冷水装置用塑料管道系统 耐热聚乙烯（PE-RT）第 7 部分：合格评定指南]
82	ASTM D1755-2015	Standard Specification for Poly（Vinyl Chloride）Resins [聚氯乙烯树脂规格]
83	ASTM D1784-2011	Standard Specification for Rigid Poly（Vinyl Chloride）（PVC）Compounds and Chlorinated Poly（Vinyl Chloride）（PVC-C）Compounds [硬质聚氯乙烯（PVC）混合物及氯化聚氯乙烯（PVC-C）混合物规格]
84	ASTM D1785-2015	Standard Specification for Poly（Vinyl Chloride）（PVC）Plastic Pipe，Schedules 40，80，and 120 [管表号 40、80 及 120 的聚氯乙烯塑料管规格]
85	ASTM D2235-2004（2011）	Standard Specification for Solvent Cement for Acrylonitrile-Butadiene-Styrene（ABS）Plastic Pipe and Fittings [丙烯腈-丁二烯-苯乙烯塑料管及配件用溶剂粘合剂规格]

续表

序号	标准号	标准名称（英文）
86	ASTM D2846/ D2846M-2014	Standard Specification for Chlorinated Poly（Vinyl Chloride）（PVC-C）Plastic Hot-and Cold-Water Distribution Systems [氯化聚氯乙烯（PVC-C）塑料冷热水供水系统规格]
87	ASTM D3364-1999（2011）	Standard Test Method for Flow Rates for Poly（Vinyl Chloride）with Molecular Structural Implications [聚氯乙烯流动速率及对分子结构可能影响的测量方法]
88	ASTM D3965-2016	Standard Classification System and Basis for Specifications for Rigid Acrylonitrile-Butadiene-Styrene（ABS）Materials for Pipe and Fittings [管和管配件用硬质丙烯腈-丁二烯-苯乙烯共聚物（ABS）材料的标准规范]
89	ASTM D4020-2011	Standard Specification for Ultra-High-Molecular-Weight Polyethylene Molding and Extrusion Materials [超高分子量聚乙烯模压及挤压物料的规格]
90	ASTM D4673-2016	Standard Classification System for and Basis for Specification for Acrylonitrile-Butadiene-Styrene（ABS）Plastics and Alloys Molding and Extrusion Materials [丙烯腈-丁二烯-苯乙烯（ABS）塑料与合金模压料和挤压料分类体系及规范基础]
91	ASTM D5260-2016（2010）	Standard Classification for Chemical Resistance of Poly（Vinyl Chloride）（PVC）Homopolymer and Copolymer Compounds and Chlorinated Poly（Vinyl Chloride）（PVC-C）Compounds [聚氯乙烯均聚合物和共聚物混合物及氯化聚乙烯混合物耐化学性的分类]
92	ASTM D543-2014	Standard Practices for Evaluating the Resistance of Plastics to Chemical Reagents [塑料耐化学试剂的评定规程]
93	ASTM D5857-2015	Standard Specification for Polypropylene Injection and Extrusion Materials Using ISO Protocol and Methodology [采用 ISO 协议和方法的聚丙烯注塑料和挤压料规格]
94	ASTM D6778-2014	Standard Classification System and Basis for Specification for Polyoxymethylene Molding and Extrusion Materials（POM）[聚甲醛（POM，乙缩醛）模塑料和挤压料的分类]
95	ASTM F1473-2016	Standard Test Method for Notch Tensile Test to Measure the Resistance to Slow Crack Growth of Polyethylene Pipes and Resins [测量聚乙烯管和树脂耐裂纹慢速扩展的切口拉伸试验的试验方法]
96	ASTM F2736-2013e1	Standard Specification for 6 to 30 in.（152 To 762 mm）Polypropylene（PP）Corrugated Single Wall Pipe And Double Wall Pipe[6 到 30 in.（152 到 762 mm）] [聚丙烯（PP）波纹单壁管和双壁管规格]
97	ASTM F2806-2010（2015）	Standard Specification for Acrylonitrile-Butadiene-Styrene（ABS）Plastic Pipe（Metric SDR-PR）[丙烯腈-丁二烯-苯乙烯塑料管规格（公制 SDR-PR）]
98	ASTM F2855-2012	Standard Specification for Chlorinated Poly（Vinyl Chloride）/Aluminum/Chlorinated Poly（Vinyl Chloride）（PVC-C-AL-PVC-C）Composite Pressure Tubing [氯化聚氯乙烯/铝/氯化聚氯乙烯（PVC-C-AL-PVC-C）复合压力管规格]
99	ASTM F656-2015	Standard Specification for Primers for Use in Solvent Cement Joints of Poly（Vinyl Chloride）（PVC）Plastic Pipe and Fittings [聚氯乙烯塑料管及管件溶剂粘接用底剂的规格]
100	BS EN 16296-2012	Imperfections in thermoplastics welded joints. Quality levels [热塑性塑料焊缝瑕疵 质量等级]

续表

序号	标准号	标准名称（英文）
101	UNIEN ISO 9080-2012	Plastics piping and ducting systems. Determination of the long-term hydrostatic strength of thermoplastics materials in pipe form by extrapolation [塑料管和管道系统 用外推法测定长期耐静液压强度]
102	JIS K6741-2007	Unplasticized poly（vinyl chloride）（PVC-U）pipes [硬质聚氯乙烯管]
103	JIS K6745-2015	Plastics. Unplasticized poly（vinyl chloride）sheets [塑料 硬质聚氯乙烯板]
104	JIS K6776-2007	Chlorinated poly（vinyl chloride）（PVC-C）pipes for hot and cold water supply [耐热硬质聚氯乙烯管]
105	JIS K6777-2007	Chlorinated poly（vinyl chloride）（PVC-C）pipe fittings for hot and cold water supply [耐热硬质聚氯乙烯管接头]
106	JIS K6922-2-2010	Plastics. Polyethylene（PE）moulding and extrusion materials. Part 2：Preparation of test specimens and determination of properties [塑料 聚乙烯（PE）模塑和挤压材料 第2部分：试样制备及性能测定]
107	JIS Z3831-2002	Standard qualification procedure for welding technique of plastics [塑料焊接技术鉴定试验方法及评定标准]
108	PAS 1031-2004	Material Polyethylene（PE）for the manufacture of pressure pipes and-fittings-Requirements and tests [压力管与管件制作用聚乙烯材料（PE）]

（4）衬里制承压设备相关国外标准明细表见表2-15。

表2-15　衬里制承压设备相关国外标准

序号	标准号	标准名称（英文）
1	ISO 7662-1988	Rubber and plastics hoses. Determination of abrasion of lining [橡胶和塑料管 衬里耐磨性的测定]
2	ASTM D7230-2006（2013）	Standard Guide for Evaluating Polymeric Lining Systems for Water Immersion in Coating Service LevelⅢSafety-Related Applications on Metal Substrates [金属基底上使用级Ⅲ安全涂装中水浸聚合物衬里系统的评定指南]
3	ASTM C1071-2016	Standard Specification for Fibrous Glass Duct Lining Insulation（Thermal and Sound Absorbing Material）[纤维玻璃管道衬里绝缘材料（绝热吸声材料）规格]
4	ASTM C1330-2002（2013）	Standard Specification for Cylindrical Sealant Backing for Use with Cold Liquid-Applied Sealants [与冷液涂用密封剂一起使用的圆柱形密封剂衬里的规格]
5	ASTM D1675-2003	Standard Test Methods for Polytetrafluoroethylene Tubing [聚四氟乙烯管的试验方法]
6	ASTM D1710-2015	Standard Specification For Extruded Polytetrafluoroethylene (Ptfe) Rod,Heavy Walled Tubing And Basic Shapes [挤压聚四氟乙烯（PTFE）条材、厚壁管和型材规格]

续表

序号	标准号	标准名称（英文）
7	ASTM D3295-2015	Standard Specification for PTFE Tubing，Miniature Beading and Spiral Cut Tubing [聚四氟乙烯管规格]
8	ASTM D3297-1993	Standard Practice for Molding and Machining Tolerances for PTFE Resin Parts [聚四氟乙烯树脂部件的模制公差与机械加工公差的规程]
9	ASTM D3308-2012	Standard Specification for PTFE Resin Skived Tape [聚四氟乙烯树脂薄片带规格]
10	ASTM D4745-2011	Standard Specification for Filled Compounds of Polytetrafluoroethylene（PTFE）Molding and Extrusion Materials [聚四氟乙烯模制和挤压材料充填化合物规格]
11	ASTM D4894-2015	Standard Specification for Polytetrafluoroethylene（PTFE）Granular Molding and Ram Extrusion Materials [聚四氟乙烯粒状模塑料和柱塞压出料规格]
12	ASTM D6040-2012	Standard Guide to Standard Test Methods for Unsintered Polytetrafluoroethylene（PTFE）Extruded Film or Tape [未粘结的聚四氟乙烯（PTEE）剂塑薄膜或带的标准试验方法导则]
13	ASTM D6457-2008（2013）	Standard Specification for Extruded and Compression Molded Rod and Heavy-Walled Tubing Made from Polytetrafluoroethylene（PTFE） [聚四氟乙烯（PTFE）制挤压和压模棒及厚壁管材规格]
14	ASTM D6585-2011	Standard Specification for Unsintered Polytetrafluoroethylene（PTFE）Extruded Film or Tape [非烧结聚四氟乙烯（PTEE）挤制薄膜或带材的规范]
15	ASTM D7193-2011	Standard Specification for Unsintered Pigmented Polytetrafluoroethylene（PTFE）Extruded Film or Tape [未烧结着色聚四氟乙烯挤制薄膜或窄条带材的规范]
16	ASTM D7211-2013	Standard Specification for Parts Machined from Polychlorotrifluoroethylene（PCTFE）and Intended for General Use [用聚三氟氯乙烯加工的通用零件规格]
17	ASTM D7230-2006（2013）	Standard Guide for Evaluating Polymeric Lining Systems for Water Immersion in Coating Service Level Ⅲ Safety-Related Applications on Metal Substrates [金属基底上使用级Ⅲ安全涂装中水浸聚合物衬里系统的评定指南]
18	ASTM E477-2013e1	Standard Test Method for Laboratory Measurements of Acoustical and Airflow Performance of Duct Liner Materials and Prefabricated Silencers [测量导管衬里材料及预制消音器声学及气流特性的试验方法]
19	ASTM F423-1993	Specification for Polytetrafluoroethylene（PTFE）Plastic-Lined Ferrous Metal Pipe，Fittings，and Flanges [聚四氟乙烯（PTFE）塑料衬里的黑色金属管、配件和法兰规范]
20	ASTM F1545-2015a	Standard Specification for Plastic-lined Ferrous Metal Pipe，Fittings and Flanges [塑料衬里钢管、管件及法兰]
21	ASTM F1606-2005（2014）	Standard Practice for Rehabilitation of Existing Sewers and Conduits with Deformed Polyethylene（PE）Liner [用异形聚乙烯衬里修复现有下水道和管道的规程]
22	ASTM F1673-2010	Standard Specification for Polyvinylidene Fluoride（PVDF）Corrosive Waste Drainage Systems [聚偏氟乙烯（PVDF）腐蚀性废水排放管道系统规范]

续表

序号	标准号	标准名称（英文）
23	BS 6564-3-1990	Werkstoffe und Erzeugnisse aus Polytetrafluorethylen（PTFE）. Erzeugnisse aus glasfaserverstaerkten （E-Glas） Polytetrafluorethylen Polytetrafluoroethylene（PTFE）Materials and Products-Part 3：Specification for E Glass Fibre Filled Polytetrafluoroethylene Materiaux et produits en polytetrafluorethylène（PTFE）. Produits fabriques en polytetrafluorethylène renforces. la fibre de verre E. Specifications [聚四氟乙烯（PTFE）材料和制品 第3部分：填充聚四氟乙烯的E类玻璃纤维规范]
24	DIN 16782-1-1991	Polytetrafluoroethylene（PTFE）moulding materials；classification and designation [模塑材料 聚四氟乙烯 分类和命名]
25	DIN 16782-2-1991	Polytetrafluoroethylene（PTFE）moulding materials；preparation of specimens and determination of properties [聚四氟乙烯（PTFE）模塑材料 试样的制备和性能测定]
26	GOST 20272-1996	Lining fabrics of chemical threads and yarn. General specifications [衬里用化纤长丝和纱织物 一般技术条件]
27	JIS K6896-1995	Polytetrafluoroethylene powder for molding and extrusion materials [模塑和挤压用聚四氟乙烯树脂粉料]
28	NF M88-552-1982	New steel tanks with reinforced plastic lining for storing liquid petroleum products [液态石油产品贮存用带增强塑料衬里的钢制新贮罐]
29	SAE AMS2491D-1989（R2003）	Surface treatment of polytetrafluoroethylene preparation for bonding [聚四氟乙烯粘接前的表面处理]
30	SAE ARP1153A-1991（R2001）	Method for determining relative specific gravity polytetrafluoroethylene tubing [聚四氟乙烯管的相对比重的测定方法]

（5）搪玻璃制承压设备相关国外标准明细表见表2-16。

表2-16 搪玻璃制承压设备相关国外标准

序号	标准号	标准名称（英文）
1	ISO 28706-3-2008	Vitreous and porcelain enamels. Determination of resistance to chemical corrosion. Part 3：Determination of resistance to chemical corrosion by alkaline liquids using a hexagonal vessel [搪玻璃釉 耐化学腐蚀的测定 第3部分：用六角形器皿、碱性液体测定耐化学腐蚀]
2	ISO 28706-1-2008	Vitreous and porcelain enamels. Determination of resistance to chemical corrosion. Part 1：Determination of resistance to chemical corrosion by acids at room temperature [搪玻璃釉 耐化学腐蚀的测定 第1部分：在室温下用酸测定耐化学腐蚀]
3	ISO 28706-4-2016	Vitreous and porcelain enamels. Determination of resistance to chemical corrosion. Part 4：Determination of resistance to chemical corrosion by alkaline liquids using a cylindrical vessel [搪玻璃釉 耐化学腐蚀的测定 第4部分：用圆柱形器皿、碱性液体测定耐化学腐蚀]
4	ISO 6370-2-2011	Vitreous and porcelain enamels. Determination of the resistance to abrasion. Part 2：Loss in mass after sub-surface abrasion [搪玻璃釉 耐磨损性的测定 第2部分：表层下磨损后的质量损失]
5	ISO 11177-2016	Vitreous and porcelain enamels. Inside and outside enameled valves and pressure pipe fittings for untreated and potable water supply. Quality requirements and testing [搪玻璃釉 未经处理的水和饮用水供给用内外搪瓷阀和压力管道配件 质量要求和测试]
6	ISO 2746-2015	Vitreous and porcelain enamels. High voltage test [搪玻璃釉 高电压试验]

腐蚀领域中应用时，除了主要的防腐蚀性能外，还有其他的性能要求，如耐温等级、机械强度、电气性能、相对密度、吸水率等。

1. 聚乙烯

聚乙烯，简称 PE，英文名称为 polyethylene，是五大合成树脂之一，是我国合成树脂中产能最大、进口量最多的品种。聚乙烯主要分为线形低密度聚乙烯（LLDPE）、低密度聚乙烯（LDPE）、中密度聚乙烯（MDPE）和高密度聚乙烯（HDPE）等，用于承压设备的主要是中、高密度聚乙烯。

1）材料特性

聚乙烯树脂为无毒、无味的白色粉末或颗粒，外观呈乳白色，手感似蜡；具有优良的耐低温性能，化学稳定性好，能耐大多数酸碱的侵蚀（不耐具有氧化性质的酸），常温下不溶于一般溶剂，吸水性小（小于 0.01%），电绝缘性能优良；易燃，燃烧时低烟，有少量熔融落滴，火焰上黄下蓝，有石蜡气味。但聚乙烯对于环境应力（化学与机械作用）是很敏感的，耐热老化性、耐光降解和耐氧化能力差；可以氯化，辐照改性，可用玻璃纤维增强。

2）力学特性

聚乙烯的力学性能一般，拉伸强度较低，抗蠕变性不好，耐冲击性好。

3）热学特性

聚乙烯的耐热性不高，随相对分子质量和结晶度的提高有所改善。其耐低温性能好，脆性温度一般可达−50℃以下；并随相对分子质量的增大，最低可达−140℃。聚乙烯的线膨胀系数大，最高可达 $20\times10^{-5}\sim24\times10^{-5}K^{-1}$；热导率较高。

4）电学特性

聚乙烯无极性，所以具有介电损耗低、介电强度大的优异电性能，即可以做调频绝缘材料、耐电晕性塑料，又可以做高压绝缘材料。

5）主要用途

直接用来制造聚乙烯防腐蚀压力管道、容器或与金属等材料复合来制造防腐蚀压力管道、容器；也可作为金属压力管道、容器的内衬层起到防腐蚀的作用。

6）耐腐蚀性

聚乙烯属于烷烃惰性聚合物，具有良好的化学稳定性。其耐腐蚀性可参考表 3-1 和表 3-2。在常温下耐酸、碱、盐类水溶液的腐蚀，但不耐强氧化剂，如发烟硫酸、浓硝酸和铬酸等。聚乙烯在 60℃以下不溶于一般溶剂，但与脂肪烃、芳香烃、卤代烃等长期接触会溶胀或龟裂。温度超过 60℃后，可少量溶于甲苯、乙酸戊酯、三氯乙烯、松节油、矿物油及石蜡；温度高于 100℃，可溶于四氢化萘等[2]。

表 3-1　聚乙烯在 20℃液体中浸渍 30 天后对液体的吸收

溶剂	聚合物质量增长百分数/%		溶剂	聚合物质量增长百分数/%	
	0.92g/cm³ 聚乙烯	0.96g/cm³ 聚乙烯		0.92g/cm³ 聚乙烯	0.96g/cm³ 聚乙烯
四氯化碳	42.4	13.5	乙酸乙酯	2.9	1.6
苯	14.6	5.0	油酸	1.81	1.53
汽油（沸点 60～100℃）	12.8	5.8	丙酮	1.24	0.79
四氢呋喃	13.8	4.6	乙酸	1.01	0.85
乙醚	8.5	2.6	乙醇	0.7	0.4
润滑油	4.5	0.95	水	＜0.01	＜0.01
环己酮	3.9	2.4			

表 3-2　聚乙烯的耐化学腐蚀性

介质	浓度/%	温度/℃	耐蚀性评价	介质	浓度/%	温度/℃	耐蚀性评价
氢氟酸	＜50	60	耐	铬酸钠	—	60	耐
	＞70	60	尚耐	苯甲酸钠	—	60	耐
甲酸	＜50	60	耐	硝酸钠	—	60	耐
	100	60	尚耐	过硫酸钾	—	60	耐
丙酸	＜60	60	耐	甲胺	—	60	耐
水杨酸	—	60	耐				

2. 聚丙烯

聚丙烯，简称 PP，英文名称为 polypropylene，是五大合成树脂之一，是由丙烯聚合制得的一种热塑性树脂。其具有较高的耐冲击性，机械性质强韧，抗多种有机溶剂和酸碱腐蚀，在工业界有广泛的应用。其可分为嵌段共聚聚丙烯（PP-B）、均聚聚丙烯（PP-H）、无规共聚聚丙烯（PP-R）三种。

1）材料特性

聚丙烯为无毒、无臭、无味的乳白色高结晶聚合物，密度为 0.90～0.91g/cm³，是目前所有塑料中最轻的品种之一。它对水特别稳定，在水中的吸水率仅为 0.01%，相对分子质量为 8 万～15 万。聚丙烯成型性好，但因收缩率大（1%～2.5%），厚壁制品易凹陷，对一些尺寸精度较高的零件，很难达到要求，制品表面光泽度好。

2）力学特性

聚丙烯的结晶度高，结构规整，因而具有优良的力学性能。聚丙烯力学性能的绝对值高于聚乙烯，但在塑料材料中仍属于偏低的品种，其拉伸强度仅可达到30MPa或稍高的水平；抗冲击强度较差。聚丙烯最突出的性能就是抗弯曲疲劳性，俗称“百折胶”，详见表3-3。

表 3-3　聚丙烯的物理机械性能

项目	单位	指标	项目	单位	指标
相对密度	—	0.90～0.91	线膨胀系数	K^{-1}	11×10^{-5}～12×10^{-5}
分子量	—	10万～50万	拉伸强度	MPa	33.3～41.2
结晶度	%	50～70	弯曲强度	MPa	41.2～54.9
晶体熔点	℃	165	冲击强度（缺口）	J/m^3	2.15×10^3～4.9×10^3
分解温度	℃	400	杨氏模量	MPa	1471
热导率	W/(m·K)	0.087～0.14	断裂伸长率	%	≥200

3）热学特性

聚丙烯具有良好的耐热性，制品能在100℃以上进行消毒灭菌，在不受外力作用的条件下，150℃时也不变形。脆化温度为–35℃，在低于–35℃时会发生脆化，耐寒性不如聚乙烯。聚丙烯的熔融温度比聚乙烯提高40%～50%。

4）电学特性

聚丙烯有较高的介电系数，且随温度的上升，可以用来制作受热的电器绝缘制品。它的击穿电压也很高，适合用作电器配件等。其抗电压、耐电弧性好，但静电度高，与铜接触易老化。

5）主要用途

直接用来制造聚丙烯防腐蚀压力管道、容器或与金属等材料复合来制造防腐蚀压力管道、容器；也可作为金属压力管道、容器的内衬层起到防腐蚀的作用。

6）耐腐蚀性

聚丙烯的化学稳定性很好，除能被浓硫酸、浓硝酸侵蚀外，对其他各种化学试剂都比较稳定，但低相对分子质量的脂肪烃、芳香烃和氯化烃等能使聚丙烯软化和溶胀，同时它的化学稳定性随结晶度的增加还有所提高，所以聚丙烯适合制作各种化工管道和配件，防腐蚀效果良好，详见表3-4。

表 3-4　聚丙烯的耐化学腐蚀性

介质	浓度/%	温度/℃	耐蚀性评价	介质	浓度/%	温度/℃	耐蚀性评价
过氧化氢	10	80	耐	硫化钠	饱和	80	耐
	30	80	尚耐	硫化钾	饱和	80	耐
氨	100	80	耐	硫化铵	饱和	80	耐

续表

介质	浓度/%	温度/℃	耐蚀性评价	介质	浓度/%	温度/℃	耐蚀性评价
氨水（氢氧化铵）	15	80	耐	硫酸	1mol/L	100	耐
	25	80	耐		30	80	耐
	30	20	耐		40	100	耐
	饱和	80	耐		50	20	耐
氢氧化钙	饱和	100	耐		70	20	耐
氢化钙	—	100	耐		80	80	耐
氢氧化钠	1mol/L	100	耐		96～98	20	耐
	10～30	80	耐		96～98	80	尚耐
	52	100	耐	硫酸钾	饱和	80	耐
氢氧化钾	1mol/L	100	耐	硫酸铁	饱和	80	耐
	55	100	耐	硫酸铝	饱和	80	耐
氢氟酸	10	90	耐	硫酸铜	含铜 40g/L	60	耐
	50	80	耐			80	尚耐
	55	60	耐	硫酸锌	任何浓度	100	耐
	55	80	尚耐	硫酸铵	饱和	100	耐
氟化氢	—	20	耐	亚硫酸铵	饱和	80	耐
氟化氢钠	饱和	80	耐	亚硫酸钠	40	100	耐
氟化钾	饱和	80	耐	亚硫酸铝	饱和	80	耐
氟化铜	饱和	80	耐	明矾（硫酸铝钾）	饱和	80	耐
氟硅酸		60	耐	氰酸钠	饱和	80	耐
氟硅酸钠	饱和	60	耐	盐酸	2mol/L	100	耐
硅酸钙	饱和	30	耐		10	100	耐
硝酸	<25	80	耐		30	100	耐
	30～50	20	尚耐		36	80	尚耐
硝酸钙	饱和	80	耐	氯化汞	饱和	80	耐
硝酸钠	饱和	80	耐	氯化钠	任何浓度	100	耐
硝酸钾	饱和	80	耐	氯化钙	任何浓度	90	耐
硼酸	饱和	80	耐	氯酸钾	饱和	80	耐
硼砂	饱和	80	耐	氯酸钠	饱和	100	耐
溴化钾	饱和	80	耐	次氯酸钠	6	100	耐
溴酸	50	80	耐		20	60	尚耐

续表

介质	浓度/%	温度/℃	耐蚀性评价	介质	浓度/%	温度/℃	耐蚀性评价
碳酸钠	饱和	100	耐	磷酸	10	80	耐
碳酸钾	饱和	80	耐		25	100	耐
碳酸氢钠	饱和	80	耐		30	80	尚耐
苯	100	20	耐		85	100	耐
甲苯	100	60	尚耐		浓	100	耐
二甲苯	100	20	尚耐	磷酸钙	饱和	80	耐
萘	100	100	耐	二氯苯	40	20	耐
氯甲烷	40	20	尚耐		40	60	尚耐
二氯甲烷	40	60	尚耐	六氯化苯（六六六）	20	80	耐
三氯甲烷（氯仿）	40	20	耐	甲醇	100	100	耐
四氯化碳	40	40	尚耐	乙醇	96	100	耐
二氯乙烷	40	20	耐	乙酸	10	100	耐
	40	60	尚耐		30	80	耐
二氯乙烯	—	60	尚耐		50	80	耐
三氯乙烯	—	20	尚耐		100	20	尚耐
氯苯	40	20	耐	草酸（乙二酸）	饱和	80	耐
	40	60	尚耐	苯二甲酸二丁酯	—	100	尚耐

3. 聚氯乙烯

聚氯乙烯，简称 PVC，英文名称为 polyvinyl chloride，是五大合成树脂之一，是氯乙烯单体在过氧化物、偶氮化合物等引发剂或在光、热作用下按自由基聚合反应机理聚合而成的聚合物。氯乙烯均聚物和氯乙烯共聚物统称为氯乙烯树脂，其可分为软、硬聚氯乙烯和氯化聚氯乙烯等，软制品柔而韧，手感黏，硬制品的硬度高于低密度聚乙烯，而低于聚丙烯，在曲折处会出现白化现象，而氯化聚氯乙烯则具有更好的耐热等级和更高的机械强度等。PVC 曾是世界上产量最大的通用塑料，应用非常广泛。用于承压设备的主要是硬聚氯乙烯和氯化聚氯乙烯。

1）材料特性

聚氯乙烯为无定形结构的白色粉末，支化度较小，相对密度为 1.4 左右，玻璃化温度为 77～90℃。它对光和热的稳定性差，在 140～180℃或经长时间阳光曝晒，就会分解而产生氯化氢，并进一步自动催化分解，引起变色，物理机械性能也迅速下降，在实际应用中必须加入稳定剂以提高其对热和光的稳定性。

2）力学特性

聚氯乙烯有较好的机械性能，短期拉伸强度为 50～60MPa（20℃），长期抗拉强度为 20MPa，其强度大小与温度密切相关，随温度升高明显降低。

聚氯乙烯在 20℃时的冲击强度大于 $147\times10^3 J/m^2$，约为碳钢的 1/3。温度降低，冲击强度下降，呈现较明显的低温脆性。

3）热学特性

聚氯乙烯热稳定性较差，软化点为 80℃，于 130℃开始分解。在不加热稳定剂的情况下，聚氯乙烯 100℃时即开始分解，130℃以上分解更快。

4）电学特性

聚氯乙烯属于极性高聚物，对水等导电物质亲和力较大，故电阻较非极性的聚烯烃小，但仍有较高的体积电阻和击穿电压。聚氯乙烯的极性基团直接附着在主链上，在玻璃化温度以下，偶极链段受到冻结构的主链原子的限制，不能移动，因而并不产生偶极化作用，可作室温的高频绝缘材料。

5）主要用途

聚氯乙烯可直接用来制造化工压力管道；也可制成板材，切割成所需的形状，然后利用 PVC 焊条用热空气焊接成各种耐化学腐蚀的储槽、风道及容器等。

6）耐腐蚀性

聚氯乙烯具有稳定的化学特性，不溶于水、酒精、汽油，气体、水汽渗漏性低；在常温下可耐任何浓度的盐酸、90%以下的硫酸、50%～60%的硝酸和 20%以下的氢氧化钠溶液，具有一定的抗化学腐蚀性；对盐类相当稳定，但能够溶解于醚、酮、氯化脂肪烃和芳香烃等有机溶剂，详见表 3-5。

表 3-5　硬聚氯乙烯的耐化学腐蚀性

介质	浓度/%	温度/℃	耐蚀性评价	介质	浓度/%	温度/℃	耐蚀性评价
过氧化氢	<90	60	耐	液溴	100	20	不耐
氨气	100	60	耐	碳酸钠	—	60	耐
氨水	—	60	耐	磷酸	<90	60	耐
液氨	100	60	尚耐		100	60	不耐
氢氧化钠	—	60	耐	各种电镀液	—	60	耐
氢氧化钾	—	60	耐	硝酸、硫酸混合 $H_2SO_4/HNO_3/H_2O$	10/20/70	50	耐
氯气	干	60	耐		10/87/3	20	尚耐
	湿	60	耐		50/50	20	尚耐
液氯	100	20	不耐		50/50	40	不耐
氯水	饱和	20	尚耐		57/28/15	71	尚耐

续表

介质	浓度/%	温度/℃	耐蚀性评价	介质	浓度/%	温度/℃	耐蚀性评价
氯化氢	干	60	耐	$CrO_3/H_2SO_4/H_2O$	40/1/100	55	尚耐
	湿	40	耐		34/1/100	55	尚耐
盐酸	饱和	60	耐	甲烷	—	60	耐
氯化钠	—	60	耐	庚烷	—	60	耐
三氯化磷	100	20	不耐	二氯甲烷	—	20	不耐
五氯化磷	100	20	不耐	氯仿	—	20	不耐
海水	55	60	尚耐	四氯化碳	—	100	尚耐
	55	80	尚耐	环氧乙烷	—	100	不耐
	55	20	耐	二氯乙烷	—	80	不耐
高氯酸	<10	40	耐	氢氟酸	<4	60	耐
高氯酸钾	—	60	耐	氟硅酸	—	60	耐
次氯酸	—	60	耐	硅酸	—	60	耐
次氯酸钠	—	60	耐	铬酸	<50	60	耐
溴蒸气	<20	22	尚耐	铬酸钠	—	60	尚耐
溴水	—	20	耐	重铬酸钾	—	60	耐
硫酸	<90	60	耐	甲胺	—	20	不耐
	90～95	22	耐	苯胺	—	20	不耐
亚硫酸	—	60	耐	矿物油	—	60	耐
硝酸	<50	50	耐	二氯乙烯	—	20	不耐
	<50	60	尚耐	苯	—	20	不耐
	40	71	耐	甲苯	—	20	不耐
	95～98	20	不耐	二甲苯	—	20	不耐
	50～70	20	耐	萘	—	20	不耐
二氧化硫	干	60	耐	氯苯	—	20	不耐
	湿	40	尚耐	甲醇	—	60	耐
	湿	60	尚耐	乙醇	—	60	耐
	液	20	耐	糠醇	—	20	不耐
乙酸	<60	60	耐	苯酚	<5	40	耐
	80	60	不耐		5	71	尚耐
乙酸乙酯	—	20	不耐		90	20	耐
苯甲酸丁二酯	—	20	尚耐		100	40	不耐

4. 丙烯腈-丁二烯-苯乙烯共聚物

丙烯腈-丁二烯-苯乙烯共聚物，简称 ABS，英文名称为 crylonitrile-butadiene-styrene copolymer，是五大合成树脂之一。由于 ABS 具有综合性能好、价格较低、成型加工和涂装、着色较易，还可以进行表面喷镀金属、电镀、焊接、热压和粘接等二次加工等优点，广泛应用于机械、汽车、电子电器、仪器仪表、纺织和建筑等工业领域，是一种用途极广的热塑性工程塑料。

1）材料特性

ABS 的外观为不透明呈象牙色的粒料，无毒、无味、吸水率低，抗冲击性能、耐热性能、耐低温性能、耐化学药品性能及电气性能优良，还具有易加工、制品尺寸稳定、表面光泽性好等特点。ABS 同其他材料的结合性好，易于表面印刷、涂层和镀层处理。ABS 是一种综合性能良好的树脂，在比较宽广的温度范围内具有较大的冲击强度和表面硬度，热变形温度比 PA、PVC 高，尺寸稳定性好。

2）力学特性

ABS 有优良的力学性能，其抗冲击强度极好，可以在极低的温度下使用。即使 ABS 制品被破坏，也只能是拉伸破坏而不会是冲击破坏。ABS 的耐磨性能优良，尺寸稳定性好，又具有耐油性，可用于中等载荷和转速下的轴承。ABS 的蠕变性比 PSF（聚砜）和 PC 大，但比 PA 和 POM 小。ABS 的弯曲强度和压缩强度属塑料中较差的。ABS 的力学性能受温度的影响较大，详见表 3-6。

表 3-6　ABS 树脂的性能

项目	单位	高冲击型	中冲击型	耐热型
密度	g/m^3	1.02～1.20	1.03～1.20	1.02～1.20
拉伸强度	MPa	33.0～42.5	44.0～48.5	48.0～51.0
断裂伸长率	%	50	25	15
冲击强度（悬臂梁式，缺口）	J/m^2	29～47	19～22	14～23
硬度（洛氏）	R	90	110	107
热变形温度（1.86MPa）	℃	100	102	110
线胀系数	$\times10^{-5}K^{-1}$	9.5	8.3	7.2
相对介电强度	10^3Hz	2.75～2.95	2.75～2.95	2.75～2.95
成型收缩率	%	0.7	0.5	0.4
吸水率	%	0.5	0.5	0.5

3）热学特性

ABS 属于无定形聚合物，无明显熔点；熔体黏度较高，流动性差，耐候性较差，紫外线可使其变色；熔融温度为 217～237℃；热分解温度大于 250℃。对温度、剪切速率都比较敏感；ABS 在–40℃时仍能表现出一定的韧性，可在–40～85℃的温度范围内长期使用。

4）电学特性

ABS 的电绝缘性较好，并且几乎不受温度、湿度和频率的影响，可在大多数环境下使用。

5）主要用途

主要用来制造承压容器的外壳材料，也可直接用来制造防腐蚀压力管道。

6）耐腐蚀性

ABS 不受水、无机盐、碱醇类和烃类溶剂及多种酸的影响，但可溶于酮类、醛类及氯代烃，受冰醋酸、植物油等侵蚀会产生应力开裂。ABS 的耐候性差，在紫外光的作用下易产生降解，于户外半年后，冲击强度下降一半。

5. 聚酰胺

聚酰胺，简称 PA，英文名称为 polyamide resin，俗称尼龙，是大分子主链重复单元中含有酰胺基团的高聚物的总称。聚酰胺可由内酸胺开环聚合制得，也可由二元胺与二元酸缩聚得到。PA 具有良好的综合性能，包括力学性能、耐热性、耐磨损性、耐化学药品性和自润滑性，且摩擦系数低，有一定的阻燃性，易于加工，适于用玻璃纤维和其他填料填充增强改性，提高性能和扩大应用范围。尼龙的品种繁多，有尼龙 6、尼龙 66、尼龙 11、尼龙 12、尼龙 46、尼龙 610、尼龙 612、尼龙 1010 等，以及近几年开发的半芳香族尼龙 6T 和特种尼龙等新品种。其中以尼龙 6、尼龙 66 和尼龙 610 的应用最为广泛。

1）材料特性

聚酰胺为韧性角状半透明或乳白色结晶性树脂，作为工程塑料的聚酰胺相对分子质量一般为 1.5 万～3 万，聚酰胺具有很高的机械强度，软化点高，耐热，摩擦系数低，耐磨损，具有自润滑性、吸震性和消音性，耐油，耐弱酸、碱和一般溶剂，电绝缘性好，有自熄性，无毒，无臭，耐候性好，染色性差。其缺点是吸水性大，影响尺寸稳定性和电性能，纤维增强可降低树脂吸水率，使其能在高温、高湿下工作。聚酰胺与玻璃纤维亲和性良好。

2）力学特性

聚酰胺分子主链上的重复单元中含有极性酰胺基团，能形成分子间氢键，具有结晶性，分子间的相互作用力大，因此，聚酰胺具有较高的机械强度和弹性模量，详见表 3-7。机械强度和弹性模量随着聚酰胺主链亚甲基的增加而下降，而抗冲击强度增强。聚酰胺在室温下的拉伸强度和抗冲击强度虽然都较高，但冲击强度不如聚碳酸酯和聚甲醛高。随着温度和湿度的升高，拉伸强度急剧下降，而抗冲击强度则明显提高。玻璃纤维增强尼龙的强度受温度和湿度的影响小。

表 3-7 尼龙的主要性能

项目	单位	尼龙 6	尼龙 66	尼龙 1010	尼龙 610	尼龙 11	尼龙 12
相对密度	—	1.14	1.14	1.05	1.08	1.04～1.06	1.01～1.03
拉伸强度	MPa	74	80	55	60	55～62	55～64
断裂伸长率	%	200	60	250	200	300	250～300

续表

项目	单位	尼龙 6	尼龙 66	尼龙 1010	尼龙 610	尼龙 11	尼龙 12
Lzod 冲击强度	J/m	56	40	40～50	56	38	52～116
硬度（洛氏）	M	114	118	116	95	108	106
吸水率	%	3.0～4.2	3.4～3.6	1.5	1.8～2.0	1.05	0.28
线胀系数	$\times 10^{-5}K^{-1}$	6.5	7	—	8	11	—
相对介电强度	10^3Hz	3.8	3.9	3.6	3.6	3.7	4.5
成型收缩率	%	0.6～1.6	0.8～1.5	1.0～1.5	1.2	1.2	0.3～1.5

3）热学特性

不同品种聚酰胺的熔点差别较大，熔点最高的是尼龙 46，高达 295℃。聚酰胺的使用温度范围较宽，一般为–40～100℃。聚酰胺的热变形温度和所承受的载荷关系很大，随着载荷的增加，热变形温度迅速降低。各种聚酰胺的热导率差别不大。

4）电学特性

聚酰胺有良好的电绝缘性能，但它的分子主链中含有极性酰胺基，属于易吸水的聚合物，随着吸水率的增加，聚酰胺的体积电阻率和介电强度降低，因此，聚酰胺工程塑料不适合作为高频和在湿态环境下工作的电绝缘材料。

5）主要用途

在承压设备中可直接用于制造承压管道和容器，也可作为衬里进行使用。

6）耐腐蚀性

聚酰胺对大多数化学试剂的作用是稳定的，特别是对汽油、润滑油等油类，具有很强的抵抗性，耐油性好。尼龙 11、尼龙 12 的耐油性极好，是汽车油管的首选材料。但是，常温下可溶于酚类、浓无机酸、甲酸，在高温下可溶于乙二醇、冰醋酸、丙二醇、氯化锌或氯化钙的甲醇溶液，以及氟乙酸、氟乙醇等。通常，大多数聚酰胺塑料在碱性溶液中都是稳定的，但在高温下，特别是使聚酰胺熔融，则发生水解或降解；在此条件下，无机酸和胺，特别是一价酸可使聚酰胺迅速酸解和胺解，引起酰胺键的断裂，最终生成聚酰胺的单体。

6. 氟塑料

氟塑料是一类含氟元素聚合物的统称。其中聚四氟乙烯生产最早、应用最广，其他主要还包括四氟乙烯-全氟烷基乙烯基醚共聚物、四氟乙烯-六氟丙烯共聚物（FEP）、乙烯-四氟乙烯共聚物（ETFE）、聚偏氟乙烯、聚三氟氯乙烯、聚氟乙烯等。

对氟塑料一般分为两类：第一类是全氟塑料，如聚四氟乙烯、四氟乙烯-全氟烷基乙烯基醚共聚物和四氟乙烯-六氟丙烯共聚物（FEP）；第二类是非全氟塑料，如乙烯-四氟乙烯共聚物、聚三氟氯乙烯、乙烯-三氟氯乙烯共聚物（ECTFE）和聚偏氟乙烯。

主要氟塑料的性能见表 3-8。

表 3-8　氟塑料的物理机械性能

项目		ASTM 标准	单位	PTFE	PFA	FEP	ETFE	PCTFE	ECTFE	PVDF
物理性能	密度	D792	g/cm^3	2.14～2.20	2.12～2.17	2.12～2.17	1.70～1.86	2.10～2.20	1.69～2.14	1.76～1.78
	熔点	—	℃	327	310	270	260	210	180	170
	吸水率（24h，1/3in 厚）	D570	%	<0.01	<0.03	<0.01	<0.03	<0.01	—	<0.04
	成型收缩率	—	%	2～5	4	3～6	3～4	1.5～2	—	1.4
力学性能	拉伸强度	D638	MPa	20～45	27～35	20～25	40～50	31～41	49	39～59
	断裂伸长率	D638	%	200～400	280～400	250～330	400～450	80～250	200～300	300～450
	压缩强度（1%变形，23℃）	D695	MPa	5～12	—	11～15	50	14～20	—	—
	拉伸弹性模量	D638	MPa	392	451	343	490～784	1029～2058	—	784～1960
	弯曲弹性模量	D790	MPa	490～588	647～686	539～637	882～1372	1274～1764	—	1372～1764
	冲击强度	D256	kgf·cm/cm	16.3	不破坏	不破坏	不破坏	不破坏	不破坏	16～108
	硬度（洛氏）	D785	—	R25	—	R25	R50	R50	—	—
	硬度（邵氏）	D1706	—	D55	D50	D55	D75	D75	D55	D80
	静摩擦系数（对钢）	—	—	0.02	0.05	0.05	0.06	0.08	—	0.4
	动摩擦系数	—	—	0.1	0.2	0.3	0.4	0.37	—	—
热性能	热导率	C177	W/(m·K)	0.20	0.20	0.25	0.19	0.18	—	—
	比热容	—	kJ/(kg·K)	105	105	117	195	92	—	—
	线膨胀系数	D696	1/℃	13×10^{-5}	12×10^{-5}	9×10^{-5}	6×10^{-5}	6×10^{-5}	—	6×10^{-4}
	连续使用温度	—	℃	260	260	200	150	150	150	140
	热变形温度 0.46MPa	D648	℃	121	—	72	104	125	—	—
	热变形温度 1.85MPa	D648	℃	55	—	50	74	—	—	—
电气性能	体积电阻率	D257	Ω·cm	$>10^{18}$	$>10^{18}$	$>10^{16}$	$>10^{14}$	1.2×10^{18}	—	—
	表面电阻率	D257	Ω	$>10^{14}$	$>10^{16}$	$>10^{16}$	5×10^{14}	—	—	—
	绝缘破坏强度（1/8in 厚）	D149	kV/mm	16～24	20～24	20～24	16	20～24	—	—
	耐电弧性	D495	s	>300	>300	>300	75	>360	—	—
其他	耐药品性 酸	D543	—	优	优	优	优	优	优	好
	耐药品性 碱	D543	—	优	优	优	优	优	优	好
	耐药品性 溶剂	D543	—	优	优	优	优	好	好	可用
	燃烧性	D635	—	不燃	不燃	不燃	不燃	不燃	—	—

注：1in=2.54cm；1kgf=9.80665N。

一般情况下，全氟塑料化学性质稳定，并且比非全氟塑料的使用温度高。从耐蚀方面讲，除了在最高使用温度方面有差异外，所有的全氟塑料都基本相同。而非全氟塑料在耐蚀性和使用温度方面均有差异。聚四氟乙烯（PTFE）分子链完全对称，无支链，结晶度高，稳定性好。由于熔融黏度非常大，因此难以用传统的成型方法加工。其他氟塑料由于含氟量下降，分子规整度下降，黏度和熔点降低，因此都可以采用熔融加工。氟塑料是有机高分子材料耐腐蚀性能的佼佼者，每年在化工工业中的用量在1000t左右，其中90%为PTFE。

1）聚四氟乙烯

（1）材料特性。PTFE为白色粉末或颗粒状，无臭、无味、无毒。PTFE分子结构中含有高键能的碳-氟键，碳链上的氟原子形成屏蔽效应，因此具有一系列突出性能，如耐高低温范围宽，化学性质稳定、耐大气老化和自润滑等。

（2）力学特性。PTFE 密度较大，为 2.14～2.20g/cm^3，几乎不吸水，平衡吸水率小于0.01%；PTFE坚韧而无回弹，大分子间的相互引力较小，因此具有中等抗拉强度，硬度较低，在应力长期作用下会变形，断裂伸长率较高。

（3）热学特性。PTFE的热稳定性在所有工程塑料中极为突出，这是因为PTFE分子的碳-氟键键能大，碳-碳键四周包围着氟原子，不易受其他原子如氧原子的侵袭。PTFE在−250℃下不发脆，还能保持一定的挠曲性。PTFE使用温度范围十分宽广，它可在−250～260℃内长期使用。

（4）电学特性。PTFE是一种高度非极性材料，介电性能极其优异。在0℃以上的介电性能不随频率和温度变化，也不受湿度和腐蚀性气体影响。PTFE的体积电阻率大于$10^{17}\Omega\cdot cm$，表面电阻率大于$10^{16}\Omega$，在所有工程塑料中处于最高水平。

（5）主要用途。化工设备上的应用，PTFE材料具有的耐腐蚀、耐老化、低摩擦系数及不黏性、耐温范围广、弹性好的特性使其非常适合应用于制造耐腐蚀要求高、使用温度高于 100℃的密封件，如机器、热交换器、高压容器、大直径容器、阀门、泵的槽形法兰的密封件，玻璃反应锅、平面法兰、大直径法兰的密封件，轴、活塞杆、阀门杆、蜗轮泵、拉杆的密封件等。

（6）耐腐蚀性。PTFE化学稳定性极为优异，这是因为PTFE分子中，易受化学腐蚀的碳链骨架被一层键合力很强的氟原子严密地包围起来，聚合物主链不受任何化学物质侵蚀。许多强腐蚀性、强氧化性的化学物质，如浓盐酸、氢氟酸、硫酸、氯气、三氧化硫、氢氧化钠和有机酸等，对它都不起作用，因而有塑料王之称。只有熔融的碱金属能夺去 PTFE 分子中的氟原子，生成氟化物（如氟化钠或氟化钾），使表面变成深棕色。

2）四氟乙烯-全氟烷基乙烯基醚共聚物

四氟乙烯-全氟烷基乙烯基醚共聚物（PFA）的物理力学性能、电性能、化学稳定性、不黏性、阻燃性和耐大气老化性等与 PTFE 基本相同。其突出特点是热塑性良好，可注射、挤出、吹塑成型。与 PTFE 一样，PFA 的化学性能极为稳定，除了在熔融碱金属和高温氟气会分解外，其他化学药品对它几乎没有影响。

3）四氟乙烯-六氟丙烯共聚物

四氟乙烯-六氟丙烯共聚物（FEP）是 PTFE 的改性品种。由于在聚四氟乙烯分子链中引入部分三氟甲基支链，使熔体黏度降低到可用一般热塑性塑料的成型方法加工，从而解决了 PTFE 成型困难的问题。FEP 的力学性能、化学稳定性、耐大气老化性及阻燃性等均与 PTFE 相仿，但耐热性则低于 PTFE，长期使用温度比 PTFE 低 50～60℃。

4）乙烯-四氟乙烯共聚物

乙烯-四氟乙烯共聚物（ETFE）是一种半结晶性、半透性树脂，结晶度为 50%～60%，相对密度为 1.73 左右，为氟塑料中最轻品种，拉伸强度、抗冲击强度和耐蠕变均优于 PTFE，耐低温抗冲击强度是现有氟塑料中最好的。ETFE 的长期使用温度是–60～180℃，短时可达 230℃。只有强氧化性酸（如硝酸）、有机碱、磺酸等在高浓度、接近沸点下才对 ETFE 有不同程度的影响，因此它具有高度的化学稳定性。ETFE 耐候性好，对水稳定，在沸水中浸渍 3000h，其抗拉强度和伸长率基本保持不变。

5）聚三氟氯乙烯

聚三氟氯乙烯（PCTFE）是一种结晶性聚合物，结晶度随热处理条件而异，最高可达 85%～90%。其特点是制品透明度高，耐磨性和尺寸稳定性良好，成型加工性能优良，与金属的粘接性好。与 PTFE 相比，PCTFE 的机械强度和模量较高。特别是抗压强度和耐冷流性明显优于 PTFE。PCTFE 的耐热性低于 PTFE，但低温性能十分突出，可在–200℃下长期使用。在液氧（–183℃）和液氮（–196℃）中浸渍，仍能保持一定的柔软性和抗冲击强度。PCTFE 吸水率极低，在所有的塑料中，PCTFE 水-汽渗透性最低，不渗透任何气体，是一种良好的屏障聚合物。

PCTFE 的化学稳定性比 PTFE 稍差，但仍优于其他工程塑料。它会被熔融的碱金属、新生原子氟、高温氯磺酸、高温高压下的氨或氯气中腐蚀，但对强酸、强碱、强氧化剂、混合酸等表现出很强的抵抗性。在常温下几乎对所有的有机溶剂均稳定，但高温下，在四氯化碳、苯、甲苯、二甲苯、环己烷、环己酮等有机溶剂中溶解或溶胀。

6）乙烯-三氟氯乙烯共聚物

乙烯-三氟氯乙烯共聚物（ECTFE）的性能特点是机械强度高、熔融成型加工性优良。其机械强度、耐磨性和耐蠕变性优于 PTFE、FEP 及 PFA；耐低温性优良，低温抗冲击强度高，长期使用温度–80～170℃，耐油性和耐候性优良；耐化学腐蚀性优于 ETFE 和 PVDF，在室温下不被一般酸、碱、氧化剂和还原剂所侵蚀，120℃以下在所有通用有机溶剂中不溶解，但在高温下能被氯代烃溶剂侵蚀。

7）聚偏氟乙烯

聚偏氟乙烯（PVDF）为白色粉末结晶聚合物，机械强度高于 PTFE，并且抗压性能和耐蠕变性优良。PVDF 极性较大，介电常数很高。介质损耗因素也大，电性能受晶体结构和结晶度等影响，十分敏感。PVDF 的耐化学药品性不及 PTFE 和 PCTFE。它对无机酸、碱抵抗力优良，但对有机酸和有机溶剂的抵抗性则较差，在室温至 100℃时，能溶解或溶胀 PVDF 的有二甲基亚砜、丙酮、丁酮、戊二酮、环己酮、乙酸、乙酸甲酯、丙烯酸甲酯、碳酸二乙酯、二甲基甲酰胺、六甲基磷酰三胺、环氧乙烷、四氢呋喃、二氧杂环己烷等。

8）聚氟乙烯

聚氟乙烯（PVF）是结晶性聚合物，相对分子质量为 6 万～18 万，是氟塑料中含氟量最低、密度最小的品种。熔融温度为 198～200℃，初始分解温度为 210℃。在氟塑料中，PVF 抗拉强度最高和气体渗透率最低，耐磨性好，耐化学药品性良好，不受大多数酸和碱的侵蚀，能在 100℃耐很多有机溶剂。二甲聚甲酰胺、二甲基乙酰胺、四甲基脲、六甲基磷酸三胺、乳酸丁内酯等在高温下能溶解 PVF[3-5]。

7. 有机复合材料

复合材料，是由两种或两种以上不同性质的材料，通过物理或化学的方法，在宏观（微观）上组成具有新性能的材料。各种材料在性能上互相取长补短，产生协同效应，使复合材料的综合性能优于原组成材料而满足各种不同的要求。复合材料的基体材料分为金属和非金属两大类。金属基体常用的有铝、镁、铜、钛及其合金。非金属基体主要有合成树脂、橡胶、陶瓷、石墨、碳等。增强材料主要有玻璃纤维、碳纤维、硼纤维、芳纶纤维、碳化硅纤维、石棉纤维、晶须、金属丝和硬质细粒等。

复合材料中以纤维增强材料应用最广、用量最大。其特点是相对密度小、比强度和比模量大。例如，碳纤维与环氧树脂复合的材料，其比强度和比模量均比钢和铝合金大数倍，还具有优良的化学稳定性、减摩耐磨、自润滑、耐热、耐疲劳、耐蠕变、消声、电绝缘等性能。石墨纤维与树脂复合可得到热膨胀系数几乎等于零的材料。纤维增强材料的另一个特点是各向异性，因此可按制件不同部位的强度要求设计纤维的排列。非金属基复合材料由于密度小，用于汽车和飞机可减轻质量、提高速度、节约能源。

玻璃钢（FRP），一般指用玻璃纤维增强不饱和聚酯、环氧树脂基体等。以玻璃纤维或其制品作增强材料的增强塑料，称为玻璃纤维增强塑料，俗称玻璃钢。由于所使用的树脂品种不同，因此有聚酯玻璃钢、环氧玻璃钢之称。该材料质轻而硬、不导电、性能稳定、机械强度高、回收利用少、耐腐蚀，可以代替钢材制造机器零件和汽车、船舶外壳等。

根据采用的纤维不同分为玻璃纤维增强复合塑料（GFRP）、碳纤维增强复合塑料（CFRP）、硼纤维增强复合塑料等。它是以玻璃纤维及其制品（玻璃布、带，毡，纱等）作为增强材料，以合成树脂作基体材料的一种复合材料。纤维增强复合材料由增强纤维和基体组成。纤维（或晶须）的直径很小，一般在 10μm 以下，缺陷较少，尺寸较小，断裂应变约为千分之三十以内，是脆性材料，易损伤、断裂和受到腐蚀。基体相对于纤维来说，强度、模量都要低很多，但可以经受住大的应变，往往具有黏弹性和弹塑性，是韧性材料。

玻璃钢的特点大致如下。

（1）轻质高强。相对密度在 1.5～2.0，只有碳钢的 1/5～1/4，可是拉伸强度却接近，甚至超过碳素钢，而比强度可以与高级合金钢相比。因此，在航空、火箭、宇宙飞行器、高压容器及在其他需要减轻自重的制品应用中，都具有卓越成效。某些环氧 FRP 的拉伸、弯曲和压缩强度均能达到 400MPa 以上。

（2）良好的耐腐蚀性能。FRP 对大气、水和一般浓度的酸、碱、盐及多种油类和溶剂都有较好的抵抗能力，已应用到化工防腐的各个方面，如耐腐蚀管道、储罐储槽、耐腐蚀输送泵及其附件、耐腐阀门、格栅、通风设施，以及污水和废水的处理设备及其附件等，正在取代碳钢、不锈钢、木材、有色金属等。

（3）热导率低。室温下为 1.25～1.67kJ/(m·h·K)，只有金属的 1/1000～1/100，是优良的绝热材料。在瞬时超高温情况下，是理想的热防护和耐烧蚀材料，能保护宇宙飞行器在 2000℃以上承受高速气流的冲刷。

1）热固性树脂基复合材料

承压设备用热固性树脂基复合材料是指以热固性树脂，如不饱和聚酯树脂、环氧树脂为基体，以玻璃纤维、碳纤维、芳纶纤维、超高分子量聚乙烯纤维等为增强材料制成的复合材料。

（1）不饱和聚酯（unsaturated polyester）是由不饱和二元羧酸（或酸酐）或饱和二元羧酸（或酸酐）与多元醇（一般为饱和二元醇）缩聚而成的新型高聚物。相对分子质量通常为 1000～3000，没有明显的熔点。在高分子主链中既含有酯键，又含有不饱和双键。它是一种具有不同黏度的淡黄色至琥珀色透明液体，在引发剂和促进剂作用下，能在室温固化，得到三相交联体型结构的热固性聚合物，具有良好的工艺性能，能迅速渗透玻璃纤维材料，一般凝胶时间较长，可有足够的时间行进辅层、滚压、除气泡等操作。

不饱和树脂耐水、稀酸、稀碱的性能较好，耐有机溶剂的能力差。同时，树脂的耐化学腐蚀能力随化学结构和几何形状的不同，可以有很大的差异。已固化的不饱和聚酯对非氧化酸、酸性盐及中性盐的溶液和极性溶剂是稳定的，但经不起碱、酮、氯化烃类、苯胺、二硫化碳及热酸的作用，碱和热酸能使树脂水解。

（2）环氧树脂（epoxy resin）是泛指含有两个或两个以上环氧基，以脂肪族、脂环族或芳香族链段为主链的高分子预聚物（某些环氧化合物因具有环氧树脂的基本属性也被不加区别地称为环氧树脂）。环氧基是环氧树脂的特性基团，它的含量多少是这种树脂最为重要的指标。通常用环氧当量、环氧值、环氧质量分数来描述环氧基含量。

环氧树脂特点是具有优良的化学稳定性、电绝缘性、耐腐蚀性、收缩率低、良好的粘接性能和较高的机械强度，广泛应用于化工、轻工、机械、电子、水利、交通、汽车、家电和宇航等各个领域。

2）增强材料

树脂基复合材料采用的增强材料主要有玻璃纤维、碳纤维、硼纤维、晶须等。

（1）玻璃纤维的主要成分是铝硼硅酸盐和钙钠硅酸盐。含前者多的常称为无碱或低碱玻璃纤维（E-玻璃纤维），含后者多的常称为有碱或中碱玻璃纤维（A-玻璃纤维）。

目前用于高性能复合材料的玻璃纤维主要有高强度玻璃纤维、石英玻璃纤维和高硅氧玻璃纤维等。由于高强度玻璃纤维性价比较高，因此增长率也比较快，年增长率达到 10%以上。高强度玻璃纤维复合材料不仅应用在军用方面，近年来民用产品也有广泛应用，如防弹头盔、防弹服、直升机机翼、预警机雷达罩、各种高压压力容器、民用飞机直板、体育用品、各类耐高温制品及近期报道的性能优异的轮胎帘子线等。石英玻璃纤维及高硅氧玻璃纤维属于耐高温的玻璃纤维，是比较理想的耐热防火材料，用其增强酚醛树脂可制成各种结构的耐高温、耐烧蚀的复合材料部件，大量应用于火箭、导弹的防热材料。

（2）碳纤维是一种含碳量在 95%以上的高强度、高模量纤维的新型纤维材料。它是由片状石墨微晶等有机纤维沿纤维轴向方向堆砌而成，经碳化及石墨化处理而得到的微晶石墨材料。碳纤维“外柔内刚”，质量比金属铝轻，但强度却高于钢铁，并且具有耐腐蚀、高模量的特性，在国防军工和民用方面都是重要材料。它不仅具有碳材料的固有本征特性，又兼备纺织纤维的柔软可加工性。

（3）硼纤维的拉伸强度与玻璃纤维相似，弹性模量却大 5 倍，硬度与金刚石相当。其主要缺点是丝的直径大、刚性大，不易弯曲。

（4）晶须基本是完全晶体，它是纤维状的单晶，直径只有几微米，而长度则为数厘米，它是纤维材料中强度最高的一种。晶须具有坚韧不脆的性能，它兼有玻璃纤维的断裂伸长率（3%～4%）和硼纤维的弹性模量。

3.2.2　承压设备用橡胶类材料

在承压设备的衬里上使用的橡胶主要是天然橡胶和合成橡胶。这两种橡胶具有较高的化学稳定性，可耐强酸、有机酸、碱溶液和盐溶液，但在强氧化性酸和芳香族化学物中不稳定。橡胶衬里是把预先加工好的板材粘贴在金属表面上，其接口可以通过搭边方式黏合，因此橡胶衬里的整体性较强。橡胶衬里一般致密性高、抗渗性强，即使衬层局部位置与基体表面脱离，腐蚀介质也不容易渗入。橡胶衬里具有一定的弹性，且韧性较好，能抵抗机械冲击和热冲击，可在受冲击或磨蚀的环境中使用。此外，橡胶衬里的突出优点是与钢铁黏合力强，比用一般树脂胶黏剂粘贴材料的黏合力强很多，要把经硫化后的硬橡胶衬层从金属表面剥离时，往往发生橡胶破坏，因此橡胶衬里可在真空环境下使用，而其他种类的衬里（如塑料衬里、玻璃钢衬里等），由于与基体表面的黏合力相对较低，一般不适宜在负压条件下应用。

国内目前橡胶衬里主要应用天然橡胶衬贴在钢或铸铁的表面，合成橡胶的应用还相对较少。橡胶衬里的应用范围广，既可以作为设备衬里，又可以作为旋转零件的外衬防磨蚀材料用在体积较小的泵、阀、管等上，还可以作为砖板衬里的不透性底层，可克服较苛刻的工艺条件。

1. 天然橡胶

天然橡胶（natural rubbe，NR）是不饱和的异戊二烯（C_5H_8）的高分子聚合物。由于天然橡胶是线性聚合物，机械性能较差，而且在其主链上含有较多的双键，易被氧化剂氧化，不能满足防腐衬里的实际需要。因此，需加硫化剂使橡胶硫化，以达到使用要求。将天然橡胶制成软、半硬、硬胶三种类型的未硫化橡胶板，经过硫化后，其耐腐蚀性能较好，可耐一般非氧化性强酸、有机酸、碱溶液和盐溶液，详见表 3-9。

表 3-9　天然橡胶耐腐蚀性能

介质名称	浓度/%	温度/℃	耐腐蚀性能
盐酸	30	<80	+
硫酸	50	<80	+
乙酸	25	65	+
甲酸	90	65	+
氢氟酸	50	65	+
氢氧化钠	40	65	+
硫化氢	任何	<65	+
氨水	任何	65	+
丙酮	任何	65	+
甲醇、乙醇、丙醇、丁醇	任何	65	+
甘油	任何	90	+
铬酸	—	—	–

续表

介质名称	浓度/%	温度/℃	耐腐蚀性能
四氯化碳	—	—	–
苯	—	—	–
硝酸钾	—	—	–
高锰酸钾	—	—	–
二硫化碳	—	—	–

注：“+”表示耐腐蚀，“–”表示不耐腐蚀。

2. 丁苯橡胶

丁苯橡胶（polymerized styrene butadiene rubber，SBR）是由丁二烯和苯乙烯以 75∶25（质量比）配比，经低温乳液聚合而成的。丁苯橡胶是目前产量最大的通用合成橡胶，具有较好的耐磨性、耐老化性和耐臭氧等性能，并兼备低温挠曲性好、硫化时不易焦烧及过硫的特点。但弹性、耐撕裂性能均不及天然橡胶，自黏性差；由于含双键比天然橡胶少，硫化速度较慢。但它比天然橡胶质地均匀，并能同天然橡胶以任何比例混用。衬里所用的橡胶板多是采用天然橡胶与其混合制成的未硫化胶版。丁苯橡胶随硫化剂含量的不同，可制成软胶版和硬胶版。丁苯橡胶的耐腐蚀性与天然橡胶类似，但不耐盐酸。部分橡胶耐腐蚀性能见表 3-10。

表 3-10　部分橡胶耐腐蚀性能

介质		材料名称											
		丁苯橡胶			氯丁橡胶			丁基橡胶			丁腈橡胶		
名称	浓度%	温度/℃											
		25	66	80	25	66	80	20	40	85	20	66	90
硫酸	<30	√	√	○	√	√	√	√	√	√	●	×	
	<60	√	○	○	○	×		√	√		●	×	
硝酸	<10	×			×			√	√	×	×		
盐酸		●	●	●	○	○	○	○	○	×	○	○	
氢氟酸	<50	√	○		○	○	×	√	√	√	×		
亚硫酸		●	●	×	○	×		√	√		×		
碳酸		√	√		√	√	√	√	√	√	√	○	○
铬酸	<5	×			×			√			√		
甲酸		●	●		√	√	√	√	√		●		
乙酸	0.25	●	●		√	√	×	√	√	×	√	○	○
丙酸	<50	●			×			√	√		×		

续表

介质		材料名称											
		丁苯橡胶			氯丁橡胶			丁基橡胶			丁腈橡胶		
名称	浓度%	温度/℃											
		25	66	80	25	66	80	20	40	85	20	66	90
硬脂酸					○	○	○	√	√	√	○	○	○
草酸		●			√	√	√	√	√		●		
氢氧化钠	<60	√	√		√	√	√	√	√	√	√		
氢氧化钾	<60	√	√		√	√	√	√	√	√	○		
氢氧化铵	10	√	√		√	○	○	√	√	√	√	√	√
硫酸盐		√	√		√	√	√	√	√	√	√	√	√
乙醇		√	○		√	√	√	√	√	√	○	○	○
甲醛	<10	○						√	√	×	○		
乙醚		×			×			●			×		
丙酮		●			√			○		×	×		
丙烷					×			○			○		
苯		×			×			×			×		
萘					×			×			×		

注：①“√”表示良好、腐蚀轻或无；“○”表示可用，但有明显腐蚀；“●”表示硬橡胶可用；“×”表示不可用。

②更多胶种的化学稳定性见《橡胶衬里化工设计规范》（HG/T 20677—2013）。

3. 氯丁橡胶

氯丁橡胶（chloroprene rubber，CR）是由氯丁二烯单体乳液聚合而成的，具有耐油、耐溶剂、耐氧化、耐老化、耐酸和耐碱等性能。其缺点是耐寒性和电绝缘性差，生胶稳定性差，不易保存。氯丁橡胶衬里的使用温度为70℃（短期内可为90℃），可在90～100℃的空气中硫化，比天然橡胶硫化过程简便，氯丁橡胶胶浆粘接力较高，并具有自硫化的特点。

4. 丁基橡胶及卤化丁基橡胶

丁基橡胶（isobutylene isoprene rubber，IIR）是由异丁烯与少量异戊二烯阳离子聚合而成的。丁基橡胶的气体透过性小是其最大的特点，其冲击吸收能大、冲击弹性小；化学稳定性好，耐候性、耐热性、耐臭氧性等均较好，但它的硫化速度慢，与金属的粘接强度低。其在衬里中的应用，主要是用来制成预硫化的丁基橡胶板，采用自硫化胶黏剂贴衬于无法进行热硫化的大型设备的基体表面。丁基橡胶也可用普通天然胶浆粘贴，接缝处用热空气焊接，硫化可在 100℃空气或沸水中进行，衬里可用于 100℃以下。

将丁基橡胶在一定条件下经卤化得到的卤化产物［如氯化丁基橡胶（chlorinated butyl rubber，CIIR）、溴化丁基橡胶（brominated butyl rubber，BIIR）］，卤代反应主要发生在丁基橡胶中少量的双键碳或紧邻双键的甲基碳上，卤化丁基橡胶中卤素的含量较低，为 0.8%～2.5%（质量分数）。由于丁基橡胶主链没有太大改变，氯化丁基橡胶与溴化丁基橡胶仍保持了丁基橡胶所具有的气密性好、耐老化、耐热、耐候、耐化学介质性能；同时引入了卤素元素，使得硫化速度大幅提高，改善了加工性能及与其他胶种的相容性和粘接性。

5. 丁腈橡胶

丁腈橡胶（nitrile butadiene rubber，NBR）是由丁二烯和丙烯腈单体以一定比例聚合而成的。丁腈橡胶具有良好的耐油、耐溶剂性，耐磨性较高，黏结力强，耐热性好，对空气的渗透性低，可在 100℃以下使用，但其耐低温性、耐臭氧性能差。丁腈橡胶可用异氰酸酯胶浆、丁腈橡胶同酚醛树脂的混合物或氯化橡胶同氯丁橡胶的复合胶浆进行粘接。

6. 乙丙橡胶

乙丙橡胶（ethylene propylene rubber，EPR）是由乙烯、丙烯的共聚物，它主要有二元乙丙橡胶和三元乙丙橡胶（乙烯、丙烯、少量二烯烃共聚物）。二元乙丙橡胶是饱和性聚合物，分子中不含双键，不易硫化；三元乙丙橡胶中引入了不饱和双键。乙丙橡胶的原料丰富，价格低廉，耐臭氧、耐老化的性能优异，使用温度范围宽，可在−60～130℃条件下使用[6-10]。

3.2.3　承压设备用涂料类材料

防腐涂料作为防止金属腐蚀已有很久的历史，目前虽然金属防腐蚀方法有了很大进步，防护的方法也有了很多选择，但防腐涂料在此领域中依然应用广泛，具有如下优点：①防腐涂料的品种比较多，选择范围广，可根据不同防腐要求，选择不同涂料品种；②不受被处理物件的形状、大小和材质的限制，适应性较强；③施工简单方便，不需要复杂的施工设备；④涂层的修整和重涂都比较简单；⑤涂层的颜色可任选多种，便于标志和区分；⑥在复杂的腐蚀环境下，它可以与其他防腐蚀措施配合使用；⑦成本费和施工费较低；⑧施工周期短，可直接现场施工，对生产影响小。

然而防腐蚀涂料由于涂层较薄、机械强度较差，在使用过程中容易损坏，同时由于涂料用的树脂其耐腐蚀性和耐温性有一定限制，故目前在强介质腐蚀、高温等情况下采用涂料防腐蚀还不能完全达到要求。

1. 环氧防腐涂料

以环氧树脂为主要成膜物质的涂料称为环氧涂料，用环氧树脂制造的涂料大部分用于防腐蚀领域，其结构中含有两个或两个以上环氧基的一类高聚物树脂。环氧树脂的品种很多，按其化学结构，大体上可分为：①缩水甘油醚型环氧树脂；②缩水甘油酯型环氧树脂；③缩水甘油胺型环氧树脂；④脂肪族环氧树脂；⑤元素改性环氧树脂。

有时，人们把缩水甘油醚型环氧树脂又分成双酚 A 型环氧树脂、双酚 F 型环氧树脂、Novolac 环氧树脂和三羟甲基丙烷环氧树脂等。目前涂料工业应用最广泛的环氧树脂是双酚 A 型环氧树脂。它是由双酚 A 及环氧氯丙烷在氢氧化钠的催化下逐步缩合而成的。双酚 F 环氧树脂是由双酚 F（2 分子苯酚和 1 分子甲醛的缩合物）和环氧氯丙烷反应制得。它的主要特点是黏度低，适合配制无溶剂或高固体分环氧涂料。Novolac 环氧树脂是由苯酚与甲醛缩合成低相对分子质量的热塑性酚醛树脂与环氧氯丙烷反应制得。它的主要特点是制成的涂层交联密度高、耐化学品性能优良。

环氧树脂作为防腐蚀涂料具有以下几个特点。

（1）优异的附着力。环氧树脂分子结构中含有强极性的醚键和羟基，使涂料与基底表面，特别是与金属基底表面之间产生很强的粘接力，与其他材料，如混凝土、木材等表面也有优良的附着力。

（2）良好的耐化学品性。环氧树脂固化成膜后，漆膜分子中含有双酚 A 链段（2 个苯环和 1 个亚丙基，共 15 个碳原子的羟基），分子结构较为紧密，因此对化学介质有较好的稳定性。尤其是耐碱性、耐盐水性。此外，还可以通过各种树脂对环氧改性，以及采用多种多样的固化剂体系使以环氧树脂为主的涂料具有很好的耐腐蚀性能。

（3）耐老化。环氧树脂中含有醚键，树脂分子在太阳光紫外线照射下易降解断链，这样涂膜易失光和粉化。

2. 聚氨酯涂料

以聚氨酯为主要成膜物质组成的涂料通常是由二元或多元的异氰酸酯与二元或多元醇反应制成。在聚氨酯的分子结构中，通常末端为羟基的二元醇称为软链段，异氰酸酯基称为硬链段。这样，不同类型的异氰酸酯与多羟基化合物反应后，能产生软-硬链段结构各异的聚氨酯，从而获得不同性质的聚氨酯产品。聚氨酯的结构中具有类似酰胺基团和酯基团的结构，因此聚氨酯树脂的化学和物理性质介于聚酰胺和聚酯之间。

聚氨酯涂料按固化机理可分为五类：①双组分多羟基化合物固化型聚氨酯涂料；②双组分催化固化型聚氨酯涂料；③单组分潮气固化型聚氨酯涂料；④单组分氧固化聚氨酯改性涂料；⑤单组分封闭性聚氨酯涂料。

聚氨酯作为防腐蚀涂料具有以下几个特点：①由二组分混合后交联成膜，分子结构规整、排列紧密，涂层的透水性和透氧性小、耐水性、石油、盐液等浸泡，即具有优良的防腐蚀性能；②附着力好，因涂料的树脂结构中含有能构成强极性基团的氢键。另外，因聚氨酯树脂的吸水性小，涂层在浸水的环境下附着力变化也不大；③涂层刚柔性均宜，可调节涂料配方，既可制成聚氨酯刚性涂料，也可制成弹性涂料；④可制备出适用于低温潮湿环境条件下的防腐蚀涂料；⑤具有优良的耐大气老化性，已成为防腐蚀涂料体系中首选的面漆品种；⑥可与多种树脂混合或改性制备各种有特设的防腐蚀涂料产品。

3. 丙烯酸树脂

丙烯酸树脂是由丙烯酸系单体（如丙烯酸及其酯类、甲基丙烯酸及其酯类）和苯乙烯等共聚反应而成的聚合物树脂。自由基聚合是丙烯酸树脂的基本反应，因所选用的单体不同，相对分子质量大小及分布不同，得到的共聚树脂的性能存在很大的差异。其主要有热塑性丙烯酸树脂和热固性丙烯酸树脂两大类。

1）热塑性丙烯酸树脂

热塑性丙烯酸树脂的性质主要取决于所选用的单体、单体配比和相对分子质量及其分布。树脂本身不再交联，虽然树脂具有极好的耐水性和耐紫外光老化性，但附着力、柔韧性、抗冲击性等远不如热固性树脂。

2）热固性丙烯酸树脂

热固性丙烯酸树脂是分子链上必须含有能进一步反应使分子链节增长的官能团数，通过树脂中溶剂挥发、加热或其他官能团（如羟基、羧基、酸酐、环氧化物、胺、异氰酸酯和丙烯酰胺）反应才能成膜。这类树脂配制的涂料具有良好的耐化学品性、耐候性和保光保色性。由于相对分子质量低，可以制备成高固体分涂料。

丙烯酸树脂涂料具有极高的装饰、保光、保色、耐候及较好的耐化学腐蚀性能和三防性能（防湿热、防霉、防盐雾），附着力好，特别适用在铝、镁等轻金属上，还能与其他树脂混合使用。

4. 氯乙烯类

这类聚合物中含有大量氯原子，含氯量占 40%～66%。从制备这些含氯聚合物的方法上分类，可归纳为三类：①由含氯的单体聚合而成；②聚合物与含氯化合物反应，在聚合物链中引入氯原子；③已含有氯原子的聚合物进一步氯化，得到高含氯量的树脂。

含氯聚合物防腐蚀涂料的主要特点：①该种涂料分子中含有强极性的碳-氯键，使大分子链间的作用力加强，因此涂层具有优良的耐化学腐蚀性；②属挥发性的涂料，干燥速度快，能在低温下成膜，甚至在零度以下的环境中也能涂装施工，受气候、季节影响小；③涂膜含氯量高，因此涂层具有阻燃和防霉的性能；④复涂性好，涂装间隔不受限制，层间附着力较好；⑤具有优异的化学稳定性和力学性能；⑥涂层不耐高温，适用在 60℃以下的环境，在某些对防腐蚀涂料有耐热水或耐热盐水要求的场合，它的应用受到限制。

5. 醇酸树脂

醇酸树脂是用各种油类（干性油、半干性油和不干性油类）和多元醇（如甘油、季戊四醇等）反应生成各种醇介物，然后再与多元酸（如苯酐、顺酐等）缩聚反应而成。醇酸树脂涂料的特点是具有较好的施工性、耐候性、光亮丰满、附着力好，但耐水性和耐碱性较差。醇酸树脂的原料广泛，制造工艺简单，树脂的综合性能好，而且能进行多种改性，广泛应用于要求不高的防腐蚀涂料涂装中。

6. 酚醛树脂涂料

酚醛树脂防腐蚀涂料是由酚和醛的缩聚产物酚醛树脂加上溶剂、颜料、填料等加工而成的溶剂型涂料。酚醛防腐涂料的涂膜硬而脆，内聚力较大，故对金属附着力不好，因此底层最好使用其他的底漆或与其他树脂混合使用效果较好。酚醛防腐蚀涂料，通常分为两类，一类是以油改性酚醛树脂为主体，通常称为“耐酸涂料”；另一类是以醇溶液热固型酚醛树脂为基材的防腐蚀涂料。

酚醛耐酸性涂料能耐室温下的较低浓度的硫酸、磷酸及各种酸性盐溶液的腐蚀。涂膜的机械性能较好，可自干，也可烘干。耐水性优于一般的醇酸涂料，但对于碱和氧化性酸则不耐蚀。醇溶性热固型酚醛防腐涂料是由醇溶性热固型酚醛树脂的乙醇溶液，添加各种颜料、填料配制而成的，往往是由使用单位根据需要，添加不同的助剂，可得到耐水、耐水蒸气、油的酚醛防腐涂料，也可以得到耐强腐蚀介质的酚醛防腐涂料[11-13]。

3.3 承压设备用无机非金属材料

3.3.1 承压设备用石墨类材料

石墨，英文名称为 graphite，是碳的同素异构体，碳-碳键以 sp^2 杂化轨道键合，形成碳原子的六边形层状结构，通常为六方晶系，同时含有少量的菱方晶系结构（图 3-1）。

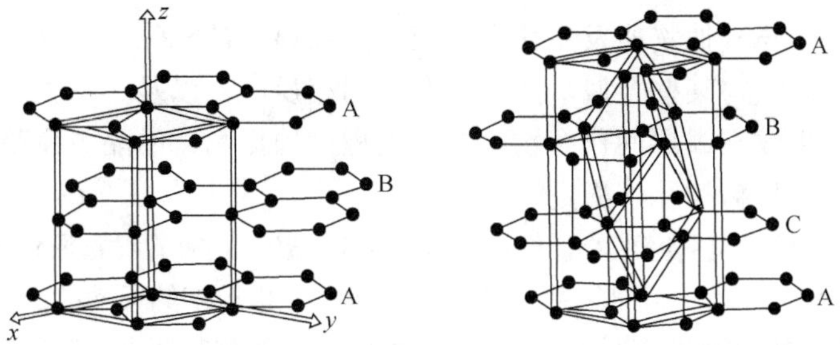

(a) 六方石墨晶胞 (b) 菱方石墨晶胞

图 3-1 石墨晶体结构

碳原子平面层中每一网层间距离约为 0.335nm，同一网层中碳原子间距约为 0.142nm，各层平面内碳-碳键间的结合能为 345kJ/mol，结合力为 16.7kJ/mol；层间则以范德华力和离域 π 键互相结合，结合力较小，可以发生相对位移[14]。因此，石墨具备了许多优异的物理和化学性能。

耐高温性。石墨的熔点、沸点很高，即使经超高温电弧灼烧，质量损失也很小，受热线膨胀系数也很小，能够在高温下维持原来的状态和机械强度。一般材料在高温下强度会逐渐降低，而石墨材料抗拉强度在 2500℃时达到最大值，比室温值提高了约一倍，模量在 1800～2000℃时达最大值，比室温值提高了约 50%。通常认为，这是由于温度升高清除了材料的内应力，以及使成形加工时弯曲、褶皱的碳原子网平面得以恢复，从而闭合了加工过程产生的微裂纹。经过石墨化的材料具有很好的抗蠕变性能，2000℃以上才出现明显的蠕变。

抗热震性。因为石墨材料与其他材料相比，其热导率很大，线膨胀系数很小，并且具有比较低的弹性模量。因此，石墨材料能经受住温度的剧烈变化而不致破坏。

导电性。石墨的导电性比一般非金属矿高一百倍。石墨能够导电是因为石墨中每个碳原子与其他碳原子只形成 3 个共价键，每个碳原子仍然保留 1 个自由电子来传输电荷。

热性能。石墨具有良好的热传导性能，在层面上的热导率为 3000W/(m·K)，c 轴方向的热导率为 6W/(m·K)，甚至超过钢、铁、铅等金属材料。导热系数随温度升高而降低，甚至在极高的温度下，石墨成绝热体。因此适合用于传热设备。

自润滑性。石墨的摩擦系数为 0.08～0.20。其润滑性能取决于石墨鳞片的大小，鳞片越大，摩擦系数越小，自润滑性能越好。可以在忌油的场合作为抗磨润滑材料使用。石墨与大多数介质之间“亲和力”很小，所以不易结垢，适合用于冷凝设备与结晶设备。

加工性能。石墨的韧性好，可碾成很薄的薄片。

化学稳定性。石墨在常温及普通环境中具有很高的化学稳定性。只有在某些特定条件下才会与其他物质发生化学反应，如高温下被氧化性气体氧化或被强氧化性酸氧化，高温与某些金属、非金属发生固相反应，以及一些物质在特定条件下对石墨插层生成石墨层间化合物。石墨化程度的提高，结晶更完整，降低孔隙率都能提高石墨材料的化学稳定性。

其他性能。石墨材料密度小，相对密度为1.9～2.0，制成的设备质量较轻。由于石墨能形成薄片状，因此，胶体石墨能形成平行排列非常致密的很薄的涂膜层，可牢固地附着在金属或其他物质的表面。石墨对高能中子的俘获截面小，而散射截面大，具有良好的中子减速性能，对中子辐射破坏的抵抗力强，可作为核反应堆中的减速材料和结构砌体。石墨材料还具有很好的生物相容性，可作为生物材料广泛应用[15]。

石墨可分为天然石墨和人造石墨。天然石墨纯度低、组织松散，压力容器用石墨材料一般为人造石墨。

1. 天然石墨

天然石墨是一种黑色带有光泽的非金属矿物晶体，质软并富有滑腻感，具有耐高温、导电导热、抗热震、自润滑、可塑和化学稳定等性能。天然石墨是生产炭电刷、石墨坩埚、柔性石墨、天然石墨电极、耐磨石墨制品、电池炭棒、铅笔芯、机械用炭（如石墨密封环、石墨轴衬和石墨活塞环等）、合成金刚石用石墨粉及含碳耐火材料等的原料。

根据结晶形态可分为显晶石墨和隐晶石墨两类。

1）显晶石墨

晶体发育比较完整，结晶粗大，破碎后呈鳞片状，俗称鳞片石墨，其外观为黑色或银灰色，具有明显的金属光泽，石墨化程度高，抗氧化能力强，润滑性好。经过选矿处理，可得到碳质量分数为 70%～99%的商品鳞片石墨。我国山东莱西及平度、黑龙江柳毛、内蒙古兴和等地都有显晶石墨矿床[17]。

2）隐晶石墨

晶体发育较差，晶粒小，又称土状石墨、微晶石墨或不定形石墨。其外观为暗灰色，金属光泽差，抗氧化性、抗渣侵蚀性、润滑性远不如显晶石墨。我国湖南郴州及新化、吉林磐石等地有隐晶石墨矿床。

2. 人造石墨

人造石墨是由焦炭或石墨粉及颗粒与沥青经混合、挤压、模压（或振动成型）后在高温下形成的，以石墨晶粒为主的非金属材料。

1）石墨化材料和半石墨化材料

化工设备用石墨材料因原料及最终成型温度的不同而区分为石墨化材料和半石墨化材料。

（1）石墨化材料。从炭质到石墨质的转化是由高温热处理来完成，并且通过热处理温度对材料理化性能进行控制，这个高温处理过程称为“石墨化”。无定形碳经高温处理，结构缺陷会逐渐消失，趋于石墨结构。由于无定形碳的形成条件不同，其微观结构中交联程度不同导致高温处理的石墨化难易程度不同，可以分为易石墨化炭和难石墨化炭，或软炭和硬炭。石油焦、煤沥青焦及蒽等炭化产物属于软炭，易石墨化；纤维素、呋喃树脂、酚醛树脂等的炭化产物属于硬炭，难石墨化。通常液相炭化的产物易石墨化，而固相炭化的产物难石墨化。

碳层的层间距 d_{002} 值比较好地反映了微晶结构的完整程度，标准石墨晶体 d_{002} 为 0.3354nm，大量数据积累确定 $d_{002}\geqslant 0.3440\text{nm}$，碳晶体完全未石墨化，由此引入石墨化度：

$$g=\frac{0.3440-d_{002}}{0.3440-0.3554} \tag{3-1}$$

式中，g 为石墨化度；d_{002} 为 XRD 实测的层间距值，nm。

石墨化度反映了碳材料晶体结构的有序程度，对于同一温度处理的不同碳材料的 g 值，反映了不同碳材料石墨化的难易程度[18]。然而即使热处理温度相同，但由于初始原料或炭化过程不同，所制备的材料性能也有明显差异。石墨化材料经过 2500℃高温处理后，具有较高的热导率和较低的电阻率，灰分很低，有良好的润滑性，但机械强度下降。

（2）半石墨化材料。材料在 1000～1100℃焙烧而成，其中的沥青仅转化成炭而非石墨，因此，其导电性比未石墨化材料高，但比石墨化材料低，机械强度和耐磨性则比石墨化材料高。

2）不透性石墨

人造石墨在焙烧过程中，由于有机物呈气态逸出，故其呈多孔性，作压力容器用材时，就必须填塞石墨中的孔隙，使之成为不透性石墨，包括浸渍石墨、压型（包括挤压和模压）石墨和浇注石墨。我国规定每台石墨制压力容器均应按图样和标准要求进行液压试验，必要时应增加气密性试验。

（1）浸渍石墨。采用浸渍工艺过程将有机或无机液体材料（浸渍剂）压入透性石墨材料孔隙中并使之在孔隙内固化而形成浸渍石墨。浸渍不改变原料石墨的结构及导电导热性能，浸渍剂堵塞孔隙而达到不渗透的目的，同时明显提高石墨的力学性能，一般抗压强度提高 1～2.5 倍，抗弯强度提高 2～3 倍，抗冲击强度提高 2～2.5 倍。因用于增加材料抗渗透性的浸渍剂的不同而形成不同品种。应用面最广的是采用酚醛树脂浸渍的酚醛浸渍石墨，其次还有呋喃浸渍石墨、聚四氟乙烯浸渍石墨、水玻璃浸渍石墨等。热固性树脂浸渍不透性石墨力学性能较高，热塑性树脂浸渍石墨使用温度较高。沥青及改性沥青多次浸渍-炭化-浸渍得到的不透性石墨力学性能、使用温度均优异，但成本较高。按使用要求，对浸渍剂的选择如表 3-11 所示。

表 3-11　按使用要求选用浸渍剂

使用要求	浸渍剂	备注
允许使用温度＜120℃	所有热固性树脂，大部分热塑性树脂（聚氯乙烯等除外），所有无机浸渍剂	包括改性酚醛树脂
允许使用温度 120～170℃	所有热固性树脂，聚氟乙烯分散液或氟类聚合物的混合物，沥青或改性沥青，无机浸渍剂	包括改性酚醛树脂
允许使用温度 170～200℃	聚四氟乙烯或氟类聚合物的混合物，沥青或改性沥青，无机浸渍剂	—
允许使用温度 200～400℃	二乙烯基苯，水玻璃，沥青或改性沥青	—
耐蚀性普通酸性溶剂、有机溶剂及盐类	所有浸渍剂	—
耐蚀性耐酸及一定程度的碱	酚醛树脂及改性酚醛树脂，呋喃树脂	300℃固化处理
耐蚀性耐酸及耐碱性均较强	聚四氟乙烯分散液或氟类聚合物的混合物，呋喃树脂，聚苯乙烯，无机浸渍剂	聚苯乙烯使用温度≤120℃
高的力学性能	酚醛树脂，改性酚醛树脂，二乙烯基苯，无机浸渍剂，沥青或改性沥青	—

（2）压型不透性石墨。将石墨粉与粘接剂混合后在一定压力下成型并经固化形成压型不透性石墨。模压成型主要用于生产防腐衬里的不透性石墨板材或块材，可供组装石墨化工设备或单独使用，也用于形状复杂的化工设备零件。挤压成型主要用于生产酚醛树脂石墨管，可供装配列管式石墨热交换器，或用作化工生产中的物料输送管道。用于压型石墨管的热塑性树脂主要为聚乙烯和聚丙烯。

（3）浇注石墨。采用液态热固性合成树脂添加粉状石墨和固化剂，于常压、常温或加热条件下浇注到模具中，固化成型得到制品。浇注石墨主要用于制造不透性石墨零件（如泵壳、泵叶轮和三通阀门等）。

不透性石墨不仅耐腐蚀、导热性高、线膨胀系数较低、不污染介质、耐磨损性能好、质量轻，而且易于加工及价格低廉，是制造化工防腐蚀设备的理想材料。不透性石墨制成的化工设备使用温度取决于进入石墨材料内树脂的热分解温度的高低。不透性石墨已经在氯碱、磷酸盐、磷肥、氢氟酸等工业生产防腐设备上开始应用，各类耐腐蚀的石墨容器如石墨热交换器、冷凝器、吸收器、蒸发器、盐酸合成炉、石墨制解析塔、钢衬石墨反应釜、钢衬石墨反应槽等也在输送用管道、管件、衬里及泵体等方面得到广泛应用，详见表 3-12。

表 3-12　石墨化工设备

设备类型	功能	设备举例
传热设备	两种介质间壁式换热（腐蚀性介质）	列管式、块（板）式石墨热交换器
传质设备	吸收、蒸发、冷凝、解析、洗涤、精馏（多数有换热功能）	石墨吸收器、蒸发器、冷凝器、石墨填料塔、泡罩塔、筛板塔、脱析塔、解析塔、精馏塔、洗涤塔、硫酸稀释冷却器、石墨文式管
反应设备	合成、反应、燃烧、混合	石墨 HCl 合成炉、吸收器、石墨三合一盐酸合成炉、P_2O_5 水合塔
分析设备	液固或液液分离	刮板式石墨薄膜干燥机
传输、干燥设备	腐蚀性介质的传输及干燥	石墨泵、石墨管道、蒸发干燥床

3.3.2　承压设备用搪玻璃材料

搪玻璃又称为工业搪瓷，是运用搪瓷工艺和技术，将硅含量高的耐酸瓷釉涂敷在钢或铸铁制设备的表面，经过 950℃左右多次搪烧，使其与金属紧密结合，形成致密、耐腐蚀的玻璃质薄层，获得的玻璃-金属复合物。

搪玻璃同时具有金属材料的强度和刚度及非金属材料的美观、光滑、耐腐蚀等特点，广泛应用于精细化工、煤化工和医药化工等工业领域，作为化工管道、泵、阀、反应罐、高压釜、搅拌器、分馏塔、过滤器、储罐等，可用于代替昂贵的合金材料[19]。

1. 材料分类

搪玻璃按照基体材料，可分为三类：①碳钢搪玻璃，是最常用的品种；②铸铁搪玻璃，常用于容器的零部件，如泵、阀等；③合金钢搪玻璃，一般用于耐高温或特殊场合。

搪玻璃按性能特点可分为六类：①耐酸搪玻璃；②耐碱搪玻璃；③高强度搪玻璃；④高温搪玻璃；⑤低温搪玻璃；⑥微晶搪玻璃。

其主要特性见表 3-13。

表 3-13　常用搪玻璃分类

类型	金属基体材质	底釉	面釉	性能
耐酸搪玻璃	碳素钢、铸铁、合金钢	钴、镍底釉，锑钼底釉	含 SiO_2 65%以上的硅酸盐玻璃体搪玻璃釉，含锆的耐碱搪玻璃釉等	耐除氢氟酸、热磷酸外的各种酸和盐类
耐碱搪玻璃	碳素钢、铸铁、合金钢	钴、镍底釉，锑钼底釉	含锆的硅酸盐玻璃及含微晶体的搪玻璃釉	耐碱
高强度搪玻璃	碳素钢、铸铁、合金钢	钴、镍底釉，锑钼底釉	主要为玻璃体及含有微晶体的搪玻璃釉	耐酸，耐机械冲击，耐温差急变

续表

类型	金属基体材质	底釉	面釉	性能
高温搪玻璃	合金钢	不用底釉	氧化物陶瓷玻璃	抗高温氧化
低温搪玻璃	碳素钢、铸铁、合金钢	钴、镍底釉，锑钼底釉	含钡、铅等氧化物的低硅酸盐搪玻璃釉	搪烧温度较低，耐碱性略差
微晶搪玻璃	碳素钢、合金钢	钴、镍底釉，半结晶底釉或不用底釉（合金钢上）	具有微晶结构的搪玻璃层，品种有锂、铝、硅系微晶搪玻璃釉	耐酸，耐高温，耐温差急变，耐磨，导热性好，机械强度高

2. 搪玻璃用材料

1）金属基体

大量用于制造搪玻璃制品的基体材料主要是优质低碳钢、灰铸铁和不锈钢，其中以低碳钢及灰铸铁最为普遍。前者作为搪玻璃的适用钢，大量用来制作设备和容器：后者由于能浇铸成型复杂部件，且成本低廉，因此被广泛用以制造泵、阀、小型设备及零配件。

金属基体在进行搪烧之前，必须对其表面进行处理。如果不清除金属基体表面的油污、尘垢、锈斑等，会严重降低金属基体与搪玻璃釉的结合质量和使用效果。主要的表面清理方法包括手工动力工具法、机械喷射法、化学酸洗法和火焰法。

2）搪玻璃釉

搪玻璃釉主要由石英、长石、黏土等耐火原料和硼砂、硼酸、硝酸钠、硝酸钾、硝酸钡、纯碱等易溶化工原料，以及改善性能的碳酸锂、碳酸钡、碳酸钙、氧化锌等，按一定比例混合，经高温熔融，急剧冷却成粒状或片状的硼硅酸盐玻璃质。搪玻璃釉一般分为底釉和面釉。

底釉是与金属基体直接结合，因此需要具有与金属基体良好的密着性；为防止产生爆瓷现象，其膨胀系数应与金属基体相适应；同时为了保证良好的表面质量，底釉应具有较好的浸润性能，较小的表面张力及较高的弹性。

面釉直接与介质接触，因此需具有耐腐蚀、耐温等性能。一般搪玻璃容器带有搅拌操作，故要有较好的耐磨性和弹性。为不破坏底釉质量，其烧成温度应略低于底釉，黏度略小于底釉，膨胀系数与底釉相匹配，并小于金属基体。为使表面美观有光泽，色彩须均匀稳定。

3. 搪玻璃材料性能

1）力学特性

搪玻璃材料瓷层具有良好的抗压强度，普通搪玻璃材料的强度达到了 600～

1250MPa，但其抗拉强度较低，仅为 30～90MPa，抗拉应力只有抗压应力的 1/20。瓷层的抗机械冲击性能较差，仅为 220×10^{-3}J，该性能与搪玻璃层硬度、抗压强度、抗弯强度、密着强度和残余应力有关。

搪玻璃材料是玻璃陶瓷体和金属的复合体，具有金属的强度和刚度，但同时也有类似玻璃、陶瓷的性能，质地坚硬而性脆，经不起冲击、碰撞和敲打，对集中的点受力抗衡性能较差。同时材料存在玻璃裂纹延伸性，搪玻璃层边缘只要产生一点点碎裂，就会自动延伸，引起设备失效。

2）热学特性

搪玻璃层软化点高达 650℃，因此该材料具有良好的耐热性，具有较宽的许用温度范围，在受压容器中一般在–20～200℃，在非受压容器中更是达到了–30～250℃。

由于以 SiO_2 为主的搪玻璃层导热系数较小，搪玻璃材料的导热系数也较小，约为钢的 1/40，而材料的热膨胀系数相对较大，故搪玻璃容器不能直接用火焰加热，一般采用蒸汽缓慢加热。

另外，由于金属基体的热膨胀系数大于非金属釉层的热膨胀系数，当正温差急变产生时，随着急变温度上升，釉层膨胀量小于金属基体，釉层受拉伸；当负温差急变产生时，釉层收缩量小于金属基体，釉层受挤压。在冷热温差交换进行，频繁的高梯度的温差急变，釉层不断地接受拉与压的应力作用极易损坏。因此，搪玻璃材料的耐温差急变性能较差，相关标准中规定正温差 120℃，负温差 110℃，这是搪玻璃层温差急变的极限值。

3）电学特性

搪玻璃材料的瓷层为非导电体，且绝缘性能良好。在真空条件下 0.4mm 的玻璃层能耐 20kV 高电压冲击。搪玻璃产品适用于介质带电荷操作工艺过程，以及生产中介质会产生电荷的工艺场合。

4）耐腐蚀性

搪玻璃材料是一种优良的耐化学腐蚀材料，其耐腐蚀性能实际上就是材料表面以二氧化硅为主的玻璃质釉的耐腐蚀性能，其化学稳定性很强，耐酸腐蚀范围很广，能耐大多数无机酸、有机酸、有机溶剂等介质，尤其在盐酸、硝酸、王水等介质中具有优良的耐腐蚀性能，这是其他材料所不能比拟的。但该材料的耐腐蚀性也存在局限性，搪玻璃瓷层不耐氢氟酸及一切含有氟离子溶液的腐蚀，耐碱性能也比较差，特别是当温度升高时，腐蚀现象将变得严重。

搪玻璃釉层耐腐蚀性能见表 3-14。

图 3-2 为搪玻璃层在不同温度和浓度的盐酸介质中的适用范围。普通搪玻璃釉在温度小于 130℃，浓度小于 30%的盐酸溶液中耐酸性优良。优质搪玻璃釉视不同浓度，可用于温度 140～170℃的盐酸溶液中。温度高于 170℃时，即使是优质搪玻璃釉，也不能可靠使用。

表 3-14　搪玻璃釉层耐腐蚀性能

介质	浓度/%	温度/℃	耐腐蚀性	介质	浓度/%	温度/℃	耐腐蚀性
盐酸	30	沸点	耐腐蚀	苯胺	—	沸点	耐腐蚀
硝酸	30	沸点	耐腐蚀	苯	—	沸点	耐腐蚀
硫酸	10	120	耐腐蚀	甲酸	25	沸点	耐腐蚀
硫酸	98	200	耐腐蚀	磷酸	25	150	耐腐蚀
乙酸	—	110	耐腐蚀	磷酸	＜60	170	耐腐蚀

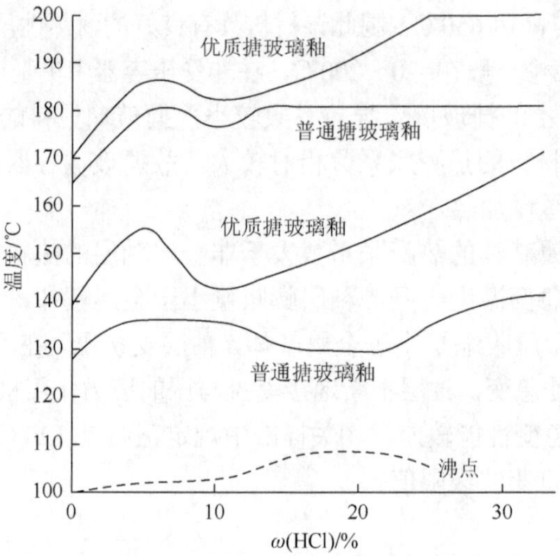

图 3-2　搪玻璃釉在盐酸介质中的使用范围

图 3-3 为搪玻璃釉在不同温度和浓度的碱性介质中的使用范围，从中可以看到搪玻璃釉的耐碱性随着介质温度和浓度的升高而降低。搪玻璃的搪玻璃层是以 SiO_2 为主的材料，与玻璃的耐腐蚀性能基本相同，当缺乏腐蚀数据时，可以参考玻璃的耐腐蚀性能，但搪玻璃层为薄层，一般厚度仅为 0.8～2.0mm，易被穿透，腐蚀性气体较易渗透。

4. 其他特性

搪玻璃釉层表面结构紧密、光滑，易清洗，不容易挂料，适用于清洁的场合；同时由于其结构致密，能起到隔离介质与金属基体（特别是铁）的作用，适用于对铁离子含量有严格要求的工业领域；搪玻璃层的玻璃分子结构稳定，不渗透、不溶解，它对液体食品、饮料、酿造制品具有很好的保鲜性能，能长久地保持物品的真实香味。基于以上特性，搪玻璃容器在酿造、饮料、液体食品、医药行业的工厂广泛使用[20-23]。

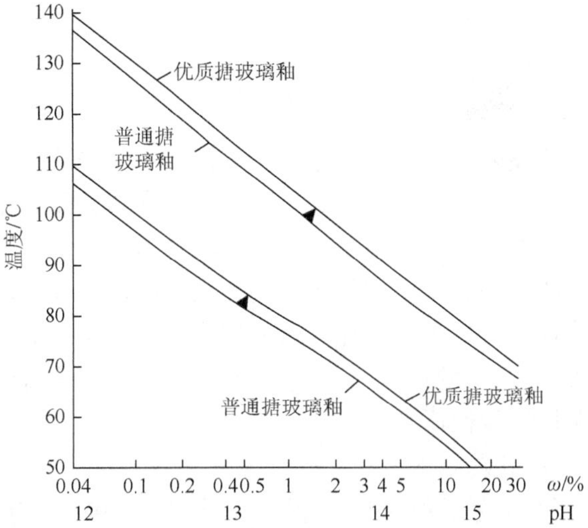

图 3-3　搪玻璃釉在碱性介质中的使用范围

3.4　材料的腐蚀机理

塑料材料作为防腐蚀材料已经广泛应用于化工防腐蚀领域，尤其是含氟塑料在化工防腐蚀方面的应用，显示了“塑料王”的本色，大大推动了防腐蚀工作的开展。但对防腐蚀理论、合理选材，防腐蚀应用技术等方面，还有待进一步深化、完善，使之选材有根据、用材科学，显示出其合理、经济、高效。目前，塑料聚合物品种不少，品牌很多，塑料经填充、增强、复合、改性后，塑料品种品级更是层出不穷。在化工防腐蚀战线上的科技工作者，面对防腐蚀实际，面对许许多多的防腐蚀塑料，如何选好材料、用好材料，显得十分重要。根据塑料聚合物的腐蚀理论，从高分子材料的结构、特性基团的特性去分析实际腐蚀工况，从塑料聚合物的分类中选用最合适的塑料。尽量做到量材使用，物尽其用，经济合理。广大防腐蚀工作者除了根据防腐蚀理论、塑料的分类原则选用好塑料外，还需掌握塑料的基本特性、实际应用经验和成熟的应用技术，才能使塑料作为防腐蚀材料显示其优越性[24]。

3.4.1　高分子材料的腐蚀特征

1. 腐蚀特点

金属是导体，大多数金属腐蚀为电化学腐蚀，高分子材料一般不能导电，因此高分子材料的腐蚀老化不是电化学腐蚀，不能用电化学规律解释；金属材料的腐蚀多发生在界面上，一般由外而内进行（晶间腐蚀与应力腐蚀例外）；而高分子材料的老化多为介质向内部渗透扩散引起。

2. 腐蚀破坏形式

1）渗透与溶胀、溶解

介质的渗透是浓度差引起的扩散运动造成的，因此与介质分子大小、高分子材料的孔隙率、孔径分布及亲和力有关。一般地，介质分子越小，渗透性越好；无定形线形分子渗透率较高，晶态及交联聚合物渗透性较差；孔隙率下降，渗透性下降。介质分子渗入高分子内部使链段间作用力减弱，间距增大，从而引起高分子材料宏观上的体积、质量的增加，这种现象称为溶胀。对于线形无定形聚合物充分溶胀可以进一步使其溶解，而对于T形或交联结晶聚合物只能溶胀不能溶解。溶胀溶解遵循极性相似原则。

2）化学裂解（氧化与水解）

渗入内部的介质与大分子发生化学反应——特别是氧和水具有很大的渗透能力和反应活性从而发生氧化、水解，使大分子链（主链）断裂，特别是在高温（＞150℃）或光的作用下。

3）老化

高分子材料在阳光（紫外线）、湿度、温度及大气中的其他组分的综合作用下，性能逐渐变坏以致丧失使用价值的现象称为老化。

4）应力腐蚀开裂

高分子在腐蚀介质和应力共同作用下，其质量变化率比无负荷时大，耐腐蚀性能急剧下降，在某些条件下也能发生类似金属应力腐蚀破裂的现象。

3. 腐蚀机理

塑料的腐蚀是在一定温度、压力、介质等条件下，随着时间的延长，从塑料分子链最弱点处开始侵蚀，使其性能逐渐变劣，直至被破坏的全过程。为便于分析问题，把塑料的腐蚀分成物理腐蚀和化学腐蚀两大类进行分述；并具体讨论影响防腐蚀的众多因素，以便归纳出防腐蚀的有效经验和数据。

1）物理腐蚀

塑料部件在介质中受到介质分子的作用，使塑料部件表面分子松动与介质分子直接接触的表面大分子逐渐松动离开部件表面而进入介质，从而使部件表面松动，厚度减薄，而这个过程由浅入深，使部件的强度逐渐降低，直至失去使用价值。

物理腐蚀过程一般可分为两个阶段进行：第一阶段，塑料在介质中受到介质温度或压力等因素的作用，使介质分子活动活跃，“攻击”塑料表面大分子间隙，使大分子链节松动，呈现塑料表面的溶胀。第二阶段，在介质分子“成群结队”的“攻击”下，塑料表面的大分子被迫“拉下”而进入介质，完成腐蚀过程。物理腐蚀实际并非十分机械地使塑料表面大分子一层一层脱离塑料本身进入介质，而有可能根据分子排列结构的有序性程度而定，同时也有可能伴随着化学腐蚀的过程。在物理腐蚀过程中，介质分子对塑料界面有两个过程和一个作用，这就是渗透过程及吸收过程和残余应力的作用。下面剖析参与完成物理腐蚀过程的因素——渗透和吸收。

（1）渗透是外来物质（介质）通过阻挡层，即介质分子透过塑料表面的大分子间隙，再通过塑料层，这样久而久之，就会使塑料管道或塑料部件溶胀，扩大大分子之间的间隙，失去强度而呈现腐蚀现象。介质的渗透一般归纳为三个方面：一是介质经塑料基体中的分子级空穴逐步迁移，这一部分渗入量不大，但分布很广，影响也大；二是介质经塑料基体中的微裂纹、微气孔，在毛细管作用下渗入基体，这部分渗透是局限性的，只会引起局部性的腐蚀现象。另外，介质沿着微纹渗入末端时，因毛细比压作用，会扩大裂纹；三是介质经填充塑料中的填料与塑料间的界面孔隙渗入时，因界面的浸润总是不完全的，故有不少的空隙存在于界面，其渗入量较大，可能会产生很严重的破坏性腐蚀。渗透的另一种现象是在环境应力的作用下，塑料吸收某种介质而引起破坏性开裂。例如，尼龙牙刷蘸鞋油擦皮鞋时，其牙刷的毛会出现一撮一撮的脱落。这是鞋油溶剂渗透到尼龙本体以后产生溶胀和应力的共同作用所致。

（2）吸收是外来物质（介质）保留在塑料层内，几乎所有塑料都要吸收少量与它接触的液体或气体介质，因为塑料内部的分子之间或加有助剂的塑料层与助剂之间，总是存在着超微孔隙，给介质分子提供了“侵入”空间，并在其中扩散迁移。无论渗透还是吸收过程，温度和压力等因素对其过程影响是很明显的，往往起到关键性作用。也有可能属于化学过程。例如，尼龙等塑料吸收水分后会溶胀，其电性能下降应属物理作用；有些吸水塑料有渗透和吸收过程，但待水分挤出或蒸发后，其性能复原不变；也有一些弹性塑料因故发胀后，常常意味着分子的化学结构变化，属于化学作用。

2）化学腐蚀

塑料制件在介质分子的作用下，其高分子结构被破坏或起化学反应，生成其他物质而导致塑料制件的失强、变形等现象，失去使用价值。化学腐蚀主要表现为失重、变色、氧化及分解，化学腐蚀是不可逆的。为说明问题，用介质 H_2SO_4 在塑料管道及配件中的流动状态来分析塑料管道的腐蚀情况。H_2SO_4 液体在塑料管道里流动，是属于动态腐蚀，即不断有纯净的 H_2SO_4 与塑料管内表面接触，始终保持着强腐蚀性，如果在塑料管道内保持压力、温度等其他条件，则腐蚀更为复杂，腐蚀性更强。众所周知，H_2SO_4 不仅能吸收空气中的水分，而且还能吸收木材、塑料的 C、H、O 三种元素，其分子组成为 $C_xH_{2y}O_y$，把这些物质中含有的 H、O 两种原子，按照 H∶O=2∶1 的比例夺取，留下游离碳的过程称为水解作用。

在塑料高分子链上的 H 原子可能被硫酸根取代，在这种情况下虽然不至于产生质量损失，但塑料的某些性质会发生变化。H_2SO_4 的另一个特点是很容易与水分子结合并放出大量的热，如果其热量达到破坏高分子键的千卡数，就会引起热裂解。所以，实际上 H_2SO_4 的腐蚀性往往是双重性的。

聚全氟乙丙烯是由四氟乙烯和六氟丙烯共聚而成的，不含 H、O 元素，H_2SO_4 不会对其造成腐蚀。它同样具有“塑料王”的耐腐蚀性，只是其他性能上有些差异。由此可见，含氟塑料的耐腐蚀性要优于工程塑料和通用塑料，在实际防腐蚀应用领域里也是如此，人说含氟塑料是最好的一类防腐蚀塑料。在化学腐蚀过程中，要考虑塑料的结构特性，也要考虑介质的侵蚀作用，这是一对同时并存的矛盾，在实际工作中要统一权衡解决好才是。属于化学腐蚀的例子是很多的，例如，聚甲醛塑料在酚类介质中工作时，其耐腐蚀性欠佳，其原因是聚甲醛塑料表面有甲醛逸出与酚类发生化学反应。塑料制品在户外受紫外线照射或氧化作用均会使塑料高分子键断开形成氧化物的表面层，改变了塑料的表面性能。在整个腐蚀过程中，化学腐蚀是主要的，物理腐蚀与化学腐蚀可能是先后发生，可能是同时发生，也可能还有其他的侵害。

3.4.2 高分子材料与腐蚀介质的关系

介质对高分子材料腐蚀的因素十分复杂，可归纳为两大方面：一是高分子聚合物结构特性，大分子链上的特性基团的特性；二是高分子聚合物在介质中的实际工况条件，即受温度、压力、介质流速、介质分子的渗透与吸收等影响。

1. 高分子聚合物的结构形态、基团特性

高分子聚合物大分子结构与腐蚀介质之间的关系，一般来说，线形、支化的高分子易被腐蚀，T 形结构的高分子由于网络结点的束缚只能溶胀，不被溶解而腐蚀；相对分子质量大的高分子比相对分子质量小的高分子不易溶胀而腐蚀；大分子的柔性链比刚性链易被“侵入”，因为柔性分子易于运动扩散，有利于介质分子的“侵入”。

从高分子聚合物大分子链上的特性基因来判断耐腐蚀性，也是很实用的。在高分子共聚物结构中有醚键、酯键、酰胺基团，在酸、碱等介质作用下容易溶解。例如，尼龙溶于强酸；丙烯酸酯树脂易酸解；有机硅（硅氧基）在含酸的高温水蒸气中会水解；酚醛树脂呈酸性，故不耐碱等介质。在高分子聚合物分子侧链上有—H、$—CH_3$、$—C_2H_5$ 基团的非极性材料，如聚乙烯、聚丙烯、聚苯乙烯等，它们能耐含有极性基团和酸、碱及水、醇的极性溶液，然而不耐非极性的有机溶剂汽油、苯、四氯化碳等介质。

在高分子聚合物大分子键中有—OH、—COOH、$—OCH_3$、$—NH_2$ 基团的极性高分子，如聚乙烯醇纤维素不耐酸、碱、水等极性介质，而耐非极性的有机介质。

在高分子聚合物中属同系的树脂，由于化学结构不同，其耐腐蚀性能各异。邻苯系及间苯系不饱和聚酯树脂、双酚 A 系不饱和聚酯、环氧树脂、乙烯酯系树脂的化学结构反映了耐腐蚀性能的优劣。其耐腐蚀性见表 3-15。

表 3-15　邻苯系等五种树脂的化学结构式及其耐腐蚀性能

树脂的种类	代表性的化学结构
邻苯系 一般耐蚀	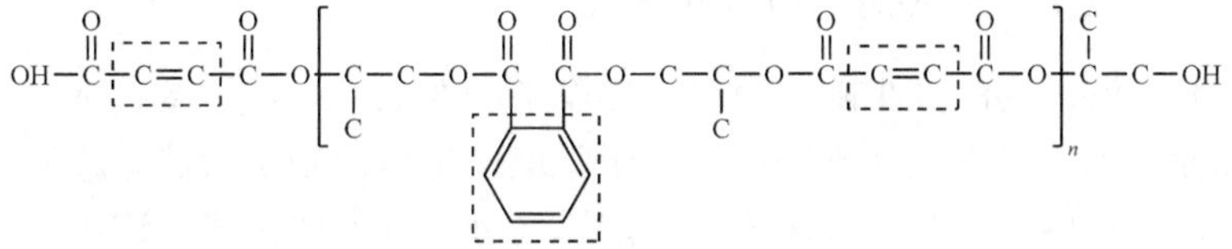
间苯系 中耐蚀	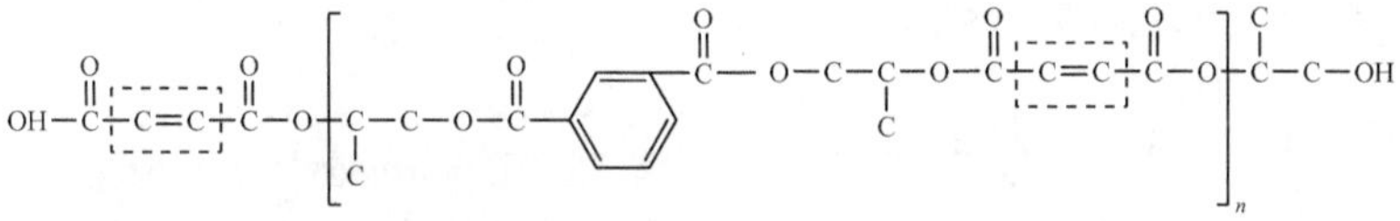
双酚系 高耐蚀	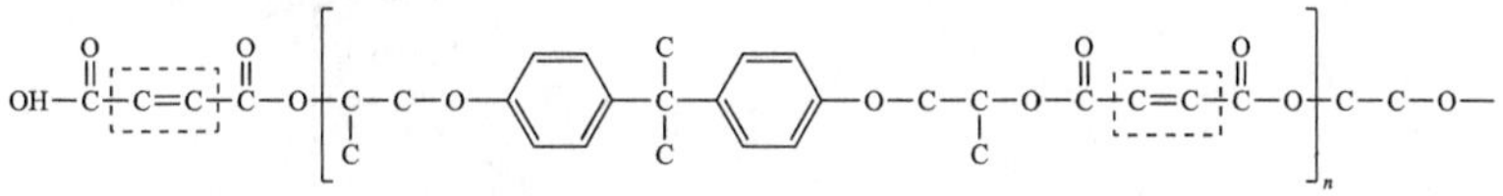
环氧树脂 高耐蚀	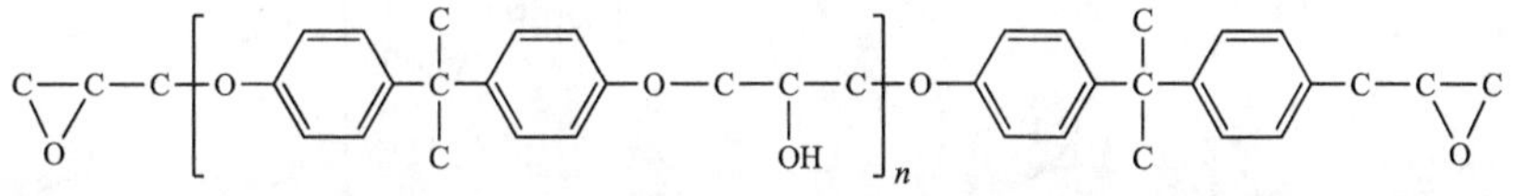
乙烯酯树脂 超高耐蚀	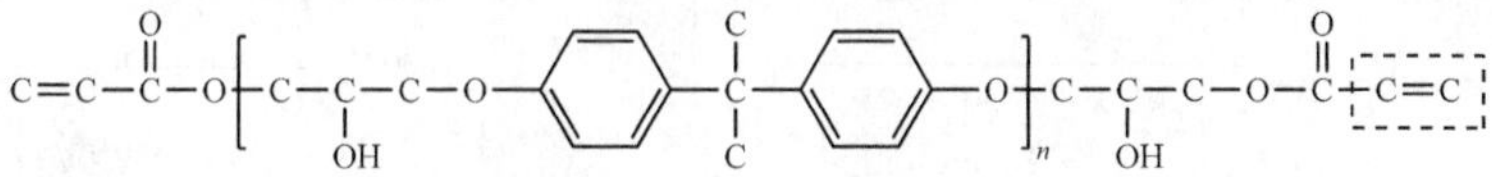

分析表中五种树脂的化学结构可以看出：树脂中的酯基含量与其耐腐蚀性有关，即含量高易加水分解，耐腐蚀性能差。邻苯系、间苯系与双酚系不饱和树脂比较，前两者的结构基本相同，端基为羟基、羧基，主链中出现酯基；后者的链为双酚骨架，同时酚基也较少，这是后者耐腐蚀性能比前两者优异的主要原因，即耐酸、耐碱、耐盐类性能好。环氧树脂也是双酚骨架，不具有酯基，所以耐腐蚀性更好。但环氧树脂使用胺类固化时，因为胺类本身是碱性的，所以树脂固化物耐碱性优异，耐酸性不太好。

2. 高分子高聚物的结晶状态、极性与腐蚀性的关系

非晶态高分子高聚物制品接触腐蚀介质的时候，一般来说，线形非晶态高分子相对分子质量越大，链节越多，耐腐蚀性越好。结晶态高分子高聚物是热力学

的稳定相态，所以非极性结晶高分子聚合物在常温下是不会溶解腐蚀的，要接近熔点才能溶解；极性结晶高分子聚合物在极性溶液中有热量放出，若该热量能达到破坏晶格的程度，则高分子聚合物便能在常温下被腐蚀。其结晶度高、溶解度小，耐腐蚀性能好。一般来说，高分子聚合物制品及介质都有极性和非极性之分，极性相近的高分子和介质相遇时，则高分子易被介质腐蚀；反之亦然。因为极性是由分子结构决定的，而结构是影响腐蚀的主要因素，所以极性也是影响腐蚀的一个因素。

3. 渗透、吸收对腐蚀的影响

介质渗透物的多少随着阻挡层厚度增加而减少，随温度、压力、接触面积的增加而增加。可以这样理解：高分子管道壁越薄，则越易被介质分子所渗透，致使外层材质腐蚀，为减少渗透可以加厚高分子管道壁。其渗透速率与壁厚、密度的关系如图 3-4 和图 3-5 所示。

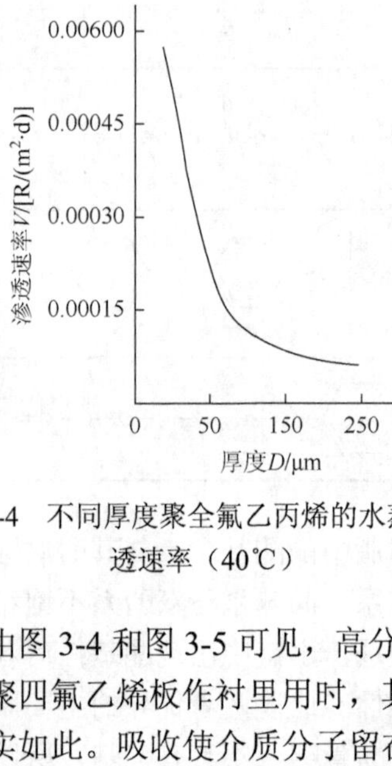

图 3-4　不同厚度聚全氟乙丙烯的水蒸气渗透速率（40℃）

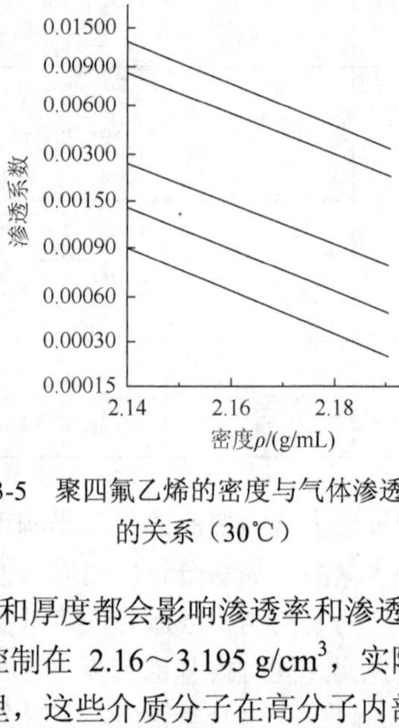

图 3-5　聚四氟乙烯的密度与气体渗透系数的关系（30℃）

由图 3-4 和图 3-5 可见，高分子的致密性和厚度都会影响渗透率和渗透系数。一般聚四氟乙烯板作衬里用时，其板材密度控制在 2.16～3.195 g/cm^3，实际应用也确实如此。吸收使介质分子留在高分子层里，这些介质分子在高分子内部起着破坏作用。杜邦公司介绍了聚四氟乙烯衬里管道中由于水蒸气温度周期性升降而遭受破坏的情况。当温度升高时，水蒸气渗透、吸收到聚四氟乙烯衬里层，当水蒸气停止供应，温度下降时，水蒸气在高分子空隙中凝结成微小水滴。一旦水蒸气再度充入，温度再次升高，水滴汽化，使高分子内部空隙扩大，为下次水蒸气“侵入”提供更大的空间，可容纳更多的水滴。温度反复升降，空隙越来越大，直至破坏。要使温度升降变化的幅度不要太大，则应加强管道的保温措施，减少温差对管道产生的影响，从而防止因吸收膨胀而遭到破坏。提高板材的密度，也是为了减少空隙度，使吸收率下降。

4. 温度、压力、介质及其介质的流速对腐蚀的影响

1）温度

在化学腐蚀过程中，温度的升高会加速化学腐蚀的进行，要是同时存在物理腐蚀的话，同样会加速物理腐蚀。化学腐蚀、物理腐蚀可能存在着互相加剧的可能性。当硫酸通过高分子管道时其温度升高会加快硫酸分子的运动，使硫酸分子“攻击”高分子表面的作用加剧，即化学腐蚀性增强。如果还存在压力的话，其硫酸的流速会加快，其腐蚀更为剧烈。在物理腐蚀中温度升高还会加速渗透和扩散，使腐蚀加速，破坏性增大。如果介质处于静态时，长期不变的侵蚀也对防腐蚀不利。

2）压力

在化学腐蚀中，压力会加速化学反应的进行，呈现破坏性；在物理腐蚀中，压力会促使介质在管道中加速流动，致使管道一直接触新鲜介质，承受强烈的侵蚀作用，其道理是介质分子加速“攻击”管道内表面的大分子使之脱离并进入介质。所以压力和温度一样都是加速腐蚀的因素。

3）介质的流速与性能

当介质的流速为零时，介质处于静态，即相当于介质储存在容器中，则比介质在管道中流动时的腐蚀性好得多；如果在高压、高温时静态的介质比同样条件下的流动态的腐蚀性也好些。所以高温、高压、高速流动的介质，其腐蚀性极强。介质的腐蚀性有强有弱，高分子聚合物的耐腐蚀性也有强有弱。三酸二碱、王水、强氧化剂、一般的溶剂和助剂对通用高分子、工程高分子、芳杂环化合物（特种塑料）和含氟塑料（如塑料王）的腐蚀性各不相同，如果加上外部因素，如温度、压力、介质、介质流速等，其腐蚀与防腐蚀会变得十分复杂。防腐蚀工作者如何根据腐蚀的实际工况和所掌握的基础理论进行综合分析，从防腐蚀标准出发，从分类塑料中选用适宜的材料应用于腐蚀工况。当然，防腐蚀的应用技术同样是很关键的。

5. 高分子聚合物的防腐标准、分类和选用

高分子聚合物在防腐蚀实际应用时与腐蚀理论的探讨同样复杂。为此需要制定一个评价高分子聚合物防腐蚀性能优劣的标准，做到有据可依。一般采用高分子制品腐蚀前后的质量、体积、强度的变化而定。现介绍 W. H. Adams 制定的一种评价方法：高分子聚合物在耐腐蚀前后的增、失总量越低表明其耐腐蚀性越好，增、失总量越高表明其耐腐性越差。

防腐蚀标准——重量变化法：①A 级为优良，重量变化小于±2%；②B 级为良好，重量变化在 2%～14%或–2%～–3%；③C 级为可以，重量变化在 14%～19%或–3%～–4%；④D 级为不可以，重量变化大于 19%或小于–4%。

高分子聚合物按照其防腐蚀性能优劣进行分类，可以帮助使用者在防腐蚀领域里科学选材、做到量材用材。在化工战线上的防腐蚀工作者应掌握防腐蚀理论、防腐蚀标准及高分子聚合物加工技术，高分子聚合物的基本性能，按高分子聚合物的基本分类去选用符合实际的、经济科学的高分子，用于化工防腐蚀方面[25]。

参考文献

[1] 马之庚，陈开来. 工程塑料手册. 北京：机械工业出版社，2004.

[2] 桂祖桐. 聚乙烯树脂及其应用. 北京：化学工业出版社，2002.

[3] 黄建中，左禹. 材料的耐蚀性和腐蚀数据. 北京：化学工业出版社，2003.

[4] 杨鸣波，唐志玉. 高分子材料手册. 北京：化学工业出版社，2009.

[5] 天华化工机械及自动化研究设计院. 腐蚀及防护手册：耐蚀非金属材料及防腐施工. 3 卷. 2 版. 北京：化学工业出版社，2008.

[6] （苏）А.Л.拉布京. 橡胶在防腐技术中的应用. 李吉文译. 北京：化学工业出版社，1968.

[7] 化学工业部人事教育司. 化工防腐橡胶衬里. 北京：化学工业出版社，1997.

[8] 刘登祥. 化工产品手册 橡胶及橡胶制品. 第四版. 北京：化学工业出版社，2005.

[9] 赵天琪，李花婷，王清才. 溴化丁基橡胶特性及其应用. 弹性体，2012，22（5）：71-75.

[10] HG/T 20677—2013. 橡胶衬里化工设计规范.

[11] 沈钟吕，周山，陈人金. 防腐涂料生产与应用技术. 北京：中国建材工业出版社，1994.

[12] 徐勤福，杜仕国. 防腐涂料配方精选. 北京：化学工业出版社，2011.

[13] 李国莱，张慰盛. 重防腐涂料. 北京：化学工业出版社，1999.

[14] GB/T 21432—2008. 石墨制压力容器.

[15] 许志远. 石墨制化工设备. 北京：化学工业出版社，2003.

[16] 天华化工机械及自动化研究设计院. 腐蚀与防护手册. 3 卷. 2 版. 耐蚀非金属材料及防腐施工. 北京：化学工业出版社，2008.

[17] 许斌，王金铎. 炭材料生产技术 600 问. 北京：冶金工业出版社，2006.

[18] 江东亮，李龙土，欧阳世翕，等. 中国材料工程大典：无机非金属材料工程（下）. 9 卷. 北京：化学工业出版社，2006.

[19] 金国淼. 石油化工设备设计选用手册：搪玻璃容器. 北京：化学工业出版社，2009.

[20] 秦国治，田志明. 防腐蚀技术及应用实例. 北京：化学工业出版社，2002.

[21] 季雨亭. 浅谈搪玻璃产品材料特性和不足. 医药工程设计，2013，34（6）：41-45.

[22] 雍兆铭. 国内外搪玻璃设备的现状及发展趋势. 压力容器先进技术——第八届全国压力容器学术会议论文集，2013，29（11）：687-689.

[23] 王允夫. 搪玻璃釉的主要理化及工艺操作性能. 玻璃与搪瓷，1991， 13（6）：31-36.

[24] 何业东，齐慧滨. 材料腐蚀与防护概论. 北京：机械工业出版社，2005.

[25] 从文. 浅述塑料聚合物的防腐蚀理论与实践. 有机氟工业，2003，（3）：13-19.

第 4 章　非金属承压设备的设计

4.1　概　　述

目前，我国针对压力容器的管理文件主要以 TSG R0004—2009《固定式压力容器安全技术监察规程》、TSG R0001—2004《非金属压力容器安全技术监察规程》、TSG R0002—2005《超高压容器安全技术监察规程》、TSG R0003—2007《简单压力容器安全技术监察规程》、TSG R5002—2013《压力容器使用管理规则》、TSG R7001—2013《压力容器定期检验规则》、TSG R7004—2013《压力容器监督检验规则》等七个规范为基础。2013 年开始，国家质量监督检验检疫总局（以下简称国家质检总局）特种设备安全监察局（以下简称特种设备局）要求在上述七个规范基础上，进行合并及逻辑关系上的理顺，统一并且进一步明确基本安全要求，形成关于固定式压力容器的综合规范。目前该编制工作仍在进行中，在相关文件没有正式颁布实施前，压力容器的设计和管理应遵循原有七个基础规范的相关要求。

4.2　非金属承压设备的设计原则

非金属承压设备的设计，研究对象是压力容器本体及其主要受压元件。压力容器本体指：①压力容器与外部管道焊接连接的第一道环向接头的坡口面、螺纹连接的第一个螺纹接头端面、法兰连接的第一个法兰密封面、专用连接件或者管件连接的第一个密封面；②压力容器开孔部分的承压盖及其紧固件；③非受压元件与压力容器的连接焊缝。而压力容器本体主要受压元件则包括壳体、封头（端盖）、膨胀节、设备法兰，球罐的球壳板，换热器的管板和换热管，M36 以上的设备主螺柱及公称直径大于等于 250mm 的接管和管法兰等。设计过程主要考虑的参数包括压力、温度、容积、直径等。

4.2.1　设计条件

压力容器的设计条件至少包含以下内容：①操作参数（包括工作压力、工作温度范围、液位高度、接管载荷等）；②压力容器使用地及其自然条件（包括环境温度、抗震设防烈度、风和雪载荷等）；③介质组分与特性；④预期使用年限；⑤几何参数和管口方位；⑥设计需要的其他必要条件。

4.2.2 设计依据

TSG R0004—2009《固定式压力容器安全技术监察规程》；

TSG R0001—2004《非金属压力容器安全技术监察规程》；

TSG R0002—2005《超高压容器安全技术监察规程》；

TSG R0003—2007《简单压力容器安全技术监察规程》；

TSG R5002—2013《压力容器使用管理规则》；

TSG R7001—2013《压力容器定期检验规则》；

TSG R7004—2013《压力容器监督检验规则》；

TSG 21—2016《固定式压力容器安全技术监察规程》。

4.2.3 设计总则

设计的塑料容器，其塑料容器 PD 限制为压力直径积应不大于 190MPa·mm。压力直径积按照式（4-1）计算：

$$PD = P \times D \tag{4-1}$$

式中，PD 为压力直径积，MPa·mm；P 为设计压力，MPa；D 为容器的中径，mm。容器的设计使用年限为 10 年。

非金属压力容器类型较多，本节以石墨压力容器和纤维增强塑料压力容器为例进行说明。

1. *石墨压力容器*

1）设计范围

石墨压力容器的设计范围限定如下：最大设计外压，2.4MPa；最大设计内压，2.4MPa；最低设计温度，−70℃；最高设计温度，205℃。

2）安全系数和许用应力

用于设计的许用应力值为石墨材料工艺评定报告（CMQ）中指定设计温度下抗拉或者压缩试验平均值的 80%除以安全系数 6.0（介质毒性危害程度为极度或者高度危害时，安全系数选 7.0）。

3）耐腐蚀性

所选择的石墨材料应当保证工作条件下的耐腐蚀性。

4）耐压试验

压力容器耐压试验的试验压力不得低于 1.5 倍的设计压力，盛装毒性危害程度为极度或者高度危害介质的容器，其试验压力不得低于 1.75 倍的设计压力。

耐压试验一般采用清洁的水为介质。

5）泄漏试验

盛装毒性危害程度为极度或者高度危害介质的压力容器，应当在不低于设计压力的试验压力下，进行所有接头和连接处的泄漏试验，试验方法由设计者规定。

6）粘接试件

盛装毒性危害程度为极度或者高度危害介质的压力容器，设计者应当在设计文件中提出粘接试件的制作要求，并且规定试样的数量、制备方式、检验与试验方法、合格指标、不合格复验要求等。

2. 纤维增强塑料压力容器

1）通用要求

通用要求包括：①纤维增强塑料压力容器不可用于盛装毒性危害程度为极度或者高度危害的介质和液化气体；②纤维增强塑料压力容器的设计除按照 3.1.5 节要求外，还应当将纤维增强材料的铺层设计与强度、刚度计算同步进行；③纤维增强塑料压力容器的器壁应当由内衬层、结构层和外保护层组成；在强度计算时，只考虑结构层的承压强度，在计算外压失稳、自重载荷时按照容器总厚度进行计算；④应当考虑复合材料的各向异性及由于材料老化引起的材料性能衰减；⑤纤维增强塑料压力容器的设计温度取介质的工作温度，并且不得低于–54℃。

2）纤维增强塑料压力容器的设计类型

纤维增强塑料压力容器的设计分为以下三种类型，设计者应当根据设计参数、设计方法、制造工艺等确定设计类型并且在设计文件（设计总图）中注明。

（1）Ⅰ型容器，采用手糊、喷射成型工艺制造时其设计压力不超过 1MPa，采用缠绕成型工艺制造不进行极孔包络时设计压力不超过 10MPa，采用缠绕成型工艺可进行极孔包络制造时设计压力不超过 20MPa；工作温度不超过 65℃时取设计温度为 65℃，工作温度超过 65℃时设计温度不得超过 120℃，并且所用树脂的玻璃化温度应当高于设计温度 20℃以上。

（2）Ⅱ型容器，筒体必须采用缠绕成型工艺，封头可采用手糊、喷射或者缠绕成型；采用规则设计法时，内压与内径乘积不得大于 2.4MPa·m，最大设计内压不得大于 1.6MPa，最大的设计内径不得大于 4.8m；采用分析设计法时或者采用规则设计法与分析设计法结合设计时，设计压力不得大于 0.6MPa，内径不得大于 4m；设计温度不得超过 120℃，并且所用树脂的玻璃化温度应当高于设计温度 20℃以上。

（3）Ⅲ型容器，必须采用缠绕成型工艺并且进行极孔包络制造，其设计压力不超过 100MPa，并且不得低于 20MPa；设计温度不得超过 85℃，并且所用树脂的玻璃化温度应当高于设计温度 20℃以上。

3）设计方法及安全系数

（1）Ⅰ型容器应当制作原型容器，对原型容器进行 10 万次的压力疲劳试验，压力波动范围从常压至设计压力，疲劳试验完成后，进行压力试验，试验压力不得小于 6 倍设计压力，容器在试验过程中不得渗漏、破裂。

（2）Ⅱ型容器采用规则设计法或者规则设计法与分析设计法相结合的设计方法，并且用声发射检测方法验收；Ⅱ型容器设计安全系数需要考虑载荷条件、成型工艺、使用环境、温度、预期使用年限、材料离散等因素，无法进行声发射检测时应当提高安全系数；采用应变控制准则设计时，设计许用应变不得大于 0.1%，外压安全系数不得小于 5.0。

（3）Ⅲ型容器应当制作原型容器，根据设计条件决定是否进行疲劳试验，疲劳试验完成后，进行压力试验，采用碳纤维制造时试验压力不得低于设计压力的 2.25 倍，采用玻璃纤维制造时试验压力不得低于设计压力的 3.5 倍，容器在试验过程中不得渗漏、破裂。

4）铺层设计

纤维增强塑料压力容器的铺层设计至少包括以下内容：①纤维及其制品类型；②树脂体系及配比；③铺层的次序、方向和层数；④成型工艺（含固化工艺）；⑤树脂含量（质量比）。

5）粘接设计

粘接设计应当保证粘接接头许用承载力不低于接头处环向、轴向和剪切载荷。

6）耐压试验

试验一般采用液压试验，试验介质应当为清洁水或者其他合适液体；对于不适合液压试验的容器，可采用气压试验。

试验内压不得低于 1.1 倍设计内压，试验外压不得低于 1 倍设计外压。

对Ⅱ型容器，耐压试验时应当进行声发射检测。当无法进行声发射检测时，试验内压不得低于 1.25 倍设计内压，试验外压不得低于 1.1 倍设计外压但不得超过 0.1MPa。

7）非金属压力容器中的金属受压元件的设计

非金属压力容器中的金属受压元件的设计应当符合本规程中关于金属压力容器的相应规定。

4.3 非金属承压设备的设计方法

4.3.1 塑料制压力容器

1. 内压圆筒设计

1）一般要求

本部分计算公式适用于单层圆筒的计算。以缠绕等方法成型的圆筒，如果缠绕层之间已熔接，则视为单层圆筒，否则，按加强结构计算。

筒体应优先选用按已有的标准制造生产的管材。

当存在瞬时外压（或真空）工况时，应进行稳定性校核。

2）圆筒壁厚计算

当满足式（4-2）条件时圆筒壁厚按式（4-3）或式（4-4）计算：

$$P_c \leqslant 0.4[\sigma]^t \phi \tag{4-2}$$

$$\delta = \frac{P_c D_i}{2[\sigma]^t \phi - P_c} \tag{4-3}$$

$$\delta = \frac{P_c D_0}{2[\sigma]^t \phi + P_c} \tag{4-4}$$

式中，P_c 为计算压力，MPa；$[\sigma]^t$ 为设计温度下材料的许用应力，MPa；ϕ 为连接接头系数；δ 为计算厚度，mm；D_i 为圆筒内径，mm；D_0 为圆筒外径，mm。

2. 立式容器计算

1）一般要求

本规定仅适用于圆形横面的立式容器。

塑料立式储存容器高径比较小，不与基础固定（塑料立式塔容器靠支撑架固定），计算时不考虑风荷载和地震荷载的影响。否则，按照 GB 150—2011《压力容器》计算，考虑风荷载和地震荷载的影响。

立式储存容器高径比取 1.0～1.1，其他立式容器的高径比不大于 4（塔设备除外）。

2）计算厚度

按式（4-5）计算壳体封头厚度。

$$\delta = \frac{P_c D_i - b \pm \sqrt{b^2 - 4ac}}{4[\sigma]^t \phi - P_c} \tag{4-5}$$

式中，P_c 为设计压力，MPa；D_i 为筒体内径，mm；$[\sigma]^t$ 为在设计温度下材料的许用应力，MPa：ϕ 为焊接接头系数。

3）稳定性校核

（1）由内压引起的轴向应力 σ_1，见式（4-6）：

$$\sigma_1 = \frac{PD_i}{4\delta_e} \tag{4-6}$$

（2）质量载荷在筒体上引起的轴向应力 σ_2，见式（4-7）：

$$\sigma_2 = \frac{9.81Q_{\text{I-I}}}{3.14D_i\delta_e} \tag{4-7}$$

式（4-6）和式（4-7）中，P 为设计压力，MPa；D_i 为圆筒体内径，mm；$Q_{\text{I-I}}$ 为计算

截面 I-I 以上筒体承受的操作或非操作时的质量，kg；δ_e 为圆筒体有效厚度，mm，σ_1 为当量载荷在筒体上引起的轴向应力，MPa；σ_2 为重量载荷在筒体上引起的轴向应力，MPa。

（3）圆筒稳定校核

对 σ_1、σ_2 进行组合，求出最大组合压应力 σ_c，并校核其是否满足式（4-8）的条件。如不满足，应重新设计壁厚，重复上述计算，直到满足条件为止。

$$\sigma_c \leqslant [\sigma]_{cr} \tag{4-8}$$

其中，

$$[\sigma]_{cr} = \min\left(0.6E^t \frac{\delta_e}{R_0},\ [\sigma]^t\right)$$

式中，E^t 为设计温度下材料的弹性模量，MPa；R_0 为圆筒外半径，mm；σ_c 为组合压应力，MPa；σ_{cr} 为计算压应力，MPa；$[\sigma]_{cr}$ 为设计温度下材料的许用压应力，MPa。

3. 卧式容器计算

本节适用于对称布置的双支座支承的卧式容器（图 4-1），支座采用金属鞍式支座或混凝土支座，支座与卧式容器采用非固定结构，确定支座位置时，可利用封头对支座部分的圆筒所引起的加强作用，此时 A 应小于或等于 $0.5R_m$（R_m 为筒体的平均半径）。支座位置 A 不宜大于 0.2L，有特殊要求时，A 不得大于 0.25L。

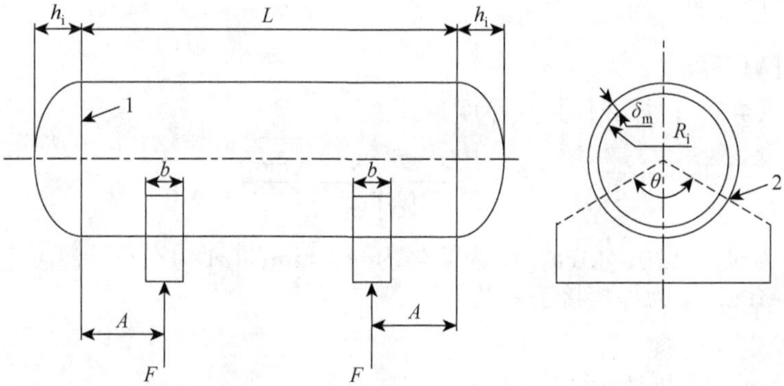

图 4-1　卧式容器尺寸示意图

1. 切线；2. 鞍式支座边角

4.3.2　塑料衬里制压力容器

1. 金属壳体设计

1）基本要求

衬里制压力容器的基体，即金属制外壳的设计应符合 GB 150—2011 的相关要求。

金属壳体还应满足以下要求[1]：①设备壳体应有足够的刚度；②设备壳体结构设计应尽量简单，应能够保证衬层施工工作的顺利进行；③设备壳体的受衬表面应光滑平整，不允许有棱角存在；④设备壳体加强部件，应设计在不衬里的一侧；⑤与设备壳体相焊的所有零部件，应在衬里施工前焊接完毕，衬里后不允许再施焊；⑥设备壳体直径不大于 700mm，其长度不大于 6000mm，且应设置设备法兰；⑦当长度超过 6000mm 时，应分段采用法兰连接结构，每段长度不大于 6000mm；⑧设备壳体为不可拆结构时，应设置人孔；⑨法兰密封面衬里时，不得加工密封水线；⑩设备内构件的连接宜采用法兰连接。如需采用螺纹连接，设备内构件应选用耐腐材料。

2）设备壳体焊接要求

设备壳体应采用连续的对接焊结构，不得采用搭接焊结构。衬里侧设备壳体表面的焊缝应保证表面平滑，其焊缝凸出高度不得超过 2mm。焊缝不得有锐边焊纹、气孔、裂纹、未熔合、凹陷、焊瘤、咬边等缺陷，焊接结构如图 4-2 所示。

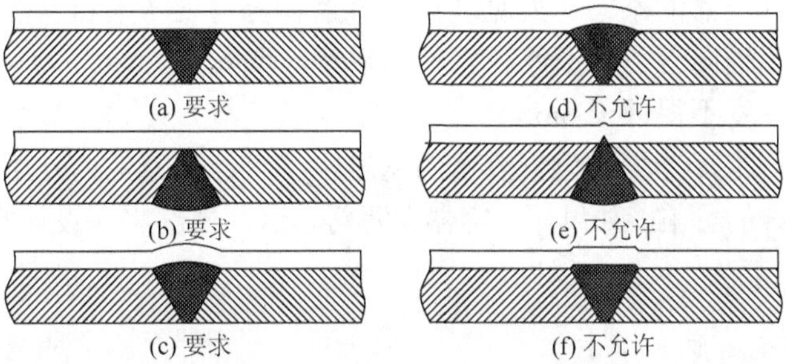

图 4-2　焊缝处结构示意图

设备壳体不等壁厚焊接时，宜以受衬里面为准对齐，如图 4-3 所示。

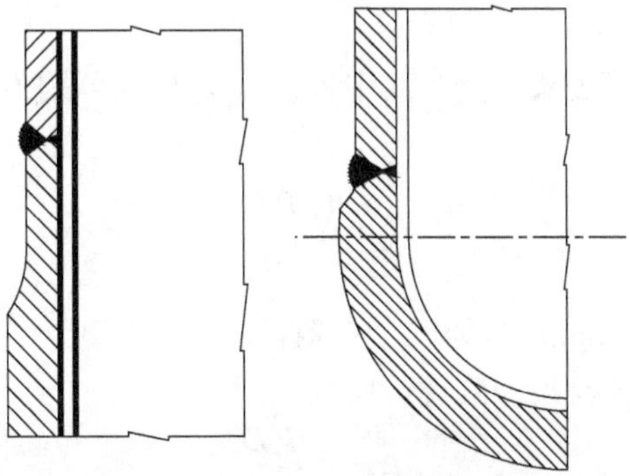

图 4-3　不等壁厚焊接结构示意图

2. 衬里设计

衬里层材料和工艺的选择主要应考虑以下因素：①介质的性质（包括少量或微量成分的介质）；②工作温度为正常工作温度、最高或最低温度、温度变化周期；③工作压力为正常工作压力、最高或最低压力、压力变化周期；④操作周期为间断或连续操作；⑤磨损和浸蚀为悬浮物数量、颗粒大小、物理特性和流速；⑥设备清洗、操作要求；⑦机械损伤为设备搬运及安装过程中出现的损伤，或设备的振动和其他机械损伤；⑧特殊要求为设备搬运、储存期间的特殊气候条件。

4.3.3 纤维增强塑料制压力容器

1. 一般要求

本节规定了纤维增强塑料制压力容器的基本设计方法。细节部分的具体设计应参照有关标准。

与一般塑料容器的不同之处是玻璃钢容器计算时要考虑材料的各向异性。因此基于环应力和轴向应力的壁厚计算都要进行，取其大者。

任何筒体厚度不得低于 6mm。

在一些设计中，计算玻璃钢容器的壁厚除了考虑容器的内外压力，还应该考虑一些其他因素的影响，如风压、容器自重等。这种情况将在设计实例 4.4.2 节中进行展示。

2. 内压容器的厚度计算

本节主要介绍圆柱形和球型内压容器厚度的计算方法，参考美国机械工程师协会所著《锅炉与压力容器设计规范》第十部——纤维增强塑料制压力容器（ASME Boiler and Pressure Vessel Code X——Fiber-Reinforced Plastic Pressure Vessels）。

内压圆筒基本计算公式如下，其中 t_1、t_2、t_3 和 t_4 分别为依据不同设计基准得到的计算部位壁厚。

$$t_1 = K\frac{P_c D}{2\sigma_h} \tag{4-9}$$

式中，D 为公称直径，mm；K 为安全系数；P_c 为计算压力，MPa；σ_h 为计算部位材料在设计温度下的环向拉伸强度，MPa。

$$t_2 = K\frac{P_c D}{4\sigma_a} \tag{4-10}$$

式中，σ_a 为计算部位材料在设计温度下的轴向拉伸强度，MPa。

$$t_3 = \frac{P_c D}{2(0.001E_h)} \tag{4-11}$$

式中，E_h 为计算部位材料在设计温度下的环向拉伸弹性模量，MPa。

$$t_4 = \frac{P_c D}{2(0.001E_a)} \tag{4-12}$$

式中，E_a 为计算部位材料在设计温度下的轴向拉伸弹性模量，MPa。

球型容器壁厚的计算方法与式（4-3）类似，但弹性模量（E 的值）取环向和轴向之中的最大值。

封头厚度计算方法与封头的形状有关。

对于椭圆体封头，计算公式为

$$t_E = \frac{P_c D}{2(0.001E_{hd})} \tag{4-13}$$

对于半球型封头，计算公式为

$$t_H = \frac{P_c R_S}{2(0.001E_{hd})} \tag{4-14}$$

以上两个公式中：E_{hd} 为封头的设计模量；R_S 为半球型封头的内半径。

3. 外压容器的厚度计算

外压容器的计算公式较为复杂，在设计过程中应注意以下问题：①纤维增强塑料的弹性模量较低；②纤维增强塑料具有各向异性；③通过纤维缠绕法生产的纤维增强塑料，其内部纤维的方向对它的材料力学性质具有影响；④由于离心浇注工艺的重复性较差（产品质量易不稳定），以及在该工艺中玻璃纤维有可能分布不均匀，某些纤维增强塑料材料不适合制造外压容器。

有需要的读者可参考美国机械工程师协会所著《锅炉与压力容器设计规范》第十部——纤维增强塑料制压力容器 2010 年版，第 35 页和第 36 页的 RD-1172.1、RD-1172.1.1、RD-1172.2、RD-1173.2，进行外压容器的设计。

4.3.4　非金属压力管道

1）PE 管道工程设计参数

线膨胀系数：1.4×10^{-4}℃$^{-1}$；

脆化点温度：＜−70℃；

导热系数：0.42W/(m·K)；

弹性模量：600～900MPa；

内表面的当量绝对粗糙度 K：0.01mm；

泊松比：0.45；

软化点温度：126℃。

2）给水管水力计算

（1）Darcy-Weisbach 公式：

$$h_{\mathrm{f}} = \lambda \frac{L}{D} \frac{V^2}{2g} \tag{4-15}$$

式中，h_{f}为摩擦损失，m；L为管段长度，m；D为管内径，m；g为重力加速度，$\mathrm{m/s^2}$；V为平均流速，m/s；λ为摩擦阻力系数。

紊流区内，阻力系数由阿里特苏里公式计算：

$$\lambda = 0.11\left(\frac{K}{D} + \frac{68}{Re}\right)^{0.25} \tag{4-16}$$

式中，K为管内壁绝对粗糙度，mm，PE 管 K=0.01mm；Re为雷诺数，$Re=VD/\upsilon$，υ为运动黏度（PE 管摩阻系数为 0.015～0.021）。

（2）Hazen-Williams 公式：

$$I = \frac{10.67Q^{1.852}}{C^{1.852}D^{4.87}} \tag{4-17}$$

式中，Q为流量，$\mathrm{m^3/S}$；D为管内径，m；I为单位长度的压头降［m（水柱）/m（管道）］；C为 Hazen-Williams 摩擦阻力值：PE 管 C=155（不随运行时间变化），钢管（新）为 130～145，钢管（运行 30 年）为 115，球墨铸铁管（新）为 130，球墨铸铁管（运行 30 年）为 90。

在温度为 20℃，压力为 1.25MPa 时，$H_{\mathrm{f}}=8.65\times10^{-4}Q^{1.774}/d_{\mathrm{j}}^{4.774}$（$d_{\mathrm{j}}$为管道计算内径）。

在温度为 70℃，压力为 2.5MPa 时，$H_{\mathrm{f}}=7.05\times10^{-4}Q^{1.774}/d_{\mathrm{j}}^{4.774}$。

3）PE 燃气管流量计算

（1）聚乙烯燃气管道计算流量的确定应符合 GB 50028—2006《城镇燃气设计规范》中第 6.2.1 条和第 6.2.2 条的规定。

（2）低压聚乙烯燃气管道单位长度摩擦阻力损失的计算应符合 GB 50028—2006《城镇燃气设计规范》相关规定：

低压燃气管道单位长度的摩擦阻力损失计算公式：

$$\frac{\Delta P}{L} = 6.26\times10^{7}\times\lambda\frac{Q^2}{D^5}\rho\frac{T}{T_0} \tag{4-18}$$

式中，ρ为燃气的密度，$\mathrm{kg/m^3}$；T为设计中所采用的燃气温度，K；T_0为 273.15K。

不同状态的摩擦阻力系数 λ 分别按 GB 50028—2006《城镇燃气设计规范》中

公式和 CJJ 63—2008《聚乙烯燃气管道工程技术规程》中公式确定：

层流状态：$Re \leqslant 2100$，

$$\lambda = \frac{64}{Re} \tag{4-19}$$

临界状态：$2100 < Re \leqslant 3500$，

$$\lambda = 0.003 + \frac{Re - 2100}{65Re - 10^5} \tag{4-20}$$

紊流状态：$Re > 3500$，

$$\frac{1}{\sqrt{\lambda}} = -2\lg\left[\frac{K}{3.7D} + \frac{2.51}{Re\sqrt{\lambda}}\right] \tag{4-21}$$

（3）中压聚乙烯燃气管道单位长度摩擦阻力损失的计算应符合现行国家标准 GB 50028—2006《城镇燃气设计规范》相关规定按公式确定：

中压燃气管道单位长度的摩擦阻力损失计算公式：

$$\frac{P_1^2 - P_2^2}{L} = 1.27 \times 10^{10} \times \lambda \frac{Q^2}{D^5} \rho \frac{T}{T_0} Z \tag{4-22}$$

式中，P_1 为燃气管道起点压力（绝对压力），kPa；P_2 为燃气管道终点压力（绝对压力），kPa；Z 为压缩因子，当燃气压力小于 1.2MPa（表压）时，Z 取 1；其摩擦阻力系数 λ 宜按 CJJ 63—2008《聚乙烯燃气管道工程技术规程》中公式确定：

$$\frac{1}{\sqrt{\lambda}} = -2\lg\left[\frac{K}{3.7D} + \frac{2.51}{Re\sqrt{\lambda}}\right] \tag{4-23}$$

中压管道的允许压力降可由该级管道的入口压力至次级管网调至器允许的最低入口压力之差确定，流速不宜大于 5m/s。

（4）聚乙烯燃气管道局部阻力损失和低压管道从调压站到最远燃具的管道允许阻力损失应符合现行国家标准 GB 50028—2006《城镇燃气设计规范》相关规定。

4.4　非金属承压设备设计典型案例

4.4.1　塑料及其衬里制压力容器设计

1. 设计方案简介

1）设计任务

综合运用所学的机械基础课程知识及所能查询的相关文献设计一个内压在 0.1～0.5MPa，储存 50t 30%的硫酸的贮罐。

2）设计思想

综合运用所学的机械基础课程知识，本着认真负责的态度，对储罐进行设计。在设计过程中综合考虑了经济性、实用性、安全可靠性。各项设计参数都正确参考了行业使用标准或国家标准，这样让设计有章可循，并考虑到结构方面的要求，合理进行设计。

3）设计特点

容器的设计一般由筒体、封头、法兰、支座、接口管及人孔等组成。常、低压化工设备通用零部件大都有标准，设计时可直接选用。本设计书主要介绍了液罐的筒体、封头的设计计算，低压通用零部件的选用。

2. 基本物性与材料选择

1）硫酸的基本物性

硫酸（H_2SO_4）：无色黏稠状液体，不易挥发，30%硫酸属于稀硫酸，具有强酸的一切通性，其氧化性较强，因而具有很强的腐蚀性。

30%的硫酸在 40℃时具有的物性数据见表 4-1。

表 4-1　30%的硫酸 40℃时的物性数据

相对密度 ρ/(kg/m³)	溶解度（水）	黏度 μ/(mPa·s)	表面张力 σ/(mN/m)	硫酸水溶液总蒸汽压/Pa
1.203	∞	1.21	73.46	366.6
沸点/℃	电导率/(s/cm)	热导率/[W/(m·K)]	膨胀系数/(10^{-4}/℃)	结晶温度/℃
107.9	0.9588	0.5482	5.7	–35

注：40℃时水的密度为 992.2 kg/m³。

2）结构、材料选择

本储罐地处黄石，夏季温度高达 38～39℃，冬季温度低至–5～–6℃，属于常温储存容器。

由于该设计容器内压为 0.1～0.5MPa，属于低压容器，该容器储存介质为 50t 30%的硫酸，储罐类型为中重型储罐，为便于操作及节约成本，采用最优长径比为 3～6 的卧式圆筒容器，封头采用标准椭圆形封头。

对稀硫酸来说，选材首先应具有一定的防腐蚀性，其次考虑其经济性。由于碳钢价格比较低廉，其机械强度高、质韧、焊接性能好，但稀硫酸对碳钢腐蚀严重，故不能直接与 30%稀硫酸接触，而需要对碳钢采取防腐措施。工业上常用衬覆保护层的方法作为保护措施。某些非金属材料耐酸耐碱可作为保护层的材料。

综合以上分析，选择碳钢 Q235-B 作为结构材料，选择酚醛塑料作为衬里材料。

3）封头选择

从受力与制造方面分析来看，球形封头是最理想的结构形式，但缺点是深度大，冲压较为困难；椭圆封头深度比半球形封头小得多，且易冲压成型，是目前中低压容器中应用较多的封头之一；平板封头因直径和厚度都较大，加工与焊接方面都会遇到不少困难；从钢材耗用量来看：球形封头用材最少，平板封头用材最多。

因此，从强度、结构和制造方面综合考虑，采用椭圆形封头最为合理。

3. 设计计算

1）储罐尺寸选择

（1）确定容器的体积 V。

$$V_{硫酸}=\frac{m_{硫酸}}{\rho_{硫酸}}=\frac{50\times10^3\text{kg}}{1.203\times992.7\text{kg/m}^3}=41.87\text{m}^3 \tag{4-24}$$

（2）封头的选用。

取标准椭圆封头作为储罐封头，长径比为 $a:b=2$ 且 $D=2a=4b$。

（3）筒体内径的确定。

$$储罐体积=封头头体+筒体体积=\frac{4}{3}\pi ab^2+\frac{\pi}{4}D^2L \tag{4-25}$$

解得

$$D=2562\text{mm}$$

圆整后取 $D=2600\text{mm}$，$L=3D=7800\text{mm}$。

2）罐壁与封头厚度的计算

此容器的工作压力为 0.1～0.5MPa，取此压强的 1.1 倍。

故设计压力 $P=(1.1\times0.5)\text{MPa}=0.55\text{MPa}$。

（1）罐壁厚。计算壁厚：

$$\delta=\frac{P_c D_i}{2[\sigma]^t\phi-P_c}=\frac{0.55\times2600}{2\times113\times0.85-0.55}=7.47(\text{mm}) \tag{4-26}$$

设计壁厚：

$$\delta_d=\delta+c_2=7.47+2=9.47(\text{mm})$$

圆整后取名义厚度 $\delta_n=10\text{mm}$。

（2）封头壁厚。计算壁厚：

$$\delta=\frac{P_c D_i}{2[\sigma]^t\phi-P_c}=\frac{0.55\times2600}{2\times113\times0.85-0.55}=7.47(\text{mm}) \tag{4-27}$$

设计壁厚：

$$\delta_d=\delta+c_2=7.47+2=9.49(\text{mm})$$

同上，圆整后取名义厚度 δ_n=10mm；由文献查得封头直边高度 h_0=40mm。

3）储罐的水压试验强度校核

先按公式确定水压试验时的压力 P_T 为：

$$P_T = 1.25P = 1.25 \times 0.55 = 0.69(\text{MPa}) \tag{4-28}$$

$$\delta_n = 10\,\text{mm}，\quad c = 2.8\,\text{mm}$$

水压试验时产生的最大应力为：

$$\sigma_T = \frac{P_T\left[D_i + (\delta_n - c)\right]}{2(\delta_n - c)} \tag{4-29}$$

于是，

$$\sigma_T = \frac{0.69 \times \left[2600 + (10 - 2.8)\right]}{2 \times (10 - 2.8)} = 124.93(\text{MPa}) \tag{4-30}$$

对于碳钢 Q235-B，$\sigma_s = 235\text{MPa}$ 常压下水试验时的许用应力：

$$[\sigma_T] = 0.9\phi\sigma_s = 0.9 \times 0.85 \times 235 = 179.775(\text{MPa}) \tag{4-31}$$

因为 $\sigma_T < 0.9\phi\sigma_s$，所以水压试验时强度足够。

4. 辅助设备的选型

1）人孔设计及开孔补强

根据储罐的设计温度，最高工作压力、材质、介质及要求等条件，选用公称压力为 0.6MPa 的水平吊盖对焊法兰人孔，人孔公称直径选定为 450mm。采用槽面密封（A）型。人孔各零件名称、材质及尺寸见表 4-2。

表 4-2　人孔相关数据

件号	标准号	名称	数量	材料	尺寸/mm
1	—	筒节	1	Q235-B	$d_w \times \delta = 480 \times 6, H_1 = 280$
2	—	法兰	1	Q235-B	DN=2600，H=98
3	—	垫片	1	石棉橡胶板	δ=4
4	—	法兰盖	1	Q235-B	b_1=22；b_2=24
5	—	螺柱	16	Q235-A	M20×75
6	—	螺母	16	Q235-A	M20
7	—	吊环	1	Q235-A.F	—
8	—	转臂	1	Q235-A.F	d_0=36
9	GB/T 95—2000	垫圈 20	1	100HD	—
10	GB/T 6170—2000	螺母 M20	2	5 级	—
11	—	吊钩	1	Q235-A.F	—
12	—	环	11	Q235-A.F	—
13	GB/T 8163—2008	无缝钢管	1	20	—
14	—	支承板	1	Q345R	—

2）核算承载能力并选择鞍座

首先粗略计算鞍座负荷，储罐总质量

$$M=M_1+M_2+M_3+M_4$$

式中，M_1 为罐体质量，kg；M_2 为封头质量，kg；M_3 为硫酸质量，kg；M_4 为附件质量，kg。

（1）M_1 的计算。

由 D=2600mm，δ=10mm，L=7800mm 的筒体，查文献知 q=644kg/m，所以 $M_1=q\times L=644\times 7.8=5023.3$(kg)。

（2）M_2 的计算。

查文献知，DN=2600mm，直边高度 h_0=40mm 时，封头质量 G=605.5kg，所以 $M_2=2\times G=2\times 605.5=1211$(kg)。

（3）M_3 的计算。

由给定条件知 M_3=5000kg。

（4）M_4 的计算。

由 HG 21524—2014《水平吊盖带颈对焊法兰人孔》知，M_4=500kg，储罐总质量：

$$M=M_1+M_2+M_3+M_4=52.3543\times 10^3(\text{kg})$$

查文献知，DN=2600mm 支座本体允许载荷为[Q]=442kN，故可选用轻微带垫板包角为 120°的鞍座，

$$F=\frac{mg}{z}=\frac{52.3543\times 10^3\times 9.81}{2}=256.8(\text{kN})<[Q]$$

故符合要求，支座数目：

$$n=\frac{mg}{[Q]}=\frac{52.3543\times 10^3\times 9.81}{442\times 10^3}=1.16\approx 2\,(\text{个})$$

故选用的支承式的类型为 JB/T 4712—2007《容器支座》，鞍座 A2600-F，H=250mm。

3）法兰的设计

法兰设计优化原则：法兰设计应使各项应力分别接近材料许用应力值，即结构材料在各个方向的强度都得到较充分的发挥。

根据公称直径 DN=2600mm，公称压力 PN=0.25MPa，故选用乙型平焊法兰，查文献知，材料选用 Q235-B（表 4-3）。

表 4-3　法兰规格

公称直径/mm	公称压力/MPa	法兰厚度/mm	短接尺寸		质量/kg	螺柱	
			H/mm	δ_1/mm		规格	数量/个
2600	0.25	96	345	16	741.1	M24	72

4）垫片

查文献知，选用石棉橡胶板垫片时按照 GB/T 3985—2008《石棉橡胶板》。

石棉橡胶板垫片，它的耐热性能较好，有适宜的弹性，对大多数化学介质有较好的耐腐蚀性，且制造方便，价格便宜，在化工行业中使用广泛。

5）接口管

接口管数据见表 4-4。

表 4-4 接口管数据表

管口名称	管规格	管类型	法兰标记	法兰
硫酸进料管	Φ108×4mm	热轧无缝钢管	HG 20592—2009	PL100-5RFQ235A
硫酸出料管	Φ89×4mm	热轧无缝钢管	HG 20592—2009	PL80-5FFQ235A
排污管	Φ108×4mm	—	HG 20592—2009	PL100-5RFQ235A
液面计接管	Φ57×3.5mm	透光式玻璃板	HG 20592—2009	PL50-5RFQ235A
放空管接管	Φ57×3.5mm	热轧无缝钢管	HG 20592—2009	PL50-5FFQ235A

6）视镜、液面计及液压安全阀

根据储罐设计中压力级别的要求，此设计中选用公称直径为 50mm 的钢和玻璃烧结视镜，标记为 HG21605-95 JSF-50。

液面计的种类很多，公称压力不超过 0.55MPa 的设备，可以直接在设备上开长条孔，利用矩形凸缘或法兰把玻璃固定在设备上。对于承压设备，一般都是将液面计通过法兰、活接头或螺纹接头与设备连接在一起。选择透光玻璃液面计，其型号为 HG21591.2-95。

液压安全阀是为了防止呼吸阀因锈蚀或气温较低时出现的堵塞和冻结，在罐顶安装的、靠近罐中心的设备。安装时必须保证液封筒不得有显著变形，此储罐选用型号规格为 DN80，总重 26kg。

5. 技术要求及相关实验

1）焊接结构设计

整个储罐中主要包括对接接头、角接接头、搭接接头三种。

（1）封头拼接焊缝之间，筒节的纵焊缝之间及封头拼接焊缝的端点与相邻筒节的纵焊缝之间，其焊缝边缘间距应大于筒体厚度的 3 倍，且不小于 100mm。

（2）筒体纵焊缝不得布置在筒体横截面中心与最低点连接半径的左右两侧各 20°范围内。

（3）罐体和人孔对接焊缝必须全部（100%长度）进行射线探伤，外套对接焊缝局部射线探伤长度必须大于 20%（每条纵环缝），射线探伤按 GB/T 3323—2005《金属熔化焊焊接接头射线照相》的有关规定执行。

（4）法兰凸缘与壳体的焊接接头有角焊缝与组合焊缝两种，角焊缝的焊角尺寸取决于传递载荷的大小，在任何情况下焊角高度不得小于 6mm，角焊缝结构不得用于承受脉动载荷的容器。

2）热处理条件

整个储罐中主要包括正火和淬火处理调制处理（淬火+回火）。

（1）正火处理。正火的工艺过程是将钢件加热到临界温度以上（30～50℃），经过保温，然后在空气中冷却的处理方法。其作用是改善钢材的组织、细化晶粒及增加弥散度，消除网状碳化合物，调整钢件硬度，从而获得较高的机械性能和良好的塑性和韧性。

（2）调治处理（淬火+回火）：将钢件加热到临界温度以上的温度，保温后急速冷却（于油或水中淬火），然后将钢件重新加热到工艺预定（A1 线以下）某一温度，保温一段时间，取出后以一定的冷却方式冷却。其目的是降低脆性、调整硬度、提高塑性和韧性、消除内应力、减少工件的变形和开裂、稳定工件尺寸，使工件得到良好的机械性能。

3）充水试验

充水试验是储罐投用前检验储罐质量的重要一环，充水试验前应根据地质勘探资料和基础的地基处理方案，按地基承载力的情况认真编制详细的充水试验方案。

在充水过程中，如基础发生不允许的均匀（均匀沉降量大于 250mm 或不均匀沉降差大于 25mm 时，在任意直径方向的沉降差大于 120mm 时）应立即停止充水。

4.4.2　纤维增强塑料制压力容器设计

以下内容节选自河北科技大学研究生张雨的毕业论文，题为《立式玻璃钢贮罐的设计及其有限元研究》[2]。选用内容为立式玻璃钢贮罐的设计过程。

1. 设计条件

本文将要设计的贮罐要求能容纳 150m^3 密度为 ρ=1.2t/m^3 的 28%的磷酸，该贮罐的使用温度为 65℃。贮罐项盖需能承受风压 W_0=300N/m^2，雪载荷 $P_{雪}$=400N/m^2，无抗地震要求，玻璃钢材料的拉伸强度 σ =140MPa。

2. 造型设计

1）贮罐构造尺寸的确定

玻璃钢贮罐按形式分类可分为立式贮罐、卧式贮罐等。100m^3 以上为大型贮罐，多为立式贮罐；100m^3 以下的为小型贮罐，多为卧式贮罐。

本次设计的贮罐要求容积为 150m^3，所以选择立式贮罐。可选直径系列有

D=3800mm 和 D=4000mm，本设计选 D=4000mm，因此贮罐的高度

$$H=\frac{V}{\left(\frac{D}{2}\right)2\pi}=11.9\text{m}$$

经圆整，本设计取贮罐高度为 12m。

2）贮罐顶盖选取

平顶盖、锥形顶盖和拱形顶盖是贮罐顶盖常见的三种形式。这三种顶盖的形状各不相同。拱形顶盖相对于其他两种，应用较广泛。因为在使用过程中，它在承载力和耐用性方面要更有优势。根据设计要求，本文选用的是拱形顶盖。为了保证罐顶强度，国家标准对于罐顶的曲率半径作了相关规定，即要求曲率半径与贮罐直径差值小于等于 20%。由此可以计算得到拱顶球面曲率半径为 4m。

3）贮罐罐底设计

由于目前的玻璃钢立式贮罐的罐壳和罐底大多是分开制造的，所以立式贮罐底部附近，尤其是罐壳和罐底的连接处的受力较复杂，应引起足够重视。这个部位的设计也极为重要，在设计贮罐底部过程中，按国家标准规定，一般要将拐角处设计成圆弧过渡，且圆弧半径应大于 38mm。所以应该在设计过程中注意罐壳和罐底的结合处内外都要进行有效的补强。拐角区域的最小厚度应等于壳壁和底部的组合厚度。拐角区域的加强应逐层递减，避免截面上突变产生应力集中。当罐直径不大于 1.22m 时，加强区不小于 100mm；当罐直径大于 1.22m 时，加强区应为 300mm。为了避免加强区由于截面突变引起应力集中，所以从加强区应逐渐递减厚度，对过渡区长度的要求是要超过 76～102mm。

3. 性能设计

1）树脂选择

树脂作为基体材料，对玻璃钢的力学性能起着非常重要的作用。制品的使用条件不同，容纳介质不同，应选择不同种类的树脂。本贮罐中需贮存质量分数为 28%的磷酸，由此可知选择的树脂必须耐酸。本贮罐使用温度为 65℃，由此选择的树脂应具有高的热变形温度。由于不饱和聚酯价格便宜，且性能稳定可靠，是贮罐设计中最常用的树脂。

2）增强材料选择

本贮罐选用玻璃纤维作为增强材料。另外，贮罐容纳的介质不同，应选择不同的玻璃纤维。本文的介质为磷酸，呈酸性，经过将常用的玻璃纤维进行对比。从经济效益方面综合考虑，本文选择中碱玻璃纤维作为增强纤维。

4. 结构设计

贮罐直径 D=4.0m，H=12m；罐顶为拱形顶盖；罐底为平底，直接安装在基

础平面上（图 4-4）。贮罐顶盖需能承受风压 W_0=300N/m²，雪载荷 $P_{雪}$=400N/m²，无抗地震要求，玻璃钢材料的拉伸强度 σ=140MPa，安全系数 K=10。

1）贮罐壁厚计算

壁罐沿高度分为 12 段，先计算罐下 1m 处壁厚：

$$t=\frac{(p+\rho_L X)RK}{\sigma} \qquad (4\text{-}32)$$

式中，p 为荷载引起的罐壁压力；X 为此处管壁段的编号，即当前计算的段的底边距离第一段的顶边的距离；R 为贮罐的半径；ρ_L 为贮罐内液体的密度。

$$p=p_{雪}\pi R^2/\pi D=40\times 3.14\times 4/(3.14\times 4)$$
$$=40(\text{kg/m})=4.0(\text{N/cm})$$

$$t_1=\frac{(0.4+0.0012\times 100)\times 200\times 10}{1400}=0.743(\text{cm})$$

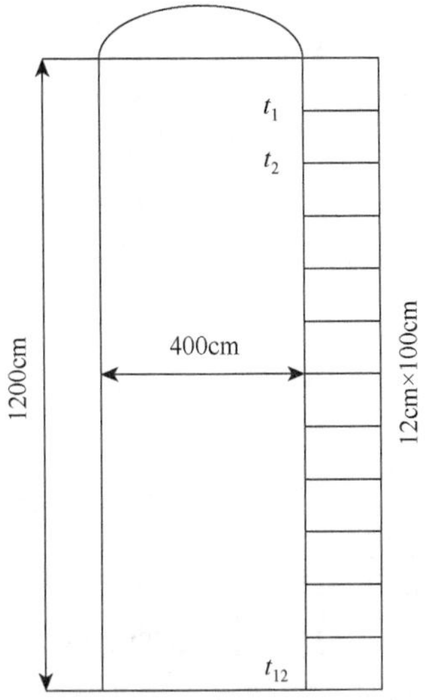

图 4-4　结构示意图

依次求得各段的壁厚：t_2=0.91cm，t_3=1.09cm，t_4=1.26cm，t_5=1.43cm，t_6=1.60cm，t_7=1.77cm，t_8=1.94cm，t_9=2.11cm，t_{10}=2.29cm，t_{11}=2.46cm，t_{12}=2.63cm。

2）贮罐顶盖厚度设计

图 4-5 中，h 为罐顶高，r 为转角曲率半径，r 小则 h 小，一般取 r=0.2D=0.2×4.0m=0.8m，此时 h=0.2D=0.2×4.0m=0.8m。顶拱板的最小厚度为：

$$t_{\min}=4R_0\sqrt{\frac{p}{E}}=4\times 4.0\times\sqrt{\frac{400}{700\times 10^6}}=12.1(\text{mm})$$

式中，R_0 为拱顶球面曲率半径；E 为拱顶材料的弹性模量。

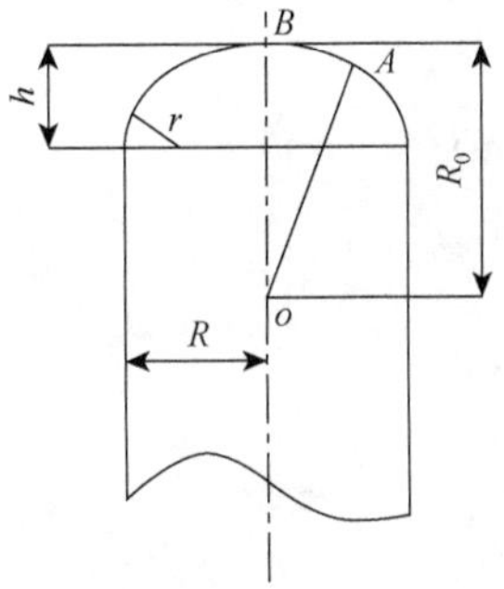

图 4-5　顶盖设计图

3）贮罐底板设计

本文设计的玻璃钢立式贮罐的罐底为平底，为了将罐底的承载力降到最低，这种立式贮罐一般会直接安装在平面基础上，且地面上用沥青砂浆作垫层。这样贮罐内的液体自重可直接传给混凝土基础上。如上所述，虽然贮罐底面受力较小，但是罐壳和罐底连接处的受力较复杂，而且由于目前的玻璃钢立式贮罐的罐壳和罐底大多是分开制造的，所以在设计过程中应注意罐壳和罐底的结合处内外都要进行有效的补强。如图 4-6 所示，拐角区域的最小厚度应等于壳壁和底部的组合厚度。拐角区域的加强应逐层递减，避免截面上突变产生应力集中。

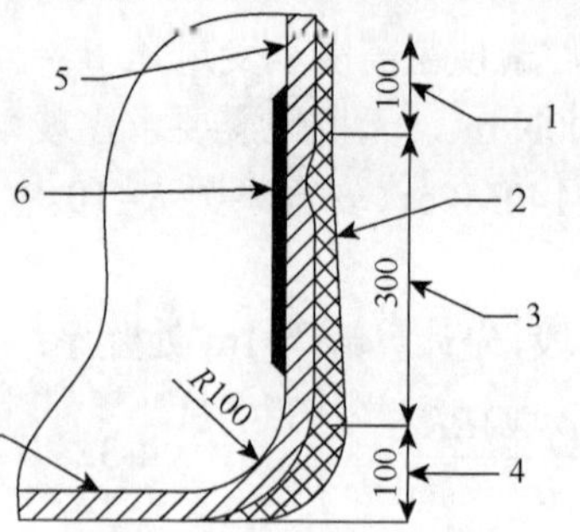

图 4-6　底板设计图

1. 过渡段；2. 外加强；3. 加强段；4. 圆滑过滤段；
5. 筒体；6. 内对接；7. 底封头

根据 ASTM-D3299 中规定，底板厚度 t_{bo}=9.5mm，罐壁下部 t =26.3mm，拐角处 t_b=25mm，加强段 L=300mm，过渡段 M=100mm。

4）风荷载作用下贮罐强度的设计

根据设计条件，本文所设计的贮罐所在地区的风压为 W_0=300Pa，当立式贮罐的高度不是很高时，可以用式（4-33）计算风压：

$$W = 0.72W_0 \tag{4-33}$$

通过代入已知条件，得到本文贮罐的所受风压为 216Pa。

由以上数据可以计算立式贮罐沿向所承受的均布荷载为：

$$p_w = 0.72W_0D = 0.72\times 300\times 4.0 = 864(\text{N/m})$$

由风压引起的最大弯矩和剪力为：

$$M_{max} = p_wH^2/2 = 864\times 12^2/2 = 62208(\text{N}\cdot\text{m})$$

$$Q_{max} = p_wH = 864\times 12 = 10368(\text{kg})$$

计算最大风荷载下贮罐的厚度：

$$t_0 = \frac{M_{max}}{\pi R^2[\sigma]} = \frac{62208\times 10}{3.14\times 200^2\times 1400} = 0.035(\text{cm})$$

贮罐自重为 W_r=管体重+罐底重+罐顶重：

$$W_r \approx D\pi Ht\rho_m + \pi\left(\frac{D}{2}\right)^2 t_{bo}\rho_m + \left[\frac{1}{3}\pi\left(\frac{D}{2}\right)^2 h_1\rho_m - \frac{1}{3}\pi\left(\frac{D}{2}\right)^2 h\rho_m\right]$$

$$= 400\times 3.14\times 1200\times 1.69\times 0.0018 + 3.14\times\left(\frac{400}{2}\right)^2\times 0.95\times 0.0018 +$$

$$\left[\frac{1}{3}\times3.14\times\left(\frac{400}{2}\right)^2\times64.18\times0.0018-\frac{1}{3}\times3.14\times\left(\frac{400}{2}\right)^2\times63.7\times0.0018\right]$$

$$=4584.9+214.776+36.165=4835.8(\text{kg})=48.36(\text{kN})$$

式中，t 为贮罐侧壁的壁厚，此处取平均值（罐顶 7.43mm 与罐底 26.4mm 之间的平均值）；ρ_m 为罐体材料的密度；h_1 为罐顶封头外高度；h 为罐顶封头内高度。

贮罐自重引起的抗风弯矩为：

$$M_r=W_r\frac{D}{2}=48.36\times\frac{400}{2}=9672(\text{kN}\cdot\text{cm})$$

风压引起贮罐的倾覆弯矩为：

$$M_{max}^w=6220.8(\text{kN}\cdot\text{cm})$$

$M_r > M_{max}^w$，因此贮罐不会因风压而倾覆，不需要使用锚固。

5）设计结果

管壁厚度：底部厚 26.4mm；上端厚 7.43mm；端底厚度 9.5mm；管顶盖厚度 12.1mm。

参 考 文 献

[1] 中华人民共和国国家标准. GB 150—2011. 压力容器（合订本）. 北京：中华人民共和国国家质量监督检验检疫总局，中国国家标准化管理委员会，2011.

[2] 张雨. 立式玻璃钢贮罐的设计及其有限元研究. 石家庄：河北科技大学硕士学位论文，2015.

第5章　石墨制压力容器的耐腐蚀性及应用

5.1　概　　述[1]

石墨分为天然石墨和人造石墨两种。天然石墨主要有鳞片和片状两类，其纯度较低，一般含杂质量高，组织松散发滑，在工业上较少单独使用，多用于冶金工业电极糊、坩埚铸造模型等。我国天然石墨的资源较丰富，由于开采技术及开采能力所限，至今仍未有计划大规模开采，作为化工防腐蚀用材料的可能性，尚在进行探索和研究。人造石墨是以焦炭等为原料，经沥青混捏、压制成型后，在窑炉中隔绝空气焙烧，在1300℃下保持20天左右，再在2400～3000℃高温下石墨化处理（未经过石墨化处理的制品，不具备石墨性能）而成。人造石墨在焙烧过程中，由于有机物质分解成气体逸出，使石墨材料形成多孔性。国内冶金工业生产的电极石墨气孔率一般达20%～25%；而国外生产的化工专用石墨材料和高温碳化石墨，由于颗粒细，气孔率只有10%左右。这些气孔多数呈通孔，对气体和液体有很强的渗透性，因而使它在工业上的应用受到了限制。这种透性石墨材料一般在电力、冶金、原子能等工业中应用较多。为了克服上述缺点，扩大其在工业中的应用范围，必须采取措施填塞石墨材料的孔隙，使其成为不透性石墨材料，可以在工业生产中推广应用。

不透性石墨作为耐腐蚀导热结构材料，用于制造换热器、吸收器等化工设备，是从20世纪30年代为盐酸工业生产服务而发展起来的。当时，化学工业正在蓬勃兴起，需要大量的硝酸、硫酸和盐酸作为原料。这三大无机酸具有强烈的腐蚀性，其生产设备既要有优良的耐腐蚀性能，又要有良好的热导率（导热系数）。由于耐硝酸不锈钢和耐硫酸铝材的兴起，硝酸和硫酸工业得到了迅速发展，化学工业对硝酸和硫酸的需要可以得到满足。唯有盐酸工业生产所用设备，仍然采用沿用已久的陶瓷材料制作盐酸吸收器，生产工艺和设备非常落后。虽然陶瓷材料对盐酸具有优良的耐腐蚀性，但陶瓷材料的导热性能差，生产盐酸中氯化氢气体被水吸收时放出大量的吸收热，陶瓷吸收器因导热性能差来不及吸收，只能由空气慢慢带走，传热效率极差。这种落后的工艺和设备，远不能满足于合成有机工业发展对盐酸不断增长的需要。为了解决这个矛盾，德国和美国分别研制开发了酚醛树脂浸渍石墨材料。酚醛树脂浸渍石墨所具有的优良导热性能和耐盐酸的腐蚀性能，是制造盐酸吸收器的理想材料，在吸收氯化氢气体生产盐酸的同时，可以通过冷却水冷却，把吸收热量迅速带走。因此吸收液温度低，吸收效率高，不污染环境。石墨制盐酸吸收器的研制成功，完全改变了落后的盐酸生产工艺，使盐酸工业得到迅猛的发展，并很快在氯制品工业中迅速得到应用。

自不透性石墨材料问世以来，国内外使用的石墨制换热设备中，列管式石墨换热器占大多数，并最先向标准化、系列化、大型化发展。目前，国内生产的单台列管式石墨换热器面积为 1100m^2 左右，而国外生产的单台列管式石墨换热器面积为 1600m^2 左右。1962 年以后许多国家又趋向于发展更先进、耐压较高的块孔式石墨换热器。除了石墨换热器外，石墨制离心泵、喷射泵等泵类及各种规格的管道、阀门应用十分广泛。利用石墨砖板、砖条制作的衬里设备，也取得了十分理想的效果。

为了使不透性石墨得到更广泛的用途，国外各制造厂家研制出成本更低、质量更好、适用于制造化工设备的石墨细颗粒模压制品，以及生产出细颗粒化工专用石墨和细颗粒高温碳化石墨。同时也加紧对浸渍剂品种及浸渍工艺的研究，并对一些早已广泛应用的浸渍剂品种不断地改进方法，以期达到浸渍的最佳效果。

我国是在 20 世纪 50 年代末期开始不透性石墨设备的研究，并研制成列管式石墨换热器和板室式石墨换热器，首先在氯碱工业中得到应用。60 年代初期研制了块孔式石墨换热器，以后陆续有不同类型的不透性石墨设备应用于生产。通过几十年的不断发展，不透性石墨设备在化工、农药、染料、冶金、轻工等部门，用于代替不锈钢及其他贵重金属制设备，解决了许多关键设备的腐蚀性问题，并积累了一定的制造和使用经验。目前列管式石墨换热器、矩形块孔式石墨换热器、圆块孔式石墨换热器、板室式石墨换热器、板片式石墨换热器等，以及列管式石墨降膜吸收器、圆块孔式石墨降膜式吸收器、水套式石墨盐酸合成炉（二合一）、石墨制三合一盐酸合成炉、组合式副产蒸汽盐酸合成炉等都有系列产品，以上产品多项已列入了国家化工行业标准。

不透性石墨制化工设备分为两大类：非承压的石墨设备和承压的石墨设备（压力容器）。在国外部分承压的石墨设备已按压力容器进行监督、管理、并已规范化，国外石墨制压力容器主要依据的标准及规范是德国《AD 压力容器规范》N2 篇《电极石墨和高温碳化石墨制压力容器》（2000 年版）和美国机械工程师协会标准 ASMEⅧ卷第 1 册 UIG 篇《对浸渍石墨制压力容器的要求》（2015 年版）。我国 2004 年 6 月开始对非金属压力容器进行监督和管理，这对石墨制压力容器的产品质量及安全使用性能起到了很好的作用。国内石墨制压力容器主要依据的标准及规范是 GB/T 21432—2008《石墨制压力容器》和 TSG 21—2016《固定式压力容器安全技术监察规程》。

5.2　石墨制设备、石墨制压力容器的耐腐蚀性

由不透性石墨制成的设备及石墨制压力容器具有优良的化学耐腐蚀性能和较好的导热性能，适用于腐蚀性介质的传热、吸收、冷却等过程，是理想的设备结构材料。大多数使用在氯碱工业、石油化工、医药、冶金、轻工等领域。不透性石墨制设备及石墨制压力容器主要由钢制外壳、不透性石墨块体、不透性石墨管束、不透性石墨封头等零部件组成，不透性石墨设备中石墨零部件主要起着耐腐蚀性介质的作用。

5.2.1　不透性石墨材料

石墨具有优异的化学稳定性及热稳定性，良好的物理力学性能及加工性能，是一种特殊的非金属材料。因而被用于制成多种制品，在冶金、机械、电器、化工、纺织等工业及民用工业中得到了广泛应用。

在工业应用中，以人造石墨为主。人造石墨在生产过程中由于部分原材料分解成气体逸出，在石墨内形成许多不规则的微小气孔。气孔率一般为 20%～25%，有的则更高一些。由于存在大量气孔，其产品密度下降、力学性能降低，对气体、液体等介质有严重的渗透性，在工业生产中多用于过滤材料。为了弥补这一缺点，需要采取一定的措施将孔隙填塞，制成不透性石墨材料。

生产不透性石墨材料的方法很多。常用的是以人造石墨为材料，用各种化学稳定性好的物质对其进行浸渍处理，以填塞孔隙，用这种方法得到的制品称为浸渍石墨；用各种树脂与石墨粉按一定比例混合，在加热条件下或压制成各种石墨制品，称为压型石墨；以热固性树脂为基体，添加石墨粉及固化剂，在高温或加温、常压或加压条件下，浇铸成型为各种制品，称为浇铸石墨。

不透性石墨具有下列优点：

（1）优良的耐腐蚀性能。除了强氧化性酸及强碱以外，对大部分酸类介质都是稳定的。

（2）优良的导热性。在非金属材料中它是热导率高于许多金属材料的唯一结构材料，从常用结构材料热导率可以看出，它仅次于铜和铝，是优良的导热材料。

（3）热膨胀系数小，耐温差急变性好。

（4）不污染介质，能保证产品纯洁度，表面不易结垢。

（5）相对密度小、设备重量轻，便于安装和运输。

（6）机械加工性能良好，可加工成各种结构形状的设备及零部件。

（7）不透性石墨是一种非均质的脆性材料，物理力学性能较低，所制造出的设备不宜于操作压力太高的场合。

1. 浸渍石墨

用于制造化工设备的不透性石墨材料，绝大部分是用浸渍的方法来达到不渗透目的。浸渍剂不仅可以填塞孔隙，还能提高石墨材料的力学性能。所用浸渍剂不同，所得制品的各种性能也有一定差异。因此，可以根据制品的用途与性能要求来选择合适的浸渍剂。但无论选择何种浸渍剂，均应满足下列要求：具有良好的化学稳定性耐腐蚀性；与石墨材料的黏结性能好，浸渍后能提高制品的力学性能；浸渍剂在一定的工艺条件下（加热）易固化，体积不应有较大变化；黏度低，流动性能好，便于填塞孔隙，对石墨的黏附性能良好；浸渍剂挥发分及水分应尽量减少。

常用的浸渍剂有酚醛树脂、糠醛树脂、糠醇树脂、水玻璃等。一般将制品分为热固性树脂浸渍石墨、热塑性树脂浸渍石墨及无机材料浸渍石墨等类型。

1）酚醛树脂浸渍石墨

在浸渍石墨中，以酚醛树脂作浸渍剂是主要方法之一。酚醛树脂是由苯酚和甲醛在碳酸钠或氢氧化铵作催化剂的情况下缩合而成的热固性树脂。由于配方不同，反应条件及催化剂种类不同，所合成的树脂性能也不完全相同。

酚醛树脂浸渍石墨工艺过程分浸渍和聚合两个步骤。浸渍是在一定压力下将低黏度树脂浸入石墨孔隙内；聚合则是在承压过程中逐步升温，使树脂固化。

不同树脂浸渍的石墨材料，其物理力学性能及耐腐蚀性能不同。酚醛树脂浸渍石墨的性能分别列于表 5-1 和表 5-2。

表 5-1　石墨及酚醛浸渍石墨块材物理力学性能

项目	单位	未浸渍石墨块材	酚醛树脂浸渍石墨
真密度	kg/m^3	$\geq 2.18\times10^3$	$\geq 2.18\times10^3$
体积密度	kg/m^3	$\geq 1.52\times10^3$	$\geq 1.80\times10^3$
孔隙率	%	20～25	—
增重率	%	—	14
抗压强度	MPa	≥17.6	≥60.0
抗拉强度	MPa	≥3.50	≥14.0
抗弯强度	MPa	≥6.40	≥27.0
热导率	W/(m·K)	—	（105～128）
线膨胀系数	K^{-1}	$2.20\times10^{-6}\sim2.90\times10^{-6}$（130℃）	$5.10\times10^{-6}\sim5.70\times10^{-6}$（130℃）
弹性模数	MPa	—	$0.7\times10^4\sim1.3\times10^4$
泊松比	—	0.23～0.27	0.246
硬度	布氏硬度	10～12	23～25
许用温度	℃	—	170

注：加（）的参数为参考值。

表 5-2　酚醛树脂浸渍石墨的化学稳定性

类别	介质	浓度/%	温度/℃	耐腐蚀性
酸类	盐酸	任意	沸点	耐
	氯化氢（含水）	100	130	耐
	硫酸	45	130	耐
	硫酸	50	＜130	耐
	硫酸	70～75	＜120	耐
	硫酸	80	120	不耐
	磷酸	＜85	＜沸点	耐
	硝酸	＜5	20	尚耐
	亚硝酸	任意	沸点	尚耐
	亚硝酸	任意	沸点	耐
	乙酸	100	20	耐
	乙酸	＜50	沸点	耐
	溴化氢	05	80	耐
	铬酐	10	沸点	耐
	铬酐	40	20	耐
	甲酸	任意	沸点	耐
	草酸	任意	沸点	耐
	酒石酸	任意	沸点	耐
	氢氟酸	＜48	沸点	耐
	氢氟酸	48～60	＜85	耐
	氟气（含水）	100	20	耐
	氟硅酸	40	20	耐
	氢氰酸	25	60	耐
	硫化氢	饱和	40	耐
	脂肪酸	100	140	耐
	乙酸酐	100	沸点	耐
	冰醋酸	—	20	耐
	柠檬酸	任意	沸点	耐
	乳酸	任意	沸点	耐
	油酸	任意	沸点	耐
	蚁酸	任意	沸点	耐
	硬脂酸	任意	沸点	耐
	硼酸	任意	沸点	耐

续表

类别	介质	浓度/%	温度/℃	耐腐蚀性
盐类	硫酸镍	任意	沸点	耐
	硫酸铜	任意	沸点	耐
	硫酸锌	任意	沸点	耐
	硫酸铁	任意	沸点	耐
	硫酸钠	任意	沸点	耐
	硫氰化铵	任意	沸点	耐
	氯化铜	任意	沸点	耐
	氯化亚铜	任意	沸点	耐
	氯化铁	任意	沸点	耐
	氯化钠	任意	沸点	耐
	氯化锡	任意	沸点	耐
	氯化铵	任意	沸点	耐
	三氯化砷	任意	沸点	耐
	次氯化钠	＜12.5	沸点	耐
	碳酸钠	任意	沸点	耐
	碳酸铝	任意	20	耐
	硫酸亚铁	任意	120	耐
	硫化钠	任意	沸点	耐
	硝酸钠	任意	沸点	耐
	氯化银	任意	沸点	耐
	铝钾明矾	任意	沸点	耐
	硫酸铵	任意	沸点	耐
	氯化镁	任意	沸点	耐
	氯化锌	任意	沸点	耐
	硫酸锰	15	95	耐
	高锰酸钾	20	60	耐
有机化合物	丙酮	100	沸点	耐
	丁酮	100	沸点	耐
	甲醇	100	沸点	耐
	乙醇	95	沸点	耐
	丁醇	100	沸点	耐
	戊醇	100	沸点	耐
	乙二醇	100	沸点	耐

续表

类别	介质	浓度/%	温度/℃	耐腐蚀性
有机化合物	苯	100	沸点	耐
	苯胺	100	沸点	耐
	一氯化苯	100	沸点	耐
	二甲苯	100	100	耐
	氯苯	100	沸点	耐
	汽油	100	沸点	耐
	甘油	95	<170	耐
	植物油	—	<170	耐
	动物油	—	<沸点	耐
	煤油	—	沸点	耐
	二氯甲烷	100	沸点	耐
	四氯乙烷	100	沸点	耐
	二氯乙烷	100	沸点	耐
	氯乙烷	100	沸点	耐
	二氧杂环己烷	100	沸点	耐
	双二氯苯	100	125	耐
	氯仿	100	沸点	耐
	四氯化碳	100	沸点	耐
	硝基苯	100	135	耐
	二氯乙烯	100	沸点	耐
	异丙醚	—	沸点	耐
	乙醛	100	20	耐
	三氯乙醛	—	沸点	不耐
	三氯乙醛	33	20	耐
	四氢萘	任意	沸点	耐
	三氯乙烯	100	沸点	耐
	二硫化碳	100	沸点	耐
	乙醛胺	任意	菲点	耐
	间戊二烯	92	20	耐
	氯苯	100	沸点	耐
	二氯乙醚	—	20～100	耐
	苯乙烯	—	170	耐
	丙烯腈	—	60	耐

续表

类别	介质	浓度/%	温度/℃	耐腐蚀性
有机化合物	异丙醇	100	沸点	耐
	尿素	70	常温	耐
	硫酸乙酯	50	<沸点	耐
碱类	氢氧化钾	10	常温	尚耐
	氢氧化钠	10	常温	不耐
	氨水	任意	<沸点	耐
	一乙醇胺	任意	<沸点	耐
卤素化合物	溴水	饱和	常温	耐
	干氯气	<100	常温	耐

2）改性酚醛树脂浸渍石墨

改性酚醛树脂是通过各种改进剂添加在酚醛树脂中，改善耐碱性、提高耐温性和气密性的一种改性浸渍剂。改性剂的种类很多，如 α, γ-二氯丙醇、β, β'-二氯乙醚、磷酸三乙酯、过氯乙烯树脂、环氧树脂等。在工业上一般采用 α, γ-二氯丙醇对酚醛树脂进行改性，酚醛树脂中的游离酚、游离醛及低相对分子质量的酚醛树脂都能与 α, γ-二氯丙醇进行醚化反应，生成较稳定的醚键化合物，从而提高了酚醛树脂的耐碱性能。

改性酚醛树脂浸渍石墨工艺及热处理工艺与酚醛树脂浸渍石墨相同，只是浸渍剂是用改性酚醛树脂。

改性酚醛树脂的物理力学性能见表 5-3。其化学稳定性除具有酚醛树脂浸渍石墨性能（表 5-2）外，还具有耐碱性能。

表 5-3　改性酚醛树脂浸渍石墨物理力学性能

性能	单位	浸渍前	浸渍后
体积密度	kg/mm^3	1.60×10^3～1.65×10^3	1.80×10^3
吸水率	%	14～15	1.25～2.50
增重率	%	—	20～25
抗拉强度	MPa	2.5～3.0	8～10
抗压强度	MPa	20～21	40～55
抗弯强度	MPa	8	22～25
抗冲击强度	J/cm^2	—	0.15～0.17
热导率（导热系数）	W/(m·K)	116.3～127.9	116.3～127.9
使用温度	℃	<400	<180
渗透性（10mm）厚度	MPa	有压即渗	0.3MPa 不渗透

3）呋喃树脂浸渍石墨

呋喃树脂浸渍石墨的浸渍材料，是以糠醛为主体原料所制得的树脂。主要有以下三种：糠酮树脂、糠醇树脂、糠醛-丙酮-甲醛树脂。呋喃树脂具有良好的耐酸性、耐碱性和耐温性，是浸渍石墨主要类系之一。

呋喃树脂浸渍石墨的主要缺点是质地脆，制作过程中产生刺激性气味，作业时应有相应的劳动保护措施。

呋喃树脂浸渍工艺必须在酸性接触剂作用下，才能缩聚固化。这正是与酚醛树脂浸渍方法略有不同的原因。浸渍方法主要有浸酸法和加酸法两种。

糠酮树脂及糠醇树脂的物理力学性能、呋喃系类浸渍石墨的化学性能见表 5-4 和表 5-5。

表 5-4　糠酮、糠醇树脂浸渍石墨物理力学性能

项目	单位	糠酮树脂浸渍石墨		糠醇树脂浸渍石墨
		加酸法	浸酸法	
体积密度	kg/m^3	1.80×10^3	1.80×10^3	1.80×10^3
增重率	%	17～18	12～13	16～18
抗拉强度	MPa	14	8～10	14～20
抗压强度	MPa	65	50	42～59
抗弯强度	MPa	24	—	—
渗透率	MPa	$P_水$>0.5MPa 不透	$P_水$>0.5MPa 不透	$P_水$>0.5MPa 不透
使用温度	℃	≤180～200	≤180～200	≤180～200

表 5-5　呋喃系类浸渍石墨的化学性能（在下列介质条件下稳定）

介质	浓度/%	温度/℃	介质	浓度/%	温度/℃
酸类			乙酸酐	100	150
盐酸	任意	沸点	冰醋酸	100	120
硫酸	50	沸点	磷酸	85	120
硫酸	70	80	一氯乙酸	10	120
硫酸	90	50	次氯酸	10	120
硝酸	5	20	脂肪酸	100	140
铬酸	10	20	苯磺酸	10	100
氢氟酸	48	120	甲酸	88	60
硅氟酸	40	室温	草酸	20	60
氢氰酸	25	60	苯甲酸	饱和	60
乙酸	98	135	柠檬酸	30	60

续表

介质	浓度/%	温度/℃	介质	浓度/%	温度/℃
硼酸	饱和	60	次氯酸钙	20	60
谷氨酸（含盐酸）	20	140	高锰酸钾	20	60
乳酸	—	120	重铬酸钾	40	60
苯酚	98	80	二硫化碳	100	60
硫化氢	饱和	130	氯化钡	—	80
盐类			有机化合物		
氢氧化钠	<50	沸点	苯	100	沸点
氢氧化钾	20	40	甲苯	100	90
碳酸钠	10	60	丙酮	100	60
过硫酸铵	饱和	60	甲醇	95	60
硫酸铵	饱和	60	乙醇	95	60
硝酸铵	饱和中性	60	二氯乙烷	100	沸点
氢氧化铵	30	60	四氯化碳	100	100
氯化铵	饱和	60	氯仿	100	沸点
碳酸铵	50	60	三氯乙烯	100	沸点
磷酸铵	50	60	乙酸乙酯	100	60
硫酸铝	饱和	60	甲醛	37	60
氯化钠	饱和	40	二氯甲烷	100	沸点

4）其他热固性树脂浸渍石墨

除酚醛浸渍石墨、呋喃系类浸渍石墨这类浸渍石墨外，还有环氧树脂浸渍石墨和呋喃-酚醛树脂（复合树脂）浸渍石墨。

（1）环氧树脂浸渍石墨。环氧树脂综合性能较高，也可用来浸渍石墨材料。用环氧树脂浸渍石墨时，仅经一次浸渍，石墨中的开口气孔率就可降低约 98%，物理力学性能可提高 1.5 倍，耐磨性及抗渗透性能均得到了大幅度的提高。此外，环氧树脂浸渍液还可以反复使用，可大大降低浸渍成本。用环氧树脂浸渍石墨的物理力学性能见表 5-6。

表 5-6　环氧树脂浸渍石墨的物理力学性能

项目	单位	性能指标
肖氏硬度	—	72
抗压强度	MPa	140.8

续表

项目	单位	性能指标
抗弯强度	MPa	73.9
密度	g/cm^3	1.90
开孔率	%	<0.31
耐水压	MPa	1.50

（2）呋喃-酚醛树脂浸渍石墨。酚醛树脂浸渍石墨对许多腐蚀性介质具有较高的化学稳定性，但耐碱性能差，而且使用温度仅达 170℃。随着化纤工业的发展，要求用浸渍石墨制造的设备能耐更高的温度，并且具有耐酸、耐腐蚀性能。呋喃系树脂具有较高的使用温度，而且耐碱性能也很好，酚醛树脂耐酸性能较好。为此，可将两种树脂混合作浸渍剂，用于制作复合树脂浸渍石墨。

复合树脂浸渍石墨的物理力学性能与酚醛树脂浸渍石墨基本相同，但其耐温性较好，其制品在 240℃时，在 0.5MPa 压力条件下不渗漏，化学稳定性也较好。

5）热塑性树脂浸渍石墨及水玻璃浸渍石墨

在热塑性树脂浸渍石墨中，常用的树脂是含氟聚合物。用含氟聚合物浸渍的石墨是一种新型的耐腐蚀材料。此外还有聚苯乙烯、聚氯乙烯树脂浸渍石墨（未广泛应用），无机材料-水玻璃浸渍石墨应用较多。

（1）聚四氟乙烯分散液浸渍石墨。聚四氟乙烯原料有两种状态：一种为白色纤维状粉末，这种粉末适用于压制成型后再进行烧结而得到制品；另一种是乳液，由分散法制得，称为聚四氟乙烯分散液。聚四氟乙烯浸渍石墨的物理力学性能见表 5-7。

表 5-7　聚四氟乙烯浸渍石墨的物理力学性能

项目	单位	性能指标
吸水率	%	—
孔隙率	%	—
热导率	W/(m·K)	82.6～90.7
抗拉强度	MPa	23.4
抗压强度	MPa	49.0
抗弯强度	MPa	16.1
抗冲击强度	J/m^2	0.26
浸渍深度	mm	>30
线膨胀系数	$℃^{-1}$	4.05×10^{-6}
使用温度	℃	<200

（2）其他热塑性树脂浸渍石墨的种类很多，除用聚四氟乙烯作浸渍剂以外，国内外也都在研究用其他树脂作浸渍剂制作不透性石墨材料。聚苯乙烯浸渍石墨和聚氯乙烯浸渍石墨是其中的两种。

聚苯乙烯浸渍石墨。聚苯乙烯是常用的工程塑料之一，它具有耐腐蚀性好、耐水性好、电绝缘性优良等特点。聚苯乙烯浸渍石墨可在低于 120℃的情况下使用。

聚氯乙烯浸渍石墨。聚氯乙烯树脂是由氯乙烯单体聚合而成。工业上可以采用悬浮聚合及乳液聚合两种方法来制备。悬浮聚合得粉状树脂，乳液聚合得糊状树脂。用作浸渍剂的是含 30%固体聚氯乙烯的水乳浊液。经试验后，认为用聚氯乙烯树脂水乳浊液浸渍的石墨制品，其浸渍深度只有 1～1.5mm，达不到使用要求，故尚未在工业生产中广泛应用。

（3）水玻璃浸渍石墨。水玻璃又称泡花碱，是一种可溶性硅酸盐。水玻璃耐强氧化性介质腐蚀，耐受温度可达 350～400℃。水玻璃浸渍石墨主要用于解决高温强氧化性介质腐蚀问题。

水玻璃浸渍时需加少量氟硅酸钠作固化剂才能固化，其浸渍工艺与酚醛树脂浸渍石墨相似。其物理力学性能及化学稳定性见表 5-8 和表 5-9。

表 5-8　水玻璃浸渍石墨物理力学性能

性能	单位	性能指标	
		浸渍前	浸渍后
增重率	%	—	13.0～18.4
抗压强度	MPa	21.5～22.0	41.5
抗拉强度	MPa	3	5.1
使用温度	℃	＜400	350～400

表 5-9　水玻璃浸渍石墨化学稳定性能

介质	浓度/%	温度/℃
硝酸	50	室温
乙酸	98	室温
氯化氢	任意	室温
二氯甲烷	—	400
苯	＞90	100

2. 压型石墨

压型石墨是由人造石墨粉与合成树脂按一定比例混合后，经挤压机或挤出机加工成型的制品。压型石墨材料密实无孔，不需要合成树脂浸渍或加工。具有良好的化学稳定性、导热性、耐热性、热稳定性等；有良好的物理力学性能及机械加工性能。

压型石墨材料物理力学性能比浸渍石墨高。其缺点是热导率低，线膨胀系数大。一般用来制造管材、弯头、板材、三通、轴承套、机械密封环等。压型石墨是不透性石墨的一个重要品种，其中管材应用最广，除用于流体输送系统中，主要用来制作各种类型的列管式换热器。

1）热固性树脂压型石墨管

压型石墨管具有良好的热性能，热导率高、线胀系数小、热稳定性及化学稳定性较好。压型石墨管物理力学性能见表 5-10。

表 5-10 热固性树脂石墨压型管物理力学性能

性能	单位	酚醛石墨压型管	酚醛-氧石墨压型管	呋喃系石墨压型管		
				糠醇石墨压型管	糠酮石墨压型管	糠酮-甲醛石墨压型管
密度	g/cm^3	1.80～1.93	1.80	1.84	1.80	1.80
吸水率	%	0.07	0.30	0.20	0.20	0.30
马丁耐热	℃	≥170	220	211	220	—
热导率（导热系数）	W/(m·K)	30.4～40.7	37.2	38.4	37.8	—
热稳定性（200℃急冷至 20℃）	次数	＞35	＞35	＞35	＞35	＞35
线膨胀系数	$℃^{-1}$	24.75×10^{-6}（196℃）	—	—	—	—
抗压强度	MPa	86.2～120	98.2	71～89.9	91	98
抗拉强度	MPa	24.5～28.2	—	17～19.4	18.5	—
抗弯强度	MPa	60	56	41.1	42.1	—
抗冲击强度	J/m^2	0.29～0.34	0.33	0.25	0.25	—
渗透性	MPa	0.8 不渗透	0.8 不渗透	0.8 不渗透	0.8 不渗透	0.8 不渗透
水压爆破强度	MPa	7～9	6	6	6～7	3～4（Φ50mm/Φ36mm）管
使用温度	℃	≤170	≤180	≤180～200	≤180～200	≤180～200

注：水压爆破强度为型号（Φ32mm/Φ22mm）石墨管。

2）中温（300℃）热处理压型石墨管

一般压型石墨管只能制作温差不大的冷却器，而作为加热器和温度在 100℃以上的冷却器使用时，由于线膨胀系数大，并随温度变化不是一个常数，所以常在石墨管与石墨管板黏结部位发生脱裂。为此，可将压型石墨管径于 300℃温度处理，使材质中的树脂分解焦化，降低线膨胀系数，以满足作加热器的需要。

压型石墨管经 300℃处理后仍具有良好的耐腐蚀及耐温性能，组装成的石墨列管式加热器，在很多场合下应用，均取得了良好的效果。经 300℃热处理石墨压型管物理力学性能见表 5-11。

表 5-11　300℃热处理石墨压型管物理力学性能（*Φ*32mm/*Φ*22mm 石墨管）

项目	单位	性能指标	
		130℃热处理	300℃热处理
密度	g/cm^3	1.87	1.79
抗拉强度	MPa	16	14.1
抗弯强度	MPa	43	39
抗压强度	MPa	66	69
水压爆破强度	MPa	7～10	10
线膨胀系数	$℃^{-1}$	24.7×10^{-6}（129℃）	8.45×10^{-6}（129℃）
弹性模量	MPa	2.16×10^{6}	1.48×10^{6}
热导率	W/(m·K)	31.4～40.7	31.4～40.7
耐热度	℃	170	300

3）热塑性树脂压型石墨

热塑性树脂压型石墨是以热塑性树脂为主体，添加一定比例的石墨粉、热稳定剂、表面处理剂等辅料，以混炼造粒后，再用塑料挤出机挤压成型而得的制品。目前所用树脂主要是聚丙烯和聚氯乙烯。

聚丙烯和聚氯乙烯有较好的耐腐蚀性，具有一定的强度，便于机械加工和二次成型，适合于作结构材料。但这两种树脂的热导率很小，只有 0.143W/(m·K)左右，几乎是一种绝缘材料。为了提高其导热性能，而在其中添加石墨粉，对其进行改性，得到石墨改性聚丙烯和石墨改性聚氯乙烯两种新材料。这两种材料具有线膨胀系数小、弹性模量大、热导性能好等优点，用于制换热管及其他导热、导电构件。

（1）石墨聚氯乙烯压型管。石墨聚氯乙烯压型管是以石墨聚氯乙烯树脂为主，以石墨粉为填料，配以稳定剂等辅料热成型而制得。聚氯乙烯压型石墨管物理力学性能见表 5-12。

表 5-12　聚氯乙烯压型石墨管物理力学性能

项目	单位	性能指标	
		含石墨 24%	含石墨 31%
热导率	W/(m·K)	3.72	5
线膨胀系数	℃$^{-1}$	3.06×10^{-5}（9～40℃）	3.06×10^{-5}（9～40℃）
抗拉强度	MPa	49.0	45.0
焊接强度	MPa	23.1	20.0
抗冲击强度	J/m^2	—	1.93×10^{-4}

（2）聚丙烯石墨压型管。聚丙烯石墨压型管是以聚丙烯树脂为主，以石墨粉为填料挤压成型。生产工艺流程与聚氯乙烯压型石墨管相似，其物理性能见表 5-13。

表 5-13　聚丙烯压型石墨管物理性能

项目	单位	性能指标		
		含石墨 0%	含石墨 40%	含石墨 50%
热导率	W/(m·K)	0.14	1.65	3.02
线膨胀系数	℃$^{-1}$	11.6×10^{-5}（20～40℃）	5.72×10^{-5}（20～40℃）	5.65×10^{-5}（20～40℃）
抗拉强度	MPa	35	23.3	20.9
焊接强度	MPa	—	9.5	12.3
弹性模量	MPa	1.2×10^3	—	2.1×10^3
抗冲击强度	J/m^2	1.76×10^4	5.76×10^3	5.36×10^3

3. 浇铸石墨

浇铸的不透性石墨是以热固性合成树脂为黏结剂，以人造石墨粉为填料，加入固化剂，在常温（或加温）、常压下浇铸而成的一种耐腐蚀材料。这种材料具有良好的化学稳定性，有较好的耐热性和耐压性，流动性好，在常温及没有压力的条件下，用普通方法的铸造方法制造零件。也可用来塑制泵、三通、阀门、旋塞、管道及设备等。其缺点是抗冲击强度低，导热性能差，脆性较大。

1）制造工艺

浇铸的不透性石墨是热固性合成树脂、固化剂和人造石墨粉的均匀混合物。将合成树脂、固化剂、石墨粉按一定的质量分数混合均匀，然后注入各种形状的模具中，经自然固化或处理后，物体由流体变为固体。

浇铸石墨制品成型后，需经加温热处理后才能脱模。热处理温度与时间视树脂种类及配比而宜。酚醛及呋喃系树脂浇铸石墨制品，一般为室温～130℃，共24h；环氧树脂浇铸石墨制品需在130℃下浇铸，然后在200℃下，再处理2h；环氧-酚醛树脂浇铸石墨制品，在常温下浇铸，在205℃下处理2h。

2）性能

浇铸石墨的性能主要取决于所用树脂的种类和配比。浇铸石墨的化学稳定性与所用原材料的化学稳定性、成型及热处理条件、材料本身的孔隙率和吸水率，以及腐蚀介质的性质、浓度、温度和作用时间等因素有关。浇铸石墨的物理力学性能及化学稳定性见表5-14和表5-15。

表 5-14　浇铸石墨的物理力学性能

性能项目	单位	性能指标					
		石墨环氧	石墨糠酮	石墨-酚醛（常温常压）	石墨醛 60～80℃	石墨酚醛环氧	石墨酚醛糠酮
密度	g/cm^2	1.53	1.45	1.20	1.4	1.50	1.30
吸水率	%	0.60	1.20	3.17	—	0.80	—
孔率	%	0.70	1.50	3.80	—	1.13	—
收缩率	%	1.11	2.00	1.26	—	1.20	—
线膨胀系数	$℃^{-1}$	3×10^{-5}	3.9×10^{-5}	3×10^{-5}	—	2.8×10^{-5}	—
热导率	W/（m·K）	9.30	9.30	8.70	9.30	—	9.30
热稳定性（从150～200℃降到15～20℃）	次数	>33	>26	>35	>35	>35	>35
马丁耐热	℃	114	119	106	116	—	158
抗压强度	MPa	121.3	79.9	48.6	74.1	82	64.6
抗拉强度	MPa	25.6	9	7.1	13.8	16.5	9.7
抗弯强度	MPa	66.6	23.4	21.1	32.9	35	29.3
抗冲击强度	J/m^2	4577	1313	1029	1372	1813	1579

表 5-15　浇铸石墨的化学稳定性

介质	浓度/%	温度/℃	时间/h	化学稳定性能		
				石墨环氧	石墨-糠醛-丙酮	石墨-酚醛
硫酸	10～70	85	168	耐	耐	耐
硫酸	90	85	168	不耐	不耐	不耐
硫酸	任意	沸点	168	耐	耐	耐
盐酸	10～30	任意	168	不耐	不耐	不耐
硝酸	80	85	168	耐	耐	耐
氢氟酸	40	85	168	耐	耐	耐
乙酸	50	85	168	耐	耐	耐

续表

介质	浓度/%	温度/℃	时间/h	化学稳定性能		
				石墨环氧	石墨-糠醛-丙酮	石墨-酚醛
氢氧化钠	10	85	168	耐	耐	耐
氢氧化钠	20	85	168	耐	耐	耐
氢氧化钠	40	85	168	耐	耐	耐
硫酸钠	50	85	168	耐	耐	耐
硫酸铵	50	85	168	耐	耐	耐
氯化铵	26	85	168	耐	耐	耐
硝酸铵	50	85	168	耐	耐	耐
亚硝酸铵	15	85	168	耐	耐	耐
丙酮	纯	室温	168	耐	耐	耐
苯	纯	室温	168	耐	耐	耐
甲苯	纯	室温	168	耐	耐	耐
二甲苯	纯	室温	168	耐	耐	耐
氯苯	纯	室温	168	耐	耐	耐
二氯乙烷	纯	室温	168	耐	耐	耐
酒精	纯	室温	168	耐	耐	耐

4. 增强石墨复合材料

石墨材料属于脆性材料，表面的缺陷——裂纹、刻痕、凹坑等所引起的“缺口效应”，可使材料的抗弯强度降低 35%～40%，采用表面覆盖技术（金属覆盖层石墨、陶瓷覆盖层石墨、纤维表面增强石墨），可以明显减小“缺口效应”的影响而提高强度。

为了提高浸渍石墨的耐腐蚀性和因某些化学介质的冲刷和腐蚀，侵蚀了石墨表面而降低了石墨材料的强度，甚至导致开裂，采用石墨表面层覆盖技术，从而提高了其力学性能。一般采用碳纤维（除炭或石墨外，还有用玻璃、硅、铝、硼等纤维材料）或陶瓷复合物，将其复合在石墨表面，并一起浸渍，成为一种新型碳纤维复合浸渍增强石墨。它不但可避免因介质的冲刷和腐蚀而产生的开裂现象，还可承受近 49t 的压力而不受破坏。

通常块孔式浸渍石墨（或石墨管板）的增强，采用方法是在石墨块的上下两表面进行碳纤维复合或涂覆陶瓷氧化物。这种复合材料比原来的浸渍石墨有更强的耐化学腐蚀和固体介质的耐蚀性，以及有更高的力学性能。

为提高石墨管的强度，尤其是它的抗冲击强度，可用碳纤维缠绕在石墨管外壁，其有规则的碳纤维缠绕面积，约占石墨管外表面的 50%。试验结果对比得出，未经缠绕碳纤维的普通石墨管的相对热导率（导热系数）为 0.96，而缠绕 60%并含有树脂薄膜的碳纤维的石墨管为 0.64。热效率降低的原因是石墨管外有树脂层。普通石墨管在 10MPa 左右的压力下会导致爆裂，而缠绕增强石墨管却可承受此压力。用碳布增强的板材，其抗弯强度可以增大 40%或更多。碳纤维是耐腐蚀增强的好材料，但成本较高，此方法是用在条件特殊的场合。

法国罗兰集团公司开发的一种用碳纤维加强的复合材料——碳纤维复合材料。该材料是由两层碳纤维将一块实心的石墨块夹在中间而组成，碳纤维复合材料使耐磨强度增加了 6 倍，物理力学性能增加了 2 倍，用于换热器管板上。由于碳纤维、石墨、硬碳套管等线膨胀系数均匀，因而它的耐腐蚀寿命比其他表面保护层要长得多。

5.2.2　石墨胶黏剂

石墨制化工耐腐蚀设备及石墨制压力容器的石墨零部件连接，除用机械连接外，大部分采用胶黏剂粘接。胶黏剂由黏结剂、填料、增塑剂和固化剂等组分构成。胶黏剂的种类很多，品种相当复杂。

胶黏剂中的黏结剂组分主要是采用合成树脂，所以根据合成树脂的化学结构和性能特点，把胶黏剂分为热固性树脂胶黏剂、热塑性树脂胶黏剂及橡胶胶黏剂三大类。在石墨制品胶黏结构中，一般均使用热固性树脂胶黏剂。

在胶黏剂中，应选择耐温、耐腐蚀性好，具有室温固化作用的合成树脂为最理想的胶黏剂，填料则应耐腐蚀性好、导热性好，能改善胶接缝处的弹性模量、强度、线膨胀系数、耐热性能。增塑剂一般是采用高沸点液体或低熔点的固化有机化合物。

1. *石墨酚醛胶黏剂*

石墨酚醛胶黏剂是以酚醛树脂为黏结剂，石墨粉为填料，苯甲醇为稳定剂，对甲苯磺酰氯为固化剂所组成。石墨酚醛胶黏剂的性能见表 5-16。

表 5-16　石墨酚醛胶黏剂物理力学性能

项目	单位	性能指标
抗拉强度	MPa	≥14
抗弯强度	MPa	≥37.3
抗压强度	MPa	≥60
抗剪强度（石墨与石墨管间粘接）	MPa	≥11.6
固化时线收缩率	%	≥0.37

续表

项目	单位	性能指标
热导率	W/(m·K)	20.9～23.26
线膨胀系数	℃$^{-1}$	≤2.42×10^{-5}（130℃）
与浸渍石墨粘接强度	MPa	5.7
浸渍石墨间粘接缝抗剪强度	MPa	7.4
与浸渍石墨间粘接系数	%	70
假硬化失流时间（20～35℃）	h	3～5
有效施工时间（20～35℃）	h	1～1.5
与钢板粘接强度	MPa	2～2.5
与涂上一层电木漆钢板粘接强度	MPa	3～3.5
与磁板粘接强度	MPa	1
与涂上一层电木漆磁板粘接强度	MPa	1.5～2
其他特性	—	耐酸，室温冷固化

2. 石墨呋喃胶黏剂

石墨呋喃胶黏剂是由呋喃树脂、人造石墨粉及固化剂组成，具有良好的化学稳定性，耐酸、碱、盐溶液、溶剂及有机化合物的腐蚀。耐温可达 190～200℃，与石墨有良好的结合力。其物理力学性能、化学稳定性见表 5-17～表 5-20。

表 5-17　石墨呋喃胶黏剂的物理力学性能

项目	单位	性能指标		
		糠酮胶黏剂	石墨糠酮甲醛胶黏剂	石墨糠醇胶黏剂
容积密度	g/cm^3	1.4	1.4	1.3～1.4
吸水率	%	—	0.20	0.60
渗透性胶缝厚（1～1.5mm）	MPa	（0.5～0.6）不渗透	（0.5～0.6）不渗透	（0.5～0.6）不渗透
线膨胀系数	℃$^{-1}$	3.9×10^{-5}	—	—
热导率（导热系数）	W/(m·K)	9.30	—	—
抗拉强度	MPa	9～15	＞8	14.1～21.7
抗压强度	MPa	＞50	84.5	56.1～69.4
抗弯强度	MPa	23.4	—	—
与浸渍石墨粘接强度	MPa	＞5	5～6	5～6.6

续表

项目	单位	性能指标		
		糠酮胶黏剂	石墨糠酮甲醛胶黏剂	石墨糠醇胶黏剂
耐温差急变性（200℃急冷至 20℃次数）	—	—	—	10 次，＞0.4MPa 气压下不渗透
固化型	—	冷固化	冷固化	冷固化
耐温性	℃	≤180～200	≤180～200	≤180～200

注：耐温差急变性数据，是指压型石墨管之间，用承插式粘接，粘接缝宽度为 1～1.5mm，粘接长度为 20～30mm。

表 5-18　石墨糠醇胶黏剂的化学稳定性

介质	浓度/%	温度/℃	时间/h	耐腐蚀性
盐酸	31	常温	640	耐
硝酸	5	常温	640	耐
次氯酸	5	常温	640	尚耐
氢氟酸	—	常温	640	耐
硫酸	50 50 80	80 128 80	640 165 640	耐 耐 尚耐
铬酸	5	80	640	耐
乙酸	50	80	640	耐
三氯化铁	10	80	640	耐
氢氧化钠	10 20 40	80 80～96 80～96	640 96 96	耐 耐 耐
高锰酸钾	—	常温	640	耐
氯气（湿）	—	常温	640	耐
氯气（干）	—	常温	640	耐
二氧化硫（湿）	—	常温	640	耐
二氧化硫（干）	—	常温	640	耐
白矿油	—	常温	640	耐
乙酸丁酯	—	常温	640	耐
苯	—	常温	640	耐
丙酮	—	常温	640	尚耐
乙醇	95	常温	640	尚耐
苯胺	—	常温	640	耐

续表

介质	浓度/%	温度/℃	时间/h	耐腐蚀性
石油醚	—	常温	640	不耐
苯	0.29	130	62	耐
	0.23	120	62	耐
乙酸	34.4	130	62	耐
	57.0	120	62	耐
乙酸酐	65.7	130	62	耐
	42.0	120	62	耐

表 5-19　石墨糠酮-甲醛胶黏剂的化学稳定性

介质	浓度/%	温度/℃	耐腐蚀性
乙酸	10	25 120	耐
冰醋酸	—	25 120	耐
一氯乙酸	10	25 120	耐
甲酸	90	25 120	耐
乳酸	—	25 120	耐
草酸	10	25 120	耐
硬脂酸	10 85	25 120	耐 耐
磷酸	—	25 125	—
苦味酸	10	25 120	耐
氢氰酸	48	25 120	耐
盐酸	17	25 120	耐
氢氟酸	40	25 120	耐
铬酸	10～50	25 120	不耐
次氯酸	10	25 120	尚耐 不耐

续表

介质	浓度/%	温度/℃	耐腐蚀性
硝酸	5	25 120	尚耐 不耐
	20～40	25 120	不耐
硫酸	50	25 120	耐
	70	25 120	耐 尚耐
	93	25 120	耐 不耐
发烟硫酸	—	25 120	不耐
硫化钡	10	25 120	耐
硫化钠	10	25 120	耐
碳酸钠	10	25 120	耐
氢氧化钙	饱和	25 120	耐
氢氧化钾	25	25 120	耐
氢氧化钠	25～40	25 120	耐
丙酮	100	25 120	耐
甲醇	95	25 120	耐
乙醇	95	25 120	耐
苯、氯苯、四氯化碳、三氯甲烷、乙酸乙酯、汽油、三氯乙烯、二氧化硫（湿）、二氧化硫（干）、硫化氢	—	25 120	耐
甲醛	37	25 120	耐
苯酚	5	25 120	耐
二甲苯	—	—	耐
重铬酸钾	10	—	耐
三氯化铁	15	—	耐
氯化钡	25	—	耐
氢氧化铵	浓	—	耐

表 5-20　石墨糠酮胶黏剂的化学稳定性

介质	浓度/%	温度/℃	耐腐蚀性
硫酸	10～40 ＜70	85 85	耐 耐
盐酸	任意	沸点	耐
磷酸	＜70 87	85 85	耐 耐
乙酸	50	85	耐
柠檬酸	30	常温	耐
草酸	30	85	耐
氢氧化钠	10	85	耐
	20	85	耐
	30	85	耐
	40	85	耐
氢氧化铵	28	50	耐
碳酸铵	20	85	耐
苯	纯	室温	耐
二甲苯	纯	室温	耐
甲苯	纯	室温	耐
酒精	工业	室温	耐
丙酮	工业	室温	耐
碳酸钠	饱和	沸点	耐
硫酸铵	50	85	耐
氯化铵	50	85	耐
硝酸铵	50	—	耐
二氧化硫（湿）	50	85	耐
苯磺钠	90	100	耐
苯磺酸钠	40	100	耐
亚硫酸钠	40	沸点	耐
氯气（湿）	90	80	不耐

3. 石墨改性胶黏剂

为了提高石墨酚醛胶黏剂的耐碱、耐温性及物理力学性能，在酚醛树脂中加入 α, γ-二氯丙醇、氟油、有机硅树脂、环氧树脂、松香等加以改性。改性后的特点是能提高耐酸、碱、盐溶液、有机溶剂、有机化合物、水、油等介质；耐温可达 200～300℃；室温冷固化；黏结强度高；气密性强，施工方便，其物理力学性能见表 5-21。

表 5-21　石墨改性酚醛胶黏剂物理力学性能

项目	单位	石墨 α, γ-二氯丙醇改性酚醛胶黏剂	石墨环氧改性酚醛胶黏剂
密度	g/cm^3	1.30～1.40	1.46～1.53
抗压强度	MPa	66.7～72.9	83.4～100
抗拉强度	MPa	15.7～18	15.2～18.1
与石墨粘接强度	MPa	＞8	6.9～14
渗透性（粘接缝 1mm 厚）	MPa	0.4～0.6 不透	0.4～0.6 不透
使用温度	℃	170～180	150
固化型	—	冷固化	冷固化

4. *石墨水玻璃胶黏剂*

石墨水玻璃胶黏剂又称硅质胶黏剂，是以水玻璃为粘接剂，氟硅酸钠为固化剂，石墨粉为填料所组成。是一种导热的硅质胶黏剂，其特点耐高温 300～400℃，耐浓酸腐蚀，不耐水、稀酸及碱性介质腐蚀。石墨水玻璃胶黏剂的物理力学性能见表 5-22。

表 5-22　石墨水玻璃胶黏剂物理力学性能

项目	单位	性能指标
抗压强度	MPa	40.8～58.5
抗拉强度	MPa	6～7
与石墨粘接强度	MPa	1.5～1.8
使用温度	℃	300～400
失流假硬化	h（20～30℃）	7～8

5.3　石墨的腐蚀机理

非金属材料的腐蚀分类比金属材料简单，主要原因是非金属材料本身耐蚀性强，腐蚀机理也简单，金属材料中常见的许多腐蚀形态在非金属材料中几乎不存在，在材料与腐蚀环境选择设计合理的条件下，物理腐蚀是非金属材料最重要的失效过程。其主要腐蚀有以下几种形式：①溶胀和溶解腐蚀；②腐蚀降解；③老化；④环境应力开裂；⑤渗透腐蚀；⑥选择性腐蚀；⑦蠕变；⑧疲劳腐蚀；⑨差热腐蚀开裂；⑩取代基反应。

不透性石墨设备的腐蚀主要以渗透腐蚀和选择性腐蚀为主。由于浸渍石墨在介质腐蚀作用下，浸渍剂表面层被破坏而产生渗透腐蚀。或是因浸渍剂对介质的不耐蚀性，而产生选择性腐蚀。

不透性石墨属于非均质脆性材料，其破坏形式是受冲击、振动等外力作用而破坏。所以无论在加工、安装、搬运和使用不透性石墨设备时，均应小心，避免受外力作用，应注意以下几方面的特点。

（1）应尽量发挥石墨材料抗压强度高的特点，使石墨元件处于承受压应力状态而避免或减小承受拉应力和弯曲应力。

（2）制作换热器的通道走向必须符合石墨各向异性所带来的最佳导热方向。因为石墨制品垂直于挤压轴线方向的热导率比平行于轴线方向小 25%，所以设计传热元件时，应尽量使传热热流的方向沿石墨挤压的轴线方向。

（3）作为加热设备，在采用树脂浸渍石墨、压型石墨及胶黏剂等与金属材料相组合制造加热设备时，由于线膨胀系数的差异，引起过大的温度应力，应尽量减少用粘接结构。在进行列管式换热器的设计时，合理地选用材料和结构型式，石墨管材选用经 300℃处理的压型石墨管。

（4）设备的主要石墨零部件，同样应尽量避免用带粘接缝的结构。因为胶黏剂与石墨材料的线膨胀系数不同，粘接缝在较高操作温度下，将产生温度应力，而且它在介质温度及时效的作用下，可能引起脆化，使零件断裂。

（5）金属材料的连接件，如螺栓、双头螺栓，不宜直接拧在石墨元件上。

（6）零部件的几何尺寸和设备结构不宜过于复杂。

（7）石墨接管伸出设备外壁不宜太长，以免运输或使用中碰坏。

（8）应考虑设备吊装部位，一般不宜直接在石墨构件上吊装。

脆性材料破坏的主要原因是最大的拉伸主应力所造成的，因而第一强度理论——最大主应力理论更为适合。石墨零件的强度计算，采用第一强度理论为依据，以其最大主应力不超过材料由抗拉、抗弯或抗压强度极限所决定的许用应力值来判断。

5.4　石墨制化工设备、石墨制压力容器的应用[2]

由于不透性石墨设备优异的耐腐蚀性及热导性能，它广泛应用于化肥、硫酸、石油、化工有机合成、无机药品、制药、食品等工业部门。不透性石墨制化工设备的类型较多，性能各有特色，按不同的原则可以做出不同的分类，大体可以分为石墨换热器类、石墨降膜吸收器类、燃烧合成装置（石墨盐酸合成炉）、石墨塔类设备、石墨衬里设备、石墨泵类、石墨管道、石墨管件及零部件。

5.4.1　石墨换热器类

石墨换热器自问世以来，便得到迅速发展，其使用量及频率在不透性石墨设备中占有重要地位。其是应用领域最广，使用量最大的一类，每年的年产量及使用量约占石墨设备的 3/4。目前国内市场竞争最激烈的是列管式石墨换热器和块孔式石墨换热器。石墨换热设备综合性能好，各种石墨换热器应用实例已有许多报道，它们的主要用途见表 5-23。

表 5-23　石墨换热器主要用途

行业	生产产品	主要生产工艺
氯碱	氢氧化钠	盐水加热，氯气冷却
	盐酸	合成 HCl，HCl 冷却
制酸	硫酸	洗涤，循环和冷却 SO_2，硫酸稀释冷却，稀硫酸加热，硫酸废液回收等
	氢氟酸	吸收、冷却等
	磷酸	浓缩、冷却等
化肥	硫铵	SO_2 冷却、母液加热等
	氯化铵	加热等
	磷肥	硫酸稀释，磷酸浓缩
食品	谷氨酸钠、氨基酸	浓缩、加热、冷却等
石油	石油	加热烃基萘、糠醛冷却，油蜡冷却
	顺丁橡胶	加热，无水 HCl 制造，盐酸吸收精馏反应等
有机合成	氯乙烯	无水 HCl 气体制造
	乙酸乙烯	浓缩、加热、冷却等
	黏胶纤维	纺丝液预热、浓缩、CS_2 回收等
	尼龙	卡普隆的热交换
	聚氯乙烯	盐酸再沸、冷却、干燥、吸收等
	锦纶	硫酸铵冷却
医药轻工	医药、染料、可塑性洗涤剂等	浓缩、凝缩、加热、冷却、蒸馏、蒸发、无水 SO_2 制造、盐酸吸收
钢铁	冷凝钢板镀锌板等	酸洗液加热、回收、冷却、浓缩等
精炼电镀	铜、铅、锡、锌等电解产品	处理液加热、冷却、蒸发等
	镀镍、镀锌、镀铬等	加热、冷却、酸洗液回收

石墨换热器按应用原理、结构形式可分为列管式石墨换热器、块孔式（圆块孔式及矩形块孔式）石墨换热器、喷淋式石墨换热器、浸没式石墨换热器、套管式石墨换热器、板式石墨换热器等多种。列管式石墨换热器、圆块孔式石墨换热器、矩形块孔式石墨换热器系列已列入我国化工行业标准。

1. 列管式石墨换热器

列管式石墨换热器是由不透性石墨管和管板用胶黏剂组成管束，放置于钢制圆筒壳体内，两端设置不透性石墨材料或其他防腐蚀材料制的封头，分别用螺栓紧固的换热器。列管式石墨换热器的主要特点如下：①结构简单，制造方便；②石墨材料利用率高，单位换热面积造价低于其他结构形式的设备；③可制成较大传热面积的设备，用于处理较大的换热过程；④流体阻力小，维护检修方便；⑤传热效率低于块孔式和板式结构的石墨换热器，压型石墨管的热导率 λ 值约为浸渍石墨的 1/3；⑥允许使用压力较低，一般均不高于 1MPa，若使用压力提高，需采用强化措施，如采用碳纤维增强石墨管；⑦允许使用温度较低，由于石墨管子、石墨管板和粘接剂的热膨胀系数不一致，使用中在温度应力作用下，粘接部位易损坏。

根据石墨管与管板间的连接形式及管板与外壳间密封结构不同，可以将列管式石墨换热器分为固定管板列管式石墨换热器、浮头列管式石墨换热器、单管填料密封列管式石墨换热器、焊接列管式石墨塑料换热器（如石墨聚氯乙烯换热器、石墨聚丙烯换热器）。

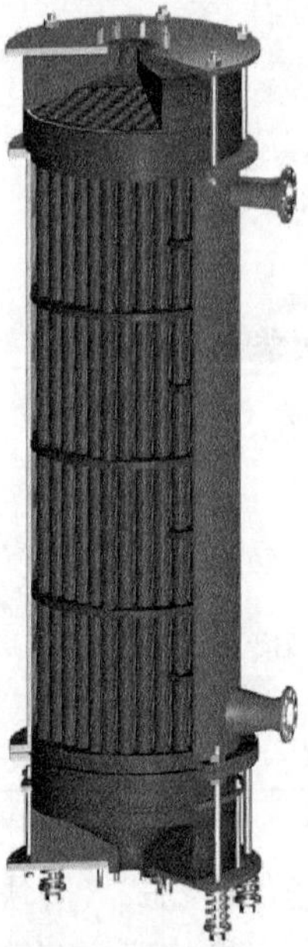
图 5-1　浮头列管式石墨换热器剖面图

固定管板列管式石墨换热器的石墨管与两管板均采用粘接结构形式，结构简单，使用温度较低且适用于两种介质温差较小的场合，目前已无厂家生产。单管填料密封列管式石墨换热器从外表上看像是固定板式，为与习惯的固定管板相区别，并反映其主要特征，故称为单管填料密封式。

浮头列管式石墨换热器是由石墨管束、管箱、壳体等部分构成（图 5-1 和图 5-2）。石墨管束与石墨管板连接后，安装于外壳内。石墨管与石墨管板采用粘接剂粘接，其中一个管板是浮动管板，以填料箱或 O 形密封圈与壳体密封。这样由于石墨管和壳体材料的线膨胀系数不同及两者的温差，随着温度的变化，石墨管束与壳体的伸长和收缩量不一致时，可以通过石墨管束的自由浮动而得到补偿，不致使石墨管束承受温差应力而破坏。石墨封头借助于金属盖板分别与固定管板和浮头管板相连接，中间以衬垫密封，在壳程中设置折流板，以增大流速改变流体的方向，用以提高传热效率。

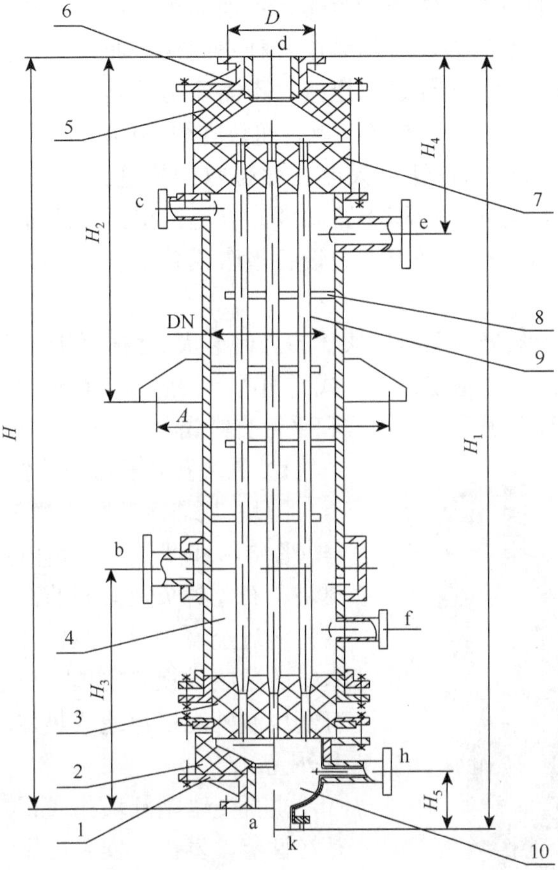

图 5-2　浮头列管式石墨换热器

1. 下盖板；2. 下封头；3. 浮动管板；4. 壳体；5. 上封头；6. 上盖板；7. 固定管板；8. 折流板；9. 换热管；10. F 型封头

国内主要依据化工行业标准 HG/T 3112—2011《浮头列管式石墨换热器》进行生产制造。

2. 块孔式石墨换热器

块孔式石墨换热器是由若干带有物料通道的石墨换热块、上下石墨封头、金属盖板及金属圆筒外壳（圆块孔式）或两侧平板（矩形块孔式）等主要零部件组成。零部件之间用衬垫密封，并用长螺栓加以紧固。

块孔式石墨换热器具有以下特点：①耐用性好，不易损坏，设备中石墨块材主要承受压应力，能充分利用石墨材料抗压强度高的特点；用于能承受一定的热冲击或振动的场合；②结构紧凑，占地面积小；③零部件互换性好，采用标准件并采取积木式组装，可组装成各种不同换热面积的设备，便于制造、清洗和检修及运输；④石墨件之间连接时不需要用胶黏剂，而是采用垫片密封，避免了因采用胶黏剂粘接带来的问题，可以在较高的温度下使用，使用寿命长，便于检修；⑤可从结构设计上采取强化传热的措施，获得较高的传热效果；⑥流体阻力较大；⑦传热面积不宜太大，以免使得封头或金属板做得很笨重，如果处理量较大时，可以采用多台设备串联或并联使用；⑧不适合用于处理结晶堵塞的介质。

块孔式石墨换热器按照石墨块体的几何形状，结构有所区别，可以分为圆块孔式和矩形块孔式（包括立方块孔式）两种。按照石墨块体上两种介质通道的相对位置可分为两种孔道垂直交错式和平行交错式。

1）圆块孔式石墨换热器

圆块孔式石墨换热器是装配式石墨换热器（图 5-3 和图 5-4），是由圆柱形浸渍石墨换热块、石墨封头及其间的密封垫片（O 形密封圈）通过金属盖板、拉杆（螺柱）及弹簧，积木式的叠装成换热主体。垂直交错型通常还具有金属制外壳以流通载热体，平行交错型则没有外壳。

垂直交错型圆块孔式石墨换热器结构特点是在性能、寿命、安全可靠性和经济等方面都有较大的优势，使此类型设备应用最广泛，并日益完善。垂直交错型换热器的设计压力远超过其他任何石墨换热器，如今单台设备生产上应用的最大规格以达到 1200m^2。

平行交错型较为紧凑，石墨材料体积利用率高，不需要外壳，可以应用于两种腐蚀性介质的热交换，但密封结构较为复杂，密封性能差，两种介质间易产生串漏现象。在承压设备中，不推荐使用。目前应用较普遍的是垂直交错式圆块孔式换热器。

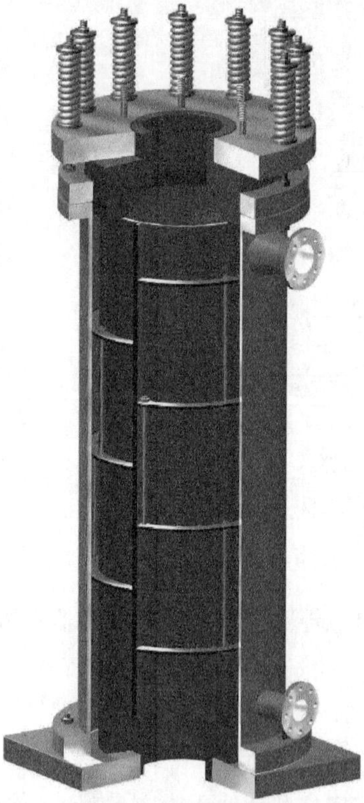

图 5-3　圆块孔式石墨换热器剖面图

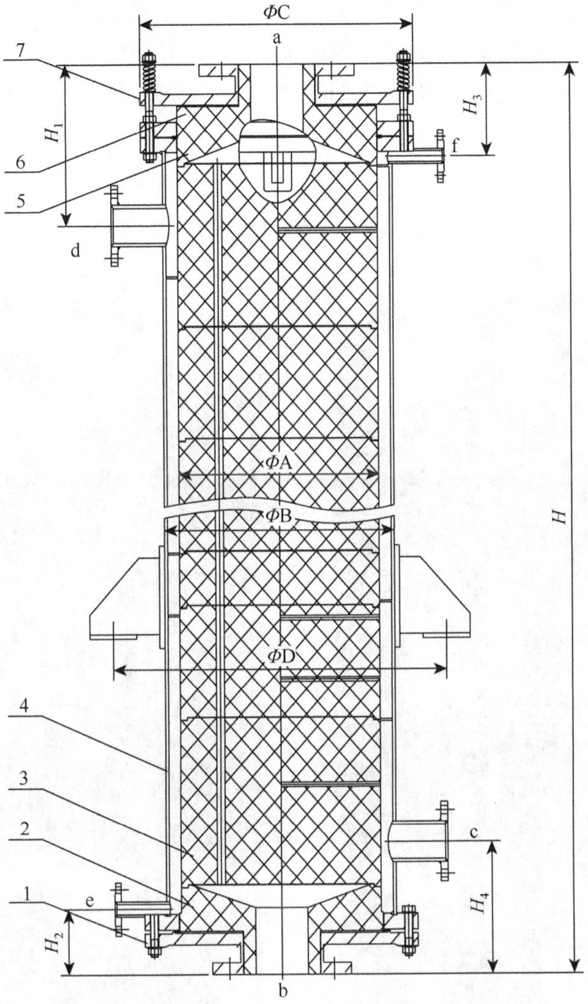

图 5-4　圆块孔式石墨换热器

1. 下盖板；2. 下封头；3. 石墨换热块；4. 壳体；5. 上封头；6. 压兰；7. 上盖板

国内主要依据化工行业标准 HG/T 3113—1998《YKA 型圆块孔式石墨换热器》进行生产制造。

2）矩形块孔式石墨换热器

（1）形状特点。石墨换热块及设备横截面的形状呈矩形（含正方形），因此载热体的集散采用平板结构（图 5-5 和图 5-6）。换热块间的介质密封也不使用胶黏剂而采用垫片，整体石墨块材机加工后采用积木式叠装组成，应用较为广泛。与圆块孔式石墨换热器相比，矩形块孔式石墨换热器重量重，换热块的体积利用率低于圆块孔式石墨换热器，使用压力不能太高（不超过 0.5MPa），规格也不大，介质密封、侧板密封及密封材料选用均比圆块孔式石墨换热器难解决。因此矩形块孔式石墨换热器的使用范围随着圆块孔式石墨换热器的扩大而减小。

图 5-5　矩形块孔式石墨换热器剖面图

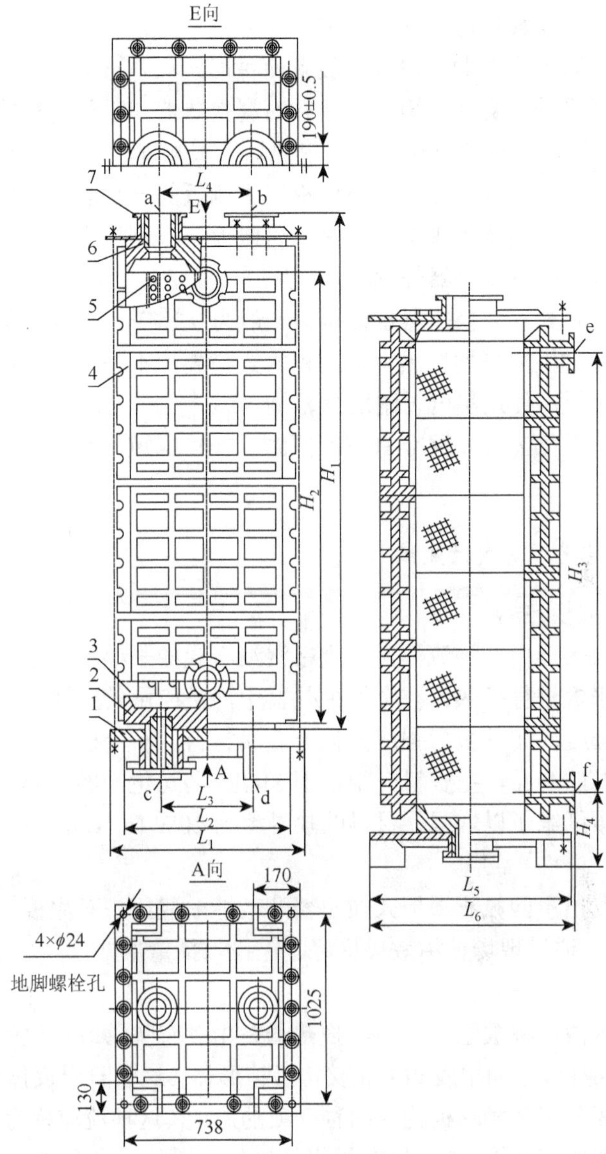

图 5-6　矩形块孔式石墨换热器

1. 下盖板；2. 下封头；3. 垫片；4. 侧盖板；5. 块体；6. 上封头；7. 上盖板

（2）总体结构。矩形块孔式石墨换热器也有不同的型式，在换热块的孔道，有空间垂直交叉的，也有平行排列的；反映在外形上，可以有侧板（水箱板），也可以没有侧板。侧板多数为金属制，少数为浸渍石墨，其中有整块大侧板，也有多块小侧板；载热体在侧板间流通，可以是内连式的，也可以是外连的；使用时多数为立式安装，少数也可以卧式安装。

矩形块孔式石墨换热器换热块一般有两种形式：垂直交叉型和平行排列型。用它们分别组装成垂直交叉式矩形块孔式石墨换热器和平行排列式矩形块孔式石墨换热器。它们的特点与圆块孔式石墨换热器大致相同。使用较多的垂直交叉式，按两侧侧板形式，可分为大侧板和小侧板。大侧板的一次装拆方便，内部略有点内漏时不影响使用，但每个规格需专配一付侧板。小侧板则可通过增减侧板（及石墨换热块）数来改变换热器的规格。

国内矩形块孔式石墨换热器设计压力一般为0.3MPa，使用温度不超过150℃。由于矩形块孔式石墨换热器换热块采用积木式叠装，不采用胶黏剂，而是通过改变浸渍剂品种来提高使用温度及耐腐蚀范围。

国内主要依据化工行业标准HG/T 3187—2012《矩形块孔式石墨换热器》进行生产制造。

3. 板式及板槽石墨式换热器

1）板式石墨换热器

板式石墨换热器内两种流体，分别在浸渍石墨的平板上、下（或左、右）两面，通过石墨平板进行换热。在金属换热器中，是应用较广泛的高效换热器，由于石墨材料的强度（尤其抗弯强度）低于金属材料，石墨板式换热器在石墨设备中属于较新开发的产品，据资料介绍德国SIGRI公司生产的石墨板式换热器，在材料中加入了碳纤维予以增强，材料的热导率为20W/(m·℃)，设备的使用压力为0.6MPa。

国内已开发出浸四氟石墨板式换热器和改性酚醛压型石墨板式换热器，使用压力为0.3MPa，通过现场使用效果良好，已投入批量生产。

2）板槽式石墨换热器

板槽式（国内原称板室式）石墨换热器是由置有垫条或垫块的浸渍石墨板逐层重叠而成，板与板之间用胶黏剂粘接，呈箱形体（这些石墨板称为传热板）。每块板的上下两侧分别与相邻板构成两种介质的流道（这种流道称为换热室），介质通过板与板之间的连通管，或通过在板束两侧的盖板从一个流道进入另一个流道。

其结构特点是两种流体接触都是浸渍石墨，没有钢制外壳，适宜两种腐蚀性介质的热交换；装配方便，采用标准件组装，通过增减换热室的数目可组成不同规格的设备；结构较复杂，粘接缝多，易引起渗漏，两种介质互相串漏时，检修麻烦；石墨材料消耗量多，制造一台相近换热面积的板槽式换热器，石墨材料的消耗量为矩形块孔式石墨换热器的2～3倍，使用压力小于0.3MPa；宜用作加热、冷却，也可用于冷凝及气体吸收；目前国内外生产中应用不是很广。化工行业标准HG/T 3190—1980《板槽式石墨换热器》已废止。

3）其他形式的石墨换热器

（1）插入式石墨换热器。插入式石墨换热器适用于设备内部加热或冷却反应物料。热交换元件为浸渍石墨管，内径为 35mm，外径为 75mm，长度为 1～4m，管的一端用石墨堵头堵死，管端和堵头之间连接采用螺纹加工加石墨胶黏剂，管的另一端用石墨法兰连接，也是采用螺纹加石墨胶黏剂。为了增加传热面积，把石墨管加工成具有许多翅片的外表面。插入式石墨换热器使用温度为–30～170℃，使用压力不大于 0.5MPa，试验蒸汽压力为 0.8MPa，传热面积为 0.5～2m^2。某炼油厂在烃化塔和氯化反应器中用来加热或冷却物料，效果良好。

（2）喷淋式石墨冷却器。喷淋式石墨冷却器的传热面积根据实际生产而定，它是由一列或几列平行的整排固定在金属构架上的石墨排管和设在排管上方的喷淋装置组成的。石墨直管段两段用石墨连接件将每列中的直管连通。它的工作温度不大于 180℃，工作压力为 0.3MPa。某化工厂氯苯尾气冷却、烷基磺酸苯酯生产中应用喷淋式石墨冷却器效果良好。

（3）套管式石墨换热器。套管式石墨换热器实质上是一种简单的列管式换热器，管束被一根管子代替。它的内管为挤压成型的石墨塑料管或浸渍石墨管，管接头为浸渍石墨，管子与接头、接头与接头之间采用石墨胶黏剂粘接。用它作冷却器时，外套管可使用硬聚氯乙烯。当用它作加热器时，外套管必须采用金属管。它的传热面积根据生产需要而定，其工作压力为 0.3～0.5MPa，工作温度为 180～190℃。

以上介绍的三种石墨换热器目前各企业很少生产，成本较高、工效低。

5.4.2　石墨降膜式吸收器

气体吸收广泛应用于化工过程，降膜吸收器是众多的气体吸收设备的一种。用于对可溶性气体的吸收，主要用于生产盐酸，也可用于生产对 H_2S、P_2O_5 及其他可溶性气体的吸收，其传热质效率远高于塔式绝热吸收的效率。由于它和普遍采用的填料塔、板式塔等绝热吸收塔类设备相比有其独特的优点，因而在某些方面，尤其是在合成盐酸方面发挥了重大作用。

降膜吸收器的特点是，吸收液在管（或孔）内沿内壁成膜状流下的过程中，与易溶性气体接触并吸收，在吸收的同时通过间壁将吸收热传递给冷却液（一般是水）。降膜吸收器中气、液一般为同向流动（并流），这有利于液膜的分布，有利于生产，也有逆流的。降膜吸收可以在长管内，也可在短孔内进行。一般降膜吸收器通常都与尾气吸收塔配套使用，尾气吸收塔内经过一次吸收的稀溶液进入降膜吸收器作二次吸收；降膜吸收器未吸收完的进入尾气吸收塔进行二次吸收，然后再排空。

降膜吸收器有如下优点：吸收效率高，如对氯化氢气的吸收率可达 99.9%以上；操作弹性大，生产能力可在较大幅度内调解和控制；在吸收系统内压力降较低；原料氯化氢气体的温度高，基本不影响操作，进入吸收器的原料气温度达 250℃，通过吸收器可立即被吸收，并不影响成品酸的浓度；所生产的酸温度低，一般仅比冷却水温高 3～15℃，不需要有后冷却，简化了生产流程；对于适用介质（如 HCl、H_2S、HF、SO_2 等）耐腐蚀优良，不污染介质，可直接生产出试剂级产品（如盐酸）；设备制造、安装、维修方便，使用寿命长。按结构分为列管式石墨降膜吸收器及圆块孔式石墨降膜吸收器两种，列管式石墨降膜吸收器已列入我国化工行业标准。

1. 列管式石墨降膜吸收器

降膜吸收器由液体分布器、冷却吸收段和气液分离器三部分组成，结构主体与填料函列管式石墨换热器相似，中段冷却部分的结构与列管式石墨换热器相同，底部为气液分离器；主要差别在上部，其剖面图和结构如图 5-7（a）和（b）所示。

降膜吸收器的吸收效率，很大程度上取决于吸收液的分配是否均匀，是设计、制造和安装调试的关键。为此可采取两项措施：加设稳压环及设溢流管。稳压环的作用是使管板吸收液平稳，使进液通过该环底部环隙较均匀地由四周进入上封头空间，避免仅由进液管管口局部进液引起液面波动。溢流管（导流管）的作用是使各吸收管能获得较均匀的液体分布，并迫使吸收液沿管（孔）壁成膜状流下。

溢流管（导流管）与管板的连接有多种形式。对它的要求，首先配液要均匀，因而希望进液口位于同一水平范围内；二是希望吸收液进入管（孔）内带有旋转性，以有利于成膜状均匀下降；三是允许有足够的进液量；四是便于检修更换。溢流管（导流管）的切口高度，一般在 7～15mm 即可获得足够的进液量。

吸收管的长度并非越长越好，吸收液流下时可能偏流而形成线流，会出现部分“干壁”现象，气体浓度随着吸收长度的增加而降低。据国外经验介绍，对吸收氯化氢气体，制取工业盐酸的降膜吸收器，管内径为 22mm 时，吸收管的有效长度为 3m 左右较合适。因此，为了提高吸收率或提高吸收成品的浓度，就不能采取加长一次吸收管长的办法，必须采用尾气吸收塔进行二级吸收的办法。

国内主要依据化工行业标准 HG/T 3188—2011《管壳式石墨降膜吸收器》进行生产制造。

2. 圆块孔式石墨降膜吸收器

圆块孔式石墨降膜吸收器，既具有管壳式石墨降膜吸收器的特性，又具有圆块孔式石墨换热器的结构及相应特点。圆块孔式石墨降膜吸收器结构强度高，不易损坏，可承受一定的急冷急热及水冲击，寿命长。零部件采用积木式叠装，便于制造和维修。吸收过程中气体存在膨胀与收缩及液体的再分布，吸收效率较高，因而吸收长度短于管壳式石墨降膜吸收器。

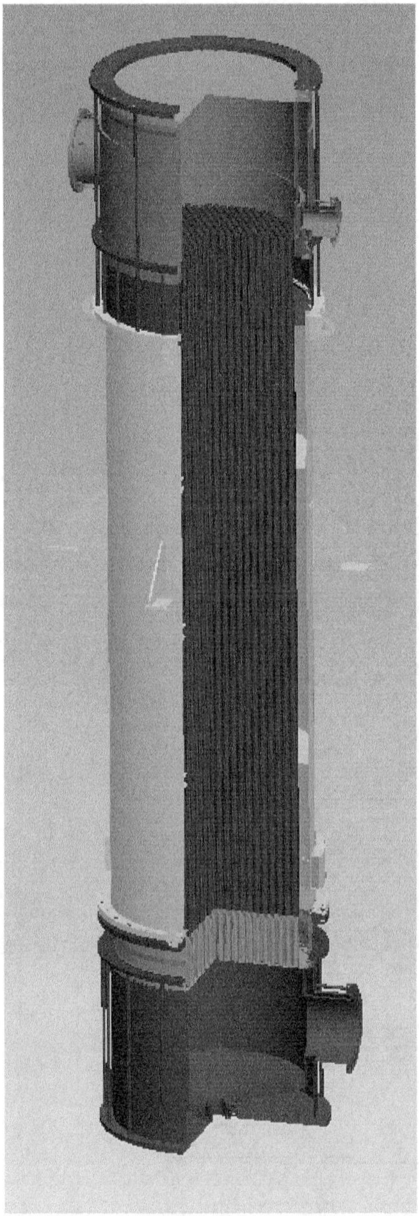

(a) 剖面图

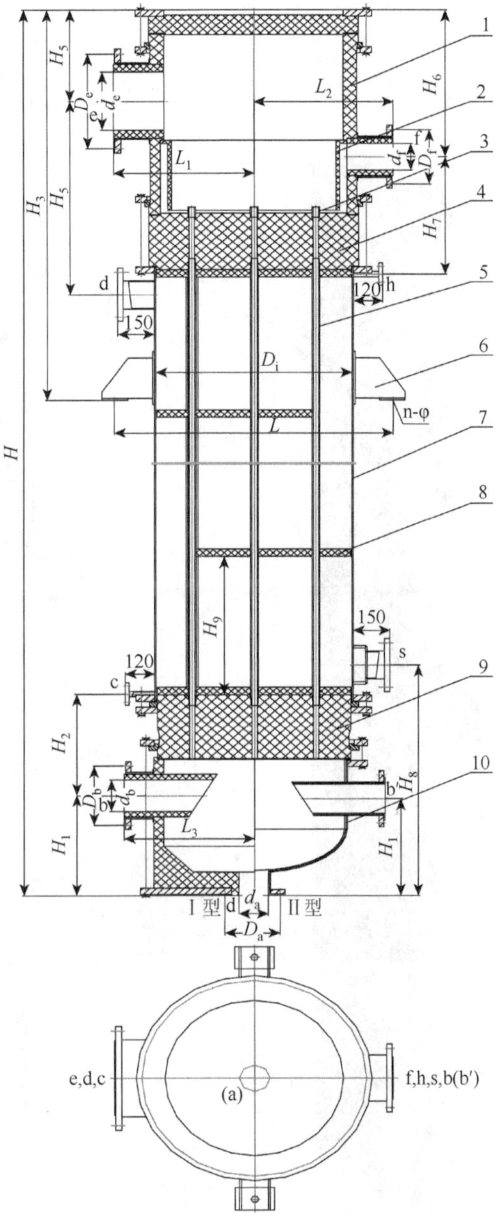

(b) 结构图

图 5-7　管壳式石墨降膜吸收器

1. 上封头；2. 挡液环；3. 溢流管；4. 固定管板；5. 吸收管；6. 支座；7. 筒体；8. 折流板；9. 浮动管板；10. 下封头

圆块孔式石墨降膜吸收器的上、下封头为管壳式石墨降膜吸收器的封头结构，而中段具有圆块孔式石墨换热器的结构，剖面图及结构如图 5-8（a）和（b）所示。

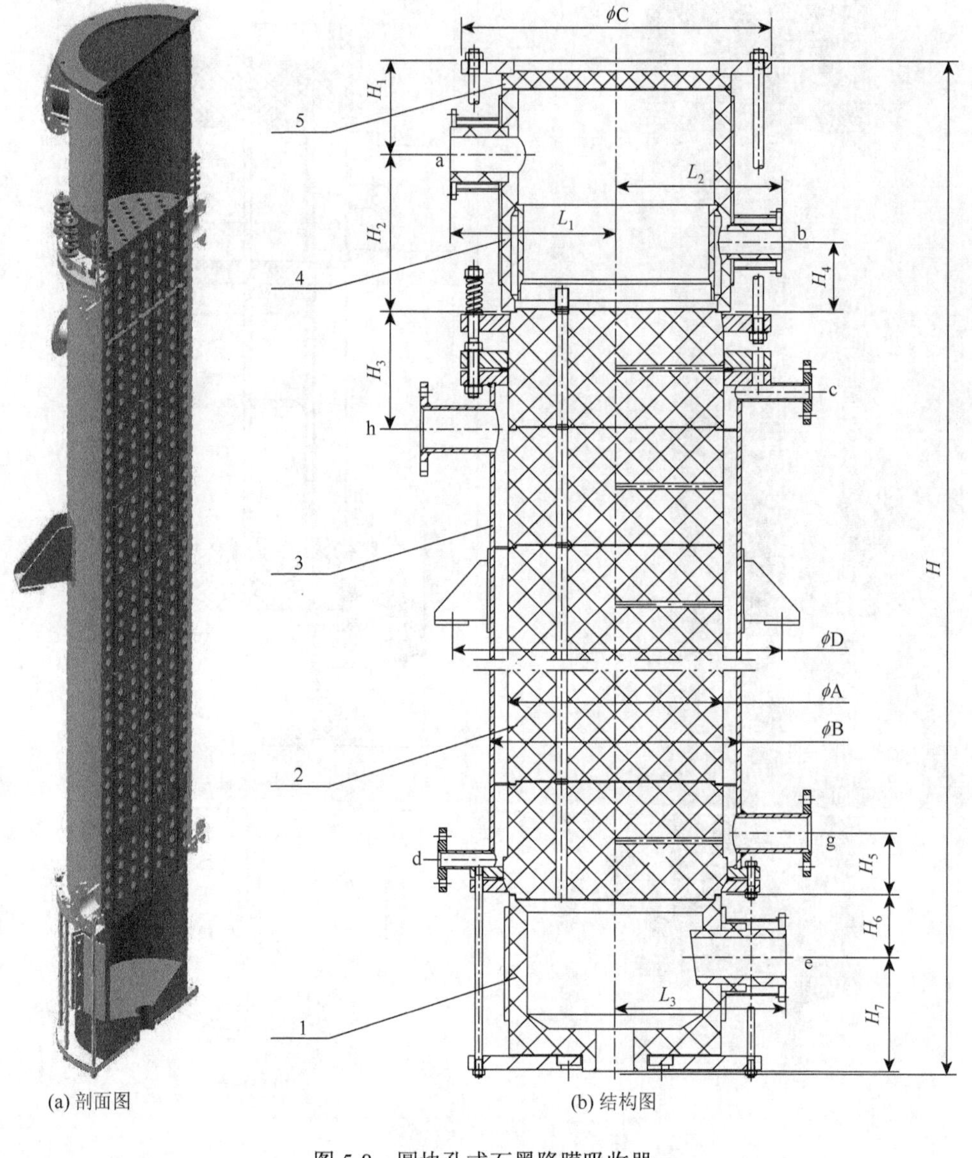

(a) 剖面图　　(b) 结构图

图 5-8　圆块孔式石墨降膜吸收器

1. 下封头；2. 吸收块；3. 壳体；4. 上封头；5. 防爆膜

设备所有石墨件均经酚醛浸渍加工而成，它由液体分配器、溢流管、吸收基体换热块、气液分离器、金属外壳等组成。

圆块孔式石墨降膜吸收器适用于操作压力小于 0.1MPa 表压的 HCl、SO_2、NH_3、P_2O_5 等易溶性气体的吸收。

5.4.3　盐酸合成炉类

合成炉应用较广泛的主要是氯化氢合成炉和五氧化二磷燃烧炉。主要用于可燃物的燃烧与合成。例如，氯气与氢气合成（燃烧）产生氯化氢气，黄磷燃烧产生五氧化二磷等，国外大多数采用石墨设备。国内在这方面已有 40 多年的使用经验。采用石墨三合一盐酸合成炉，可将合成、吸收、冷却三个工序合并到一台设备中完成，按结构可分为块孔式、列管式、同心式等。石墨三合一盐酸合成炉已列入我国化工行业标准。

1. 石墨合成（燃烧）炉

石墨合成炉是圆筒形石墨设备，它是由炉体、冷却装置、燃烧反应装置、安全防爆装置及物料进出口、视孔、点火孔等附件组成。

石墨合成炉与钢制合成炉比较，耐腐蚀性好，使用寿命长，制成的氯化氢气体纯度高，不含铁离子，生产效率高。由于石墨导热的特点，炉内的燃烧反应热可迅速地传到炉壁外，由冷却水带走，氯化氢气体的出口温度较低，进入吸收器之前，无需用大的冷却器冷却，可提高吸收效率。其最突出的特点是，对进入合成炉的原料氯气和氢气的含水量无特殊要求，从电解槽来的氯气和氢气不必经冷却和干燥处理，可省去氯、氢处理设备，简化了盐酸生产工艺过程。国外已普遍用石墨合成炉代替钢制合成炉。石墨合成炉工艺操作规程要求较严格，操作不当可导致过早损坏。

1）结构

根据其冷却方式不同可分为浸没（水套）式和喷淋式两种。浸没式合成炉是整个石墨制炉体完全浸没于钢制水槽中，冷却水在水槽内并对石墨筒外循环冷却。喷淋式合成炉是利用顶上的冷却喷淋装置，在炉体外壁造成均匀的液膜，以带走设备内的反应热。以上两种合成炉型式各有特点，浸没式有较好的安全性，适应能力强，便于综合利用热能。喷淋式液膜分布均匀时，均匀化传热，冷却效率高于浸没式。这两种形式石墨合成炉国内外都有生产，从综合经济效果及安全可靠看，还是浸没式为好。

2）炉体（合成筒）

炉体是采用微透性或不透性石墨材料制作，是由多节石墨筒体粘接而成。炉体最上面一节安装有氯化氢气体出口管，出口管与工艺管之间的连接，应采用伸缩节，以补偿在较高操作温度下的热膨胀。最下面一个筒节的侧面安装有视镜，供观察燃烧的火焰，以判断合成反映情况。

3）燃烧器

它是影响生产能力及炉体寿命的一个重要部件。它主要由内管输送氯气，外管与管间隙输导氢气并使二者在燃烧器头部燃烧的灯头及其他零部件组成。从结构上，灯头可分为长焰式及短焰式两种。

短焰式的火焰分布在灯头的顶端略偏上的四周围。其氢气由外管上成 45°的孔中斜向上喷出，氯气由成水平的，或与水平面成 15°并偏向左（或右）的孔略斜向上并带旋转性地喷出，两种气体在灯头的四周交会并被点燃，火焰似蘑菇状。此种火焰较短，混合均匀，但离合成筒内壁较近，且成旋流状上升，故对筒壁的传热较快，生产能力不能随便提高。

长焰式火焰垂直向上喷烧，火焰细长。因此它需要的炉筒高度要大些。火焰离筒壁较远，传热速率不如短焰式，筒壁不易烧坏，生产能力的提高较短焰式的余地大。国外一些制造企业均采用此型式，我国化工行业标准中也采用此型式。

4）冷却装置

合成炉外壁的冷却装置，有喷淋式和浸没（水套）式两种。

5）安全防爆装置

氯化氢合成炉的安全，包含炉子本身的安全及系统的安全。炉子本身的安全国内外均采用爆破盘（有称为爆破板、爆破膜、爆破片、防爆膜的），系统的安全包含氢气阻火器、氯气阻火器等。

爆破盘通常采用浸渍石墨或压型不透性石墨制作。石墨爆破盘的一个重要特点是：具有不疲劳、不屈服的特点及具有广泛的耐腐蚀能力。爆破盘爆破口的尺寸在不影响设备组装和设备冷却装置的条件下，尽可能大一些，一般要求其直径大于炉体直径的一半。爆破盘的厚度目前还没有较准确的计算方法，爆破盘厚度是通过试验确定的。

重力式防爆盖是喷淋式合成炉中采用的结构。当炉内的压力超过防爆盖单位承压面积的重力时，防爆盖则沿导向滑竿自动升起，设备泄压。恢复正常压力时，防爆盖又靠重力的作用复位。它不像爆破盘那样，每次操作压力超过允许值时，则破坏性爆裂，需要换新爆破盘，而是可以重复使用，并且爆破压力较准确。

国内主要依据化工行业标准 HG/T 3189—2011《水套式石墨氯化氢合成炉》进行生产制造。

2. “三合一”石墨盐酸合成炉

“三合一”石墨盐酸合成炉是将合成盐酸生产过程中氯化氢气体的合成、吸收、冷却三个化工单元过程合并在一个设备中完成的。采用“三合一”石墨盐酸合成炉具有以下特点：①简化了生产工艺流程，减少了操作人员和设备，操作方便；②结构紧凑，减少了工艺管线，占地面积小；③耐腐蚀、寿命较长，产品酸纯度高；④结构较复杂，组装及关键零部件加工精度要求较高。

“三合一”合成炉在我国合成盐酸生产中应用 40 多年来，已取得一定的经验，尤其是在农药、氯碱行业及含氯废物的焚烧中的应用，取得了良好的效果。目前“三合一”盐酸合成炉主要有三种结构形式，即块孔式、列管式和同心式。

1）块孔式石墨“三合一”合成炉

块孔式石墨“三合一”合成炉是盐酸合成设备中性能最好的一种，有上点火和下点火两种。主要由四部分组成：燃烧器、合成段、吸收冷却段和气液分离器。合成段是由酚醛树脂浸渍的中空石墨筒制成，在合成段顶盖上装有石英玻璃燃烧（灯头）器，氯气和氢气由顶部进入燃烧器进行混合燃烧，火焰方向朝下。顶盖与灯头成 45°角方向还装有两个视镜。在合成段筒体的上部有吸收液的进口和分配环。

吸收冷却段是由若干个吸收单元块组成，其结构基本上同所叙述的块孔式吸收器。吸收块体之间的连接采用粘接结构，结构如图 5-9 所示。

气液分离器底盖兼作防爆盘用，并与泄压管道连通，设计爆破压力为 2×10^4Pa，超过此压力时，防爆盘爆破、泄压，使设备免受破坏。

2）列管式石墨“三合一”盐酸合成炉

列管式“三合一”盐酸合成炉与块孔式“三合一”盐酸合成炉的结构基本相似，不同之处只是吸收段，前者是列管吸收器，后者是块孔式吸收器。此种结构虽有生产，但应用较少。

3）同心式石墨“三合一”盐酸合成炉

这种结构与前两种不同。吸收段为列管式，并分布在合成筒体外壁四周，燃烧器安装在设备底部，火焰向上喷烧。合成的氯化氢由合成筒顶部向四周扩散后被抽吸经由四周的石墨管或孔由上向下流动，并与同向流动的吸收液发生膜式吸收。合成筒及吸收部分均位于钢外壳内。

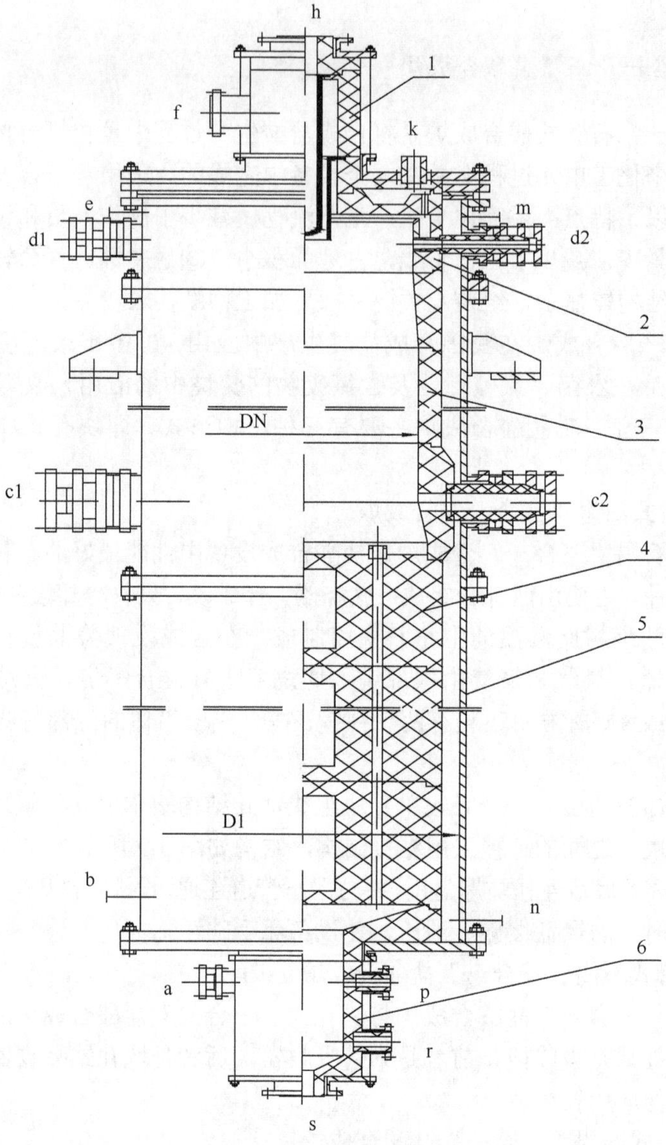

图 5-9 石墨制“三合一”盐酸合成炉

1. 炉头；2. 分液盘；3. 合成段；4. 吸收段；5. 壳体；6. 分离器

国内主要依据化工行业标准 HG/T 2736—2012《石墨制三合一盐酸合成炉》进行生产制造。

5.4.4 塔类设备

塔设备是实现气相和液相、液相和液相之间传质的设备，广泛用于蒸流、精馏、吸收、解吸过程及用作洗涤塔、合成塔。

石墨塔设备的操作压力一般较小，有的甚至是负压。虽然浸渍石墨的强度较低，但仍然可以制作内径达 1200mm 的塔。当操作压力较高或直径较大时，一般采用石墨衬里，从而可以解决石墨材料强度的问题。常用的石墨塔类设备，主要有石墨填料塔及板式塔中的泡罩塔、筛板塔和浮阀塔等几种。国内均有制造和应用，但使用量较少。

1）石墨填料塔

石墨填料塔是应用较广泛的一种，它具有结构简单、易用耐腐蚀非金属材料制作、阻力小等特点，但传质效率低。常用作真空蒸馏（或精馏）、解吸及气体的洗涤、分离。目前来看，石墨塔填料的内径一般不超过 1.5m。

石墨塔填料的结构，国内外不尽相同，主要由石墨制塔节、进液液体分布器、塔板、上、下封头、填料及组装用金属零件等组成。

（1）塔体。塔体是一中空不透性石墨圆筒，其高度与直径由工艺计算确定。塔体制作方法：可由石墨块掏空，可以直接挤成中空圆筒，大型的也可由弧面板箍筒式拼接或采用石墨衬里。

（2）塔板。石墨塔板多为多孔板，在塔径较大时，塔板将由多块长条形浸渍石墨孔板拼成。在组装时，塔板不应承受上、下塔节的组装力。即不仅上、下塔节间的密封垫片不应放到塔板上，而且上塔节与塔板间应保留间隙。可在塔节上车凹槽或留凸台来解决塔板问题。

（3）进液液体分布器。它是影响塔填料效率的重要因素之一。必须保证进液有良好的分布，使液体均匀地达到设计部位，使用时不致填塞和产生过多雾沫，主要有直管式、溢流式、筛孔式（可带溢流）、弯管式、多孔管式等。

（4）液体再分布器。在塔径较大时，为避免出现顶部喷淋下的液体向四周偏流，提高塔效率，必须于塔板下适当位置设置液体再分布器。

（5）填料。过去石墨填料塔中多使用石墨拉西环，也有采用陶瓷拉西环的。近年来也有采用鲍尔环或其他高效填料的。石墨拉西环特性数据资料较少见，一般可参照陶瓷拉西环。

（6）液体出口与气体进出口。液体出口需采用液封结构，目的是即方便排液又防止进塔气体从出液口外泄。气体进口应能防止淋下的液体进入进气管，更需使气体分布均匀。可使气体进入塔底部后先向下喷出，然后返回向上。大直径塔宜采用盘管式结构。气体出口则需考虑尽可能地除雾。可采用挡板式或填料除雾器，或顶部加丝网除雾器。

2）泡罩塔

泡罩塔是一种鼓泡的板式塔，气体（或蒸汽）穿过塔板上的泡罩，呈分散相而与塔板上的液体接触。它是一种结构较复杂的塔器，用石墨材料制造、加工及安装都显得更麻烦。目前国内还很少采用。

泡罩塔由塔体、泡罩、溢流堰和降液管及汽液进出口等部分组成，塔板上的泡罩是该塔的主要零件。石墨泡罩有圆形泡罩和条形泡罩两种：圆形泡罩应用较广泛，条形泡罩一般用于大液气比的场合。

3）筛板塔

筛板塔是最早应用的塔型之一，近年来已发展成化工生产中主要的传质设备。筛板塔的塔板上钻有密集的小孔，使气相介质在通过筛孔时即塔板上的液体鼓成气泡进行传质过程。它具有结构简单、制造方便、成本低于泡罩塔及浮阀塔，且处理量及板效率均高于泡罩塔等优点。但因其生产弹性小，不适宜于低气液负荷条件及筛孔小易堵塞等缺点，致使石墨筛板塔应用很少。

5.4.5　石墨衬里设备

由于石墨材料质量轻，导热性能优良，其热导率很高，比不锈钢材大 4 倍，比铝材大 3～3.5 倍，比陶瓷材料大 100 倍。因此，在传热设备的防腐蚀措施中，采用石墨砖板衬里就能得到理想的效果。制作石墨衬里设备时主要考虑以下几点：①浸渍剂的性能（防腐蚀性能、耐温性能等）；②胶黏剂的性能（一般选用与浸渍剂相同的树脂）；③衬里结构；④施工方法；⑤原料来源及整个设备的成本。

衬里设备使用压力一般不超过 0.6MPa，在真空下操作，真空度可达 9.87×10^4Pa。对于酚醛树脂胶泥，最高使用温度不超过 150℃，水玻璃胶泥可达 400～500℃。如有不透性底层，还应考虑层底材料的受热情况。

国内主要依据化工行业标准 HG 20676—1990《砖板衬里化工设备》进行生产制造。

5.4.6　泵类

配有动力装置（一般是电动机），用以对腐蚀性流体进行输送或吸收。与其他非金属泵相比，优点在于石墨不仅具有良好的耐蚀性，而且具有较高的热导率和低的膨胀系数。因此在既有强耐腐蚀性，又可能出现急冷急热的场合，石墨泵具有明显的优势。

不管结构形式如何，石墨泵中仅与腐蚀性物料相接触的零部件才使用人造石墨制造，其余构件则主要采用金属制造。根据结构及作用主要有离心泵、轴流泵、喷射泵等，用于对液体物料的输送，国内均能制造，使用量较少。

5.4.7　管道、管件及零部件

在化工、石油等工业生产中，作为输送腐蚀介质的必要手段之一的石墨管道、管件，由于腐蚀性介质种类繁多，工况各异，因而要求管道、管件的品种规格众多。管道、管件主要指已系列化的石墨管、管道、弯头、旋塞、内外接头、管端盖、管凸缘等，均已列入我国化工行业标准。

国内主要依据化工行业标准 HG/T 3192—2009《石墨直角弯头》、HG/T 3193—2009《石墨 45°弯头》、HG/T 3194—2009《石墨三通》、HG/T 3195—2009《石墨四通》、HG/T 3196—2009《石墨外接头》、HG/T 3197—2009《石墨丝堵头》、HG/T 3198—2009《石墨管端盖》、HG/T 3199—2009《石墨丝埋头》、HG/T 3200—2009《石墨管凸缘》、HG/T 3201—2009《石墨内接头》、HG/T 3202—2009《石墨温度计套管》、HG/T 3203—2009《石墨管道用钢制对开法兰》、HG/T 3205—2009《石墨管道补偿器》、HG/T 3206—2009《石墨管道视镜》、HG/T 3207—2009《石墨管凸缘连接》进行生产制造。

石墨零部件主要指设备衬里所用石墨砖、石墨板等。

5.4.8　调研情况

1. 石墨设备国内生产现状

我国生产不透性石墨设备已有近五十年的历史，目前不仅可以生产各种不同类型的设备，而且可以生产成套设备。无论是单元设备性能还是成套装置的生产能力，均达到了一定的设计要求。由于不透性石墨设备所用石墨坯材、浸渍剂等基础材料与国外材料相比有一定的差距，影响了我国不透性石墨设备产品质量的进一步提高。

1）石墨坯材现状及差距

国内石墨制化工设备主要生产厂家所采用的不透性石墨坯材（指未浸渍的石墨材料），基本上以冶金工业用石墨材料——电极石墨为主体材料。一些电碳厂生产的石墨设备所采用的不透性石墨材料，又常以电碳用石墨材料为主体的材料。这些坯材的主要差别，就是组成石墨材料的颗粒大小的不同。冶金石墨是热挤压型粗颗粒结构材料，在组成的石墨设备中，存在着结构粗糙、力学性能和热性能较低、块孔眼的孔间距大、坯材利用率较低等缺陷。电碳石墨是冷压型的细颗粒结构石墨材料。颗粒虽细，却存在坯材制造的成品率较低、技术难度大、成本较高等问题。

国外的一些石墨制造公司或厂家，目前大量生产和应用细颗粒化工专用石墨和细颗粒高温碳化石墨。由于这种石墨坯材颗粒度配比不同，反映到制品上差距较大，主要力学性能见表 5-24。

表 5-24 国内外酚醛浸渍石墨力学性能比较

项目	单位	中国 HG/T 2370—2005	日本某公司	法国某公司	德国某公司
拉伸强度	MPa	14	20	11	15
抗压强度	MPa	60	50	80	75
抗弯强度	MPa	27	45	20	27

从表 5-24 中可以看出我国生产石墨坯材力学性能与国外石墨坯材的差距。国内目前所使用电极石墨具有明显的各向异性，经浸渍处理后，尚有一部分孔隙不能填充，制品的使用压力较低，使用范围受到限制。化工用石墨坯材材料制造工艺究竟选择何种大小颗粒为宜，仍是当前石墨制化工设备行业迫切需要解决的问题。

为解决我国石墨坯材落后的状况，我国部分石墨材料厂在这方面做了有意义的尝试，开发了高性能细颗粒结构化工用石墨。其物理力学性能等测试指标，接近或达到了国际水平。例如，某厂在 20 世纪 90 年代初，采用这种石墨材料生产的 KSH 型圆块孔式换热器成功地应用于其他“1700”生产线的酸洗装置上，取得较好的效果，代替了进口的石墨换热设备。江苏省南通地区部分石墨设备制造公司采用细颗粒石墨坯材，制造的石墨设备成功地出口南亚及东南亚地区。目前，这些石墨材料厂随着生产石墨坯材能力的扩大，已能满足部分国内市场的需求。

2）浸渍剂

石墨材料在焙烧过程中，会形成大量的孔隙，必须用浸渍剂进行浸渍，使其成为不透性石墨。浸渍剂的品种较多，国外大致分为树脂浸渍剂、稳定性浸渍剂、高熔点浸渍剂和碳化浸渍剂几类。而我国目前大量采用酚醛树脂作浸渍剂，远远不能满足生产发展的需要。这种树脂浸渍剂通常不能在 160℃以上使用。虽然在高温下树脂的变化是稳定的，但树脂的膨胀系数比石墨要大得多。在较低的温度范围内，树脂也能在相当长的时间内保持良好的塑性。然而，随着温度的增加和时间的延长，浸渍剂就会发生固化作用。树脂的较大膨胀使石墨产生内应力，这种应力会导致石墨失去抗振力。

我国目前也用少量的呋喃树脂、水玻璃等浸渍剂，还开发出如聚四氟乙烯悬浮液这类的稳定性浸渍剂。由于原料、工艺等原因，在国内尚未大规模推广使用。由于石墨制化工设备在不同行业的腐蚀领域应用，部分企业也采用了一些耐高温树脂浸渍剂，解决了一些实际问题，但推广的效果不理想。积极开发和推广新型浸渍剂，对提高石墨制化工设备质量有着较深远的影响。

3）石墨设备制造质量有待提高

国内石墨设备的加工制造与国外相比较为落后，国外石墨设备的加工制造基本上是专业化和自动化生产。基本工序为原材料生产—选材—机加工（数控设备）—浸渍工艺（计算机控制）—组装—检验。国内石墨设备的加工制造各个工序基本上是靠人的素质和责任来操作。

目前酚醛树脂浸渍石墨在行业中应用相当广泛，工艺比较成熟，大多数制造厂均能严格按工艺进行操作及制造。由于某些制造单位或使用单位对不透性石墨设备使用场合了解不深，使不透性石墨设备没有得到较好的使用。如下问题有待石墨制化工设备行业认真解决。

（1）浸渍剂浸渍深度不够，树脂的固化时间不足，造成设备使用早期腐蚀渗漏。

（2）列管式石墨换热器钢制封头不能通用橡胶做衬里，应根据介质情况采用玻璃钢或其他材料衬里来解决。

（3）普通橡胶及石棉橡胶板容易老化，积极解决新型密封材料。

（4）提高不透性石墨设备抗温差（急冷急热）能力。

（5）对某些介质场合，酚醛树脂浸渍石墨要慎用。

（6）对采用半石墨化材料制造的设备，在特定场合要慎重使用。

4）石墨设备产品标准及石墨材料试验方法标准陆续被修订

我国石墨制化工设备及石墨制压力容器产品标准主要有：

GB/T 21432—2008《石墨制压力容器》；

HG/T 2059—2014《不透性石墨管技术条件》；

HG/T 2370—2005《石墨制化工设备技术条件》；

HG/T 2736—2012《石墨制三合一盐酸合成炉》；

HG/T 3112—2011《浮头列管式石墨换热器》；

HG/T 3113—1998《YKA 型圆块孔式石墨换热器》；

HG/T 3187—2012《矩形块孔式石墨换热器》；

HG/T 3188—2011《管壳式石墨降膜吸收器》；

HG/T 3189—2011《水套式石墨氯化氢合成炉》；

HG/T 3192—2009《石墨直角弯头》；

HG/T 3193—2009《石墨 45°弯头》；

HG/T 3194—2009《石墨三通》；

HG/T 3195—2009《石墨四通》；

HG/T 3196—2009《石墨外接头》；

HG/T 3197—2009《石墨丝堵头》；

HG/T 3198—2009《石墨管端盖》；

HG/T 3199—2009《石墨丝埋头》；

HG/T 3200—2009《石墨管凸缘》；

HG/T 3201—2009《石墨内接头》；

HG/T 3202—2009《石墨温度计套管》；

HG/T 3203—2009《石墨管道用钢制对开法兰》；

HG/T 3205—2009《石墨管道补偿器》；

HG/T 3206—2009《石墨管道视镜》；

HG/T 3207—2009《石墨管凸缘连接》。

石墨材料试验方法标准有：

GB/T 13465.1—2014《不透性石墨材料试验方法 第 1 部分：力学性能试验方法总则》；

GB/T 13465.2—2014《不透性石墨材料试验方法 第 2 部分：抗弯强度》；

GB/T 13465.3—2014《不透性石墨材料试验方法 第 3 部分：抗压强度》；

GB/T 13465.4—2014《不透性石墨材料试验方法 第 4 部分：冲击强度》；

GB/T 13465.5—2009《不透性石墨酚醛粘接剂收缩率试验方法》；

GB/T 13465.6—2009《不透性石墨管水压爆破试验方法》；

GB/T 13465.7—2009《不透性石墨增重率和填孔率试验方法》；

GB/T 13465.8—2009《不透性石墨粘接剂粘接剪切强度试验方法》；

GB/T 13465.9—2009《不透性石墨粘接剂粘接抗拉强度试验方法》；

GB/T 21921—2008《不透性石墨材料抗拉强度试验方法》；

GB/T 26961—2011《不透性石墨设备水压试验方法》。

以上这些标准的实施，对产品的生产及材料检验起到了很好的作用。由于近几年石墨设备产品标准和石墨材料试验方法标准陆续被修订或重新制定，仍有相当部分生产企业在执行已废止的旧标准，说明企业在收集标准渠道上信息不畅通、执行标准不准确。由于这几年国外石墨设备制造公司陆续进入我国市场或在国内开办子公司，石墨制化工设备市场竞争更加激烈。在国外石墨设备已按压力容器进行管理，目前我国石墨设备已归属于 TSG 21—2016《压力容器安全技术监察规程》中进行管理，这样对石墨制化工设备的产品质量和安全使用起到了较好的作用。

2. 发展方向

石墨制化工设备具有十分广泛的发展前景。努力开发新品种，加强基础材料研究及提高产品质量是今后发展的主要方向。我国市场广阔，“十三五”期间，现代化工、石油化工、化肥、冶金等行业的发展，有力地促进了我国重大成套设备工业的发展。我国氯碱、硫酸、化肥等行业，各种传统的换热设备也需要更新换代，因而需要大量先进的石墨制设备。

提高石墨设备产品质量是很重要的，方法也是多种多样的。开发增强石墨材料及化工专用石墨材料，研制新型浸渍剂，不断提高石墨制化工设备的性能。我国石墨制化工设备的品种并不比国外少，在基础材料上下些工夫，石墨设备质量一定会有所突破。

参 考 文 献

[1]　许志远. 石墨制化工设备. 北京：化学工业出版社，2003.

[2]　天华化工机械及自动化研究设计院. 腐蚀与防护手册：耐蚀非金属材料及防腐施工. 第 3 卷. 2 版. 北京：化学工业出版社，2008.

第 6 章　玻璃钢制压力容器的耐腐蚀性及应用

6.1　概　　述

玻璃钢别名玻璃纤维增强塑料，简称 FRP（fiber reinforced plastics）或 GRP，即纤维强化塑料，一般指用玻璃纤维增强不饱和聚酯、环氧树脂与酚醛树脂基体。由于所使用的树脂品种不同，因此有聚酯玻璃钢、环氧玻璃钢、酚醛玻璃钢之分。例如，根据采用的纤维不同分为玻璃纤维增强复合塑料（GFRP）、碳纤维增强复合塑料（CFRP）、硼纤维增强复合塑料等。纤维（或晶须）的直径很小，缺陷较少又较小，断裂应变为千分之三十以内，是脆性材料，易损伤、断裂和受到腐蚀。基体相对于纤维来说，强度、模量都要低很多，但可以经受大的应变，往往具有黏弹性和弹塑性，是韧性材料。具有质轻而硬、不导电、性能稳定、机械强度高、耐腐蚀的特性。其已在诸多领域代替钢材，如汽车、船舶外壳制造等。

6.1.1　玻璃钢压力容器特性

随着工业的发展，对设备及管道材料性能的要求也越来越高。许多传统的单一材料不能满足需求，复合材料由于其优越的材料性能，越来越受欢迎。玻璃钢材料具有优越的耐腐蚀性，可应用于诸多腐蚀性的工况，如高浓度的盐酸、硫酸等介质。现在在工业中，玻璃钢材料的设备及管道已经占有一定的比例，成为不可缺少的一部分。

如上所述，玻璃钢是一种复合材料，树脂是基体材料，玻璃纤维为主要承载压力材料。玻璃钢有如下优点。

1. 力学性能

玻璃钢相对密度相比金属要小许多，通常只有普通碳钢的 1/5～1/4。而其力学性能相当突出，它的比强度较高。如果选用高强度纤维增强，则相应的力学性能会更高。

2. 可设计性和可操作性

通过改变玻璃纤维与树脂的比例、纤维种类与分布方向，也可以在一定范围内调节玻璃钢的性能。

但是玻璃钢的弹性模量相比金属要低很多，设计时必须考虑到这点。然后玻璃钢的成型工艺比较容易操作，通常会采用改变截面积的尺寸与形状来弥补弹性模量低的弱点。

3. 化学稳定性及耐腐蚀性

玻璃钢的耐腐蚀性是化学性能中最突出的特点。它不会像金属材料那样生锈，也不会像木材那样腐烂。玻璃钢所采用的树脂对于其成品的耐化学稳定性有直接影响。特别是乙烯基树脂由于其非常优越的化学稳定性，可以应用在诸多腐蚀性极强的工况下。并且玻璃钢设备及管道外部无需额外的防腐、防锈处理，减少了维护费用。

4. 导热系数低

玻璃钢材料的导热系数较低，它的导热系数为金属的 1/100，所以玻璃钢储罐的隔热保温效果好。减少了介质的热量损失，同时也降低了保温的费用。

5. 非均质性

玻璃钢是非均质材料，也就是说玻璃钢的各个性能会因为其组分材料的分布不同而存在差异。例如，相对于组分材料而言，在玻璃纤维处的性能与在树脂处的性能不同。细观力学正是基于这种组分材料之间的非均质性来研究组分材料之间的相互作用。但是，相对于单层板而言，这种组分材料之间的非均质被忽略了，而仅从单层板的平均表观性质研究玻璃钢的基本性能。宏观力学正是基于这种均质性假定来分析玻璃钢的层合结构。然而，由于各单层铺设角的差异，即使是在宏观力学范围内，这种层合结构也是非均质的。这种不同层之间的宏观非均质性，给玻璃钢结构的分析带来很大的复杂性，如拉伸可能引起弯曲变形等偶合效应。

6. 抗疲劳性能优越

疲劳破坏是指材料在交变载荷作用下，由于微观裂缝的形成和扩展而造成的低应力破坏。金属压力容器的疲劳破坏是由材料内向外突然发展的，往往事先无征兆。而玻璃钢的压力容器纤维与基体的界面能阻止裂缝扩展，破坏一般都是在材料最薄弱的环节开始，逐渐扩展。不锈钢压力容器的疲劳极限应力一般是其拉伸强度的 40%～50%，而玻璃钢压力容器可以达到 70%～80%。

6.1.2　玻璃钢压力容器相关标准

钢制压力容器起步较早，相关的标准都已经比较成熟，如国内的 GB150、ASME、Dibt 等。然而玻璃钢材质应用于压力容器在国内起步较晚，相应的标准还不健全，特别是压力容器的标准。现阶段国内可参考的玻璃钢相关标准主要有：

HG/T 20696—1999《玻璃钢化工设备设计规定》；

HG/T 3983—2007《耐化学腐蚀现场缠绕玻璃钢大型容器》；

JC/T 587—2012《纤维缠绕增强塑料储罐》；

CD 130A19—1985《手糊法玻璃钢设备设计技术条件》；

HG/T 20640—1997《塑料设备》；

GB/T 14354—2008《玻璃纤维增强不饱和聚酯树脂食品容器》；

GB/T 1446—2005《纤维增强塑料性能试验方法总则》；

GB/T 1447《玻璃纤维增强塑料拉伸性能试验方法》；

GB/T 1449《玻璃纤维增强塑料弯曲性能试验方法》；

GB/T 2577—2005《玻璃纤维增强塑料树脂含量试验方法》；

GB/T 2576—2005《玻璃纤维增强塑料树脂不可溶成分含量试验方法》；

GB/T 3854—2005《玻璃纤维增强塑料巴氏硬度试验方法》；

GB/T 5349—2005《玻璃纤维增强热固性塑料管轴向拉伸性能试验方法》；

GB/T 5351—2005《玻璃纤维增强热固性塑料管短时水压失效压力试验方法》；

GB/T 3857—2005《玻璃纤维增强热固性塑料耐化学药品性能试验方法》。

国际上可参考的玻璃钢相关标准有：

ASTM D2563-1994《玻璃纤维增强塑料层合板部件外观检检测分类方法标准》；

EN 13121《地面用 GRP 槽罐和容器》；

ASME X《纤维加固的塑料压力容器》；

BS 4994《增强的塑料容器及桶的设计和结构规范》；

ASME RTP-1《增强热固性塑料耐腐蚀设备》。

6.1.3 玻璃钢压力容器种类

玻璃钢工业设备是玻璃钢复合材料应用中最为广泛的一种。主要是通过缠绕和手糊工艺制造。采用玻璃钢材质制造的工业设备有如下特点。

（1）玻璃钢中的树脂有优越的耐腐蚀性能，适用于各种腐蚀工况，使用寿命较长。可设计性强，并且可以根据不同工况选择不同的树脂、玻璃纤维等，以满足设计及使用需要。

（2）玻璃钢材料的热导系数低，约为金属的 1/100，所以玻璃钢材料的设备隔热保温性能较好，而且降低了保温隔热的成本，降低了整个建设费用。

（3）玻璃钢材料可以通过缠绕和手糊工艺制造，并且在现场可以通过手糊工艺进行改造、维修，降低了设备使用维护的成本。

（4）玻璃钢材质的相对密度较低，在相同强度下，比金属材料要轻许多，从而间接地降低了建筑结构的制造成本。

当然，玻璃钢材料也不是万能的，相比其他材料，玻璃钢也有如下一些缺点，使得一些工况不宜使用玻璃钢材质。

（1）耐温性[1]。玻璃钢材料相比金属而言，并不适合在高温情况下使用，通常建议在 100℃以下使用，部分高温树脂的热变形温度相对高一些，但是一般也不会超过 200℃。

（2）老化问题。老化问题是塑料的共性，玻璃钢热固性材料也一样，但是在玻璃钢外层添加抗老化剂可以明显改善延缓老化问题，延长玻璃钢使用寿命。

（3）弹性模量低。玻璃钢材料的比强度高，但是其弹性模量较小。因此在使用过程中，相比金属会有较大的变形，在设计过程中需要考虑此因素。

玻璃钢材料作为工业设备，主要的应用产品有如下几类。

1. 储罐及压力储罐

玻璃钢储罐按用途可分为液体储罐、固体储罐和气体储罐。顾名思义，液体储罐主要用于储存各类油、水及各种腐蚀性的液体介质。固体储罐则用于储存如水泥、化肥、饲料及粮食等固体物质。气体储罐用于储存天然气、液化石油气、煤气等气体介质。

玻璃钢储罐按使用位置可分为地下储罐和地上储罐。按使用压力则可分为常压储罐与压力储罐。

2. 反渗透膜壳

玻璃钢反渗透膜壳是由电脑程序控制的缠绕机组和高性能的加工设备制造而成的。基于这些高效率的机组加上高精密的工艺流程，从而确保了高品质的产品生产。并通过质量保障体系来满足对玻璃钢反渗透膜壳不断增长的市场需求。本膜壳拆装便捷，使用户能够节省很多时间和维修费用。玻璃钢膜壳在室温条件下导热系数一般在 0.15～1.36W/（m·K），大约仅为 1/200，其绝热性能是金属材料无法比拟的。这一特性对膜壳内的反渗透膜大有好处，起到外界温度对膜内影响不大的作用。玻璃纤维和环氧树脂结合配比经过特殊固化处理，形成了天然的耐腐产品，内表面光滑，涂层对浓度较低的酸、碱、盐、油等溶剂有良好的稳定性。可以使进入壳内的海水、微生物等得到有效抑制，长期使用绝无腐蚀。对膜壳的桶身、头部、开槽处经过严格的铺层设计，优化计算细节确保结构安全，确保了长期压力下结构的安全稳定。对浓水侧开口更进行了优化设计，可满足一个头部开四个侧口的必要安全压力，并加强了在安装过程中的可变性。

3. 气瓶

压力气瓶也是玻璃钢应用的一个很大的市场，每年对于气瓶的需求量就有几百万个，其中约有一半的数量为玻璃钢材质，并且由于玻璃钢材料的诸多优点，比例还在不断增长。

压力气瓶主要分为呼吸气瓶、消防气瓶和车载天然气气瓶。

4. 反应塔（或釜）

反应釜一般指物理或化学反应的容器，通过对容器的结构设计与参数配置，实现工艺要求的加热、蒸发、冷却及低高速的混配功能。随之，反应过程中的压力要求对容器的设计要求也不尽相同。生产必须严格按照相应的标准加工、检测并试运行。反应釜根据不同的生产工艺、操作条件等不尽相同，反应釜的设计结构及参数不同，即反应釜的结构样式不同，属于非标的容器设备。反应釜广泛应用于石油、化工、橡胶、农药、染料、医药、食品等生产型用户和各种科研实验项目的研究，用来完成水解、中和、结晶、蒸馏、蒸发、储存、氢化、烃化、聚合、缩合、加热混配、恒温反应等工艺过程的容器。

反应釜材质一般有碳锰钢、不锈钢、合金钢及复合材料。尤其是一些腐蚀性较强的工况，玻璃钢材料的特点更为突出，并且造价要远低于其他合金钢的费用。

5. 烟囱[2]

在工业生产中，通过高空排放来处理废气的烟囱或者排气筒一直存在的腐蚀问题。烟囱设计中必须考虑的因素有排放废气的成分、温度、湿度、压力及流速。往往在烟囱尾部，由于废气的温度变化，造成冷凝，在内壁形成酸，间接地造成对烟囱或者排气筒的腐蚀损坏。

通常情况下，烟气温度在 150℃以上的烟囱，由于其本身烟气温度较高，筒壁不易结露，较少有腐蚀的情况。然而一些低温烟囱，并且含有腐蚀性的介质，腐蚀情况则会非常严重。当烟气温度低于露点温度的时候，就会形成冷凝酸，造成对烟囱及其他设备的腐蚀。

为此，玻璃钢材料得到了良好地推广，利用了玻璃钢材料易设计加工，并且具有良好的耐腐蚀性能，还避免了传统衬里材料与烟囱间附着力差异的问题。

6. 冷却塔

传统的冷却塔是采用钢筋混凝土结构，但是由于其钢护板容易生锈，维护成本高，已被玻璃钢材料慢慢代替。玻璃钢材料的耐腐蚀性好、质量轻、强度高，因此玻璃钢冷却塔的体积更小、效率更高，使用寿命也大大提高。目前，国内循环水量在 1000m^3/h 以下的冷却塔几乎已经全部被玻璃钢代替，并且逐步在往 2000～4000m^3/h 的大型玻璃钢冷却塔发展。

6.1.4 国内玻璃钢生产情况

我国玻璃钢生产厂家较多，绝大多数为乡镇企业，占企业总量的 90%以上，星罗棋布在祖国各地，基本在全国各省、自治区、直辖市均有玻璃钢厂。比较集中的地区是：江苏省、山东省、河北省及沿海地区。

各种加工工艺比例如下：手工积层约 40%；纤维缠绕约 30%；模压 SMC 约 20%；拉挤约 7%；其他约 3%。

6.2 玻璃钢制压力容器的耐腐蚀性

腐蚀是无处不在的，每年因腐蚀而造成的损失也是巨大的。根据相关国家的调查研究，每年因腐蚀而造成的损失占国民生产总值的 2%～4%，如按此比例计算，我们每年因腐蚀问题造成的经济损失将达万亿。因此腐蚀的问题不容忽视，如何防止腐蚀、降低腐蚀的问题也是各方一直研究的课题[3]。

玻璃钢以耐腐蚀性能优越而越来越受欢迎。在各个领域都被大量采用，如工业、建筑、交通等领域。我国相对于其他发达国家在玻璃钢行业起步较晚，但是近些年已有了巨大的发展，人们对于玻璃钢材料的耐腐蚀性能及特点的认识也在逐年提高。

玻璃钢材料的结构通常分为如下几层[4]。

1. 防腐层

防腐层是起到防腐作用最重要的一层，也称为内表层，它是玻璃钢内部之间与介质接触的表面层，通常的树脂含量达 90%以上，因此其具有非常好的耐腐蚀性能。通常情况下，防腐层会选用防腐性能最好的树脂，如乙烯基酯树脂等。

2. 防渗层

顾名思义，防渗层主要作用是防止介质渗漏。一般的设计厚度约为 2mm，一般由短切毡铺层，树脂含量一般控制在 70%～80%。在树脂材料选择上应选用韧性好、抗冲击强度高的耐腐蚀树脂。

3. 结构层

结构层又称强度层，是设备或管道的主要结构，用于承受内外载荷。通常的工艺为缠绕或手糊工艺。结构层的树脂含量通常控制在 35%～55%，能够提供足够的强度保证。在个别情况下，结构层的树脂可以选择防腐性能略差的不饱和树脂，用以降低整体设备的制造成本。

4. 外表层

外表层又称为防老化层。对于设置在露天的玻璃钢储罐，由于长期暴露于阳光照射下，随着时间的变化会出现老化现象。而外表层正是玻璃钢储罐的外保护层，起到防老化的作用。通常会在外表层添加相应的紫外线吸收剂，有限地降低了由于紫外线照射引起的老化现象。外表层的树脂含量通常控制在 60%～70%。

根据树脂的不同，玻璃钢性能差异很大。目前运用在化工防腐的有环氧玻璃钢、酚醛玻璃钢（耐酸性好）、呋喃玻璃钢（耐腐蚀性好）、聚酯玻璃钢（施工方便等）。

表 6-1 是环氧玻璃钢、酚醛玻璃钢、呋喃玻璃钢对常用介质（硫酸、盐酸、次氯酸、氢氧化钠）的耐腐蚀数据表。

表 6-1　耐腐蚀性能

介质	浓度/%	环氧玻璃钢		酚醛玻璃钢		呋喃玻璃钢	
硫酸	50	耐	耐	耐	耐	耐	耐
	70	不耐	不耐	耐	不耐	耐	不耐
	93	不耐	不耐	耐	不耐	不耐	不耐
盐酸	—	耐	耐	耐	耐	耐	耐
次氯酸	—	不耐	尚耐	不耐	不耐	不耐	不耐
氢氧化钠	10	耐	耐	不耐	不耐	耐	耐
	30	尚耐	尚耐	不耐	不耐	耐	耐
	50	尚耐	不耐	不耐	不耐	耐	耐

6.3　玻璃钢制压力容器的腐蚀机理

与金属材料的失效分析一样，玻璃钢的应力腐蚀开裂也伴随着材料的推广而产生。在玻璃钢的使用初期，其应力开裂腐蚀的现象并没有过多地引起人们的注意。但是随着后期使用的范围逐步扩大，尤其是在化工、冶炼等领域的压力容器，出现了一些失效的情况，并且也造成了一定的损失。由此，人们开始对玻璃钢的应力腐蚀进行研究[5]。

通常玻璃钢的腐蚀应力开裂具有如下几个特点：①一定的腐蚀环境，如酸性环境或碱性环境；②在较低的应力水平下即发生破坏；③断裂表现为从一个或多个应力源萌发；④断裂的表面在应力源区是平面的。

首先腐蚀性的环境及应力的存在是玻璃钢发生应力腐蚀的前提条件。一般情况下，玻璃钢材料在使用过程中都会有应力的存在。并且在制造过程中，玻璃钢纤维与热固树脂间也或多或少会有残余应力的存在。但是无论应力的大小，还是内部或者外部应力，都会在一定程度上引发应力腐蚀开裂。

玻璃钢的特性，决定了玻璃钢材料适用于腐蚀性的工况，也因此为应力腐蚀提供了必要的环境条件。玻璃钢材料本身并不导电，因此玻璃钢的应力腐蚀开裂与金属的电化学腐蚀机理并不相同，主要是化学腐蚀与物理腐蚀。化学腐蚀是玻璃钢与周围环境发生化学反应造成的破坏，并且腐蚀的过程伴随着化学键的断裂和新物质的形成。而物理腐蚀是由于环境的物理作用造成的树脂性能退化，但是并没有化学键的断裂。玻璃钢的应力腐蚀开裂既包括了树脂基体的破坏，也包括了作为增强材料的玻璃纤维的破坏。

玻璃纤维是熔化后拉成均匀的细丝，具有不燃烧、抗拉强度高等优点，是非常优良的增强材料，同时也是玻璃钢里面的主要承压组分。假如玻璃纤维被破坏了，同时意味着玻璃钢将失去原有的力学强度，造成进一步的整体失效。由玻璃纤维的生产工艺所决定，需要添加一定量的碱金属氧化物，然后正是这些碱金属的存在，使得无机酸（如盐酸、硫酸等）能够通过化学反应，夺取金属离子，从而造成对玻璃纤维的侵蚀。

一些研究发现，无碱玻璃纤维分别在硝酸、硫酸和盐酸中的腐蚀主要是金属离子的流失。例如，在硫酸和硝酸溶液中，会对玻璃纤维中的钙离子和铝离子造成流失，而盐酸中相对较高的腐蚀速率主要会造成铝离子的流失，同时还发现，通过向腐蚀介质中添加金属离子能缓解腐蚀的速率。当然，酸的浓度对于纤维腐蚀的影响也非常大。

在玻璃钢材料中，树脂基体是纤维承力的骨架，对其应力腐蚀而言，树脂基体把易被腐蚀的玻璃纤维和腐蚀环境隔离开，隔离保护的程度也直接影响了玻璃钢材料抗应力腐蚀的程度。

首先，环境介质要引发玻璃钢的应力腐蚀，就必须先通过树脂基体，到达纤维。通常情况，腐蚀介质要通过树脂基体的途径有两种，一种是通过分子扩散作用，另一种是通过树脂中的微裂纹或者加工缺陷的渗透作用。有关研究发现，在同等应力腐蚀环境中，耐腐蚀性能较好的树脂相比其他的树脂并没有优越性，然而在树脂中添加增韧剂能够显著提高其耐应力腐蚀的性能。因为通过提高树脂基体的韧性能够降低玻璃钢材料中的应力腐蚀裂纹扩散速率，也就降低了腐蚀介质对纤维腐蚀的可能性及速率。

纤维基体界面的结构和性能对复合材料的性能有非常重要的影响，因为纤维和基体的性能有很大差别，而这种差别的相互协调与过渡及承力的传递都需要通过界面完成。复合材料在使用条件下，很大破坏都是从界面区域开始的。对于玻璃钢材料的界面而言，许多因素会对其造成影响，如纤维表面的形态，纤维的体积与直径的均匀度，纤维的表面浸润情况、树脂的固化情况等。

1. 玻璃钢应力腐蚀开裂的控制与预防

一般情况，要控制和降低玻璃钢的应力腐蚀开裂需要从以下几点着手：①降低腐蚀介质到达复合材料的数量与速率；②降低玻璃钢在使用时的应力；③选择耐腐蚀的纤维与基体树脂。

玻璃钢的耐腐蚀层及抗渗层起到的主要作用就是防止或者降低腐蚀介质接触到纤维。同时随着热塑性塑料的发展，近年来也有在玻璃钢内部添加耐腐蚀更优越的热塑性塑料来阻隔腐蚀介质影响玻璃钢，就是通常所说的塑料内衬玻璃钢结构。热塑性塑料的强度相对于热固性塑料较低，但是其具有更好的耐腐蚀性能和抗渗透性能。

2. 玻璃钢耐应力腐蚀与力学性能的相关性

相关研究表明，玻璃钢的力学性能对其耐应力腐蚀性能有较大的影响。与金属的电化学腐蚀机理不同，玻璃钢的应力腐蚀应该首先是力学作用，在外加应力的作用下，腐蚀介质通过基体到达玻璃纤维并使其因腐蚀而断裂。因此，研究玻璃钢材料的应力腐蚀行为与其力学性能的关系十分有必要。通过力学性能来估算其应力腐蚀性能并进行应力腐蚀寿命预测都具有非常重要的意义。

其实，界面对于玻璃钢的耐应力腐蚀也有着十分重要的影响。之前较多的研究主要集中在对基材与玻璃纤维上，对于两者的界面研究较少涉及。

玻璃钢材料的应力腐蚀中，玻璃纤维断裂是静态疲劳作用、应力诱导下的化学反应及应力作用的共同结果，而不是一个单一的作用。玻璃钢材料在腐蚀的介质与外在应力的相互作用下，其腐蚀情况比在无应力的情况下要更为严重。由此也证明了上文所提到的观点。

在玻璃钢制造过程中，使用耐腐蚀纤维，可以降低由腐蚀介质情况下对玻璃钢内部纤维的腐蚀情况，尤其是在有表面裂纹的情况下。

纤维与基体界面在玻璃钢材料的应力腐蚀中起到了重要的作用。在垂直于纤维方向的应力能够破坏纤维与基体界面的情况下，裂纹扩展的控制步骤使纤维因为离子交换反应而逐渐失效。

6.4　玻璃钢制压力容器的应用

6.4.1　玻璃钢材料应用领域

玻璃钢材料最早起源于 1932 年的美国，当时主要应用于军事领域。第二次世界大战以后，玻璃钢材料逐渐走向工业及民用。

1. 化工

对于化工行业而言，玻璃钢的防腐性能是最重要的特性。解决了工厂中诸多腐蚀问题，并且大大降低了制造成本。之前需要使用合金钢的一些工艺，慢慢都被玻璃钢或复合材料所替代。因此近些年玻璃钢材料在化工行业中也得到了大力推广。玻璃钢材料主要应用于储罐、反应釜、吸收塔、压力管道等方面。

随着玻璃钢缠绕设备的发展，现场制作的储罐直径也在逐步提高，现在已有直径 10m 以上的玻璃钢储罐，并且使用良好。因此玻璃钢材料在化工领域的前景十分广阔。

2. 油田

油田是使用玻璃钢材料较早的领域之一，同时油田对于玻璃钢的需求量也十分巨大。如国内的大庆油田、胜利油田等早在 20 世纪 90 年代就开始大规模使用玻璃钢容器。随着玻璃钢材料的进一步普及和推广，其他几个油田也陆续使用玻璃钢容器。由于玻璃钢材料具有的特性，因此特别受欢迎。玻璃钢材料不光应用于储罐，还包括压力管道等方面。

3. 冶炼

冶炼行业中也普遍使用了玻璃钢材料的容器与管道，主要应用于储罐、酸系统、冷轧酸洗槽等工艺。拉挤玻璃钢型材与普通钢结构相比，具有高强、质轻、耐腐蚀绝缘等优点，安装无需动火作业，使用期间不会因为碰撞产生火花。在有色冶炼行业中，被应用于提纯工段操作平台，效果十分显著。

4. 煤化工

煤化工是指以煤为原料，经化学加工使煤转化为气体、液体和固体燃料及化学品的过程。主要包括煤的气化、液化、干馏，以及焦油加工和电石乙炔化工等。

新型煤化工与传统煤化工的区别是新型煤化工通常指煤制油、煤制甲醇、煤制二甲醚、煤制烯烃、煤制乙二醇等。传统煤化工涉及焦炭、电石、合成氨等领域。

中国煤炭资源丰富，但总体上说，煤含硫高，因此国内的各个煤化工企业都在纷纷安装硫回收装置，以降低对环境的污染。玻璃钢材料在硫回收装置中就得到了大量的应用，因为硫及其相关衍生物都具有一定的腐蚀性，二氧化硫会形成酸雨。因此玻璃钢由于有非常优越的耐腐蚀性能，正在煤化工行业中广泛运用。

5. 食品、酿造

由于工艺的要求，一般食品行业都采用不锈钢材料。但是随着近些年食品级树脂的发展及生产（GB 13115—1991 和 GB 9685—2008），玻璃钢材料也逐渐应用于食品及酿造行业。但是玻璃钢材料应用于食品行业，必须严格控制苯乙烯的残余量，否则会造成食品安全问题。所以，食品级玻璃钢设备必须经过后处理。

为了达到更光洁的内表面及无析出物的风险，现已有许多企业采用聚丙烯内衬玻璃钢加强的材料用于食品行业，而且内壁不易滋生细菌，使用温度可以为–10～100℃[6]。

6. 其他应用领域

1）航空航天领域

玻璃钢材料的相对密度约是碳钢的 1/4，因此在航空航天领域，也被大规模地应用，有效地减轻了飞机的质量。此外，玻璃钢材料本来并不阻挡电磁波通过，因此也被用作导弹的雷达罩，既保护了雷达本身，又不影响其正常工作。同样的原理，玻璃钢材料也大量地使用在通讯领域，既能保护相关设备，本身又不会被外界环境腐蚀。

2）风力发电

叶片是风力发电的关键部件，它的性能优劣，设计是否合理将直接影响到发电机的运作。风力发电叶片一般是玻璃钢材质的薄壳结构，质量轻，比强度高，在风力发电中的应用效果显著。如今，国内外的风力发电叶片基本都采用玻璃钢材质，最大尺寸已经达到 60m 以上。

3）电子行业

用复合材料制作的电子功能材料种类很多，最具代表性的是印刷电路板。此外，复合材料还被广泛应用于雷达、反射面等设备。此外，复合材料还有吸波性能，可以制成屏蔽材料和隐身材料。

4）建筑结构

环氧树脂用于建筑结构工程补强是国外 20 世纪 80 年代发展起来的，主要应用于桥梁、电站、水利工程等。

6.4.2　玻璃钢设备常见质量问题

1. 设计问题

玻璃钢容器已成为我国工业领域生产上不可缺少的设备，在石油化工方面更是起着十分关键的作用，并且还有许多玻璃钢的压力容器在工厂运行。一旦出现设计上的失误，将会对人的生命和财产造成很大程度上的危害，压力容器作为一种对质量要求极高的设备，故也被称为特种设备。压力容器的设计方案直接影响到其安装环节的可靠性，因此，需要具有专业技术较强的工作人员来研究容器的设计方案，选用优质材料作为压力容器的生产原料，分析容器的具体设计结构，对相关受力情况作出详细分析，此外，还要考虑到对其后期的维护、检验工作的便利性，这些要求都是具有专业性质的问题，体现在整个压力容器设计的过程中。科学合理的设计压力容器关乎生产的安全性和稳定性，这就需要设计者不断提高技能，保持认真负责的工作态度，不断地设计出功能更强、使用寿命更长的设备[7]。

在生产设计压力容器时，设计单位应在设计图纸上直接标注该容器预计的使用年限，对于已经使用疲劳的器具更应标注清楚循环使用的次数，这样的做法在过去的一段时间里是被设计人员经常忽略的，对于使用年限的问题考虑不是很合理。预计使用年限的传统做法一般是根据设计者对以往的了解，后者是按照惯例，使用同一的标准，这样的做法很容易让估计出的使用时间延长或缩短，主要原因在于没有把一些可能影响到压力容器使用寿命的因素考虑在内。例如，优质的材料生产的压力容器会较一般的材料生产的使用寿命更长，在材料一致的情况下，严格按照设计标准制造的压力容器会更加坚固，不同的设计方案也会对压力容器的质量造成较大的影响。如果忽略压力容器的正常使用寿命，任何生产设备都有其固定的使用寿命，超出或者缩短容器的使用寿命都会给相关企业带来经济上的损失，在文件《固定式压力容器安全技术监察规程》中就对容器的使用寿命做出了明确的规定[8]。

2. 制造问题[9]

由于玻璃钢的特殊性，设备必须通过缠绕或者手糊的工艺完成。因此在整个制造过程中，人为的因素有较大影响。通常在制造过程中，会出现以下一些质量上的问题。

（1）气泡、空洞（图 6-1）。

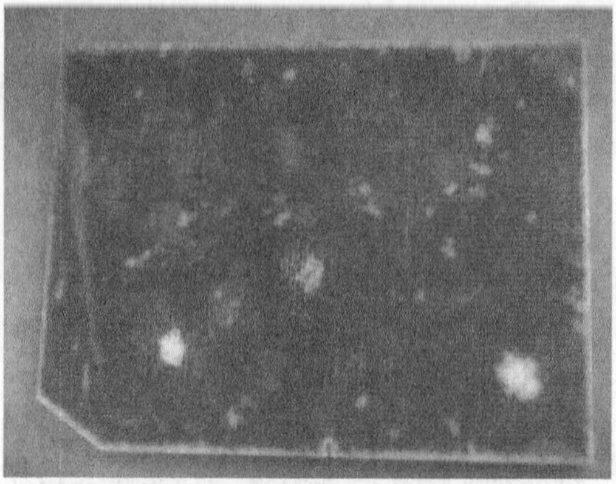

图 6-1　气泡、空洞缺陷图

（2）分层（图 6-2）。

图 6-2　分层缺陷图

（3）裂纹（图 6-3）。

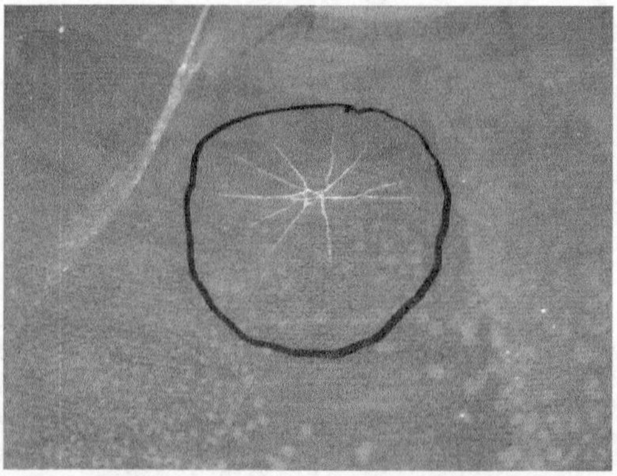

图 6-3　裂纹缺陷图

（4）内部有异物（图 6-4）。

图 6-4　内部有异物缺陷图

（5）凹坑或凸点（图 6-5）。

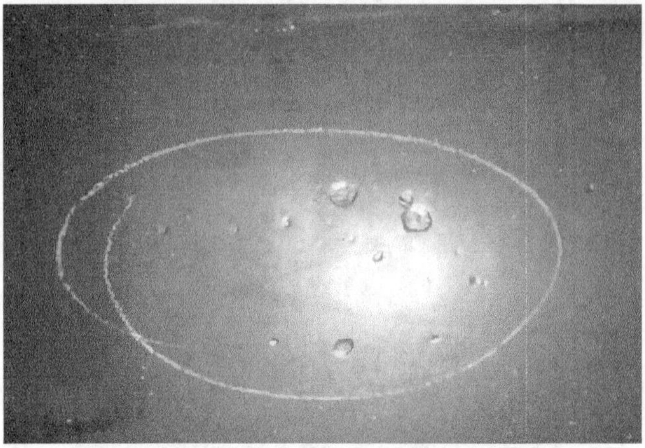

图 6-5　凹坑或凸点缺陷图

（6）外部作用造成的表面损伤（图 6-6）。

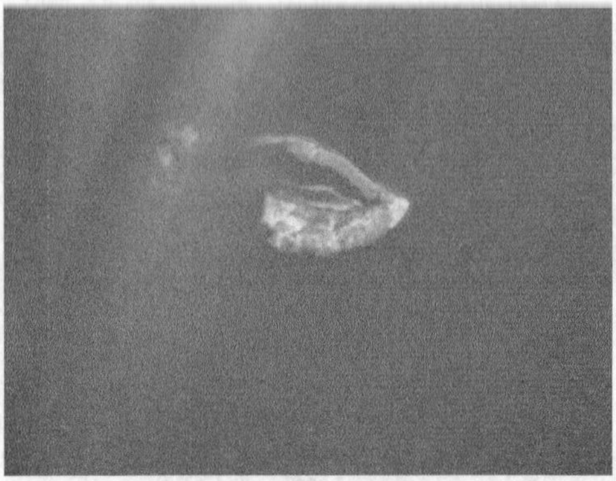

图 6-6　外部作用造成的表面损伤缺陷图

（7）树脂囊（图 6-7）。

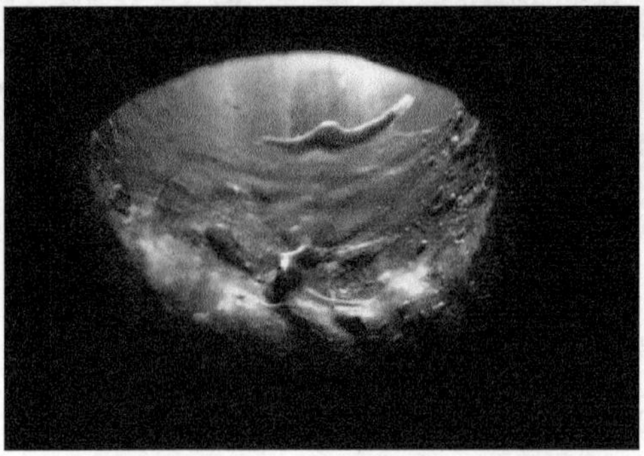

图 6-7　树脂囊缺陷图

（8）起皱（图 6-8）。

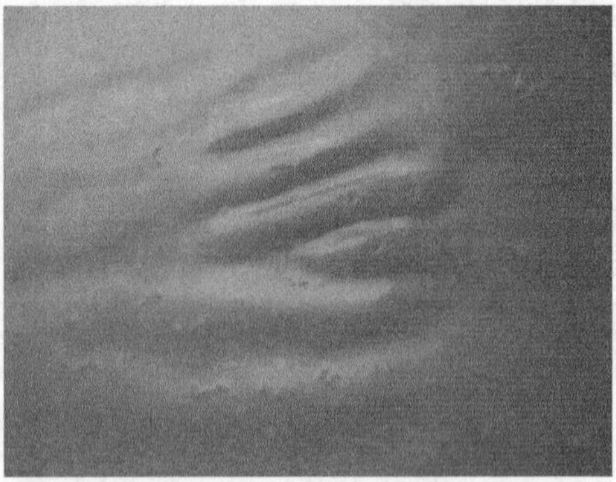

图 6-8　起皱缺陷图

（9）紫外线降解（图 6-9）。

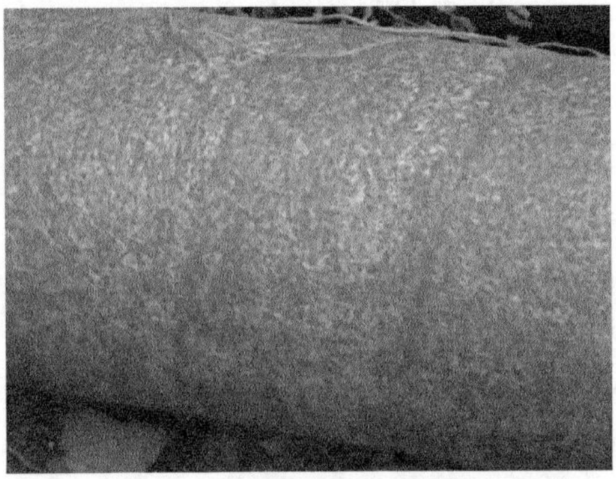

图 6-9　紫外线降解缺陷图

（10）干纱点（图 6-10）。

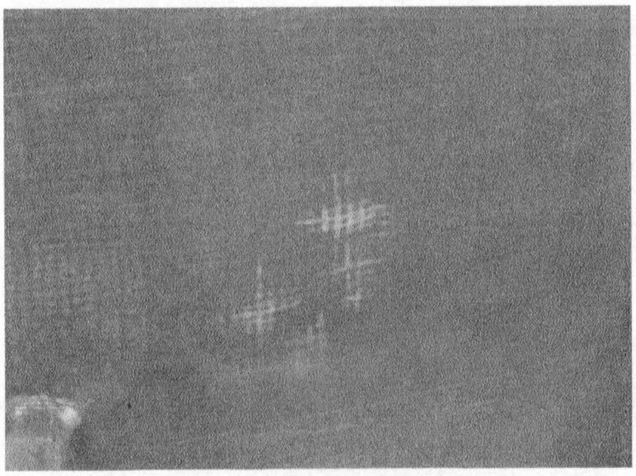

图 6-10　干纱点缺陷图

（11）开裂（图 6-11）。

图 6-11　开裂缺陷图

（12）树脂含量不足。如前所述，玻璃钢材料的结构总共分为四部分，不同的部分承担不同的作用，制造环节必须严格按照设计要求进行，否则会影响玻璃钢材料的整体性能。最内层为防腐层与抗渗层，一般要求树脂含量均为 80%以上，假如在生产过程中，由于种种原因，树脂含量偏低，影响了玻璃钢的防腐性能，从而腐蚀介质也有可能从细微的裂纹中进入结构层，对结构层的纤维进行腐蚀，使其断裂，最终也有可能造成玻璃钢储罐的整体失效。

6.4.3 一些建议

压力容器制造包括多个环节，设计、材料选择、焊接等每个环节都相互联系。任何一个环节出现问题都会影响整个大局。因为在压力容器制造期间无论是哪一个环节都需要有关人员加以重视，这是目前不可否认的，因此制作人员应该引起重视，压力容器设计标准的选用也同样重要，压力容器是比较常用的设备，但是假如各方面的原因使得压力容器在设计制作等方面存在缺陷，这也必将降低压力容器的使用性能。

此外，有些设计单位按照相关标准进行了压力容器的设计工作，其中的材料性能取值是来自相关标准中，而并非由制造单位提供。或者说，制造单位在完成制造工作时，未必完全按照设计的材料性能进行制造，从而造成偏离，影响压力容器的整体性能，这点也不容小视。

参 考 文 献

[1] 潘玉琴. 玻璃钢复合材料基体树脂的发展现状. 纤维复合材料，2006，(4)：55-59.
[2] 王天堂，陆士平. 玻璃钢在工业烟气排放烟囱的防腐蚀浅析. 玻璃钢/复合材料，2012，(S1)：164-169.
[3] 雷文，凌志达. 玻璃钢的耐腐蚀性能及其在防腐工程中的应用. 全面腐蚀控制，2000，14 (6)：45-48.
[4] 张雨. 立式玻璃钢贮罐的设计及有限元分析. 石家庄：河北科技大学硕士学位论文，2015.
[5] 程基伟. 玻璃钢的应力腐蚀. 北京：化学工业出版社，2009.
[6] 陈晓宇，周炯，郑燕云. 玻璃钢材料在酿造行业应用的改进. 江苏调味副食品，2011，28 (4)：40-42.
[7] 王其远，李友清，安静波. 玻璃钢压力容器技术特性与发展. 中国膜科学与技术报告会论文集，2003.
[8] 方海毅. 关于压力容器设计过程中常见的问题分析. 化学工程与装备，2014，(10)：127-128+144.
[9] MTI 协会. FRP inspector Training Program，2008.

第 7 章　塑料及衬里制压力容器的耐腐蚀性及应用

7.1　概　　述

7.1.1　全塑压力容器

塑料制容器包括槽罐、塔器、容器、换热器等，20 世纪 60 年代以前，化学品包装的容量比较小，一般在 50L 以下，其外形有圆形、长方形及三角形；70 年代出现 200L 全塑容器，随后用超高相对分子质量聚乙烯（HM-WHPE）制造大型容器得到快速发展。我国从 20 世纪 70 年代开始制造化工容器，用于出口化学品包装；80 年代开始制造大型全塑容器。目前世界上最大的包装容器是法国制造的，我国某公司用挤出缠绕无焊缝专有技术生产 HDPE 和 PP 塑料储罐、洗涤塔、吸收塔及管道，容器从 100～50 000L，特殊要求最大可制作 $60m^3$[1]。

塑料容器可分为两大类：一类是不需要承受容器内介质压力的非承压容器；一类是需要承受容器内压力的容器，即塑料压力容器。

国内外在塑料压力容器近十几年的发展中，认识和接受了塑料压力容器的优点，也发现了塑料压力容器在应用中出现的各种各样的力学破坏问题。人们没有回避塑料压力容器的力学破坏问题，而是坚持不懈地做出了很大努力，取得了很高的技术成就。塑料压力容器的优点和人们对其力学破坏问题建立起的有效制止措施共同推动着塑料压力容器工业的健康发展。

塑料压力容器的一些优点简介如下。在与传统容器，如钢制容器等相比较时，这些优点尤为突出。

（1）耐腐蚀性能好，钢铁材质的容器都有腐蚀问题，腐蚀问题的严重程度随所承载介质和容器外部条件而异。

（2）聚烯烃压力容器有很好的稳定性和严密性，渗漏性小，使用安全。

（3）节能，生产塑料压力容器的能耗远小于生产钢管的能耗。这是因为塑料的熔点比钢铁的熔点低很多。

（4）运输、安装、施工方便，由于塑料压力容器的密度小于钢铁的密度，塑料压力容器的运输比传统容器方便。

（5）维护简单，塑料压力容器可以做到零维修。

（6）综合成本低，在考虑了塑料压力容器的生产成本、安装成本、使用年限等因素后，塑料压力容器的综合成本低于传统容器。

（7）对环境友好，塑料压力容器不污染环境，也不污染被承载的介质，不造成环境保护和生态方面的问题。聚烯烃类压力容器使用寿命结束后可考虑其材料中所含的能量。

全塑容器的生产工艺主要包括整体成型、注射模成型、旋转模塑（滚塑）及挤出缠绕成型[2]。

（1）整体成型：是不经过焊接而由塑料颗粒或粉料直接成型加工（被称为塑料的一次加工）的方法。整体成型一般应用在专业生产工厂加工制造。

（2）注射模塑成型：或称注射成型（简称注塑），是成型塑料制品的重要方法。几乎所有的热塑性塑料都可以采用注塑方法成型。

（3）旋转模塑（滚塑）：又称滚塑，最早出现在20世纪40年代，是生产无缝的、各种尺寸和形状的中空制品的加工方法之一。旋转模塑的成型原理如图 7-1所示。

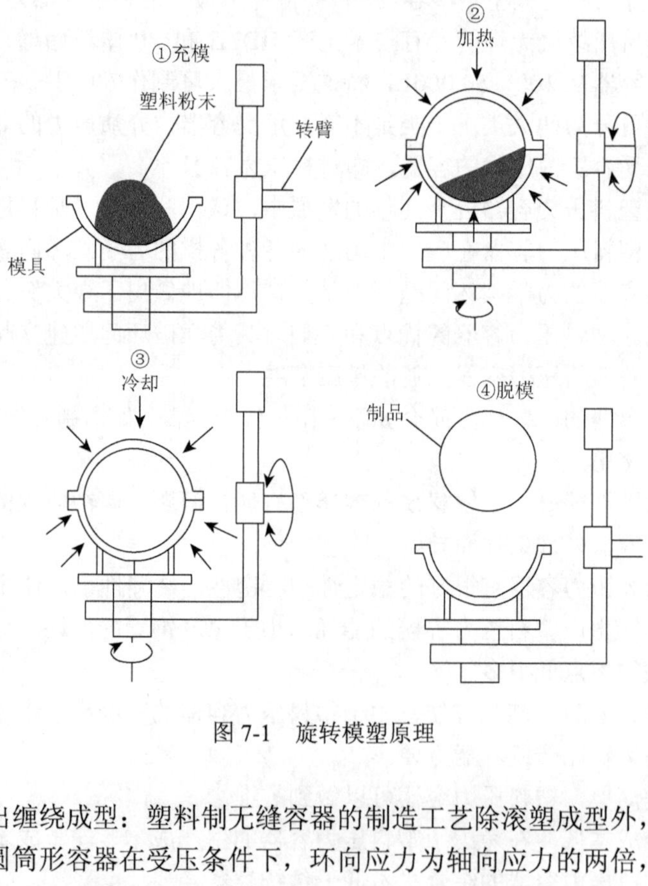

图 7-1 旋转模塑原理

（4）挤出缠绕成型：塑料制无缝容器的制造工艺除滚塑成型外，最重要的是缠绕成型。圆筒形容器在受压条件下，环向应力为轴向应力的两倍，故筒体采用缠绕法成型，再将容器底和盖采用专用设备的自动化焊接和筒体焊接上。这种成型方法制造设备比滚塑法和塑料板法更安全可靠。

（5）氟塑料成型：聚四氟乙烯虽然是一种热塑性塑料，但它的熔接黏度极大（达 10^{10}～10^{11}Pa·s），在高温下施加很大压力也难于使其流动，因此不能用一般热塑性塑料的加工方法进行加工，聚四氟乙烯制品预成型方法有模压法、推压法、液压法和挤压法等多种，但无论哪一种成型法，在预成型之后都要经过烧结、冷却阶段。

7.1.2　塑料衬里制压力容器

塑料衬里容器最大的特点是过流面采用塑料覆盖，以隔绝钢铁金属与强腐蚀性介质的直接接触。这样即解决了塑料强度低，不能承受高压的问题，又解决的了钢铁材料不耐腐蚀的问题，而且合理地利用了资源，符合国家节能降耗的产业政策因而得到了迅速发展。

塑料衬里制压力容器的成型质量包括内在质量和外在质量。内在质量包括衬塑层的物理和化学性质及其均匀性；它不仅要求衬塑层具有相应的物理和化学性能。在成型过程中，还要注意塑化的温度和压力，正确掌握成型工艺。外在的质量包括衬塑层的规整、尺寸、外观和色泽等。衬塑层的外表质量主要取决于模具设计和塑料在模具内的塑化、混合和分散能力。

塑料衬里的制造工艺主要有如下方法[2]。

（1）挤压法。有螺杆挤出与柱塞挤出。PP、PE、PVC 制衬里广泛采取挤压法工艺，PTFE 也可以采取这种工艺。

（2）模压法。将塑料粉料装在钢模内，用压机压实，脱模取出预制件，将其自由地放在炉中烧结成型。

（3）液压法。液压法又称等压成型或橡皮袋法。将树脂均匀地填放在橡皮袋与钢模（或制品钢壳）内壁之间，然后进行液压（通常用水），使橡皮袋向模壁扩张，将树脂压实二次成型预制件。脱模后，将预制件烧结成型。

（4）推压法。将分散法树脂与有机助挤剂混合成糊状，预压成胚料，在推压机腔内由活塞推压，通过具有一定锥角的口膜使其成型，再经干燥除去溶剂等，烧结、冷却成制品。

（5）黏结法。PTFE 具有高度的化学惰性与不黏性，将它与其他材料或自身直接黏结是很困难的。需将 PTFE 黏结面加以处理才可进行黏结。

（6）焊接法。加工大型薄壁 PTFE 内衬的重要手段之一。PTFE 板的焊接工艺目前有两种。一种是热压焊接法。另一种工艺是用 PFA 作焊条，像 PVC 一样用热风焊接，但此法焊接强度不高，比较难达到化工防腐的苛刻要求。PP、PE、PVC 的焊接规则很容易。

（7）缠绕法。缠绕法又称“多层缠绕，整体烧结”。原理是控制温度与压力两个条件，使各层 PTFE 熔接成一体。

（8）喷涂法。喷涂的材料有 PE、ETFE、ECTFE、PTFE 等。喷涂 PE、ETFE 和 ECTFE 比较容易，但喷涂层较薄的时候，会有针孔存在。因此喷涂用于化工设备防腐比较困难。

（9）滚塑法。PE、PCTFE 和 ETFE 的滚塑衬里产品在国内外应用早已开始。原理是将流动性能优良的塑料放在模具内，一边在磨具外多方位加热，一边将磨具滚动和旋转，塑料在离心力和热量作用下二次成型。这种工艺在滚大径设备的时候，脱模后衬里容易收缩。龟甲衬里的专利技术通过焊接在金属壁上的金属龟甲拉住衬里，使其不会收缩。

7.2 塑料及衬里制压力容器的耐腐蚀性

化学品多有不同程度的腐蚀性，塑料及衬里制压力容器因其优点有逐渐代替玻璃、陶瓷及金属容器的发展趋势。塑料及衬里制压力容器的耐腐蚀性能主要取决于内衬材料的耐腐蚀性能，即塑料及衬里制压力容器耐腐蚀性主要取决于塑料种类，而这些性能与塑料的种类、产品的制造工艺、原材料的性质等级、材料和使用介质的相容性等直接相关。例如，上海金山石化总厂使用 F4 松套衬里防腐蚀容器设备的实例：介质中含溴，原用无缝钢管及配件，使用寿命只有 1～2 个月，钢管即变形或穿孔，改用 F4 内衬管后，使用一年以上未发现腐蚀。常见塑料及衬里制压力容器的耐腐蚀性能如下[3-6]。

7.2.1 硬聚氯乙烯及衬里制压力容器的耐腐蚀性

硬聚氯乙烯及衬里制压力容器在温度低于 50℃的环境中，耐化学腐蚀性能优于酚醛塑料、聚苯乙烯、有机玻璃等许多常用塑料及衬里制压力容器。除强氧化性酸（如含量大于 50%的硝酸、发烟硫酸）以外，能耐各种浓度的酸、碱、盐类溶液的腐蚀；在芳香烃（如苯、甲苯、二甲苯等）、氯化烃（如二氯乙烷、氯化苯等）和酮类介质中，硬聚氯乙烯及衬里制压力容器的内衬层会被溶胀或溶解，但不溶于许多其他溶剂。

7.2.2 聚乙烯及衬里制压力容器的耐腐蚀性

聚乙烯及衬里制压力容器的耐化学腐蚀性能优良，在室温下几乎不溶于有机溶剂；但脂肪烃、芳香烃和卤代烃等（如丙酮、乙酸乙酯、乙醚、汽油、苯、二甲苯、三氯甲烷、四氯化碳等）能使它溶胀，而去除溶剂后又恢复原来的性质。温度超过 70℃时，聚乙烯及衬里制压力容器的内衬层能少量溶解于甲苯、乙酸戊酯、三氯乙烯、松节油、氯代醚、石油醚、矿物油和石蜡中。除强氧化剂外，聚乙烯及衬里制压力容器在室温下能耐多种酸、碱和盐类溶液的腐蚀；在 60℃以下，能耐 50%硫酸、40%硝酸、浓盐酸、各种浓度的盐类和碱类溶液的腐蚀。

7.2.3　聚丙烯及衬里制压力容器的耐腐蚀性

聚丙烯及衬里制压力容器在室温下能耐多种酸、碱和盐类溶液的腐蚀。由于它分子结构中的叔碳原子容易氧化，故不耐铬酸、发烟硫酸、浓硝酸等强氧化性酸的腐蚀。与硬聚氯乙烯及衬里制压力容器相比，聚丙烯及衬里制压力容器的最大优点是在较高温度仍有耐蚀性。在 80℃以上时，它能耐含量达 70%的硫酸、硝酸、磷酸、各种浓度的盐酸、含量 40%的氧氧化钠及稀的甲酸、乙酸等介质的腐蚀。

7.2.4　ABS 树脂及衬里制压力容器的耐腐蚀性

ABS 树脂及衬里制压力容器在室温下可耐各种稀的无机酸溶液；在 60℃以下对各种浓度的碱溶液和盐溶液具有良好的耐腐蚀性能；它不溶于大多数醇类和烃类，但与烃长期接触会被软化或溶胀；酮类、醛类和氯代烃会使它溶解；表面受冰醋酸、植物油的侵蚀会引起应力腐蚀开裂。

7.2.5　氟塑料及衬里制压力容器的耐腐蚀性

氟塑料是各种含氟塑料的总称，主要包括聚四氟乙烯、聚全氟代乙丙烯、聚三氟乙烯、聚偏氟乙烯等，但按数量和用途来说，聚四氟乙烯在制备氟塑料及衬里制压力容器时最为重要。

氟塑料及衬里制压力容器可耐高温长期使用的温度达 200℃；耐低温达−100℃；有较好的耐候性；能耐王水和一切有机溶剂的腐蚀，衬里材料具有高润滑性和高绝缘体积电阻；不黏附容器内介质等。因此氟塑料及衬里制压力容器主要应用于耐高温、高压、强腐蚀介质的场合。

7.2.6　氯化聚醚及衬里制压力容器的耐腐蚀性

氯化聚醚及衬里制压力容器由于氯化聚醚结晶与分子结构中醚键的存在，使它具有较好的耐化学腐蚀性能。在较高温度下，能耐大多数无机酸、碱和盐类溶液的腐蚀；但强氧化性介质和浓硝酸、浓硫酸（98%以上）、铬酸与硫酸的混酸等，即使在室温下也能使它遭受腐蚀，它也不耐液氨、氟、溴的腐蚀。氯化聚醚及衬里制压力容器在室温下几乎不溶于任何有机溶剂，只有很少的集中强极性溶剂在升温的条件下才能溶解它。如 50℃以上的环己酮，100℃以上的邻二氯苯、硝基苯、吡啶、四氢呋喃、三甲基环己烯酮、二甘醇乙醚乙酸酯等，都能使它溶胀甚至溶解；芳香烃、氯化烃、乙酸酯、乙二胺等，在其沸点温度下也能使它溶胀。

7.2.7 聚苯硫醚及衬里制压力容器的耐腐蚀性

聚苯硫醚及衬里制压力容器的耐化学腐蚀性能远不及氟塑料及衬里制压力容器，在高温下更是如此。但具有良好的耐溶剂性能，在 17℃以下，不被大多数有机溶剂溶解。在多数有机介质和多数盐类介质中的使用温度高于氯化聚醚及衬里制压力容器，而对无机酸的耐蚀性较差，不耐硝酸、王水、次氯酸、氯磺酸等溶液的腐蚀，也不耐氟、氯、溴等介质的腐蚀。

7.2.8 交联聚乙烯及衬里制压力容器的耐腐蚀性

交联聚乙烯及其衬里制压力容器的使用温度范围宽，可在–75～95℃和 0.6～2MPa 的压强下长期使用（瞬时 110℃）。交联聚乙烯及衬里制压力容器的耐腐蚀性能和聚乙烯相似，但其耐油性有很大提高。

7.3 塑料及衬里制压力容器的腐蚀机理

7.3.1 腐蚀机理[6]

塑料及衬里制压力容器的腐蚀主要是所用塑料的腐蚀。塑料腐蚀的定义是塑料在一定温度、压力、介质等条件下，随着时间的延长，从塑料分子链最弱点处开始侵蚀，使其性能逐渐变劣，直至被破坏的全过程。

当塑料表面和介质接触后，溶液（气体）介质会逐步扩散到塑料内部，塑料表面和内部都可能产生一系列变化，如聚合物分子的变化可引起塑料机械性能变化：强度降低、软化或硬化等。塑料收溶剂作用可能全部或部分溶解或溶胀、液体侵入内部后，可引起溶胀或增重。表面可能起泡、变粗糙、变色或变得不透明。聚合物和溶剂接触后形成的复杂层如图 7-2 所示，在凝胶层和固体溶胀层中含有较多溶剂，少量溶剂渗入聚合物内，形成浸润层使聚合物的物理性能发生改变，内应力可能导致固体溶胀层破裂，导致结构破坏。由于塑料中含有的合成树脂、填料、增塑剂、硬化剂等物质的耐蚀性并不完全相同，在腐蚀环境中，一种或几种成分选择性溶出或变质破坏，整个材料也被破坏了。这就是塑料的选择性腐蚀。

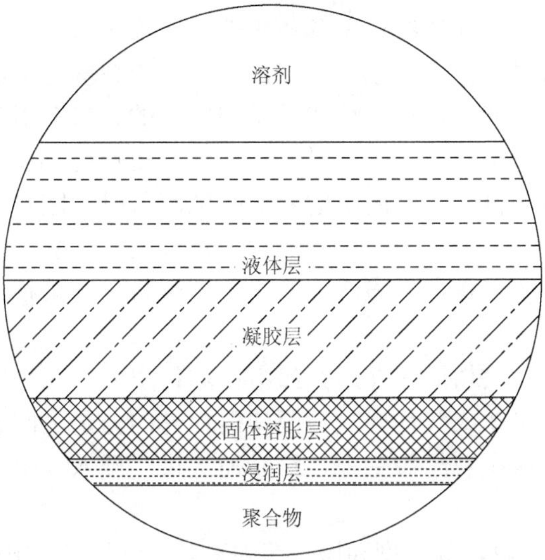

图 7-2　聚合物和溶剂界面结构

为方便分析问题，通常把塑料的腐蚀分为物理腐蚀和化学腐蚀。

1. 物理腐蚀

物理腐蚀是塑料及衬里制压力容器表面受到介质分子作用，使容器表面塑料分子松动，与介质分子直接接触的表面大分子逐渐松动，离开容器表面而进入介质，从而使容器表面层松动，厚度减薄，这个过程由浅入深，使部件的强度逐渐降低，直至失去使用价值。

物理腐蚀一般分为两个阶段。

第一阶段：塑料在介质中受到介质温度或压力等因素的作用，使介质分子活跃，“攻击”塑料表面的大分子间隙，使大分子链松动，呈现塑料表面溶胀。

第二阶段：在介质分子“成群结队”的“攻击”下，塑料表面的大分子被迫“拉下”而进入介质，完成腐蚀过程。

物理腐蚀的实际并非十分机械地使塑料表面大分子层以层体脱离本体进入介质，还有可能伴随着化学腐蚀过程。

在物理腐蚀过程中，介质分子对塑料界面有两个过程，这就是渗透过程及吸收过程。另外还有一个残余应力的作用。

参与完成物理腐蚀过程的因素包括渗透和吸收。

（1）渗透：是外来物质（介质）通过阻挡塑料层，即介质分子透过塑料表面的大分子间隙，透迤弯曲通过塑料层，这样久而久之，就会使塑料容器壁或塑料衬里层溶胀，扩大其分子间隙，失去强度而呈现腐蚀现象，介质的渗透一般归为三个方面：一是介质经塑料基体中的分子级空穴逐步迁移，这一部分渗入量不大，但分布很广，影响也大；二是介质经塑料基体中的微裂纹、微气孔在毛细管作用下渗入基体，这部分渗透是局限性的，只会引起局部性的腐蚀现象，另外介质沿着微裂纹渗入末端时，因毛细比压作用，会扩大裂纹；三是介质经填充塑料中的填料与塑料间隙的界面孔隙渗入时，因界面的浸润总是不完全的，故有不少的空隙存在于界面，其渗入量较大，可能产生严重的破坏性腐蚀。渗透的另一种现象是在环境应力作用下，塑料吸收某种介质而引起破坏性开裂。

（2）吸收：是外来物质（介质）保留在塑料层内，几乎所有的塑料都要吸收少量与它接触的液体或气体介质，因塑料内部的分子之间或有填料的塑料层与填料之间，总是存在着超微空隙，给介质提供“侵入”空间，并在其中扩散迁移。

无论渗透还是吸收，其温度和压力等因素对其过程影响很明显，往往起关键性的作用。渗透和吸收一般属于物理过程，但也不是绝对的，也有可能属于化学过程，如尼龙等塑料吸收水分后溶胀，其电性能下降，属于物理作用；有些吸水塑料有渗透和吸收过程，但待水分挤出或蒸发后，其性能复原不变；也有一些弹性塑料因故发胀后，常常意味着分子的化学结构变化，属于化学作用。

2. 化学腐蚀

化学腐蚀即塑料及衬里制压力容器在介质分子作用下，其高分子结构被破坏或起化学反应，生成其他物质进入介质而导致塑料及衬里制压力容器失强、变形等现象，失去使用价值。化学腐蚀主要表现为失重、变色、氧化及分解。化学腐蚀是不可逆的。

一般塑料及衬里制压力容器中所用塑料的分子中均含有 H、O 元素，含氟塑料是较好的耐腐蚀塑料。而通用塑料与工程塑料的耐蚀性要差于含氟塑料，属于一等级的耐腐蚀塑料。

在化学腐蚀过程中，要考虑塑料的结构特性，也要考虑介质的腐蚀性。这是一对相对存在的矛盾，在实际工作中应统一解决。在化学腐蚀的范畴中还包括紫外线照射或氯化作用等环境老化，即塑料及衬里制压力容器在户外环境里应用时，受紫外线照射或氧化作用；太阳热解应力开裂等其他因素引起化学键断裂等，这些都属于化学腐蚀。在化学腐蚀和物理腐蚀中化学腐蚀是最主要的，也是最复杂的腐蚀过程。

根据塑料的腐蚀理论，从塑料高分子材料的结构中所具有的特性基团分析腐蚀特性，从分类塑料中选用合适的塑料，尽力做到量材使用、物尽其用、经济合理。

7.3.2　破坏形式

根据塑料及衬里制压力容器的腐蚀机理可将其破坏形式分为延性破坏、脆性破坏、疲劳破坏、蠕变破坏及腐蚀破坏等。

1. 延性破坏

延性破坏是材料承受过高压力，以致超过了它的屈服极限和强度极限，因而使它产生较大的塑性变形，最后发生破裂的一种破坏形式。一般事故大多属于这一类。

由于圆筒形容器受力后的周向应力比轴向应力大 1 倍，而且容器端部收到封头的约束，所以一般总压力容器的直径变大，周向发生残余形变，呈两头小、中间大的鼓形，其周长伸长率可达 10%～20%，容积增长率也超过 10%。这种破坏容器端口多与轴向平行，呈撕裂状态，端口不齐平与主力方向呈 45°，将破坏部分拼合时，延断口线有间隙。图 7-3 为聚乙烯燃气管在进行静液压试验时产生的延性破坏。

图 7-3　聚乙烯燃气管在进行静液压试验时产生的延性破坏图

发生延性破坏时不产生碎片或者有少量碎块，爆破口的大小由容器爆破的膨胀能量而定。气体的膨胀能量较大，则断口也较宽，特别是液化气体容器，破坏后容器内压力下降，液体迅速气化，体积膨胀，促使裂口进一步扩大，其实际爆破压力与计算爆破压力相近。

发生延性破坏的原因主要有：盛装液化气体的储罐、气瓶，因充装过量，在温度升高的情况下，液化气体，体积膨胀，使压力容器的内压大幅度升高；压力容器的安全装置（安全阀、压力表等）不全或不灵，再加上操作失误，使容器内压力急剧增高；压力容器内有两种以上能相互起化学反应的气体，发生化学爆炸；容器长期放置不用，维护不良，致使容器发生大面积腐蚀、厚度变薄、轻度减弱等。

2. 脆性破坏

脆性破坏发生在低应力状态下，绝大多数发生在材料的屈服极限以下。破坏时没有或者很少有塑性变形，有些压力容器在发生脆性破坏后，如将碎片拼接起来，测量其周长与原来相比没有很明显的变化。破裂的断口整齐并与应力方向垂直。脆性破坏往往在一瞬间发生断裂，并以极快的速度扩展。图 7-4 为化工用设备脆性破坏图。

图 7-4　化工用设备脆性破坏图

脆性破坏是由材料的低温脆性和缺口效应引起的。因此，首先选择工作温度下仍具有足够韧性的材料来制造压力容器，即脆性转变温度比较低的材料；其次制造压力容器时，采取严格的工艺措施，避免降低材料的断裂韧性，防止破裂的产生，以及采用有效的无损探伤方法发现和消除裂缝可以有效地避免脆性破坏的发生。

3. 疲劳破坏

疲劳破坏是材料经过长期的交变载荷后，在比较低的应力状态下，没有明显的塑性变形，而突然发生损坏。疲劳破坏一般是从应力集中的地方开始，即容易产生峰值应力的开孔、接管、转角及支撑部位处。受交变力作用的高应力区，当材料所受应力作用超过屈服极限时，能逐渐产生微小破坏。疲劳破坏时的应力一般都低于材料的抗拉极限。疲劳破坏产生于脆性破坏相似的碎片。

容器发生疲劳破坏是由于交变载荷及局部应力过高所引起，为防止这类事故，除了在运行中避免不必要的频繁加压、泄压和悬殊的温度变化等不利因素外，更重要的还在于设计压力容器时采取适当的措施。尽可能降低局部峰值应力并使其不超过材料的持久值。

4. 蠕变破坏

蠕变破坏即材料在高于一定温度下受外力作用，即使内部的应力小于屈服强度，也会随时间的增长而缓慢产生塑性变形。蠕变破坏的发生需经过一段时间高温下的外力载荷，破坏应力低于材料在使用温度下的强度极限。压力容器在发生蠕变破坏时，具有较明显的塑性变形，变形量的大小视材料的塑性而定。图 7-5 为 PE 管道在长期负压状态下的破坏图。

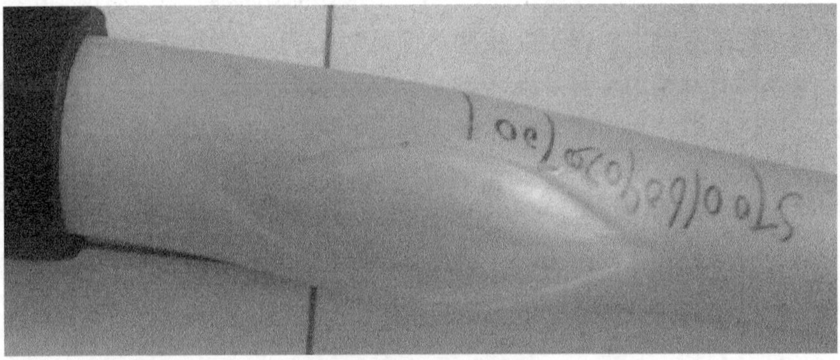

图 7-5　PE 管道在长期负压状态下的破坏图

防止蠕变破坏的措施主要有：在设计时，根据压力容器的使用温度，选择合适的材料；在制造中进行焊接冷却加工时，为不影响材料的抗蠕变性能，在运行过程中必须防止容器局部过热。

5. 腐蚀破坏

腐蚀破坏是指压力容器材料在腐蚀介质作用下，引起容器由厚变薄或材料组织结构发生破坏。压力容器的腐蚀破坏情况比较复杂，同一材料在不同介质中有不同的腐蚀规律；不同材料在同一种介质中的腐蚀规律也各不相同；即使同一种材料在同一种介质中因其内部或外部条件（如材料组织结构、介质温度、浓度、压力等）的变化，往往也表现出不同的腐蚀规律。图 7-6 为压力管道在均匀腐蚀时，由于凹坑、裂纹、不圆度、弯曲等缺陷在管道上产生更多载荷，影响腐蚀区域，而使管道产生如腐蚀裂纹等混合缺陷，从而影响安全运行。

图 7-6　压力管道腐蚀破坏图

塑料及衬里制压力容器腐蚀破坏一般可分为均匀腐蚀、局部腐蚀、断裂腐蚀。均匀腐蚀是指压力容器在整个壁暴露表面或大部分暴露面上产生基本相同的化学腐蚀。遭受均匀腐蚀的容器是以容器壁厚逐渐变薄的形式最后导致容器失效。局部腐蚀是指在材料表面的区域性腐蚀，这是一种危害性较大的形式之一，并经常突然导致事故。断裂腐蚀主要有应力腐蚀和疲劳腐蚀，它是在材料腐蚀介质和应力共同作用下产生的，二者缺一不可。因此，只有了解腐蚀规律，才能正确地判断各种腐蚀的危害程度，以便采取有效的预防措施。

7.4　塑料及衬里制压力容器应用

7.4.1　全塑压力设备容器的应用[4]

1. 塑料塔和容器类定型设备

随着塑料应用及生产技术的发展，由塑料设备制造企业提供定型和非定型设备成为一种发展趋势，使用单位只要提出使用要求即可，不必自行进行结构设计，以下举两个企业的产品为例。

1）某公司产品

某公司的产品是用挤出缠绕法生产的，没有焊缝，故有较高的耐压强度、材料采用德国赫斯特兰提供的专用牌号聚乙烯和聚丙烯。其中高密度聚乙烯的使用温度为–30～45℃，瞬间温度为 55℃；聚丙烯的使用温度为–10～90℃，瞬间温度为 100℃。储存介质相对在 1.4 以下，重型系列产品储存介质相对密度在 1.4～1.8。

2）某厂产品

某厂的产品是用旋转成型（滚塑）法生产的，原料采用线性聚乙烯（LLDPE）。表 7-1～表 7-3 分别列出了该厂生产的 0.35～35m^3 耐腐蚀独立式储罐系列、0.5～

$50m^3$ 腐蚀卧式储罐系列、0.5～$12m^3$ 耐腐蚀运输槽罐规格。

表 7-1　耐腐蚀立式储罐规格

容积/m^3	型号	直径/mm	高度/mm	封头高度/mm	形状
0.35	A-350	730	1040	150	圆柱
0.50	A-500	900	1093	150	圆柱
1	A-1000	1000	1500	150	圆柱
1	AZ-1000	1035	1695	200	锥形
2	A-2000	1370	1710	200	圆柱
3	A-3000	1560	1870	250	圆柱
4	A-4000	1760	2070	240	圆柱
6	A-6000	2010	2500	320	圆柱
10	A-10000	2500	2400	250	圆柱
12	AZ-12000	2200	5100	400	锥形
15	A-15000	2480	3560	300	圆柱
20	A-20000	2600	4354	500	圆柱
25	A-25000	2600	5270	500	圆柱
30	A-30000	3000	4770	500	圆柱
35	A-35000	3000	5520	500	圆柱

表 7-2　耐腐蚀卧式储罐规格

容积	型号	长径/mm	短径/mm	长度/mm	形状
0.5	AW-500	750	—	1160	圆柱
1	AW-1000	1350	800	1650	椭圆
2	AW-2000	1490	920	2050	椭圆
4	AW-4000	1900	1200	2580	椭圆
4	AW-4000	1760	1100	2900	椭圆
6	AW-6000	2100	1300	2370	椭圆
6	AW-6000	1760	1100	4263	椭圆
8	AW-8000	2100	1300	4120	椭圆
10	AW-10000	2100	1300	5080	椭圆
12	AW-12000	2100	1300	6040	椭圆
21	AW-21000	2600	—	4722	圆柱
26	AW-26000	2600	—	5702	圆柱
31	AW-3100	3000	—	5200	圆柱

续表

容积	型号	长径/mm	短径/mm	长度/mm	形状
36	AW-36000	3000	—	5950	圆柱
40	AW-40000	3000	—	6500	圆柱
50	AW-50000	3000	—	7500	圆柱

表 7-3　耐腐蚀运输槽罐规格

容积/m^3	型号	长径/mm	短径/mm	长度/mm	形状
0.5	AW-500	750	—	1160	圆柱
1	AW-1000	1350	800	1650	椭圆
2	AW-2000	1490	920	2050	椭圆
4	AW-4000	1760	1100	2900	椭圆
6	AW-6000	1760	1100	4263	椭圆
8	AW-8000	2100	1300	4120	椭圆
10	AW-10000	2100	1300	5080	椭圆
12	AW-12000	2100	1300	6040	椭圆

国家标准 GB/T 13508—2011 规定了聚乙烯吹塑桶的产品分类、技术要求、试验方法等内容，容积分为 10L、15L、20L、25L、30L、40L、50L、60L、70L、80L、100L、120L、140L、150L、160L、200L 等规格，1～5L 的规格不规定，适用于化工产品包装。

2. 塑料换热器

1）氟塑料换热器

氟塑料的耐化学腐蚀性极好，但热导率只是普通碳钢的 1/240，一般不宜用于制造换热器。表 7-4 列出了聚四氟乙烯和一些金属材料的热导率，但考虑一下因素，氟塑料换热器的采用还是值得的。

表 7-4　聚四氟乙烯和一些金属材料的热导率

材料名称	聚四氟乙烯	不锈钢	碳钢	铜	镍
热导率/[W/(m·K)]	0.186	16.0	44.9	339	65.8

（1）氟塑料换热器所用的管子直径很小，分布在相同直径的管板上时，其数量可以达到较大直径金属管的几十倍。

（2）氟塑料换热器由于耐化学腐蚀性极好，所用管子壁很薄，通常只有 0.25～0.60mm，这有利于传热系数的提高。

（3）氟塑料的不黏性能使氟塑料换热器在使用过程中不易结垢，使换热器的传热效率可保持长期不降低。

制造氟塑料换热器的技术关键在于氟塑料管束和管板的连接。美国杜邦公司于 1965 年研制成功，1969 年制造出管壳式与浸没式的氟塑料换热器，我国 1973 年开始研制，郑州工学院与锦西化工厂分别试验了 F4 与 F46 两种管子的换热器，结构形式有管壳式（K 形）和浸没式（U 形）两种。浸没式没有管壳，塑料管直接浸入传热介质。氟塑料换热器使用的压强大小因使用温度的高低而异。

2）聚丙烯-石墨换热器

1975 年，某学院研制成功了石墨改性聚丙烯换热器，表 7-5 列出了不同石墨含量聚丙烯的导热率。当石墨含量太多时，虽然热导率较大，但挤出成型、力学性能和焊接性能都较差。综合多方面考虑，选定石墨含量为 40%～50%。

表 7-5　石墨改性聚丙烯热导率

石墨含量/%	测量温度/℃			热导率/[W/(m·K)]
	热面	冷面	平均	
20	82.8	62.1	72.4	0.45
30	81.3	60.9	71.1	0.71
35	80.8	62.0	71.4	0.80
40	79.9	68.5	74.2	1.65
50	78.6	71.8	75.2	3.02
55	77.1	71.1	73.1	3.47
60	78.8	74.5	76.6	4.78
70	78.7	75.2	76.9	6.44

注：表中数据系清华大学测定。

石墨的加入带来的好处还有线胀系数的降低和弹性模量的增加。当石墨含量为 50%时，线胀系数降低为原来的一半，弹性模量增大 70%，但拉伸强度及其焊缝拉伸强度也有所降低。聚丙烯-石墨换热器为列管式，除列管式采用石墨改性聚丙烯以外，其余部件均用聚丙烯制作，管子和管板连接采用接触加热挤压焊接。

3）聚氯乙烯-石墨换热器

1971 年，某厂研制了聚氯乙烯-石墨换热器，传热面积为 5～40m^2。表 7-6 列出了石墨改性聚氯乙烯的热导率。

表 7-6　石墨改性聚氯乙烯的热导率

石墨含量（100 目）/%	19	24	31	38	50
热导率/[W/(m·K)]	0.6	1.10	2.44	5.0	7.91

3. 热塑性塑料泵和风机

热塑性塑料泵的生产在我国尚未标准化、系列化，各企业均按企业标准进行生产。

德国某公司生产的 NM 系列化工泵，材料有高密度聚乙烯、聚丙烯、锯片二氯乙烯和超高密度聚乙烯，泵壳外用铸铁壳外包装，以防外部机械损伤。规格有 NM32-125、32-160、32-200、32-250，NM 40-125、40-160、40-200、40-250，NM 50-125、50-160、50-200、50-250，NM 65-160、65-200、65-250，NM-80-160、80-200、80-250 共 18 种。技术特性与我国金属耐腐蚀泵 IH 系列相当。

硬聚乙烯塑料制通风机一般用于输送许多对钢材类有腐蚀的气体，国内生产的风机尚无统一专用标准，其型号、规格均参照钢制风机的型号和规格。

7.4.2　塑料衬里设备容器的应用

1. PTFE 衬里设备（HG/T 20536－1993）

1）HG/T 20536—1993《聚四氟乙烯衬里设备》属于衬里采用 PTFE 板材焊接的设备，它的适用范围：设计温度，–20～180℃；设计压力≤0.6MPa（表压）；设备单节高度或长度≤1400mm；筒体直径≤2000mm。

2）衬里设备的结构设计

（1）衬里设备的金属壳体遵守 GB 150—2011《压力容器》。

（2）当衬里设备的壳体增加刚性时，应安排在非衬里侧。

（3）衬里设备的结构形状应尽量简单，衬里侧不能有影响衬里施工的构件。

（4）衬里设备的受衬面应平整光滑，所有转角部位应呈圆弧过渡，圆弧半径 R≥3mm。

（5）与衬里设备连接的所有零部件应设计成法兰连接结构，法兰应采用平面法兰。

（6）若衬里设备有内件（如花板、支撑圈等）时，则内件必须设计成可衬结构（如法兰连接结构或法兰夹持结构）或用耐腐蚀的材料制成。

（7）衬里设备内部的加热管、喷淋等应在衬里施工后安装，其外表与衬里的距离不小于 100mm。当加热管通过接管进入设备、加热管壁温度不超过 100℃时，可适当缩小上述距离，但最小间距不得小于 25mm。直接通入蒸汽加热时，不得使蒸汽直接冲刷衬里层。

（8）衬里设备壳体上应接轴向对称均布 2～4 个直径为 2～3mm 的排气检漏孔。

（9）受衬面的焊缝不得有气孔、咬边裂纹及任何其他形式的表面孔洞及未焊透等缺陷，焊缝表面应打磨光滑平整、无尖锐棱角，焊缝凸出高度小于等于 1mm，避免不连接、缝隙和尖端凸出结构，如图 7-7 所示。

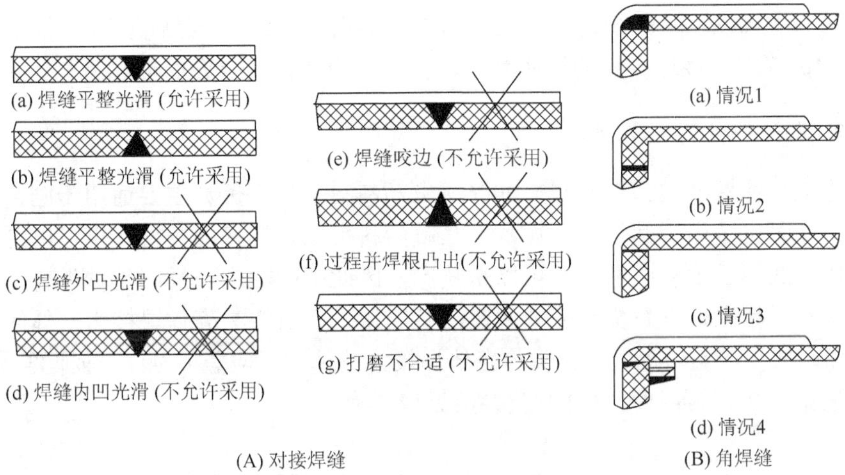

图 7-7　各种受衬面举例

焊缝不合格时可以修补。修补后仍应符合上述要求，但不得采用如树脂、腻子、填料和低熔点的钎焊、铜焊等填补。受衬设备上的机加工、焊接等工序必须在衬里之前完成。

经检验合格后的壳体应按照 GB/T 8923.1—2011《涂覆涂料前钢材表面处理　表面清洁度的目视评定　第 1 部分：未涂覆过的钢材表面和全面清除原有涂层后的钢材表面的锈蚀等级和处理等级》标准中 St2 级要求进行除锈处理。合格后应立即除去浮灰杂质并涂两道防锈底漆，然后再行衬里。衬里前，PTFE 板必须进行完好性试验。试验合格后的板材必须根据图纸要求进行裁剪。焊接表面应除去油污杂质，以免影响焊缝强度。PTFE 板材焊接采用热压塔接焊，塔接宽度不得小于 20mm。其焊缝强度不应低于母材强度的 85%。衬里层厚度一般不小于 2mm。法兰面的衬里应衬满密封面。

3）其他塑料衬里设备

有一种钢衬塑（龟甲衬里）设备时将钢网龟甲焊接与钢壳体表面，以 PE 为原料，采用滚塑技术一次整体成型于钢壳体表面，由于钢网龟甲与 PE 熔为一体且钢网焊于钢壳体表面，使 PE 难以脱离钢壳，因而是一种优异的耐腐蚀产品，该产品内衬面平整、光滑、坚固，具有耐腐蚀、耐磨损、寿命长等优点，是装运腐蚀液体的理想产品，也可应用于汽车运输槽罐、低压罐、真空罐、反应釜、交换柱等，已经应用于化工、冶金、医药、农药等行业，深受用户欢迎。

利用滚塑方法也可以制造其他流动性较好的氟塑料衬里设备，如 ETFE 和 PVDF 等。ETFE 和金属复合技术是美国杜邦公司研究应用的成果，此项工艺技术属于旋转烧结成型工艺。我国应用 ETFE 尚处于起步阶段，ETFE 材料主要应用于防腐蚀衬里，因为其既有与 PTFE 相似的耐腐蚀性，同时又有对金属特有的较强黏着特性，克服了 PTFE 与金属的难黏合缺陷，滚塑黏合后平均线胀系数为 1.49×10^{-4}℃$^{-1}$，接近碳钢的线胀系数，使之成为和金属复合的理想材料。

2. 氟塑料衬里反应釜

化工行业标准 HG/T 3915—2006《氟塑料衬里反应釜》主要适用于圆筒形反应釜，同时也适用于其他衬里设备，其氟塑料可以是焊接的板材，也可以是整体缠绕烧结成型、滚塑成型，还可以是喷涂，因此范围较广。反应釜种类有：全开式反应釜（指上、下封头与壳体通过法兰连接，下封头与壳体焊接为一体的反应釜）和闭式反应釜（上、下封头与壳体焊接为一体的反应釜）。反应釜种类、代号与标记见表 7-7；各种衬里材料及参数见表 7-8。

表 7-7　氟塑料衬里反应釜种类、代号与标记

产品种类	代号	标记
钢制壳体氟塑料衬里全开式反应釜	FQK	FQK 公衬容积-衬里材料英文代号/钢制壳体材料英文代号
钢制壳体氟塑料衬里半开式反应釜	FBK	FBK 公衬容积-衬里材料英文代号/钢制壳体材料英文代号
钢制壳体氟塑料衬里闭式反应釜	FBS	FBS 公衬容积-衬里材料英文代号/钢制壳体材料英文代号

表 7-8　反应釜各种衬里材料及参数

衬里材料	设计压力/MPa	设计温度/℃	适合工艺	适合产品种类
ETFE	≤1.0	−20～140	滚塑成型法、喷涂法	全开式、半开式、闭式反应釜
PEP		−20～140	黏结焊接组合法	全开式反应釜
PFA		−20～250	滚塑成型法、喷涂法	全开式、半开式、闭式反应釜
PTFE		−20～250	缠绕焊接组合法	全开式反应釜
PVD		−20～250	黏结焊接组合法	全开式反应釜

3. 氟塑料换热器

PTFE 与其他金属材料相比，热导率很小，为 0.2W/(m·K)，但由于 PTFE 几乎没有腐蚀，其表面是非黏着性的，污垢的生成可以忽略，这就弥补了热导率小的缺点，可以等于或大于其他非金属材料热交换器的换热效果。氟塑料换热器种类有管壳式热交换器、盘管式热交换器等。金属的管壳式热交换器有国家标准 GB 151—2014《热交换器》，氟塑料换热器可以参照其要求进行设计。

管壳式热交换器是将 PTFE 传热管（管外径 2.51～6.35mm）装入金属（或玻璃纤维加强塑料）制的壳体中。腐蚀性介质在管内，加热或冷却介质在壳侧流动。管板结构是把 PTFE 管束集中到环形室 PTFE 管板，通过自身熔化、固化成蜂窝状整体结构。温州赵氟龙有限公司研制的新型管壳式 PTFE 热交换器通过密封圈固定在管板上，避免了小管自身熔化强度不够而易损坏泄露的缺陷，具有寿命长、不结垢、质量轻、体积小的优点。

PTFE 管壳式热交换器的特点是：适用于温度为–25～250℃，工作压力小于等于 0.3MPa 条件下各种强腐蚀性介质的热交换。

参 考 文 献

[1] 化工工业部化工机械研究院. 腐蚀与防护手册：耐蚀非金属材料及防腐施工. 北京：化学工业出版社，1991.

[2] 刘敏江. 塑料加工技术大全. 北京：中国轻工业出版社，2001.

[3] 温耀贤，李亨仓，温勇. 塑料容器. 北京：中国轻工业出版社，2001.

[4] 天华化工机械及自动化研究设计院. 腐蚀与防护手册：耐腐蚀非金属材料及防腐施工. 3 卷. 2 版. 北京：化学工业出版社，2008.

[5] 左景伊，左禹. 腐蚀数据与选材手册. 北京：化学工业出版社，1995.

[6] 中国腐蚀与防护学会. 化学工业中的腐蚀与防护. 北京：化学工业出版社，2001.

第 8 章　搪玻璃压力容器的耐腐蚀性及应用

8.1　概　述

搪玻璃（glass lining）设备是将含硅量高的瓷釉涂于金属表面，在 950℃左右搪烧，使瓷釉密着于金属铁胎表面制成的。因此，它具有类似玻璃的化学稳定性和金属强度的双重优点。搪玻璃设备（glass lined equipment）广泛适用于化工、医药、染料、农药、有机合成、石油、食品制造和国防工业等工业生产和科学研究中的反应、蒸发、浓缩、合成、萃取、聚合、皂化、矿化、氯化、硝化等，以代替昂贵的不锈钢和有色金属。

150 年前，美国法德尔（Pfaudler）公司生产了世界上第一台搪玻璃设备，之后的 100 多年来，搪玻璃产品在世界 10 多个国家得到了发展。20 世纪以后，世界各国的搪玻璃设备制造业均处于停滞状态，唯独中国在迅速发展。我国于 1953 年在某厂制造出第一台用于工业的 100L 搪玻璃设备（俗称工业搪瓷）。而后，北京、上海先后也制造了搪玻璃设备。1977 年，第一届全国搪瓷化工设备行业大会之后，当时，国内不足 20 家搪玻璃生产厂相继得到发展。国家改革开放，化工、医药行业的发展，更促进了搪玻璃行业的快速发展。如今，中国的搪玻璃设备生产企业已达 100 多家，特别在江苏和山东淄博发展迅速[1]。

当前我国搪玻璃工业发展与发达国家主要差距在产品标准的执行、瓷釉水平、设备开发能力、搪烧工艺和工装设备、焊接水平等方面，产品质量与世界先进水平还有一定的距离[2]，常见搪玻璃设备如图 8-1 所示。

我国搪玻璃设备设计制造检验的主要依据标准[3-5]：TSG 21—2016《固定式压力容器安全技术监察规程》、GB 150—2011《压力容器》、GB 25025—2010《搪玻璃设备技术条件》等。

8.1.1　定义

1. 搪玻璃定义

搪玻璃：在金属基体上涂覆玻璃质釉（玻璃体为主，含有少量磨加物、气泡等），经高温烧成熔合成一种耐强酸、耐碱、耐高温、耐磨、表面光滑清洁的功能性衬里材料。

(a)　　(b)

图 8-1　常见搪玻璃设备

2. 搪瓷的定义

搪瓷（porcelain enamel）：金属表面涂覆多层瓷釉，在 800℃左右的炉里烧成，两者发生物理和化学反应，瓷釉与金属结合成一层复合材料。

3. 搪瓷与搪玻璃的区别

1）化学成分

搪瓷的二氧化硅含量一般在 50%以下，还含有一定数量的乳浊剂、气泡和结子（未熔化的石英晶体颗粒），硅酸盐网格结构不够完整。搪玻璃的二氧化硅含量一般在 60%以上。瓷层表面不能含有气泡和结子，一般不含乳浊剂，硅酸盐网格结构比较完整。

2）磨加物

搪瓷磨加物中含有较多的悬浮剂（6%～7%）、电解质、乳浊剂、色素等。搪玻璃为了提高玻璃层的致密度，磨加物中的悬浮剂较少（3%～3.5%），电解质含量较少，同时不含乳浊剂、色素等。

3）金属胚体

搪瓷一般采用薄钢板，钢板厚度在 1mm 以下。搪玻璃由于考虑搪烧的刚度和压力容器的安全，一般采用厚钢板，钢板厚度在 6mm 以上。

4）涂搪工艺

搪瓷可采用浸搪、喷搪和流动涂搪及静电涂搪等。搪玻璃由于产品结构比较复杂，一般采用机械喷搪或手工喷搪。

5）烧成工艺

搪瓷可以采用间隙式或连续式烧成炉烧成。搪玻璃由于产品结构和设备自重的原因，一般采用间隙式烧成炉烧成。

搪玻璃烧成温度一般高于搪瓷烧成温度，搪玻璃烧成次数一般多于搪瓷烧成次数。

6）产品性能

搪瓷产品只能耐弱酸、弱碱溶液，一般使用温度不超过 100℃。搪玻璃产品能耐强酸（氢氟酸除外）和碱溶液，一般使用温度不超过 200℃。

4. 搪玻璃容器的定义[6]

（1）开式搅拌容器：筒体上设置与筒体等径高颈法兰的带搅拌装置的搪玻璃容器。

（2）闭式搅拌容器：容器封头上设置小于 1/2 封头直径的高颈法兰的带搅拌装置的搪玻璃容器。

（3）开式贮存容器：容器上设置与筒体等径高颈法兰的搪玻璃贮存容器。

（4）闭式贮存容器：容器封头上设置小于 1/2 封头直径的高颈法兰的搪玻璃贮存容器。

（5）卧式贮存容器：容器筒体横卧的搪玻璃贮存容器。

（6）碟片式冷凝器：由两碟片经焊制并搪玻璃，重叠组合的冷凝器。

（7）双锥形回转式干燥机：由双重圆锥对接而成的本体和夹套组成的搪玻璃回转干燥机。

（8）套筒式换热器：由两个进行加热或冷却的夹套腔体和一个塘玻璃腔体组合的搪玻璃套筒式换热器。

其中，搪玻璃容器总体结构如图 8-2 所示。

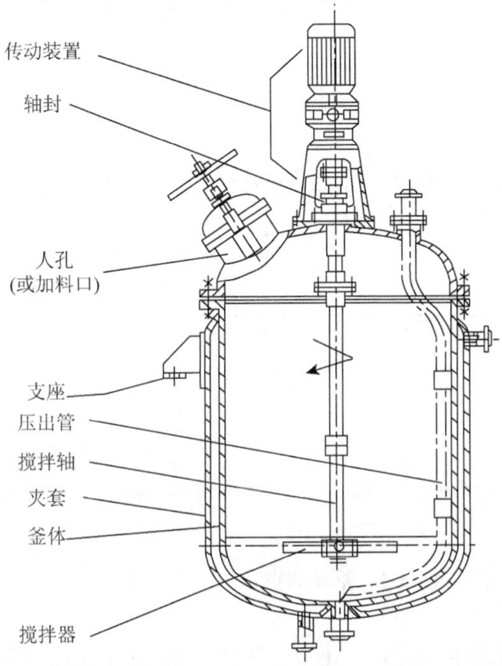

图 8-2　搪玻璃总体结构示意图

8.1.2　搪玻璃容器生产工艺流程

搪玻璃容器生产工艺流程主要为金属基体的制造、搪玻璃釉的配制和搪玻璃釉涂在金属基体上进行搪烧，产品经检验合格后包装出厂，整个生产工艺流程如图 8-3 所示。

8.1.3　搪玻璃设备分类

1. 搅拌容器类

搅拌容器的型式可分为搪玻璃开式搅拌容器和搪玻璃闭式搅拌容器两大类。每一大类相同公称容积又分为瘦长型（L 系列）和矮胖型（S 系列）。

1）搪玻璃开式搅拌容器（GB/T 25027—2010《搪玻璃开式搅拌容器》），公称容积系列为 50～5000L。其中 L 系列为 9 个规格品种，S 系列为 9 个规格品种[7]。

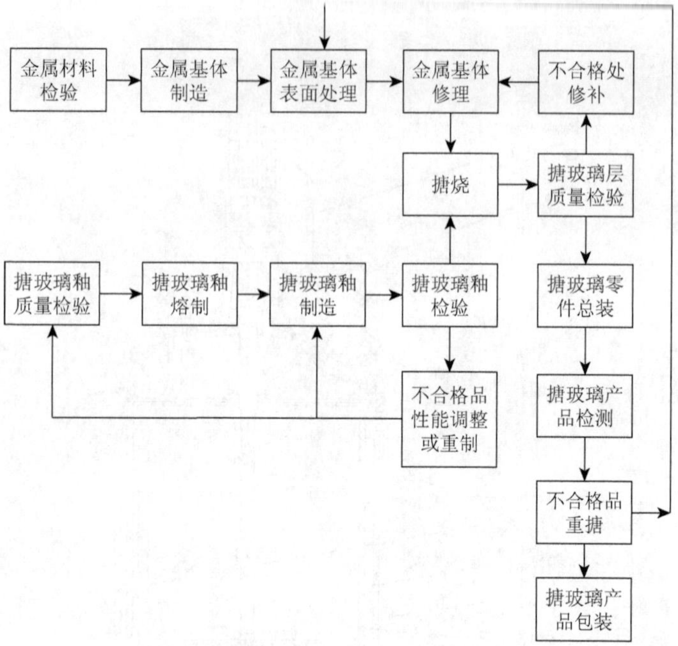

图 8-3　搪玻璃设备生产工艺流程图[1]

2）搪玻璃闭式搅拌容器（GB/T 25026—2010《搪玻璃闭式搅拌容器》），公称容积系列为 2000～40000L。其中 L 系列为 10 个规格品种，S 系列为 10 个规格品种[8]。

2. 贮存容器类

贮存容器其型式可分为搪玻璃开式贮存容器、搪玻璃闭式贮存容器和搪玻璃卧式贮存容器三大类。

搪玻璃开式贮存容器（HG/T 2373—2011《搪玻璃开式贮存容器》），容积系列为 50～5000L，共 14 个规格品种[9]。

搪玻璃闭式贮存容器（HG/T 2374—2011《搪玻璃闭式贮存容器》），容积系列为 3000～80000L，共 15 个规格品种[10]。

搪玻璃卧式贮存容器（HG/T 2375—2011《搪玻璃卧式贮存容器》），容积系列为 3000～100000L，共 16 个规格品种[11]。

3. 蒸馏容器类

搪玻璃蒸馏容器（HG/T 3126—2011《搪玻璃蒸馏容器》）的型式可分为开式（K 型）和闭式（F 型）。容器带夹套用于蒸汽加热或电加热[12]。

搪玻璃开式蒸馏容器，容积系列为 300～5000L，共 8 个规格品种。

搪玻璃闭式蒸馏容器，容积系列为 1000～8000L，共 7 个规格品种。

4. 塔节类

搪玻璃塔节（HG/T 3127—2009《搪玻璃塔节》）由塔身和塔顶两部分组成。塔身为 A 型，塔顶为 B 型，塔的总高度由塔身长度决定，塔身的公称直径 DN300～DN1600，共 14 个直径系列可供选用[13]。

5. 双锥形回转式真空干燥机类

搪玻璃双锥形回转式真空干燥机（HG/T 3684—2011《搪玻璃双锥形回转式真空干燥机》），容积系列为 200～5000L，共 11 个规格品种，结构类型分普通型和洁净型两种，传动电动机分防爆型和非防爆型[14]。

6. 换热设备类

（1）搪玻璃冷凝器，分为搪玻璃碟片式冷凝器（HG/T 2056—2011《搪玻璃碟片式冷凝器》）和多孔搪玻璃片式冷凝器（HG/T 4298—2012《多孔搪玻璃片式冷凝器》）两种，以每片碟片传热面积为 $0.5m^2$、$1m^2$、$2m^2$ 进行组合，分别以 P0.5、P1、P2 表示[15，16]。

P0.5：组合后的传热面积为 $1～5.5m^2$，共 10 个规格品种。

P1：组合后的传热面积为 $4～11m^2$，共 8 个规格品种。

P2：组合后的传热面积为 $10～22m^2$，共 7 个规格品种。

（2）搪玻璃套筒式换热器（HG/T 2376—2011《搪玻璃套筒式换热器》），套筒式换热器换热面积为 $2m^2$、$2.5m^2$、$4m^2$、$6m^2$、$8m^2$、$10m^2$、$12m^2$、$16m^2$，共 8 个规格品种。上述的搪玻璃设备均已制定为产品标准[17]。

（3）搪玻璃薄膜蒸发器，搪玻璃薄膜蒸发器结构形式和基本参数 HG/T 4299—2012《搪玻璃薄膜蒸发器》[18]。

（4）搪玻璃列管式换热器，未列入搪玻璃产品标准，按用户需要订货，传热面积为 $2.9～21.6m^2$，共 8 个规格品种。

（5）搪玻璃套管式换热器，未列入搪玻璃产品标准，按用户需要订货，单套传热面积小于 $1m^2$。

（6）搪玻璃 U 形管式换热器，未列入搪玻璃产品标准，按用户需要订货，传热面积为 $0.2～10m^2$。

7. 小型搪玻璃搅拌容器类

用于实验室的开式小型搅拌容器，为 5L、10L、20L、30L 共 4 个规格品种。

未列入搪玻璃产品标准。

8. 过滤器类

（1）搪玻璃自动开闭形过滤器分过滤面积为 $0.5m^2$ 和 $1m^2$ 两个规格品种，未列入搪玻璃产品标准。

（2）搪玻璃滤板式过滤器型式分 A 型和 B 型，未列入搪玻璃产品标准。A 型过滤面积 $0.12 \sim 1.13m^2$ 共 6 个规格品种。B 型过滤面积 $0.12 \sim 1.13m^2$ 共 6 个规格品种。

9. 水喷射泵类

搪玻璃水喷射泵分 ASB-30 型和 ASB-100 型两个规格品种，未列入搪玻璃产品标准。

10. 干燥机类

搪玻璃 VD 型振动流动真空干燥机，实际容积 $0.21m^3$、$0.41m^3$、$0.58m^3$、$0.96m^3$、$1.46m^3$、$2.04m^3$ 共 6 个规格，未列入搪玻璃产品标准[1]。

8.1.4 搪玻璃压力容器的搪烧

1. 搪玻璃釉的性能[6]

搪玻璃釉一般分为底釉和面釉。主要有石英、长石、黏土等耐火原料和硼砂、硼酸、硝酸钠、硝酸钾、硝酸钡、纯碱等易溶化工原料，以及改善性能的碳酸锂、碳酸钡、碳酸钙、氧化锌等，按一定比例混合，经高温熔融，急剧冷却成粒状或片状的硼硅酸盐玻璃质。

搪玻璃釉物理力学性能见表 8-1。

表 8-1 搪玻璃釉物理力学性能

物理力学性能	数值	物理力学性能	数值
密度/（g/m^3）	2.3～2.7	抗弯强度/MPa	25～50
比热容/[kJ/（kg·℃）]	0.84～1.26	弹性模量/MPa	1300～1700
热导率/[10^{-6}W/（m·K）]	3.56～3.77	体膨胀系数/（$10^{-6}K^{-1}$）	24～36
软化点/℃	650～850	瓷釉厚度/mm	0.8～1.5
熔化温度/℃	800～900	耐电压/V	20000
抗拉强度/MPa	30～90	硬度/莫氏级	5～7
抗压强度/MPa	600～1250		

搪玻璃试件理化性能应达到表 8-2 的要求。

表 8-2 搪玻璃试件理化性能

性能	CH			WCH
	通用型	耐酸型	耐碱型	
耐 20%沸腾盐酸 48h 腐蚀性/[g/(m²·d)]	≤1.6	≤0.5	≤3	—
耐 0.1%、80℃氢氧化钠 24h 腐蚀性/[g/(m²·d)]	≤5	≤8	≤2.5	—
耐柠檬酸性	—	—	—	≥A 级
耐碳酸钠性	—	—	—	≥A 级
耐温差急变性/℃	≥200	≥180	≥180	>200
耐机械冲击性/10^{-3}	≥220	≥220	≥220	>200

注：CH 为用于强腐蚀介质的容器，WCH 为用于弱腐蚀介质的容器。

2. 搪玻璃釉的烧成[1]

喷涂在制品表面的粉层干燥后，送入相应温度为 780～960℃的烧成炉中使瓷釉熔融，把附着的瓷釉颗粒转化为连续的玻璃相的过程，称为烧成。同时钢板与瓷釉经过较复杂的反应形成了牢固的密着。面釉与底釉也充分地熔合在一起，在这些反应过程中就是依靠高的温度进行物理、化学作用，将粉层里的大量气体排出。

烧成过程中的主要参数取决于烧成温度、烧成时间及瓷釉的组成，有什么样的瓷釉组成，就对应着相应的烧成温度；烧什么样的制品，也就对应着相应的烧成时间。对烧成温度来说，就是制品达到要求的烧成效果所需要的温度，确切地说应该是烧成温度范围。从理论上可以理解为：干燥后，粉层中的固体粒子（釉粒、黏土、其他磨加物）相互熔合成为连续相，也就是成为完整的瓷层所需的能量；使处于“过冷液体”状态的釉块（粒子）恢复到熔融态（黏度为 100～1000Pa·s）所需加入的能量，工艺上将这种再次液化也称为“熔融”所需的温度（能量），也就是所说的烧成温度。

烧成温度和烧成时间在制品的烧成过程中有着密切的关系，两者可以相互补偿和调节。一般情况下，烧成时间所引起的影响不如烧成温度的影响大。烧成过程中宜以烧成温度为主，以调节烧成时间的长短来配合烧成温度的高低，烧成的温度越高，制品的升温速度越快，制品内外表面的温差也越大，这样就会产生“外焦内生”“外沸内生”或形成焦斑、底釉密着不良、面釉耐酸性能差等缺陷。烧成的温度较低，制品的升温速度较慢，制品内外表面的温差小，因而烧成温度一致，质量比较稳定。所以烧成温度稍低、烧成时间略长的所谓“低温长烧”方法是有利于提高产品质量的一种有效的烧成方法。对于结构复杂的搪玻璃制品来说，由于制品的某一部位的升温往往不同于另一部位的升温，引起烧成程度的不一致，所以也适宜采用低温长烧的烧成方法。

总之，搪玻璃制品的烧成可总结为两大目的：第一，使涂层与底材之间建立微观结构上的键合，形成新的复合材料；第二，使最后所得的瓷面具有符合预定的功能和要求。

1）底釉的烧成

按搪玻璃制品的工艺秩序分为底釉的烧成和面釉的烧成，两者的工艺制度略有区别，烧成过程均需在氧化气氛中进行。尤其是底釉的烧成，氧化气氛是钢板与底釉密着的必备条件。

（1）底釉层的烧成过程分为以下几个阶段。

第一阶段为从室温至约为400℃的温度范围，此阶段主要是物理、化学变化：①固体吸附水的蒸发排除；②有机物分解、燃烧、气化、逸出；③某些电解质的结晶水脱去；④某些电解质分解放出气体；⑤开口气孔形成，提供气体通道；⑥粉层烧缩微裂，形成气体通道；⑦外来氧穿过通道，达到坯面；⑧界面的铁开始氧化且逐渐加强。

此阶段的主要现象为“气体通道”形成，坯面氧化；液相烧结开始出现。

第二阶段的温度为400～700℃，也主要是物理、化学变化：①黏土脱水（OH^-被破坏）；②粉层裂纹增多、变大，但不久即弥合；③电解质挥发、分解、熔融或参与共熔；④釉粒烧结、液化；⑤熔体黏度和表面张力下降，并湿润坯面；⑥开口气孔闭合；⑦界面铁氧化加剧（靠密着剂），然后减弱；⑧铁（Fe）对四氧化三铁（Fe_3O_4）的还原开始并加强。

这一阶段的主要现象为液相烧结，“气体通道”消失，FeO溶解量增加。

第三阶段的温度为700～900℃，主要的物理、化学变化有：①闭气孔大部分排除或完全消失；②釉层表面变光亮；③氧化亚铁（FeO）在熔融的瓷釉中饱和。

此阶段的主要现象为密着形成，瓷面至密化、光亮。

第四阶段为冷却阶段，主要变化为：①各种化学变化停止；②釉层内质点重排，以适应下降中的温度变化，但实际上半途冻结；③各种性能被固定。

最后阶段的主要现象为冷却后“冻结”。

底釉烧成的这四个阶段即为瓷釉与钢坯的互渗层与密着层形成的全过程。烧出的底釉其特征一般为灰黑色（有时略显黄褐色）橘皮状釉层。其厚度范围一般为0.15～0.3mm，对制品来讲，如果是外搪件，如搪玻璃搅拌器、温度计套管等，一般取以上底釉厚度范围的下限；如果是内搪件，如搪玻璃反应容器，其底釉厚度在底釉规定的厚度范围上限也是可以的。底釉层偏厚，对下一步的面釉烧成不利，对产品质量也不利。底釉层的烧成效果是保证搪玻璃制品质量的关键控制点。

（2）底釉制品的质量。烧出的底釉制品，其质量的好坏和所形成密着层的质量有直接关系。如果在底釉的烧成过程中形成密着层和互渗层的质量差，这将直接影响着搪玻璃制品的内在质量。

烧好底釉层是整个搪烧工艺过程的关键。若烧出的底釉层问题较多，应及时修磨喷涂（针对底釉缺损部位）第二遍底釉。总之，底釉未烧好之前，不允许喷烧面釉。

密着层的形成过程。附着于金属坯体的粗松粉层，在瓷釉熔融时，金属表面氧化，使得瓷釉与金属由于浸润的物理作用而产生各种化学反应，并同时伴随着瓷釉与金属界面上的各种化合物的相互扩散、渗透、溶解等物理作用，因而使瓷釉与金属两个不同性质的物质形成化学的原子化合、物理的分子结合、机械的铆合而形成密着层。

互渗层的形成过程：①两相界面之间互相交换成分；②界面处由于瓷釉软化点的不同引起的相互渗透与扩散；③层间界面的机械铆合而产生互渗；④气体逸出时引起组分间的混合而导致互渗。互渗层的产生可使两相间产生牢固的结合，形成机械强度好的瓷层。

烧成温度和烧成时间。根据瓷釉的成分和工艺要求，在相应的烧成温度和烧成时间范围内，底釉制品出炉前恒温一段时间是必要的，对密着层、互渗层的形成极其有利，从而得到较好的烧成效果。这里最重要的一个问题就是烧成底釉时，必须严格执行相应的工艺制度。在工艺温度范围内，利用此范围的上限温度烧成，时间若长一些，对底釉的烧成来讲是没有问题的。因为几乎所有的底釉烧成范围较宽。也就是说，底釉的烧成温度相对高一点，时间长一点，一般不会引起底釉的质量问题。相反，烧成不足的底釉，容易出现质量问题。

2）面釉的烧成

面釉的烧成较底釉烧成简单。烧成面釉的温度需满足两个条件：其一是足以形成光亮平滑、致密细腻的瓷面；其二是不致引起底釉的“再沸”或底釉上泛冒出面釉表面。

按面釉层的功能和对瓷层的技术要求，面釉层的烧成均需涂烧 2～6 遍才能达到相应的理化指标。其烧成过程正是瓷釉本身的熔融过程，同时面釉层同底釉层彼此黏合、互渗、铆合。从理论上看，不管是一层面釉还是多层面釉，其烧成过程都不复杂。它既没有与金属坯体发生反应，也没有与已搪烧过的底釉发生复杂的化学作用。

面釉的烧成如同底釉的烧成一样，熔融前后会放出水分和气泡。由于面釉层同金属坯体之间隔着一层底釉，因而面釉层基本上不与金属坯体发生反应。在面釉烧成的同时，底釉软化而与熔融的面釉结合。一般情况下，喷烧第一遍面釉的烧成温度，要与底釉的烧成温度相接近，已达到较好的熔合程度。在后几遍面釉的烧成温度通常低于底釉的烧成温度 20～60℃。当面釉已经充分熔融到黏度为

1000Pa·s 时，底釉才刚刚软化，并开始两层间的机械混熔。此时，在面釉同底釉的接触面上出现局部相互融合和两者的密着现象。这一熔合过程同陶瓷坯体上挂釉或两种玻璃互相熔接的过程类似。底釉同面釉的物理性能和化学性能都是很接近的，因此当它们相互熔合时，可以获得牢固的密着强度。烧成面釉的温度一定选得同底釉的软化融合温度相适应，不能相差过于悬殊。如果底釉比面釉的熔融温度高太多，则当面釉熔融时底釉尚未软化，面釉无法与底釉结合良好，形成底面釉的密着不良。反之，底釉易熔，则在面釉烧成时，底釉也会趋于熔融而超量地渗透到熔融的面釉中，面釉也会大量地渗透、熔合到底釉中，减弱底釉与钢坯的密着。

烧成制度不健全，甚至达不到搪玻璃的工艺要求。具体地说，烧成温度的高低与烧成时间的长短都会给瓷层带来严重缺陷。当烧成温度过低、烧成时间过短时，面釉的表面烧出后无光甚至布满气泡。当烧成温度过高、烧成时间过长时，易降低瓷层的弹性和出现爆瓷现象。

因此烧面釉时，每一遍面釉的烧成温度必须呈梯度降低（在瓷釉的烧成温度范围内）。

实际上面釉的烧成过程就是面釉与底釉的融合及形成瓷层表面性能的过程。大部分专家认为，这种底釉与面釉的层间软化、融合、反应是相互间的交换成分，而形成了一种化学成分介于底面釉之间的中间层。

对底釉层和面釉层在熔融过程中相互交换成分而形成的中间层，搪瓷专家苟文彬提出的苟氏理论进行了这样的解释：底釉与面釉的化学组成、表面张力、黏度及高温下熔体的分子吸力等都是不同的。因此，两相（底釉和面釉）的界面间是不稳定状态。但是，在烧成过程中由于热力学、动力学及硅酸盐物理化学复杂反应的结果，这种不稳定的界面能逐步自动地调整其原始结构，以实现一种新的综合平衡，从而达到稳定。这种新的综合平衡实际上就意味着交换了成分，生成了中间层，这就是我们常说的底面釉的中间互渗层。此互渗层主要靠四种形式来实现。

（1）由两相界面导致的互渗。当底面釉两相都含有表面能小、亲和力强的组分时，在熔融状态下能彼此富集于两相界面，大大降低界面两侧熔体的表面张力，促进界面两相的“液体混流”，从而在瓷层中形成了含有新混合晶体的区域，即中间互渗层。

（2）由于两相的不同软化点所导致的互渗一般底釉的软化点都略高于面釉，这样能促进两相界面间的互渗。因为首先软化而熔融的面釉，将产生两个主要作用：第一，先于底釉熔化的面釉，紧贴附于未完全软化的底釉表面，使其界面间形成共熔区，从而极大地降低了两相界面的熔点和黏度。正因为产生了这种新的低共熔体而先于界面两侧熔融，当面釉和底釉全部熔融时，它们的界面间早已进行了液体混流。第二，面釉中的某些极细粉粒先于较粗粉粒软化熔融，依靠它们良好的流动性，剧烈地浸润处于软化阶段黏度大的底釉，使局部地方形成了点状纵向低共熔带。当底釉熔融时，面釉的成分已经深深陷入底釉层并相互交织在一起，造成更深一层的层间互渗。

（3）层间界面的机械互渗。搪玻璃工作者为了扩大底釉的烧成范围，往往在球磨时添加部分难熔原料，像石英、长石和某些金属粉等，这不仅有利于底釉与金属坯表面实现良好的互渗（密着），而且经过涂烧后还造成了底釉表面呈现一些不规则的铆点状固体粒子。当面釉烧成时，凸出于底釉表面的铆点，深深楔入面釉层，扩大了两相间的接触面，引起了两相间的机械锁链的连接作用，从而增大了瓷层的强度。

至于熔点高的磨加物能单独存在于瓷釉中的问题，如前所述，主要是由于在烧成温度范围和短暂烧成时间内，不可能充分溶解于玻璃相中。它们中的大部分仍以原始晶态粒子形式镶嵌于瓷层空间。然而其中的相当一部分必然凸出于瓷层的表面，导致上述的机械铆合。

（4）釉层间液体沸腾导致的互渗。在瓷釉处于软化状态以后，层内的各种气体（如来自金属中的 CO_2、H_2，底釉中潜伏气体和从面釉磨加物中分解的气体）由于受到釉面流动而孔道封闭所产生的压力，将发生如下现象：①气体无法顺利逸出而导致体积不断膨胀，气泡内的压力增大；②随着气体压力的增大，气体就向周围空间扩展，直到从液面中逸出而留下气孔，凡是来不及逸出的气体则在液体或液面呈现气泡；③随着烧成时间的延长，熔体的黏度下降，流动性增强，加上熔体的分子引力作用，使因气体逸出所造成的气孔不断弥合；同时未突破的气泡也随之破裂。然而，本阶段的总趋势仍是弥合。

在进行气体的加压—逸出—弥合的过程中，两相始终处于气体作用的运动状态，促使层间熔体的混熔与渗透。此现象称为气体作用的“液体沸腾互渗现象”。

在烧成过程中，底面釉两相复杂的混熔作用，所产生的中间层与底面釉两相的化学组成及其结构有了大的改观。也就是说，改变了两相的原始物理、化学性能，如膨胀系数、弹性模数等性能，使两相界面的性能通过中间层而趋向接近，保证了底釉与面釉两相的牢固结合。

搪玻璃设备预烧时间见表 8-3。

表 8-3　搪玻璃设备预烧时间　　单位：min

规格	罐身	罐盖	贮罐
500L	14～20	8～14	14～20
1000L	18～24	14～20	18～24
1500L	20～26	17～23	18～25
2000L	20～26	18～23	20～27

续表

规格	罐身	罐盖	贮罐
3000L	28～34	22～29	22～29
5000L	32～38	24～31	24～31
6300L	38～46	30～37	—
8000L	44～51	30～37	—
10000L	48～56	—	42～52
12500L	48～57	—	—
15000L	54～62	—	50～58
20000L	70～80	—	66～75

注：①搪玻璃设备预烧是消除应力、烧坏去油、除杂等综合过程。

②本表中对应温度范围为：装炉温度 860～960℃，预烧温度 840～940℃。

③本表中预烧时间仅供参考。具体情况根据炉温在工件温度升至 900℃时保温一段时间即可出炉。

搪玻璃设备烧成时间见表 8-4。

表 8-4　搪玻璃设备烧成时间　　单位：min

规格	罐身	罐盖	贮罐
500L	16～22	10～15	16～22
1000L	20～26	16～20	20～26
1500L	22～28	18～25	20～26
2000L	22～29	19～25	22～29
3000L	30～38	24～32	24～32
5000L	30～42	24～34	26～36
6300L	38～48	30～40	—
8000L	42～54	30～42	—
10000L	50～62	—	42～52
12500L	50～64	—	—
15000L	56～68	—	—
20000L	68～80	—	68～78

注：①本表对应烧成温度为：底釉 900～960℃，面釉 880～940℃。

②本表中对应烧成温度为第一遍面釉烧成时间，其他遍数的烧成时间根据遍数依次递减。

③时间范围仅供参考，具体情况要根据烧成炉炉温及烧成炉大小作相应改变。

8.2　搪玻璃压力容器的耐腐蚀性

在设计和选用搪玻璃设备上要充分考虑物料介质的特性，这是搪玻璃压力容器使用中的基本考虑因素。搪玻璃设备虽然适用于各种浓度的有机酸、无机酸、有机溶剂及弱碱等介质或物料的反应、聚合、贮存、换热等化工过程，但有些介质的特性不适用于搪玻璃压力容器的使用[19]。

1）任何浓度和温度的氢氟酸及含有氟离子的介质或物料

搪玻璃设备能允许一定量的氟离子，但在操作过程中化学物质周期性加入，使氟离子浓度不断增大，如在强腐蚀的环境中氟离子浓度可高达 20mg/L，这时应引起高度重视，氟的聚合物（如 PTFE）能游离出足够的氟离子而损坏搪玻璃层；回收酸中，特别是 HCl，一般含有较高的氟离子；有的含氟化合物可作为反应物而不会有损伤作用，但如果发生分解，则会损害搪玻璃层。

2）浓度大于 30%、温度大于 180℃的磷酸介质或物料

通过加热 24h 磷酸搪玻璃层腐蚀实验数据分析，当浓度较大且在煮沸的状态下，搪玻璃层的腐蚀量为 $0.917mg/cm^2$，而在浓度为 20%、同样在煮沸的状态下腐蚀量仅为 $0.032mg/cm^2$，数据巨大的差异明显反映出浓磷酸对搪玻璃层的损伤。

3）pH 大于 12 且温度高于 80℃的碱性介质或物料

例如，在实际化工工艺过程中有时需通过加入热的强酸或强碱来调节物料的 pH，这种高浓度的强碱有很强的腐蚀性，若从设备管口注入，强腐蚀物料顺管壁流下，就会强烈腐蚀管口和容器内壁。通过加热 24h 氢氧化钠腐蚀实验数据分析，当浓度为 20%且煮沸的状态下，搪玻璃层的腐蚀量为 $1.4mg/cm^2$，强碱对搪玻璃的危害值得重视。

8.3　搪玻璃压力容器的腐蚀机理

8.3.1　碱的腐蚀

搪玻璃层一般不耐碱，碱对瓷层的侵蚀是通过 OH^-破坏硅氧骨架（≡Si—O—Si≡键）而产生≡Si—O—群，使 SiO_2 溶解在溶液中。所以，在瓷层侵蚀过程中，不形成硅酸凝胶薄膜，瓷层的侵蚀程度与侵蚀时间呈直线关系。

瓷层受碱侵蚀的过程可分为如下三个阶段。

第一阶段：碱溶液中的阳离子吸附在玻璃表面上。

第二阶段：由于阳离子有束缚其周围 OH^-的作用，因此，当阳离子吸附在玻

璃表面的同时，玻璃表面附近的 OH^-浓度相应增高，起着“攻击”和断裂玻璃表面硅氧键（≡Si—O—Si≡）的作用。

第三阶段：≡Si—O—Si≡骨架被破坏后，产生≡Si—O—群，最后变成了硅酸离子。有时它和吸附在瓷层表面的阳离子形成硅酸盐，并逐渐溶解在碱溶液中[1]。

8.3.2　酸的腐蚀

酸的腐蚀以氢氟酸及浓磷酸腐蚀较为典型，氢氟酸及浓磷酸会严重腐蚀瓷层。

氢氟酸与瓷层的主要成分 SiO_2 反应，形成蒸气的状态的 SiF_4。

$$SiO_2+4HF \longrightarrow SiF_4\uparrow+2H_2O$$

浓磷酸是多种磷酐水合物的混合物，其主要存在形态取决于溶液中 H_2O/P_2O_5 的摩尔比。浓磷酸具有脱水倾向，在 200℃以下，浓磷酸主要以正磷酸（$3H_2O\cdot P_2O_5$）的形态存在，但在 200℃以上，正磷酸脱水而转变为焦磷酸（$2H_2O\cdot P_2O_5$）。正磷酸和焦磷酸对搪瓷面具有不同的腐蚀性。

85%的浓磷酸对搪瓷面的腐蚀首先是侵蚀瓷釉表面的非网络形成剂，在瓷釉表面生成了富氧化硅的保护膜，阻缓了进一步的腐蚀。与浓磷酸相比，焦磷酸具有较强的酸性，其电离常数 $K_1=10^{-1}$，是正磷酸（$K_1=75\times10^{-3}$）的 12 倍，因而对搪瓷面具有较强的腐蚀作用。焦磷酸和玻璃的作用首先是磷酐和硅酐在搪瓷表面进行了相互交换，即：$(HO)_2P(O)(O)P(O)(OH)_2+\equiv SiOSi\equiv \longrightarrow 2[(H_2O)P(O)Si\equiv]$ 再经过进一步的缩合就生成了磷酸硅晶体。由于大部分搪瓷面可溶于焦磷酸溶液，并产生磷酸盐晶体，可以认为焦磷酸首先是侵蚀瓷釉中非网络形成剂，使之脱离氧化硅网络；其次与氧化硅网络作用而生成磷酸硅晶体。在温度较低及焦磷酸含量较少的情况下，氧化硅网络和焦磷酸作用生成了含 P_2O_5 较少的晶体，即 $3SiO_2\cdot 2P_2O_5$ 晶体，在较高温度和焦磷酸含量较大的情况下，生成的晶体 P_2O_5 的成分增加。

所以，焦磷酸对搪玻璃设备的腐蚀是相当严重的，生成的反应产物不能形成连续的保护性膜层[1]。

8.3.3　搪玻璃压力容器的破坏形式及原因

搪玻璃压力容器的破坏通常源于搪玻璃层的损坏。搪玻璃层是一种非常脆的非金属材料，其延伸率近似为 0，抗拉强度的上限小于金属基体的许用应力。搪玻璃层受到外加载荷产生的机械应力过大或其热应力和内部应力过大均会使其破裂[1]。图 8-4 为常见的搪玻璃层破损情况。

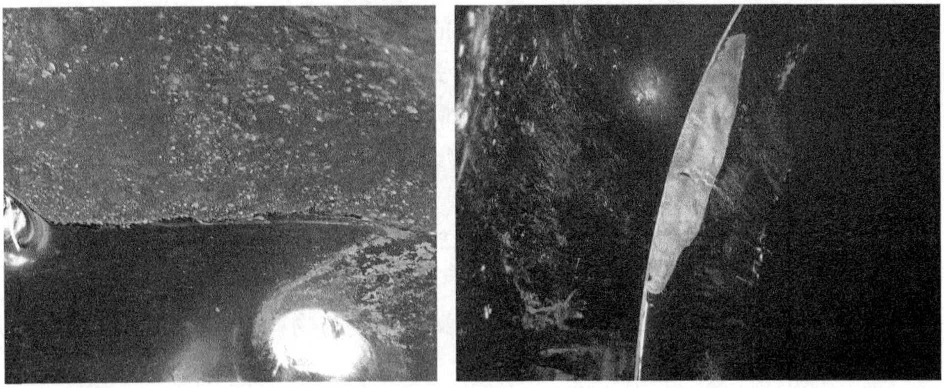

图 8-4　常见搪玻璃层破损情况

1. 使用过程中

搪玻璃设备使用过程中常见的破坏形式主要有以下几种类型：机械损坏、温差急变及热应力损坏、超压损坏、腐蚀、在役搪玻璃设备的鳞爆损坏、“梯形”缺陷损坏、其他形式的损坏。其中以机械损坏最多，占整个损坏比例的 70%左右；其次为温差急变及热应力损坏，占整个损坏比例的 20%左右；其他几种损坏比例较小。下面分别加以讨论。

1）机械损坏

机械损坏一般都是人为因素造成的，包括：

（1）机械碰撞，主要是维修工具或口袋中的卷尺等小物品掉入罐内砸伤瓷面，还有就是随身的利器，如鞋底的钉子或皮带扣等，擦伤搪瓷面。

（2）螺栓（或卡子）拧紧压应力过大或不均匀会引起爆瓷。在拧紧螺栓时要用带计量的扭力扳手，须按对角线均匀分次拧紧。另外，在设备使用时，设备与设备之间的管道连接如果没有安装膨胀节或波纹管（应靠近接孔安装），这样将会导致设备接孔应力改变而引起爆瓷。

（3）设备整体吊装时违规操作，将搪瓷的接孔当吊耳用会引起应力传递，使瓷层损坏。

（4）安装时，设备上方手工电弧焊焊渣飞溅灼伤搪瓷面。

（5）搪玻璃产品不宜长途运输。长途运输使产品长时间产生剧烈振动，机械振动对钢铁而言是消除制造应力的一种办法，但对紧贴钢材表面的瓷层，会形成局部应力集中而导致损坏。

2）温差急变及热应力损坏

瓷层在常温下处于受压状态是相对稳定、安全的。如果将瓷层加热到一定的温度（约 315℃），瓷层受到的压应力会从大到小，最后到无压应力状态。这时瓷层损坏的风险是很大的，因为搪玻璃瓷层的强度会随着压应力的减少而降低。如果温度突变，瓷层里的压应力也将突变，引起瓷层“爆瓷”。

搪玻璃设备温差急变损坏有以下四种情况：

（1）夹套处于加热状态，此时罐壁温度与夹套介质温度相同，将冷却物料加入罐内，使搪瓷面突然受冷。

（2）夹套内通冷却水，罐壁温度与冷却水温度相同，将热物料加入罐内，使搪瓷面突然受热。

（3）搪玻璃容器内储存有冷的物料，罐壁温度与物料温度相同，将热的介质通入夹套内，使搪瓷面反面突然受热。

（4）搪玻璃容器内储存有热的物料，罐壁温度与物料温度相同，将冷的介质通入夹套内，使搪瓷面反面突然受冷。

搪玻璃设备使用温差范围随罐壁温度的升高而缩小。也就是说，随着搪玻璃设备使用温度的升高，温差损坏倾向也随之增加。

3）超压损坏

搪玻璃设备设计时，在一定温度下罐内及夹套有特定的压力或真空度，但当使用后在恶劣的条件下就会由于某些原因造成超压或真空度过高，使设备变形或失稳，导致瓷层脱落。搪玻璃设备的超压有时是因为超温引起的，特别是企业租用邻近电厂的高压蒸汽进行加热，其蒸汽减压阀的失效导致高压蒸汽直接进入夹套内，由此引起产品变形瓷层脱落的事故很多。

4）腐蚀破坏

腐蚀破坏在 8.3.1 节和 8.3.2 节中已提到。

5）在役搪玻璃设备的鳞爆损坏

初生态氢是在役搪玻璃设备产生鳞爆损坏的直接原因，包含有两种情况：一是夹套内进了酸液（$pH<6.0$）或搪瓷反面（金属壁）遇到残留酸液，特别是工厂使用废水进行冷却，其被利用的水没有经过充分中和而呈酸性，在其表面产生氢，即初生态氢原子。这种氢（原子）在微观下通过金属组织内部的晶格，到达相反一侧的瓷层与钢板之间的界面后，滞留于此。当累积到一定量的压力后，就形成了向瓷面一侧的强推动力，使瓷层产生鳞爆现象。二是夹套内的冷却水或蒸汽腐蚀钢材，即锈蚀钢材（微电池作用）也会产生初生态氢（氢原子）而引起鳞爆，特别是设备使用后再停一段时间，腐蚀会更严重。钢材锈蚀的程度还与温度有关。

（1）温度温差，在相同的 pH 下，温度提高 30℃，锈蚀速率会提高 2 倍。搪玻璃容器客体温差大，锈蚀速率也会加快。锈蚀越严重，发生鳞爆的可能性也会相应增加。

（2）冷却用水，搪玻璃设备冷却用水有内部循环用水、地下水、深井水、自来水、海水等，其中的酸类和盐类杂质都能严重锈蚀钢材，应引起重视。

可尝试在冷却水中加入一定的缓蚀剂，调节水的 pH 来抑制冷却水对夹套钢材的腐蚀，缓蚀剂的种类是氨或其他挥发性碱性胺，如吗啉、环己胺、哌啶等。

（3）环境的腐蚀由于搪玻璃设备制造质量和密封材料选用不当，设备不密封、“跑、冒、滴、漏”严重，使生产环境中弥漫着腐蚀气体。气体从钢铁与瓷层间由外而内腐蚀，瓷层由外而内层层剥落，致使设备失效。

6）“梯形”缺陷损坏

这是一种在温差冲击和机械压力共同作用下产生的缺陷，仅发生在用蒸汽作为加热和冷却介质（如通过管道进入夹套的水）的反应罐里。在热循环结束时关闭蒸汽，剩余蒸汽冷凝形成真空，如果与夹套连接的冷却水阀门没有关闭，那么冷却水会被吸入夹套内从而冲击反应罐金属基体，改变应力，损坏瓷层。这种损坏的特点是：即使温差在许可范围内也会发生。该缺陷以一个或多个水平方向的裂缝出现在瓷层中，并有不同的长度，一个在另一个的下面，就像梯子的阶梯踏板一样。

7）其他类型的损坏

其他类型缺陷损坏主要与反应物料及工艺过程有关。

（1）静电释放损坏。这种损坏是由于两种不能相互混合的物料，至少有一种物料不导电，在搅拌器的作用下，产生摩擦，生成静电。其电压可达到 50 000～100 000V，如果处理不当会击穿瓷层，甚至引起火灾、爆炸。

（2）磨损损坏。当反应物料中有硬质粉末物料时，在短时内不能反应（或溶解）完全，就会对瓷层产生磨损，而搅拌与折流板会更严重些。

（3）搅拌扭力过量。搅拌器在工作时，如果物料黏稠，超过设计条件，就会发生扭力过大，引起搅拌器变形而爆瓷。

（4）气窝现象损坏。这种损坏主要是由于操作不当，使反应物料中产生大量的气泡，引起对瓷层的冲击损坏。下列操作会产生气窝：①在搅拌器叶片附近注入气体；②在沸点或接近沸点时搅拌物料；③反应物料液面较低时搅拌物料。

（5）冰冻损坏。搪玻璃配件如测温管、挡板等是空心的，在顶部又是敞开的，如果存放不当，水进入这些配件内部，遇到气温降低，这些水会结成冰而膨胀，对瓷层造成较大的向外推力，引起瓷层爆瓷或产生肉眼看不出来的微裂纹。

（6）搪玻璃设备外接管道安装不当造成的损坏。搪玻璃设备生产反应的物料都是通过管道输送的，安装管道时由于尺寸计算的不准确，安装后没有固定，管道承受除重力外的额外外力，架空的搪玻璃管道没有按照规定设立支架，在搪玻璃设备有振动的情况下，管道与法兰连接没有使用聚四氟乙烯软管连接，都能使搪玻璃设备法兰受力变形，进而导致瓷层爆裂。

（7）高温纯净水腐蚀搪玻璃设备瓷面的损坏。搪玻璃设备在常压下，蒸馏水

100℃、软水 135℃以上对搪玻璃设备瓷层会产生腐蚀，腐蚀损坏表现为玻璃表面失色、失光，瓷层毛糙和瓷层逐渐变薄直至失效。

2. 制造过程中

1）主要破坏形式

设备制造过程中发生的破坏形式主要为爆瓷。爆瓷损坏约占总损坏的 90%以上，其中约有 40%发生在产品结构的不连续处，占爆瓷事故的第一位；另有 28%的爆瓷事故发生在产品结构的焊接处。

爆瓷失效主要分为应力爆瓷和鳞爆，由物理应力引起的爆瓷称为应力爆瓷，由氢引起的爆瓷称为鳞爆，但两者均由主应力超过瓷层强度引起，并与搪玻璃设备的结构设计、材料及制造工艺等方面引起的应力有关。

对于搪玻璃压力容器搪玻璃层爆瓷失效的应力来源和影响因素，发现导致爆瓷的应力来源主要有结构应力、氢等气体形成的应力、相变应力和残余应力。结构设计不合理和制造过程形状偏差均会产生结构应力，当结构应力超过搪玻璃层强度极限时发生爆瓷；材料化学成分不合理、焊接工艺不当、湿度过大均会因氢等气体形成的应力超过搪玻璃层强度极限发生爆瓷；搪烧时材料发生相变产生相变应力，当相变应力超过搪玻璃层强度极限时发生爆瓷；因搪烧工艺参数控制不当产生的残余应力超过搪玻璃层强度极限时发生爆瓷。

为了降低搪玻璃压力容器制造过程中的爆瓷概率，在结构设计方面，对大开孔边缘、非径向接管及布管集中区等高应力区域尽量采用大圆弧或经形状优化的特殊曲线过渡来降低其应力水平；在制造方面，搪玻璃设备制造所用的钢材应为搪玻璃专用钢，并需严格控制 Mn 及 S 等有害元素的含量，要合理控制椭圆度和厚度差，选择合理的焊接工艺与热处理工艺，严格控制搪玻璃设备各制造环节的湿度，采用受控搪烧工艺，提升搪瓷质量[20]。

2）分析

（1）结构设计。在工程中常出现壳体接管连接处（R 处）搪玻璃层发生爆瓷，这与此处应力的大小和分布有关。在压力容器管口接管附近的局部范围内，因结构不连续产生较高的不连续应力，从而形成局部高应力区。很多案例的有限元分析表明，R 处金属基体的最大主应力出现位置与搪玻璃层的最大主应力出现位置相同，主应力超标是搪玻璃层开裂最主要的原因。搪玻璃层试样的拉伸试验表明其破坏不仅与应力的大小有关，还与应力的方向有关，在受多向应力作用时，搪玻璃层更易受到损伤。在接管 R 处外圆弧处瓷层受到压应力的同时，还受到一个与压应力垂直向外的张应力。因此，接管 R 处搪玻璃层的稳定性较平面的差，是最易出现搪玻璃层破坏的区域。

降低接管 R 处应力是预防爆瓷的有效方法，GB 25025—2010 规定：设备基体搪玻璃层不应存在非连续结构，所有转角部位应圆滑过渡，搪玻璃设备金属基体的管口应采用顶孔翻边对接形式[5]。搪玻璃管口形式从外形上可分为 A 型[图 8-5（a）和（c）]和 B 型[图 8-5（b）和（d）]；从管口与壳体的连接形式上可分为对接式[图 8-5（a）和（b）]和嵌入式[图 8-5（c）和（d）]。随着我国搪玻璃行业整体制造水平的提高，在 HG/T 2371—2003《搪玻璃开式搅拌容器的技术要求》[21]和 HG/T 2372—2003《搪玻璃闭式搅拌容器》[22]中 B 型管口被大量采用；对接式结构相比于嵌入式结构，其容器的整体受力情况更好，因此，HG/T 2143—2012《搪玻璃设备　管口》[23]中搪玻璃设备零部件废止了嵌入式管口，而采用对接式管口。通过采用大圆弧或形状优化等方式降低大开孔边缘、非径向接管及布管集中区域等不连续结构高应力区的应力水平，接管采用带圆弧过渡的顶孔对接式结构，可有效降低金属基体的应力水平，从而降低搪玻璃层的应力。

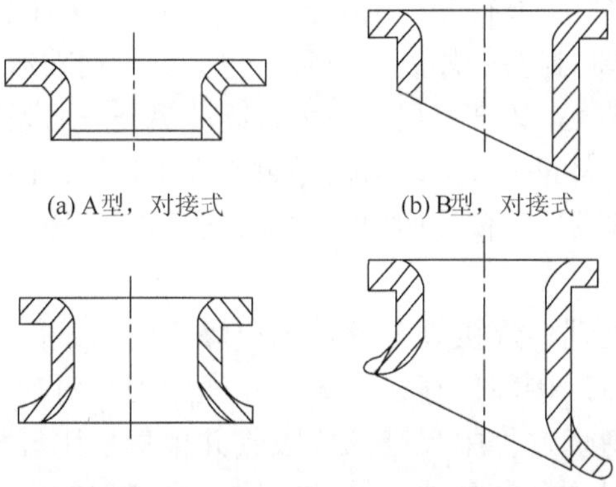

(a) A型，对接式　(b) B型，对接式

(c) A型，嵌入式　(d) B型，嵌入式

图 8-5　搪玻璃管口接管形式

（2）材料化学成分。金属材料化学成分对搪玻璃层爆瓷的影响主要表现为：一方面制造过程中有害元素产生氢等气体，搪烧时因材料组织相变而使其溶氢能力产生差异，氢等气体滞留在材料内部空穴积聚，当压力超过搪玻璃层强度极限时发生爆瓷；另一方面 C 含量高的材料相转变温度低，搪烧时材料结构变形量大，致使结构应力增大从而引起爆瓷。钢的 C 含量越高，搪烧时产生的 CO、CO_2、H_2 越多；Mn 含量大于 0.6%、S 含量大于 0.055%时，搪玻璃层的透水性急剧增加，搪烧时产生的 H_2 也越多，同时 Mn 含量高还会降低相转变温度；Si、Cr 含量过高也会增加爆瓷概率。在 900℃搪烧温度下，搪玻璃压力容器用钢 Q235B 和 Q345R 会发生铁素体 α 相→奥氏体 γ 相的转变，有过量的氢进入 γ 相的晶格间隙中；而在冷却过程中发生 γ→α 相的转变后，由于溶氢能力不同（γ 相约为 α 相的 1.5 倍），

氢会重新释放出来聚集在材料内部空穴处。

为了降低爆瓷概率，在金属材料选材上应合理控制材料的化学成分，降低氢等气体的形成概率，C 含量宜控制在 0.12%以下，应按标准控制钢材中 Mn 与 S 含量，适当增加 Ni 及 P 等抗鳞爆元素；通过添加元素（如 Ti 等）设置化学氢陷，降低因相组织的溶氢能力不同而使氢等气体滞留在材料内部空穴积聚；搪玻璃设备制造所用钢材应为搪玻璃专用钢。

（3）形状偏差。压力容器壳体形状不连续（如表面凹凸不平、截面不圆及接缝错边等）会在壳体内部形成附加弯曲应力和剪应力，导致局部区域应力过高。搪玻璃压力容器椭圆度过大，壳体在压应力的作力下产生变形（向圆的方向扩张），搪玻璃层在变形应力作用下易发生爆瓷。搪烧过程中高温使钢材刚度大幅下降，简体过薄、搪烧温度过高、多次覆搪、搪烧变形控制不好及变形校正技术差等原因均会造成搪玻璃设备椭圆度增大。因此，必须严格控制壳体的椭圆度，搪玻璃设备内圆最大直径和最小直径差（圆度公差）应小于 0.01DN。

厚度差（如筒体和封头的厚度不一致）也会导致搪玻璃层大面积开裂，一方面因为几何结构不连续，该部位局部应力过高；另一方面是搪烧时厚度不一致产生温度梯度并形成很大的热应力，从而导致产生微裂纹；同时，较薄的部位在搪烧时升温快、高温时段长，使瓷面搪烧过火、瓷面韧性降低、脆性加大，使用时极易发生爆瓷。

（4）焊接及热处理。焊接处是搪玻璃层爆瓷的高发部位，这与焊接处形成的应力有关。搪烧后焊接部位存在较大的相变应力，对搪玻璃层产生一定的附加应力；同时，在搪烧过程中焊缝部位吸收并聚集了比母材多的氢等气体，在冷却过程中未及时得到彻底释放，搪玻璃层与焊缝间的应力比母材与搪玻璃层间的应力大。在相变应力形成的附加应力与氢气形成的应力双重作用下，焊接处极易发生爆瓷。

为降低焊接处的爆瓷概率，应制定合理的焊接工艺，降低 H 含量，消除相变应力。焊接过程中氢等气体的形成与焊材中的有机物存在密切关系。一般酸性焊条的药皮中加有机物，因此熔敷金属的 O 含量和 H 含量较高；碱性焊条的药皮中不加有机物，O 含量和 H 含量较低。同时，使用酸性焊条产生的非金属夹杂物比碱性焊条的多。焊缝中的非金属夹杂物在焊缝中不是均匀分布的，而以偏析状态分布，它们的存在为搪烧加热过程中气体的吸收、储存提供了十分有利的条件，是焊缝吸收的气体多于母材的主要原因。使用碱性焊条能减少焊缝吸入的气体量，且碱性焊条施焊速度不会太快，改善了金属晶体结构，减少了焊接产生的组织缺陷。实验研究表明，单独采用酸性焊条焊接与采用酸性焊条打底、碱性焊条盖面的焊接工艺相比较，后者的管口部位焊接处爆瓷概率明显降低，增强了搪烧成效。

在制造过程中，由于钢板卷筒、冲压和焊接会产生大量的内应力，因此在搪烧底釉前应采用热处理将其消除，若未进行热处理或热处理不彻底，将致使设备残留大量应力，在接管 R 处和焊缝部位极易产生爆瓷。

（5）搪烧工艺。搪烧是一个复杂的物理化学过程，也是搪玻璃压力容器制造的一个关键工序。影响搪烧质量的因素主要有湿度和搪烧工艺参数控制。湿度过大容易因氢压力产生的应力超过玻璃层强度而发生爆瓷；搪烧工艺不合理因较大的残余应力超过玻璃层强度而发生爆瓷。

湿度。鳞爆易受季节性影响，湿度大的环境容易引发鳞爆，特别是梅雨季节出现鳞爆的概率远高于其他时间段。湿度大的环境为氢提供了来源，一方面在制造过程中，因钢材的透水性会有水分进入钢材；另一方面炉壁潮湿、釉浆喷涂层未烘干及采用煤、油为热源等增加了炉内湿度，在搪烧时汽化成水蒸气，水蒸气与碳、铁反应生成氢，搪烧温度超过 350℃时，氢被钢材大量吸收，冷却时大量的氢在其空穴内积滞形成较高的内压，当应力超过玻璃层强度时发生爆瓷。因此，在搪玻璃设备制造过程中应保证各制造环节的干燥，从源头上防止鳞爆的产生。

工艺参数控制。搪玻璃复合层是玻璃层与金属基材在 800～900℃温度下烧成后复合的，由于材料物理性能的差异，降温过程中玻璃釉的收缩变化率与温度呈非线性关系，而钢的收缩变化率与温度可视为线性变化关系，因此搪玻璃复合层中存在残余应力。研究表明，残余应力是引起爆瓷最主要的原因。

搪烧过程一般可分为升温过程和降温过程。升温过程是工件从室温进炉后受热升温至搪玻璃釉完全玻璃化的温度；降温过程是工件从搪玻璃釉完全玻璃化的温度降至室温。搪烧固化温度和冷却温度决定了瓷层中应力的大小和方向。搪玻璃设备由于结构复杂，产品各部位受热不均匀、温差大、各处瓷釉成形质量不一。出炉冷却过程是搪玻璃层残余应力形成的过程，冷却速度越快，釉层的残余应力越大。

传统搪烧工艺采用线性快速升降温法，主要控制最低搪烧温度与最高搪烧温度。目前，国外搪玻璃设备公司普遍采用受控搪烧技术，它的特点是可根据产品的形状、瓷釉和钢材物化参数设定非线性升降温曲线，采用搪烧后缓冷方法降低残余应力和最大限度地释放钢材中的氢气，研究表明，受控搪烧技术较传统搪烧工艺，搪玻璃层的残余应力可降低 39%。因此，改善搪烧工艺可以提升搪瓷质量，降低爆瓷概率[20]。

8.4　搪玻璃压力容器的应用

搪玻璃压力容器由于耐腐蚀性能优良，表面光滑不黏料，不含金属离子，已被广泛应用于石油化工、医药、有机合成、农药等领域，表 8-5 为根据调查情况，在生产实践中使用较好的应用实例，作为参考[6]。

表 8-5 搪玻璃容器应用实例

名称	规格	介质	浓度/%	温度/℃	压力/MPa
聚合物	7000L	聚氯乙烯乳化液	—	58	0.7～1.0
反应器	Φ500mm×6000mm	盐酸、氯化氢	—	100	常压
氯化器	Φ1700mm×2500mm	氯油、氯气、酒精	—	100	0.2
氯化塔	Φ200mm×2800mm	石油、氯气、氯化氢、氯化石油	—	70～80	微正压
冷凝器	3m^2	盐酸、二甲胺	30	130	常压
烃化器	Φ1000mm×1250mm	乙烯、三氯化铝、苯	—	90	0.01～0.015
烃化器	3000L	硫酸、苯酚、汽油	95	80～100	常压
氯化器	3000L	蒽醌、硫酸、碘、氯气	—	95	0.3
反应器	3000L	烷基酚、五硫化磷	—	125	—
悬浮器	3000L	氧化物、硫酸、水	—	70	0.3
氧化器	3000L	闭环物料、重铬酸钾、硫酸、水	—	105	0.3
酸析反应器	3000L	水杨酸钠、浓硫酸	—	＜100	＜0.1
水煮器	2000L	稀盐酸、闭环物料	—	100	0.3
水解反应器	2000L	硫酸（安乃近生产）	98	150	＜0.25
水解反应器	1500L	FMAA 水解制 MAA	98	150	＜0.25
酯化釜	2000L	硫酸、葵二酸、辛酸	98～99	120～140	＜0.1
氯油储罐	2000L	氯油	—	85～95	0.05～0.12
氯醛蒸馏器	2000L	氯油、硫酸	—	130	0.3～0.4
磺化器	1000L	发烟硫磺、氯硫磺	20、92～94	130～140	常压
浓缩器	1000L	C_1～C_4 酸	—	—	0.17
溴化器	1000L	对硝基苯、氯化苯、溴水等	—	30～40	常压
浓缩管	长 2000mm	硫酸	20～92	180	＜0.1
反应器	500L	盐酸、氨基乙醇	—	260～270	常压
硫氰酸反应器	500L	溴素、硫黄、水	—	120	常压
闭环器	500L	氯化铝、氯化钠	—	180	0.3
水解器	1500L/1000L	甲化液、硫酸、水、甲醇	—	115	0.3～0.35
		制药生产系统			
反应器	50L/100L	各种酸、碱和有机物	—	120～130	0.1
回收器	1000L	稀乙酸	—	100	＜0.1
反应器	1000L	酯化反应，有机物、醇	—	130	0.6

续表

名称	规格	介质	浓度/%	温度/℃	压力/MPa
中和器	500L	有机酯化物	—	130	—
脱水器	500L	有机酯化物	—	130	—
精馏器	500L	有机酯化物	—	130	—
回收器	500L	有机酯化物	—	130	—
		二甲酯生产系统			
反应器	1000L	二甲酯酯化物	—	130～140	0.25～0.3
干燥塔	500L	二甲酯	—	100	0.1～0.15
		涤纶生产系统			
酯交换器	650L	酯交换反应、有催化剂	—	190	0.4
缩聚釜	500L	缩聚反应、有催化剂	—	295	高真空
乙酸乙酯反应器	1000L	乙酸、工业酒精	98.5	100～106	—
乙酸锰生产中反应器	500L	乙酸、碳酸锰	50	85～110	0.25
		敌百虫生产系统			
冷反应器	200L	敌百虫中间体	—	低	<0.1
热反应器	500L	敌百虫中间体	—	70	<0.1
水容器配置器	1000L	敌百虫中间体	—	70	<0.1
三氯乙醛反应器	2000L	硫酸、盐酸、乙醛、醇、三氯乙醇	—	100～120	—
反应器	2600L	盐酸/醛	5/75	10～60	—
酯化器	1000L	二甲基亚磷酸酯、盐酸	—	35～45	<0.1
缩合器	1000L	敌百虫、三氯乙醇、甲醇、盐酸	—	85～105	<0.1
反应器	1000L	敌百虫、甲醇、氯醛	—	100～120	—
反应器	1500L	三氯化磷、盐酸、一氯甲烷	—	100～120	—
反应器管道	Φ50mm/Φ150mm	磷酸二甲酯、盐酸	—	100～130	—
西维因生产系统缓冲器	300L	甲胺甲酰氯、氯化氢、甲胺、光气	—	<350	<0.1
		马拉硫磷生产系统			
硫化反应器	1000L	二甲基硫代磷酸酯液体+固体+气体	—	50～60	负压
合成反应器	1000L	二乙酯、硫化物	—	100～120	微负压
		甲胺磷生产系统			
一氯反应器	500L	甲醇、三氯硫磷、盐酸、液碱等	—	−15～0	常压

续表

名称	规格	介质	浓度/%	温度/℃	压力/MPa
二氯反应器	500L	甲醇、三氯硫磷、盐酸、液碱等	—	-15～0	常压
胺化器	500L	一氯、胺、水	—	15～30	常压
三氯反应器	500L	三氯硫磷，铝丝	—	120～140	0.02
水洗器	1000L	一氯化物、二氯化物、二甲酯、水	—	0～15	0.02
萎莠灵生产系统					
容器	200L	氯、酰氯	—	30	<0.5
储存器	500L	氯、酰氯	—	30	<0.5
硫化氢发生器	500L	盐酸、硫氢化钠、水溶液	—	80	<0.5
氯化器	200L	乙酰、乙酰苯胺、硫酰氯	—	25	常压
缩合器	300L	乙酰、苯胺、碱、巯基乙醇	—	40	常压
洗碱器	500L	乙酰、苯胺、碱、巯基乙醇	—	40	常压
洗酸器	500L	乙酰、苯胺、碱、巯基乙醇	—	40	常压
脱水塔	200L	乙酰、苯胺、碱、巯基乙醇	—	40	常压
D.D.V 生产系统					
配置器	500L	D.D.V	—	60～80	0.4
混配器	1000L	D.D.V	—	60～80	0.4
D.D.T 生产系统					
氯苯蒸馏器	3000L	D.D.T 氯苯蒸馏液	—	110	<0.1
三氯乙醛蒸馏器	2000L	硫酸、三氯乙醛、氯化氢	—	100～140	<0.1
阀门	Φ50mm/Φ80mm	氯醛、氯气、盐酸	—	140	<0.1
四氯化碳生产系统反应器	500L/1000L	四氯化碳、氯化硫、二氯化硫、二氯化碳液体	—	0～140	<0.1
乐果生产系统					
硫化反应器	1000L	硫化氢、硫化物	—	60	<0.1
硫磷酸酯反应器	2000L	五硫化二磷、甲醇、硫化氢、硫磷酸酯	—	60	<0.1
储罐	3000L	硫磷酸酯液体	—	—	—
氯乙酸生产系统					
氯化器	1500L	冰醋酸、氯乙酸、氯气盐酸、硫黄、乙酰氯	—	100～110	<0.06
二甲基甲酰胺酯化塔	1500L	甲醇、甲酸；酯化反应	—	90～150	常压
杀虫脒氯化中和反应器	1000L	盐酸、氨水	—	60～70	常压

续表

名称	规格	介质	浓度/%	温度/℃	压力/MPa
磺化器	1000L	20%发烟硫磺，92%～94%氯磺酸	—	130～140	常压
通氯器	1000L	工业苯通氯气	—	100	常压
氧氯化磷反应器	1000L	100kg 三氯化磷、47kg 氯	—	109	常压
反应浓缩器	500L	甲醛、氯化铵、盐酸、二甲胺、HCl、CH_3O	—	100～130	常压
蒸馏器	1000L	氯油、98%硫酸	—	100～130	常压
反应器	1000L	98%以上氯乙酸	—	90～105	0.03
反应器	500L	苯、氯、盐酸、六六六	—	50～60	常压
冷凝器	F=3m^2 夹套冷却	30%盐酸、二甲胺	—	130～常温	常压

搪玻璃压力容器的安装、使用与维护中，搪玻璃产品既有玻璃的特性又有金属钢的特性，由于高温搪玻璃设备都存在不同程度的几何变形的公差，正确的安装、使用与维护才能使设备在化工生产过程中长期安全运行[1]。

1. 搪玻璃设备安装

1）搪玻璃设备安装资质

搪玻璃设备的安装单位应按《固定式压力容器安全技术监察规程》[4]要求取得相应的压力容器安装许可证，并严格执行法规、安全技术规范及其相应的标准。

2）搪玻璃设备吊装

设备在就位前的搬运尽可能保持原包装，不应滚动或用撬杠撬之；当搬运吊装无包装设备时，只能使用设备上的吊环、罐耳和支脚，严禁用人孔、管口、卡子等部件受力吊装。吊装过程中要轻起轻落，避免剧烈振动和碰撞，在容易碰撞的环境作业时，必须采取三项以上定位控制，以保证起吊稳定。吊装搅拌器、温度计套管、搪玻璃管道时，用胶板等软垫将外露瓷面保护好，一切金属工具均不得与瓷面碰撞。无论搬运还是吊装，严禁使用金属丝带和链条直接捆扎搪玻璃设备，金属丝带和链条直接捆扎搪玻璃设容易在吊运过程中使搪玻璃设备局部变形，导致搪玻璃局部出现肉眼能看见或看不见的微小裂纹或直接爆瓷。正确的方式是使用足够强度的金属丝带和链条直接在搪玻璃设备的吊耳上承载，或者用足够强度的吊带（尼龙绳）捆扎吊运。

3）搪玻璃设备的运输

运输时，所有部件应该干燥、清洁。所有搪玻璃接管必须用橡胶、塑料或者木质材料覆盖表面，夹套接管必须插入容器内部配件，如搅拌器、温度计套、插入管等必须用木头进行支撑，与搪玻璃接触的木头断面需要用橡胶覆盖。装有减速机系统，必须遮盖并支撑。所有螺纹接头要用丝堵或螺帽盖上。与设备分开的附件应妥善包装，以防止运输途中损坏。设备必须固定或捆绑在防滑木上，并用钢带锁紧，钢带下要用橡胶垫。所有松动部件必须分别扎紧或打包。设备标牌必须是可见的，不能遮盖或丢失。运输途中要确保硬物不能损坏容器。

4）安装前、后的设备检查

搪玻璃设备在安装前应对搪玻璃的零部件进行复检，方法是用 100W 安全灯（或手电）照视，如瓷层表面有灰尘应用软布擦干净，检查有无脱瓷及破裂。若用户在合同中订有复验条款时，则进行用户复验，复验时应要求制造厂派技术人员参加。搪玻璃设备进行高电压试验的复验电压，对用于强腐蚀性介质的设备应经 7000V 直流电压检测通过，对用于弱腐蚀性介质的设备应经 3000V 直流电压检测通过。重要设备需提高探测电压时，须征得生产厂的同意。

5）安装过程的瓷面保护

在搪玻璃设备附近进行施工和焊接时，应注意将管口盖住，防止外来硬物或焊渣掉入损坏瓷层；进入罐内检查及安装配件人员应穿软底及布底鞋（严禁随身携带金属等硬质物品），罐底上铺垫足够厚的软垫，垫应洁净，面积要足够大。带有瓷层的搪玻璃设备在外壁不允许施焊，在无瓷层的夹套上施焊时，必须采取保护带瓷层钢板的措施，临近施焊的部位不能局部过热，保护措施包括不使用氧气割、焊，割口时夹套内部要通水，当焊口靠近上、下接环时要对内部瓷面均匀预热并用间隔断续焊接法焊接。

6）搪玻璃搅拌和减速机、机械密封及零部件的组装

（1）搪玻璃设备出厂方式。搪玻璃设备制造单位一般是散件出厂，即单罐、搅拌、减速机、机封、温度计套管、放料阀分别包装运输，到用户现场组装，也有整机出厂到用户。

（2）搪玻璃设备罐体的安装要求。搪玻璃设备罐体就位后，调整罐耳或底支脚衬板的厚度使罐身高颈法兰平面达到水平，并根据反应罐介质、工作压力及温度来选择合适的垫片（专用垫片：石棉外包聚四氟乙烯、丁腈橡胶、内衬不锈钢波纹外包聚四氟乙烯，若使用石棉衬垫时，应先将它泡在沸水中软化，否则不容易压紧）。盖上搪玻璃罐盖后保持罐卡子数目完整无缺（卡子数量按产品竣工图规定），若发现损坏应立即如数更换；设备的卡子（螺栓）要分布均匀，按对角线四个为一组依次逐渐拧紧，严禁一次拧紧。为防止法兰局部受力过大而损伤搪玻璃层，严禁为了消除泄漏点而强力紧固少数卡子。为了获得良好的密封，最好在拧好后通入蒸汽使垫片变软时再完全拧紧，如果设备的两个高颈法兰之间间隙较大（包括人孔、管口法兰），为了保证高颈法兰受力均匀和垫片的密封可靠，允许局部加偏垫片进行调整，但偏垫片的材料不能影响设备的使用。

除了以上的安装要求外，同样需要注意以下的安装：搅拌容器的传动装置与

搪玻璃搅拌轴的装配、搪玻璃机械密封（填料箱）与搅拌器的安装、搪玻璃设备的配管安装、安全阀的安装、压力表的安装、液位计的安装及壁温测试仪表的检查和搪玻璃设备安装后试运转的检查。

2. 搪玻璃设备的使用要求

1）搪玻璃压力容器使用登记

搪玻璃压力容器的使用单位，在搪玻璃压力容器投入使用前或者投入使用后 30 日内，应当按照要求到质量技术监督部门，逐台办理使用登记手续，登记标志的放置位置应当符合有关规定。

2）搪玻璃压力容器使用单位的责任

使用单位应当对搪玻璃压力容器的安全管理负责，并且配备具有压力容器专业知识，熟悉国家相关法律、法规、安全技术规范和标准技术人员作为安全管理人员，负责搪玻璃压力容器的安全管理工作。

3）搪玻璃压力容器的安全管理及技术档案

应按照《固定式压力容器安全技术监察规程》中 6.3 节及 6.4 节执行。

4）搪玻璃设备的使用范围

搪玻璃设备的搪玻璃层能耐大多数无机酸、有机酸、有机溶剂等介质侵蚀，尤其在盐酸、硝酸、王水等介质中具有优良的耐蚀性能。但搪玻璃设备不能在以下介质环境中长期使用：①任何浓度及任何温度的氢氟酸不能使用；②磷酸，浓度 30%以上、温度＞180℃时会产生强烈腐蚀（主要指工业磷酸）；③盐酸，浓度 10%～20%、温度＞150℃时会产生强烈腐蚀；④硫酸，浓度 10%～30%、温度＞200℃时瓷层不耐腐蚀；⑤碱液，pH≥12、温度＞100℃时不耐碱液腐蚀（可正常使用于 60℃以下）；⑥搪玻璃设备能承受的冷冲击温度极限是 110℃，热冲击温度极限是 120℃；但生产时，不能频繁冷热冲击；⑦搪玻璃设备允许使用介质的工作温度为−20～200℃，工作压力按产品竣工图及铭牌规定的技术参数。

5）正确使用搪玻璃设备

正确使用搪玻璃设备能提高搪玻璃设备的寿命。随着我国搪玻璃技术的发展，目前搪玻璃瓷釉已生产出抗强腐蚀的耐酸釉和耐一定 pH 的碱釉。因此要根据使用条件选择搪玻璃不同的瓷釉品种，使用过程中严格遵守搪玻璃设备特定的操作要求，安全使用应注意以下事项。

（1）加料。加料时要慎重，不应有任何坚硬物体及块状金属、绳、带掉到设备内，以防冲击瓷面造成损坏，绳、带会缠绕罐内件温度计套管及搅拌器造成断裂。对于大块硬质物料应粉碎后加入，如反应物是颗粒对瓷面会造成磨损的，要少加、勤加。特别是从管口加入强腐蚀会直接引起放热反应的物料。例如，加硫酸、硝酸、盐酸，第一要控制加料速度，第二最好要用防腐材料管做成莲蓬头插到管口内适当的距离加料，防止局部温度超标破坏搪玻璃瓷层。在生产中，热罐加冷料、冷罐加热料及夹套突然升温、降温，若釜壁与物料的温差超过搪玻璃设备所能承受的耐冷、热冲击温度极限，会使搪玻璃瓷面损坏。

（2）搪玻璃压力容器的操作运转。

安全操作规程。搪玻璃压力容器使用单位应当在工艺操作规程和岗位操作规程中明确提出压力容器安全操作要求。操作规程至少包括以下内容：①操作工艺参数（含工作压力、最高或者最低工作温度）；②岗位操作方法（含开、停车的操作程序和注意事项）；③运行中重点检查的项目和部位，运行中可能出现的异常现象和防止措施及紧急情况的处置和报告程序。

设备操作运转。若夹套压力在 0.2MPa 以上，不应将全部操作压力的蒸汽在瞬间内通入夹套，要徐徐加压升温，以防止温差急变爆瓷，最好预先通入 0.1MPa 的压力，保持 15min，再缓缓通入蒸汽达到操作压力。如果条件许可，可根据本单位的实际情况，找出适宜的升、降温曲线，一般控制在 3℃/min 以下。设备操作运转还应注意以下几个方面：①在设备运转过程中要注意法兰、接孔、人孔、填料箱、机械密封、放料阀密封情况，若发现渗漏应立即采取措施，防止因外泄引起法兰铁胎基体腐蚀而使搪玻璃分层剥落后破坏密封面；②罐中加剧烈放热反应的物料，夹套应保持冷却水的通畅，防止夹套封闭腔内冷却水不通畅，升温膨胀瞬时超压使罐身失稳内凸损坏设备；③设备在使用过程中要尽量避免罐体外壳与酸液接触，防止因铁胎腐蚀而使搪玻璃瓷面损坏，若遇有酸液接触时，应立即设法中和，然后再用水冲净；④罐内反应结束物料温度超过 100℃需要冷却时，必须在罐内温度自然下降到一定的程度后再向夹套内缓慢通冷却水，严防骤冷骤热；⑤酸、碱交替使用时，非耐碱的搪玻璃瓷釉使用寿命缩短，应选用耐碱瓷釉制作的设备，原则上应避免用于酸碱交替使用的场合；⑥传动装置若有不正常的噪声应及时检查处理。

出料。出料时若遇罐底堵塞，不应用金属器具铲打，可用竹竿或塑料棒轻轻捅开。出料时，若发现有瓷层碎屑，应立即开罐检查损坏的瓷面，修补好再用。

作业人员要求。搪玻璃压力容器的安全管理人员和操作人员应当持有相应的特种设备作业人员证。设备的使用单位应当对压力容器作业人员定期进行安全教育与专业培训，并且做好记录，保证作业人员具备必要的压力容器安全作业知识、作业技能，及时进行知识更新，确保作业人员掌握操作规程及事故应急措施，按章作业。

3. 搪玻璃设备的维护

1）搪玻璃设备在维护过程中的注意事项

为了保证搪玻璃设备有较长的使用寿命，除了在安装和使用上采取相应的各项保护措施以外，加强搪玻璃设备的维护也起着重要的作用。搪玻璃设备在维护过程中应注意以下几个方面。

（1）及时检查。每次反应完毕放料后，必须用灯光仔细检查釜壁及搅拌器瓷层损坏情况（关键设备尽可能进入罐内检查），若发现有裂纹、爆瓷等损坏，必须及时修补好方可继续使用。

（2）要定期清洗。

罐体外壳。搪玻璃层外部的金属表面应防止受酸雾及酸液等污物作用而被腐蚀，以避免金属外表与酸反应产生氢，导致瓷层“鳞爆”。若有酸液滴漏应立即清洗、堵漏。防护漆要定期涂刷。

夹套。夹套在使用时有时会发生设备的热传导性能下降或者瓷面发生鳞爆，其原因可能是：当设备使用中有时由于酸性杂质进入循环水中，与钢表面生成了原子氢，它可以钻入钢的内部并在搪瓷层与钢表面接触处产生压力，以致使搪瓷发生鱼鳞状剥落或者有时钢表面被腐蚀形成了鳞片层因而严重地恶化了设备的热传导性能。因此，夹套中无论是加热还是冷却用的媒介，均应呈中性。夹套内应避免腐蚀，定期清洗，若使用除垢剂除垢，应在尽可能短的时间内完成，并随之对夹套内用清水反复冲洗，检验残液应呈中性。

罐内。根据反应具体情况可定期清洗。清洗时最好不要用强酸溶液，尤其是pH＜3.0的酸液，可用1.5%～2%的次氯酸钠溶液。若罐内有固形物黏结，不应用金属或坚硬的棒敲铲。

（3）搪玻璃设备的保管。凡不用或暂时不用的搪玻璃设备器件，要注意保护和妥善存放，防止碰撞和雨淋，注意夹套、温度计套管内不可进水，以免冬季水结冰而引起瓷层胀裂。

（4）日常维护保养：①搪玻璃压力容器使用企业应对压力容器及其安全附件、安全保护装置、测量调控装置、附属仪器仪表进行日常维护保养，对发现的异常情况，应当及时处理并记录，建立安全附件定期检验制度，安全附件的定期检验按照《压力容器定期检验规则》与之相关安全技术规范的规定进行；②经常检查传动部件及法兰密封情况等是否正常，定期更换传动装置和机械密封腔内的润滑液，保证各运转部位的正常润滑，及时更换失效的法兰垫片。

（5）隐患处理。搪玻璃压力容器使用单位应当对出现故障或者发生异常情况的搪玻璃压力容器及时进行检验，消除事故隐患。对存在严重事故隐患、无改造维修价值的压力容器，应当及时予以报废，并且办理注销手续。

（6）年度检查：①搪玻璃压力容器使用单位应当实施压力容器的年度检查，年度检查至少包括压力容器安全管理情况检查、压力容器本体及运行状况检查和压力容器安全附件检查等对罐内搪玻璃瓷面用3～5kV直流高压检测一次；②年度检查工作可以由压力容器使用单位的专业人员进行，也可以委托有资质的特种设备检验机构进行。

（7）定期检验。搪玻璃压力容器使用单位应当于压力容器定期检验有效期届满前 1 个月向特种设备检验机构提出定期检验要求，检验机构接到定期检验要求后，应当及时进行检验。检验机构与人员及定期检验周期、内容应按《固定式压力容器安全技术监察规程》执行。

2）搪玻璃压力容器的采购、停用、过户、复用与移装

（1）采购。搪玻璃压力容器的使用单位不得采购报废的搪玻璃压力容器。

（2）停用、过户。设备的停用、过户应当严格按照检验、使用登记的有关规定办理。

（3）复用与移装。停止使用 2 年后重新复用的搪玻璃压力容器，以及从外单位移装或者本单位移装的搪玻璃压力容器，使用前应当按照定期检验的有关规定进行检验，并且进行耐压试验。

4. 搪玻璃设备运行中的检验

搪玻璃设备在生产运行中会因内在缺陷、介质腐蚀、温差急变或者操作不当等各种原因产生爆瓷损坏。及时发现微小的爆瓷损坏且处理得当，能避免较大事故的发生。若没有及时发现问题，一旦穿孔，轻者延长停产检修时间，重者设备报废、污染产品或酸液进入循环系统导致整个生产线搪玻璃设备“鳞爆”。为了保证设备的正常使用，须定期在停车间隙、运行中对搪玻璃设备进行检验，监控其瓷面质量，图 8-6 为搪玻璃设备现场检测图。具体检验方法如下所述。

图 8-6　搪玻璃设备现场检测图

1）设备运转中

要注意法兰、接口、人孔及密封箱的密封情况，发现泄漏应立即采取相应的措施。

2）设备停车间隙

停车后，在遵循人员进入受限空间安全规定的前提下检查搪玻璃设备，通过目视、手摸等方法检查釜壁、搅拌器等各个部位的瓷面是否有化学或机械损伤，是否有爆瓷现象。

3）瓷层测厚仪检验

使用瓷层测厚对搪瓷层的厚度进行检验。正常的搪玻璃设备瓷层的有效厚度为 0.8～2.0mm，当釜内存在对瓷层有腐蚀的反应物料时，因腐蚀有效厚度会逐渐减少，减少到一定程度时，瓷层就不具备耐腐蚀作用了。这就要求定期对搪玻璃层的厚度进行检验，每次检验的位置不变，测试瓷层的腐蚀速度，发现瓷层变薄应引起重视，提前做好应变准备，防止事故的发生。

4）电火花检测仪检验

使用电火花检测仪对瓷面进行检验。搪玻璃设备在制作过程中，钢材存放保管不善、选材标准低及焊接、喷釉、搪烧各个环节微小的疏忽均会导致瓷层存在缺陷，这些缺陷在搪玻璃设备投入运行后，会由于腐蚀、磕碰使这些缺陷暴露，即便有一个小如针尖的气孔未被及时发现，都会造成设备釜壁脱瓷乃至更大的事故。这就要求定期使用电火花检测仪对搪玻璃设备的瓷层定期检测，对用于强腐蚀性介质的设备应经 7000 V 直流电压检测通过，对用于弱腐蚀性介质的设备应经 3000 V 直流电压检测通过，以检查瓷层的完好性，发现问题尽早补救，将事故消灭在萌芽状态。但电火花检测属破坏性检测，不宜频繁进行。

5）搪玻璃设备金属壁厚检测

定期监测搪玻璃设备壁厚。搪玻璃设备夹套内水、氧气等介质腐蚀釜壁使壁厚减薄，釜壁的耐压能力随着釜壁壁厚的减薄而降低，釜壁很薄时，即便输入正常工作压力的蒸汽都可能导致釜壁变形，出现大面积爆瓷。因此在生产中，应定期对使用年限较长的设备釜壁使用金属测厚仪进行检测，防止因釜壁变薄造成大面积爆瓷。

6）瓷层损伤报警装置

安装搪玻璃设备运行瓷层损伤报警装置，是因为搪玻璃设备生产运行时釜内的反应物料大多是电解质，而搪玻璃设备的瓷层是绝缘的，搪玻璃设备运行瓷层损伤报警装置的原理就是利用测量釜内物料和釜体外壳电阻变化来判断瓷面是否受损，能动态监控设备瓷层的完好程度。大多数化工生产中安装搪玻璃设备运行瓷层损伤报警装置能尽早发现设备的瓷层损坏，从根本上避免更大事故的发生。但这种设备不能用于生产物料不导电的设备，对于使用易燃易爆的防爆车间要相当谨慎，确认不能造成安全危害后才能使用，对于泄漏造成的釜内物料与釜体外壳的电阻下降要甄别，防止假报警带来不必要的麻烦。

参 考 文 献

[1] 蒋伟忠，厉益骏. 搪瓷与搪玻璃. 北京：中国轻工业出版社，2015.

[2] 张延经. 中国搪玻璃设备行业发展 60 年（下）. 化工装备产业论坛，2010，（1）：5-10.

[3] GB 150—2011. 压力容器.

[4] TSG R0004—2009. 固定式压力容器安全技术监察规程.

[5] GB 25025—2010. 搪玻璃设备技术条件.

[6] 金国淼. 搪玻璃容器. 北京：化学工业出版社，2009.

[7] GB/T 25027—2010. 搪玻璃开式搅拌容器.

[8] GB/T 25026—2010. 搪玻璃闭式搅拌容器.

[9] HG/T 2373—2011. 搪玻璃开式贮存容器.

[10] HG/T 2374—2011. 搪玻璃闭式贮存容器.

[11] HG/T 2375—2011. 搪玻璃卧式贮存容器.

[12] HG/T 3126—2009. 搪玻璃蒸馏容器.

[13] HG/T 3127—2009. 搪玻璃塔节.

[14] HG/T 3684—2011. 搪玻璃双锥形回转式真空干燥机.

[15] HG/T 2056—2011. 搪玻璃碟片式冷凝器.

[16] HG/T 4298—2012. 多孔搪玻璃片式冷凝器.

[17] HG/T 2376—2011. 搪玻璃套筒式换热器.

[18] HG/T 4299—2012. 搪玻璃薄膜蒸发器 结构形式和基本参数.

[19] 辛成涛. 对搪玻璃设备使用中玻璃层破损的探讨. 化工设备与管道，2010，47（6）：36-38.

[20] 陈海云，邢璐，丁无极，等. 搪玻璃压力容器爆瓷失效影响因素. 化工机械，2015，42（4）：574-576+582.

[21] HG/T 2371—2003. 搪玻璃开式搅拌容器.

[22] HG/T 2372—2003. 搪玻璃闭式搅拌容器.

[23] HG/T 2143—2012. 搪玻璃设备 管口.

第 9 章　非金属压力管道的耐腐蚀性及应用

9.1　概　　述

石油、天然气工业是国民经济发展的命脉，石油、天然气的开采过程及运输都离不开管道。管道运输不仅经济、运输量大、迅速、连续、安全、可靠、方便、平稳及占地少、投资少、费用低，还方便自动控制。因此，管道被广泛用于石油、天然气及一些化工介质的输送。随着石油、化工、清洁能源及城镇化的发展，管道的建设也逐渐进入了一个高速发展的时期[1]。

管道腐蚀是影响管道系统使用寿命、安全及可靠性的关键性因素，腐蚀问题已经引起了全社会的关注。腐蚀不仅给生产造成巨大的经济损失，同时也会造成严重的环境污染，并且威胁人身安全[2, 3]。

9.1.1　压力管道发展现状

随着管道运输的不断发展，管道的口径不断增大，运输能力大幅度提高，管道的运输距离不断增长，运输物资由石油、天然气、化工产品等流体逐渐扩展到煤炭、矿石等非流体。中国已建成大庆至秦皇岛、胜利油田至南京等多条原油管道运输线[4]。2014 年，在经济复苏的推动下，全球能源消费稳步提高，特别是中国等第三世界国家为追求本国发展，其在能源消费方面实现大幅增长。在莫斯科举行的第 21 届世界石油大会上发布的 2014 年版《BP 世界能源数据统计年鉴》显示全球主要能源消费增长了 2.3%。石油仍是全球主导性燃料，占全球能源消费的 32.9%。截至 2013 年年底，世界石油探明储量为 1.6879 万亿桶[5-9]。

油气输送管道中，钢管和柔性管作为两种主要的管道常被采用和应用于实际生产。钢管一般是金属材料制成，包括 ERW 直缝钢管、无缝钢管、UOF 直缝钢管等。金属管道易受周围介质的化学、电化学作用而产生腐蚀破坏。金属腐蚀造成了重大的直接或间接的经济损失。据工业发达的国家统计，由腐蚀造成的经济损失占当年国民经济生产总值的 1.8%～4.2%，根据美国国家运输安全局历年发生的管道事故报告的统计结果可知管道失效原因中腐蚀占了 18%[5]。美国国会 2008 年发表的数字表明：2007 年美国因腐蚀造成的直接或间接经济损失约为 1480 亿美元，约占当年国民经济的 3.3%。在我国，石油行业每年消耗金属管材（钢材）120 多万吨，耗资达 100 亿元[6]。

世界各国每年仅金属腐蚀就可造成巨大的经济损失，全球每年钢铁腐蚀的经济损失约为10 000亿美元，每年因腐蚀造成的报废就占全年钢铁生产总量的10%，大约 1/3 的化学设备因局部腐蚀而停工或检修。在国内，天然气管道因腐蚀造成失效也占有相当高的比例。含有腐蚀缺陷的油气管线在其后的运行过程中，有可能产生泄漏和爆炸等问题。腐蚀失效破坏往往会造成巨大的经济损失和严重的社会后果。目前，国内外由于管道腐蚀而造成的事故案例很多。例如，20 世纪 80 年代，美国输气干线事故中，因内腐蚀造成的占 15%；1997 年完工的美国阿拉斯加一条造价为 80 亿美元，长约 1287km、管径为 1219.2mm 的原油输送管道，由于对腐蚀研究不充分和施工时采用的防腐蚀措施不合理，12 年后发生腐蚀穿孔达 826 处之多，仅修复费用一项就耗资 15 亿美元；90 年代，俄罗斯输气干线共发生 752 次事故，其中内腐蚀占 27%，俄罗斯北部地区多处地下原油管道腐蚀破裂，大量原油泄漏，环境污染严重；英国阿尔法平台因腐蚀破坏而发生爆炸，造成一百多人死亡，导致北海油田年减产 12%。四川气田的成都-威远输气干线在 1968～2012 年的 40 多年间，就发生过 270 余起管道事故，其中因内腐蚀造成的约占 47%，其主要原因是天然气中的硫化氢含量超标，以及大量饱和水汽进入输气干线等。19 世纪以来，通过加缓蚀剂、加强清管等措施，比较有效地控制了管道的内腐蚀，但川渝地区输气管道的平均事故率仍然远高于发达国家的平均水平[11]。特别是因天然气管道腐蚀而引起的爆炸，不仅威胁人身安全，还污染环境，后果非常严重。

柔性管通常是指由金属或非金属材料与聚合物复合而成的复合管道。由于其制作工艺的不同，一般将其分为粘接柔性管和非粘接柔性管。与钢制管道相比，柔性管道具有易铺设、弯曲柔性好，具有可设计性、可回收等特点，因此在国外很多国家，柔性管道已经在陆上、浅水、深水及超深水域得到了广泛的应用[6]。由于复合材料管材具有相对较高的承压能力、耐腐蚀、性价比高的特点，21 世纪以来伴随我国科学技术的进步和发展，其已经在国内油气田污水输送、油气集输注醇注水等管线上得到了大量应用，并取得了令人满意的效果，国内油气田中应用的复合材料管材种类繁多，样式各异。常见的主要有钢骨架塑料复合管、玻璃纤维管（即通常所说的“玻璃钢管”）、塑料合金复合管和增强热塑性塑料复合管（包括柔性高压复合管）等[12-16]。随着这些管道的发展，它们的性能测试也逐步被重视和发展起来，特别是对应用最广泛的热塑性塑料管材的研究最多。

随着石油天然气消费量的不断增大及海洋资源和极地地区资源的迅速开采，输送管道的需求也不断扩展，对管道性能和质量的要求也越来越高。钢的改进、升级、换代能解决部分问题，但伴随着强度的提高，管线钢可焊接性和止裂也成了问题。更重要的是，钢质管材的一个重大而致命的缺陷就是腐蚀，因此，寻找一种新型替代管材成为了迫切的课题。与金属管相比，塑料管具有质量轻、耐腐蚀、水流阻力小、节约能源、运输方便、成本较低等显著优点。目前国外除了在给排水、供热、采暖等方面广泛采用塑料管外，在气体输送上也普遍采用塑料管。例如，用于煤气输送的管道，西方几个国家的普及率分别为：美国 100%，英国和丹麦 92%，法国 68%，德国 65%。

然而，塑料管由于其材料本身的特点，存在以下致命的缺点：①耐热性差，长期使用温度不能超过 60℃；②刚性差，耐压、耐冲击性都不强；③线胀系数大；④表面易刮伤引起破裂。

在高压天然气，特别是含硫天然气中尚无大规模工业性应用，目前尚缺乏非金属管材的选型、管材强度与刚度弯曲试验、承压力学性能评价、连接密封性能和泄漏失效安全防护等方面的技术支撑[17-19]。因此，复合管道应运而生。

复合管道是以两种或两种以上的不同组织物质以宏观的形式制造而成的新型管道，其目的是通过复合来提高材料的综合性能。目前油田上使用较多的非金属复合管为玻璃钢复合管。玻璃钢复合管，即玻璃纤维增强塑料复合管，包括玻璃钢管和玻璃钢多层复合防腐管，是一种柔性复合材料管道，在国内外已广泛推广使用。复合管材中的热塑性内衬层材料能很好地起到防腐和保护增强层的作用。它不仅克服了金属管和塑料管各自的不足，还融合了两种材料的优点，对非金属管道的应用领域和范围进行了纵向和横向的延伸，已经成为管材发展的趋势和热点，成为当今世界先进工业国家石油管道行业研究和开发的重点。如美国、俄罗斯、加拿大、英国、瑞典、日本等发达国家都在积极研制和推广复合管，复合管的应用数量与日俱增。其中，美国复合管年增长率为 10%，日本大口径供水管道中复合管占 25%，英国管道总长度中复合管占 25%，瑞典使用复合管已占管道总长度的 40%。因此，对管线的材质进行探索，积极开展复合材料管道的研究很有工程应用价值。

9.1.2　非金属承压设备的类型、构造、形式

目前，非金属材料已广泛应用于管道和各种化工设备上，见表 9-1。

表 9-1　非金属承压设备的类型、构造与形式

设备类型	构造	形式	备注
管道	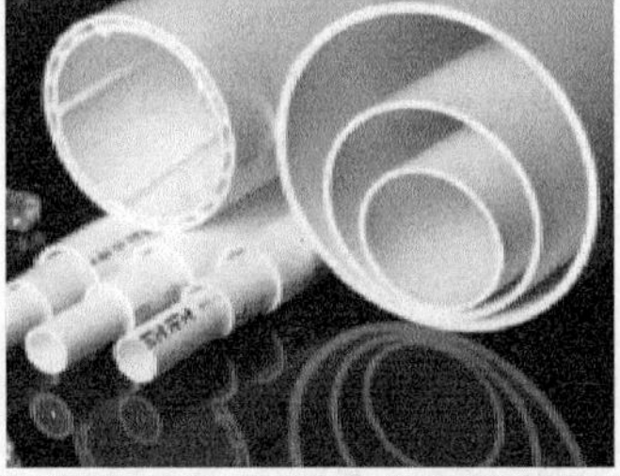		PVC 管道多用于化工管

续表

设备类型	构造	形式	备注
管道			PE燃气管道多用于埋地管道
			玻璃钢管道内衬塑料管道
釜			内衬氟塑料和搪玻璃釜
罐			玻璃钢罐
器	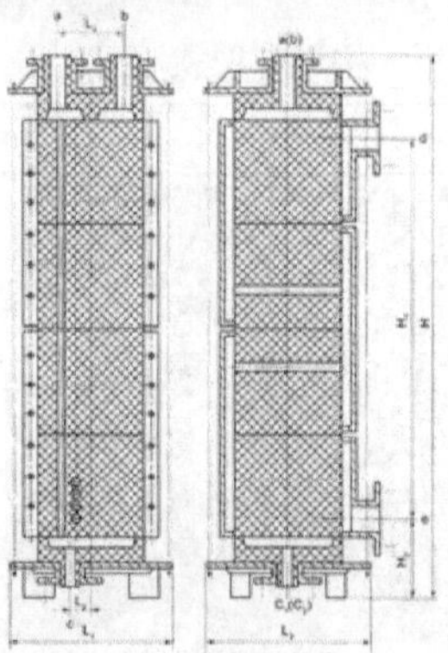	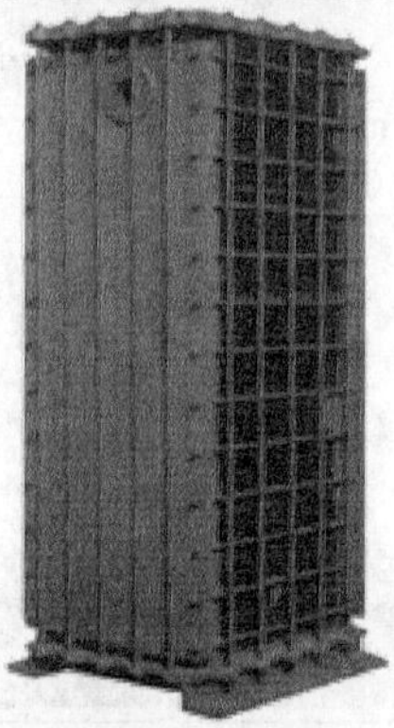	石墨材料、陶瓷材料

续表

<table>
<tr><th>设备类型</th><th>构造</th><th>形式</th><th>备注</th></tr>
<tr><td>槽</td><td></td><td>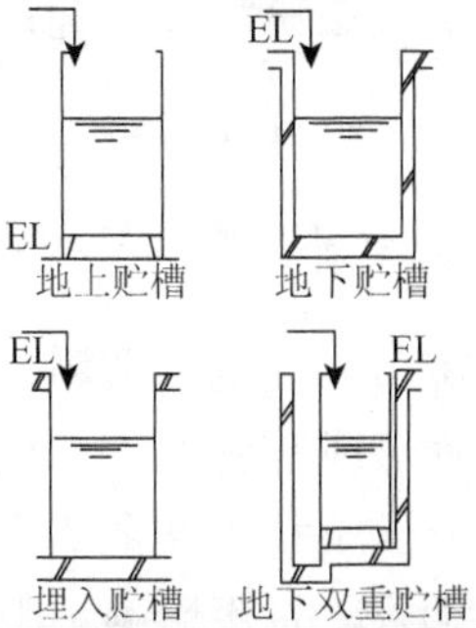
</td><td>塑料、陶瓷、玻璃钢、搪玻璃、石墨</td></tr>
<tr><td>塔</td><td>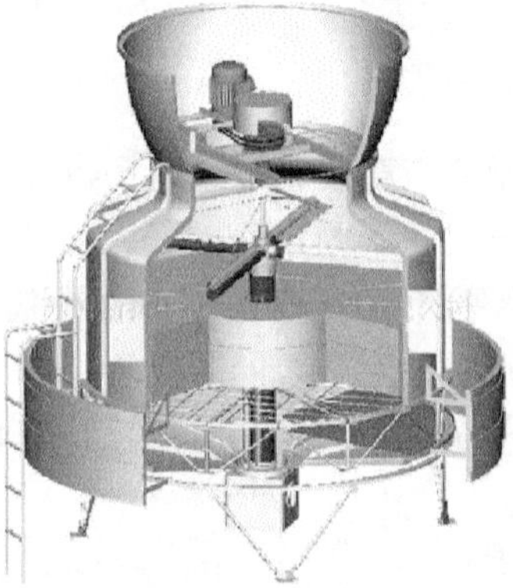</td><td></td><td>玻璃钢</td></tr>
</table>

9.1.3　非金属压力管道存在的主要问题

尽管非金属管道已有十多年的应用历史，但是，由于非金属管材种类多，影响管材质量及性能的因素复杂，以及设计及施工人员对非金属管材的认识不充分等，其在应用中存在着管材质量差别大、检测手段及设计方法不完善、施工不规范等问题，不利于油气田正确、合理应用非金属管道。非金属压力管道存在的主要问题大致有以下几个方面[18, 19]。

1. 管材质量参差不齐

影响非金属管道产品质量的主要因素是制造工艺技术水平和采用的原材料，如玻璃钢管道，采用不同质量的树脂和纤维制造出的玻璃钢管，质量差别很大。国内各类非金属管道制造商的工艺技术和设备水平差距较大，生产出的管材质量参差不齐。

2. 缺乏产品验收检测手段，缺乏市场准入机制

目前，中国石油仅个别油气田、科研机构具有部分非金属管材的产品检验资

质和能力，难以满足所有非金属管材产品验收及检验的需要。由于对非金属管材市场缺乏有效的监管措施和检测手段，造成性能不同、质量各异的非金属管道进入油田市场，不仅给管道安全生产埋下了隐患，同时，也使油田用户对非金属管道产生了误解，在一定程度上影响了非金属管道的推广应用。

3. 设计方法不完善，影响工程建设质量

非金属管道在产品性能、适用范围、安装方式等方面同金属管道有较大的差别，目前，尚没有形成完善的工程设计方法和规范。由于非金属管道设计的技术规定和要求不统一，不利于非金属管道的采购招标，难以实现非金属管道产品的优胜劣汰、公平竞争，直接影响了工程建设质量。

4. 施工验收不规范，管道失效原因难以确定

各类非金属管道在应用初期一般是由制造商直接施工或现场指导施工，但是，随着用量的不断扩大和油田公司施工承包方式的不同，目前，大部分非金属管道都是由非专业的施工队伍施工，由于施工经验不足，容易造成管道施工的质量缺陷，给管道安全运行埋下了隐患。同时，由于缺乏必要的验收指标和方法，难以鉴定施工中的一些缺陷，造成管道投产后出现破裂、渗漏等现象，影响管道安全正常生产。

5. 后期维护力量不足，影响正常生产

同金属管道相比，非金属管道维修专业性强，具有一定的技术难度，不仅需要专业的维修工具和材料，而且需要相对专业的维修人员。近几年，非金属管道应用发展较快，但是，维护队伍建设较慢，应用非金属管道的油气田公司缺少专业的维修队伍。同时，非金属管道制造商售后技术服务跟不上，造成一些损坏的非金属管道不能得到及时修复，影响了油气田的正常生产。

9.2 几种典型非金属材料的耐腐蚀性能

随着石油、化学、冶炼、造纸、食品等工业的迅速发展，对工程材料的耐腐蚀性能提出了越来越高的要求。增强塑料、某些耐腐蚀水泥和混凝土、玻璃、陶瓷、微晶玻璃、铸石、石墨等非金属材料，由于具有优于一般金属和合金材料的耐腐蚀性能，在最近几十年中，在品种和产量方面都有较大的发展，日益广泛地代替金属和合金材料应用于各工业部门的耐酸、耐碱、耐油、耐磨、耐各种溶剂及耐其他侵蚀性液体和气体的工程和设备中。在压力容器和压力管道等特种设备中，非金属材料的使用量正在不断增加，非金属材料代替金属材料是未来压力管

道和容器行业的发展趋势，在工业发展中的重要性日益显著[20]。下面介绍几种典型非金属材料的耐腐蚀性能[21]。

1. 硬聚氯乙烯材料

硬聚氯乙烯在温度低于50℃的环境中，耐化学腐蚀性能优于酚醛塑料、聚苯乙烯、有机玻璃等许多常用塑料。除强氧化性酸（如含大量大于50%的硝酸、发烟硫酸）以外，能耐各种浓度的酸、碱、盐类溶液的腐蚀。在芳香烃（如苯、甲苯、二甲苯等）、氯化烃（如二氯乙烷、氯化苯等）和酮类介质中，硬聚氯乙烯会被溶胀或溶解，但不溶于许多其他溶剂。

2. 聚乙烯材料

聚乙烯的耐腐蚀性能优良，在室温下几乎不溶于任何有机溶剂，但脂肪烃、芳香烃和卤代烃等（如丙酮、乙酸乙酯、乙醚、汽油、苯、二甲苯、三氯甲烷、四氯化碳）能使它溶胀，而去除溶剂后又恢复原来的性质。温度超过70℃时，聚乙烯能少量溶解于甲苯、乙酸戊酯、三氯乙烯、松节油、氯代烃、石油醚、矿物油和石蜡中。除强氧化剂外，聚乙烯在室温下能耐多种酸、碱和盐类溶液的腐蚀，在60℃以下，能耐50%硫酸、40%硝酸、浓盐酸和各种浓度的盐、碱类溶液的腐蚀。

聚乙烯的耐腐蚀性能，总的来讲与硬聚氯乙烯差不多。在一些介质（如氢氟酸、甲酸）中它优于硬聚氯乙烯，而在另一些介质（如氯、硝酸、乙醛）中则不如硬聚氯乙烯。另外，聚乙烯材料一个重要的优点，就是能够制作防腐涂层。

3. 聚丙烯材料

聚丙烯在室温下能耐多种酸、碱和盐类溶液的腐蚀。由于它分子结构中的叔碳原子容易氧化，故对铬酸、发烟硫酸、浓硝酸等强氧化性酸不耐腐蚀。与硬聚氯乙烯相比，聚丙烯的最大优点是在较高温度下仍有耐蚀性。在80℃以上时，它能耐含量达70%的硫酸、硝酸、磷酸、各种浓度的盐酸、含量10%的氢氧化钠及稀的甲酸、乙酸等介质的腐蚀。聚丙烯的耐溶剂性也大大优于硬聚氯乙烯。

4. 聚苯乙烯材料

聚苯乙烯的主要优点是成本低、产量大、品种多、易加工，具有优良的电性能和透明性，广泛用于日用品、室内外装饰品、仪表外壳、光学零件、电子电器配件、电讯器材和家电零配件等方面。通用聚苯乙烯质硬而脆，改善抗冲性能的方法是引入橡胶制成高抗冲聚苯乙烯，但耐蚀性有所下降。聚苯乙烯在室温下能耐一般无机酸、大多数有机酸及碱和盐类介质的腐蚀，但不耐硝酸、铬酸及浓硫酸等氧化性介质的腐蚀，大多数有机溶剂能使它溶解。

5. 聚三氟氯乙烯材料

聚三氟氯乙烯（PCTFE）能耐各种浓度、较高温度下的无机酸、碱、盐类溶液及较低温度下强氧化剂的腐蚀、在室温下能耐大多数有机介质的腐蚀。但有些溶剂（如乙酸乙酯、乙醚等）会使它溶胀，甚至溶解。在高温时氯代烃能够溶解它，在高于沸点的条件下，苯、甲苯、二甲苯等也能使它溶解。另外，在加压下加热时，四氯化碳、甲基三氯甲烷也可作为它的溶剂，在高温下它会受到熔融碱金属的破坏。对氯磺酸、浓硝酸、发烟硝酸、氢氟酸、熔融苛性碱等都不耐蚀。

6. 聚四氯乙烯

聚四氯乙烯（PTFE）的耐化学腐蚀性能优异，几乎任何浓度的强酸、强碱、强氧化剂和溶剂即使在高温下也对它不起作用。只有熔融碱金属或其氨溶液、三氟化氢及其元素氟会对它发生作用，但也只有在高温下才明显地表现出来。

7. 其他非金属材料

除上述所列耐腐蚀性能较好的非金属材料外，还有使用量较多的聚全氟乙丙烯、氯化聚醚、聚苯硫醚等耐蚀性塑料。其中氯化聚醚常温下几乎不溶于任何有机溶剂。

9.3 非金属压力管道的腐蚀失效与腐蚀机理

9.3.1 腐蚀分类

高分子材料具有较优良的耐腐蚀性能。但在防腐蚀领域中应用时，由于腐蚀条件的多样与复杂，不一定总能抵抗任何介质的腐蚀。通常，在酸、减和盐的水溶液中，多数塑料或其他高分子材料具有较好的耐蚀性，显得比金属优越。有些塑料在无机酸、碱溶液中也会很快被腐蚀，例如，尼龙只能耐较稀的酸、碱溶液，而在浓酸、浓碱中则会被腐蚀。

非金属的腐蚀分类较金属要简单得多，主要原因是非金属本身耐蚀性较强，腐蚀机理也简单得多，金属中常见的许多腐蚀形态在非金属材料中几乎不存在。高分子材料的腐蚀形态按其成因大致分为两类[21]：①在静态环境下因介质渗入作用引发的渗入腐蚀；②在动态环境下因介质与环境联合作用引发的力学腐蚀。

前者包括溶胀腐蚀、溶剂化腐蚀、化学腐蚀、界面腐蚀、鼓泡腐蚀、选择性腐蚀及渗透腐蚀；后者包括摩擦腐蚀、热差腐蚀开裂、应力腐蚀开裂、银纹龟裂腐蚀、空泡腐蚀、疲劳腐蚀等。高分子材料的主要腐蚀形态如图 9-1 所示。

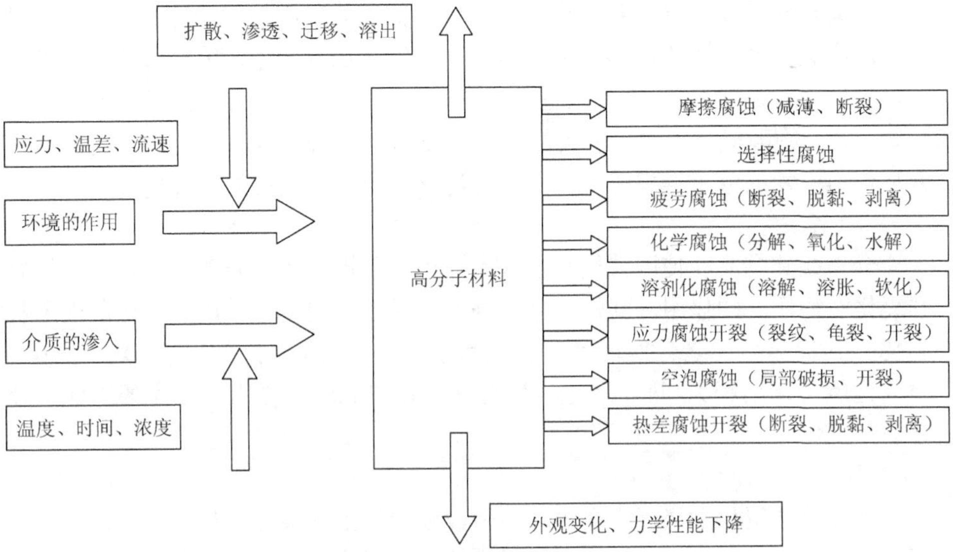

图 9-1　高分子材料腐蚀形态图

非金属压力管道的腐蚀失效形式主要包括化学腐蚀失效和物理腐蚀失效两大类。

化学腐蚀是指在一些介质分子的作用下，塑料制件的高分子结构发生化学反应甚至结构遭到破坏，生成其他物质并进入介质，从而导致塑料制件失重、出现变形、性能下降、失效等现象，而且化学腐蚀不可逆，也是最复杂、不可预计的腐蚀过程。

物理腐蚀是指在一些介质分子的作用下，塑料制件的表面层分子发生松动；与介质分子直接接触的部分表面分子逐渐松动并离开部件表面而进入介质，使部件表面层松动，厚度变薄，从而逐渐降低制件的强度直到失去其原本的使用价值。在塑料制件发生物理腐蚀的过程中，除了介质分子对制件表面分子的影响外，通常都伴随着化学腐蚀过程。在整个物理腐蚀过程中，渗透过程是最大程度影响塑料制件腐蚀的过程。

在材料与腐蚀环境选择设计合理的条件下，物理腐蚀是非金属材料最重要的失效形式[21]。

1）溶胀和溶解腐蚀

水和某些溶剂分子通过渗透扩散作用渗入材料内部，与高分子材料中的大分子发生溶剂化作用，从而破坏大分子间的次价键，致使高分子材料发生溶胀、软化或溶解腐蚀。

2）腐蚀降解

非金属材料的腐蚀降解是指聚合物的分子链被分裂成小分子的腐蚀过程。其最典型的腐蚀降解类型为：热降解（由于聚合物热稳定性差，因环境热引起的分子链裂解）、氧化降解（聚合物所含自由基自动氧化作用引起的分子链裂解）、机械降解（聚合物因机械力作用引起的分子链裂解）、化学降解（杂链聚合物因与环境介质作用引发的分子链裂解，其中聚合物材料的水解应特别引起重视）。

3）老化

聚合物或其制品在使用或储存过程中，由于环境（化学介质、热、光、辐射或强氧化性物质）的作用，其性能（如强度、弹性、硬度等）逐渐劣化的现象称为老化。其最典型的老化腐蚀类型为光氧老化（聚合物在氧及光照联合作用下引发的性能劣化过程）、热氧老化（聚合物在热和氧联合作用下产生的性能劣化过程）。

4）环境应力开裂

环境应力开裂是指聚合物在多轴应力或成型加工残余应力与某些特定介质的共同作用下，因时间效应在材料表面形成的表层银纹、表面裂纹直至脆性断裂的腐蚀破坏现象。

5）渗透腐蚀

渗透腐蚀是特指环境介质通过非金属涂装层中固有的分子级空穴、填料与树脂间界面及涂装层成型缺陷渗透扩散，引起的涂装层腐蚀破坏及膜下基体腐蚀破坏。图 9-2 为渗透物对氟塑料衬里的腐蚀状况。非金属材料溶胀和溶解腐蚀也是由介质的渗透引发的。

图 9-2　渗透物对氟塑料衬里的腐蚀

6）选择性腐蚀

选择性腐蚀是指在腐蚀环境作用下，非金属材料中的一种或数种组分有选择性地溶出或变质破坏，使材料解体。

7）蠕变

蠕变是指高分子材料在长时间恒温、恒拉伸应力作用下，在应力低于材料的屈服强度的条件下产生塑性变形的现象。当应力高于蠕变断裂强度时，高分子材料会发生蠕变断裂。若材料浸泡在介质中，则材料可在更低应力下产生塑性变形或蠕变断裂，且时间也会提前。

8）疲劳腐蚀

疲劳腐蚀是指高分子材料在低频交变应力和环境温度、腐蚀介质共同作用下引起的腐蚀破坏、强度和使用寿命降低的现象。疲劳腐蚀和蠕变的共同点在于两者应力、腐蚀介质、温度的共同作用，区别在于疲劳腐蚀所受的应力是交变的，而蠕变所受的应力是稳定的拉应力，因此疲劳腐蚀比蠕变更具危险性。

9）差热腐蚀开裂

差热腐蚀开裂是指高分子材料在腐蚀介质和温差热应力共同作用下所引起的腐蚀破坏。它与高分子材料的热降解不同，前者是交变温度热应力环境，后者是稳定热应力环境。差热应力环境的形成有两种条件：一是材料使用的环境温度波动，一时间高，一时间低；二是材料使用的环境温度某区域高，某区域低。

非金属材料的腐蚀类型还有许多种，如微生物腐蚀（受真菌或细菌作用形成）、磨损腐蚀（受固体介质引发）、空泡腐蚀（受高速流动的液态介质中气泡或高速流动的气态介质中液滴的作用）、冲蚀腐蚀（受高速流动的介质的作用）等，这些类腐蚀现象发生相对较少。

9.3.2 腐蚀特点

非金属材料的腐蚀与金属材料相比有着本质的区别，具体表现在以下几个方面[20]。

在腐蚀机理方面：金属材料是电导体，故金属的腐蚀行为大多表现为电化学过程或化学过程，少数伴随有机械、物理或生物过程。非金属管道材料是绝缘体，腐蚀表现为纯化学过程或物理过程，且物理腐蚀破坏是非金属材料被腐蚀的主要方式。另外，金属腐蚀多在金属表面上开始形成，由表及里逐步向深处发展。非金属材料的腐蚀则表现为材料由表及里的整体突发性破坏，实践中非金属材料衬里基本完好而被保护金属基体被腐蚀是常见的腐蚀破坏现象。

在腐蚀形态方面：金属腐蚀中常见的是全面腐蚀、缝隙腐蚀、电偶腐蚀、孔蚀、晶间腐蚀、氢腐蚀等腐蚀现象。非金属材料腐蚀中常见的是溶胀腐蚀、渗透腐蚀、界面腐蚀等腐蚀现象。尽管在介质与应力联合作用下，两种材料的腐蚀形态在宏观上具有同一性，都变现为材料的力学腐蚀破坏，但其腐蚀过程、腐蚀速率及危害程度却有着本质区别，金属多表现为局部腐蚀，非金属材料则多表现为整体破坏。

在腐蚀过程方面：金属材料在静态环境下一般表现为金属原子与介质分子间电子的转移及重组，而非金属材料则表现为介质分子在高分子材料的聚集态大分子缝隙中的渗透、扩散和迁移。金属材料在热环境下一般表现为电子的转移及重组的速率加快；而高分子材料的表现则复杂得多，一方面加快了介质分子的渗透、扩散和迁移速率，另一方面高分子材料自身也表现出强烈的力学性能下降。

9.3.3 腐蚀失效的影响因素

腐蚀是材料与环境相互作用的结果。在非金属发生腐蚀的过程中，除介质本身外，还有许多因素会影响介质对塑料制品的腐蚀程度，这些因素大致可以分为两大方面：一方面是塑料本身高聚物的大分子链的基团特性。普遍来说，线形、支化的高分子塑料比较容易被腐蚀介质腐蚀，体形结构的高分子塑料因为网络结点的束缚只能溶胀不被溶解而发生腐蚀；相对分子质量相对较小的高分子塑料更容易因溶胀而被腐蚀；大分子的柔性链由于柔性分子易于运动扩散，有利于介质分子的渗入所以比刚性链易被腐蚀。另一方面是塑料高聚物在介质中受到实际工况条件的影响，如受温度、压力、介质流速、介质分子的渗透与吸收等影响。影响介质对材料腐蚀的因素主要如下。

1. 温度

在化学腐蚀过程中，温度的升高会加速化学腐蚀的进行，以硫酸作为介质来说，当硫酸通过塑料管道时其温度升高会加速硫酸分子的运动，使硫酸分子“攻击”塑料表面的作用加剧，即化学腐蚀性增强。如果还存在压力的话，其腐蚀更为剧烈。在物理腐蚀中，温度升高还会加速渗透和扩散，使腐蚀加快，破坏性增大。当介质处于静态时，长期不变的侵蚀也对防腐蚀不利。

2. 压力

在化学腐蚀中，压力会加速化学反应的进行，呈现破坏性；在物理腐蚀中，压力会促使介质在管道中加速流动，致使管道一直接触新鲜介质，承受强烈的侵蚀作用，其机理是介质分子加速“攻击”管道内表面的大分子，进入高分子之间的孔隙中，使塑料管内表面的大分子脱离并进入介质。所以压力与温度一样都是加速腐蚀的因素。

3. 介质的流速与性能

当介质的流速为零时，介质处于静态，即相当于介质贮存在容器中，其对容器在常温和常压条件下的腐蚀速率要比在高温、高压条件下小得多。如果介质的流速很大又有温度、压力的影响，其腐蚀性就更严重了。介质的腐蚀性能有强有弱，对塑料的腐蚀作用也就存在很大的差别。例如，烯烃塑料在强腐蚀性介质中会被很快腐蚀，而在一般性介质中还可使用一段时间。所以，介质的性质是选用耐腐蚀塑料首要考虑的一个因素。

4. 微生物

微生物对高分子材料的腐蚀作用是通过生物合成的酶来完成的。依靠酶的催化将长分子链分解为同化分子从而实现对高聚物的腐蚀。酶降解生物高分子材料时，多从大分子链内部的随机位置开始。对合成高分子材料则与此相反，酶通常只选择其分子链端开始腐蚀。大多数添加剂如增塑剂、稳定剂和润滑剂等低分子材料，易受微生物降解。由于微生物与增塑剂、稳定剂等相互作用，而不与大分子作用，所以在高聚物表面常有微生物生存。

9.3.4　典型失效案例

胜利油田东辛采油厂从 2007 年开始在油井上试验玻璃钢油管采油。截至目前，共在偏磨腐蚀严重的井上试验玻璃钢油管 24 口井，其中有 10 口井至今仍正常生产，6 口井因玻璃钢油管螺纹脱扣而倒井，4 口井因玻璃钢油管泄漏而倒井，另外几口井因别的原因而停用玻璃钢油管。试验前平均泵挂 1217m，日产液量 25.8m^3，检泵周期 196d，泵效 74%；试验后平均泵挂 1219m，日产液量 24.8m^3，检泵周期 151d，泵效 68%。玻璃钢油管螺纹脱扣、管漏、泵效低和生产周期短是主要问题。图 9-3 为玻璃钢油管螺纹脱扣形貌图。

图 9-3　玻璃钢油管螺纹脱扣形貌

造成脱扣的主要原因有加工工艺、应力过大、柱塞与衬套之间的摩擦力、抽油杆和油管之间的摩擦力、页注和油管之间的摩擦力。

9.4 非金属压力管道的应用

非金属压力管道以其优越的性能，已广泛应用于各行各业。并且随着清洁能源的需求量增大，非金属压力管道的应用量也在逐年增加。因此，非金属压力管道的耐腐蚀性能是不得不考虑的重要因素。腐蚀不仅是指化学介质的腐蚀，从广义上讲还有大气腐蚀、土壤腐蚀、海水腐蚀、生物腐蚀、微生物腐蚀等，所以耐蚀材料的界限是难以划分的。热塑性塑料在包装业、建筑业上的应用量即占全部热塑性塑料产量的一半左右。产品的品种、数量都很大，有的产品可以直接作为耐蚀塑料产品的应用。塑料容器常用的热塑性材料有聚乙烯、聚丙烯、聚氯乙烯、聚苯乙烯、聚酰胺、聚碳酸酯、热塑性聚酯等；建筑用的塑料管材约占一半，管材品种很多，主要用于上下水、污水排放等方面，作为化工防腐蚀应用是可行的、经济合理的。热塑性耐蚀塑料中有的耐蚀性能优良，但因刚度、强度较差，易于制作涂层或衬里设备及管道、阀门、泵等。

热塑性塑料应用于管材，具有很大的优越性，它的密度很小、耐腐蚀、绝热和绝缘性好、内壁光滑（不易结垢和流体阻力小）、加工容易、施工维修方便、不上锈、不必另外涂装，因而应用广泛，生产和使用量增长速度很快。在1980～1990 年十年间，应用量以 8%的速度增长。聚氯乙烯管是各种塑料管中消耗量最大的品种。

随着生产技术的进步和国民经济发展的需要，我国修订和制定的聚氯乙烯管国家标准及行业标准。标准中的公称直径增大到 1000mm，压力增加到了 1.6MPa，品种也增加较多。聚乙烯管的品种及产量近期的发展更为迅速，我国 20 世纪 90 年代制定了聚乙烯的有关标准。

9.4.1 几种典型的非金属压力管道

1. 柔性复合管

柔性复合管是一种由高分子复合材料制成的具有一定高强度、高压力、耐腐蚀、耐结垢、摩阻系数小、保温性好、柔性好、寿命长等优异性能的石油天然气工业用管件，由芯管、增强层、外包层组成。应用新材料新工艺创新的产品，由聚乙烯树脂和增强纤维丝组合而成，它可以发挥多种材料的优点，克服单一材料的缺陷，扩大材料的应用范围。其产品结构为：以改性的高分子聚合物为芯管，芯管上编织或缠绕纤维丝或纤维绳为增强层，外层为聚合物合金防腐保护层。柔性复合高压输送管按照用途分为输油用复合管、输气用复合管、输水用复合管、注醇用复合管。管道连接采取螺纹连接，也可根据客户需求提供法兰连接、对焊连接、扣押连接等连接方式。

2. 玻璃钢管

玻璃钢管道是一种连续玻璃纤维增固性树脂管道。玻璃钢管线最早应用于城市及排水工程，但随着其性能的日益提高，现已广泛应用于石油化工等工业领域。根据玻璃钢管线与钢管之间的连接方式，将其归为胶接连接，其中胶接连接包括承插口斜面胶接、对接包缠连接、搭接包缠连接；机械连接包括承插口连接、法兰连接、螺纹连接。由于钢制材料模量低、产生永久变形大、易发生泄漏，在开孔或内外螺纹处会产生损伤和裂纹，防渗能力差，并且管道均属埋地，土方工作量大，费用高。因此对于大口径高压管线（400mm 以上，PN3.0MPa 以上），玻璃钢管线技术还不成熟，目前还只能选择钢制管道。一般来说，油田用玻璃钢复合管线主要用于输油、输水（包括污水及原油托出水）管线，常用的压力等级为 0～4.0MPa。而在实践使用中，胶接连接和机械连接各有优缺点。

3. 钢骨架塑料复合管

钢骨架塑料复合管是一种集钢材与热塑性塑料两种材料优点于一身，有着优良的综合性能的新型复合管材产品。管材由缠绕并焊接成型的管状钢丝网作为加强骨架镶嵌在热塑性塑料管壁中间构成，关键的加强骨架是用薄钢板均匀冲孔后卷筒焊接制成。管道连接采取法兰连接和电熔连接两种方式，连接处可达到或超过管材本体的强度。

4. 聚乙烯塑料管

聚乙烯塑料管道是以合成树脂为主要原料，通过挤压机挤出而成，根据主要原材料的不同，可分为聚乙烯（PE）管道、聚四氟乙烯（PTFE）管道、聚氯乙烯（PVC）管道、聚丙烯（PP）管道、工程塑料（ABS）管道等。聚乙烯塑料（PE）管道，具有材质轻、严密性好、耐腐蚀、使用寿命长、施工方便、价格低廉等优点。同时 PE 管具有良好的柔韧性，断裂伸长率一般大于 500%，对管基不均匀沉降的适应能力非常强，具有优异的抗冲击、耐扭曲能力。国内外已广泛应用于城市中低压燃气管道，近些年，非金属管材在煤层气气田领域中已经成功应用。

9.4.2　非金属压力管道在气田上的应用

非金属管道在气田上的应用越来越广泛，其中具有代表性的应用先例有西南油气田和长庆气田。

1. 非金属管道在塔里木油田的应用

塔里木轮南油田主要地貌为戈壁、沼泽和盐沼，地表多为盐浸土，地下水比较丰富，腐蚀性较强。地下水和油田采出水的水质较差，采出水的矿化度达 20×10^4mg/L，水中离子复杂，对金属的腐蚀性很强。目前油田已经进入高含水期，金属集油管线的腐蚀问题日益突出，个别管线使用 1 年就出现腐蚀穿孔。2000 年开始，该油田对集油、注水系统逐步采用了玻璃钢管、钢骨架复合管和柔性复合管（高压、低压）三种非金属管替代金属管，以满足油田生产需要[29]。

非金属管道主要应用于该油田的集输系统和注水系统。

1）集输系统

目前该油田集输系统建有计量间 7 座，油井 111 口，集输管线总长约 150km（不含复线），其中应用钢骨架复合管 21.9km，玻璃钢管 18.2km，柔性复合管 10km，非金属管应用达 33.4%。通过现场使用情况来看，该油田集输系统中最早采用钢骨架复合管（LN2-23 3～4 号计量间）的单井集输管道使用了 11 年，最早使用的玻璃钢管（LN2-3-H 1～6 号计量间）的单井集输管道使用了 10 年，均未出现问题。相对于同期更换的金属管道抗腐蚀效果非常显著，杜绝了投产后因腐蚀引起的管线穿孔现象，简化了现场施工工艺，减少了环境污染和人体伤害。

非金属管防垢效果显著，以 LN3-10 井的集输管道为例，LN3-10 井产液在金属管道上结垢非常严重，在该管道更换为非金属管之前，基本上每月井口回压就达 1.5MPa，需要通过酸洗来解决问题。2005 年该管道由 100mm 的钢管更换为 100mm 玻璃钢管，设计压力 1.6MPa，采用承插式连接方式，更换后该井一直运行正常，降低了运行成本，减轻了工作强度。2008 年，油田首次使用柔性复合管，由于单管长度长，连接方式简便，在 11 口井的管线更换中，相对于金属管更换节省工期 70d，对产量无较大影响，至今未发生腐蚀穿孔现象。图 9-4 为玻璃钢管在集输系统应用施工图。

图 9-4　玻璃钢管在集输系统的应用

2）注水系统

近年来，注水开发成为油田开发的主要方式，“注好水、注够水、有效注水、精细注水”是注水开发的核心，注水水质达标又是注水开发最基本的要求。为保证注水水质，克服长距离输送给回注水带来二次污染，减少金属管频繁穿孔对油田地质注水的影响，作业区从 2000 年开始引进非金属管，并应用在油田的单井注水井管线上。最早在 LN2-2-2 井使用的 100mm 玻璃钢管，管线设计压力为 1.6MPa，采用承插式连接方式。2008 年油田首次在 LG7-5 井使用高压柔性管，该管直径为 50mm，采用丝扣连接方式。相对于玻璃钢管，高压柔性复合管在连接质量和施工进度上优势更明显。目前非金属管已在油田单井注水管线中占主导地位，作业区目前 32 口注水井中有 17 口采用玻璃钢管，4 口采用高压柔性复合管，总长度达 25km。

2. 非金属管道在西南油气田的应用

2007 年 11 月，西南油气田分公司蜀南气矿对两条管线现场运行的玻璃钢进行取样检测，分析其使用压力等级、介质工况、管材性能参数等数据进行分析，得出以下主要结论[23]。

（1）从现场使用情况来看，在一定压力下，输送介质对玻璃钢复合管道有侵蚀作用，管线的弯曲强度并未发生变化，但其轴向拉伸强度、玻璃钢螺纹接头的水压失效压力随着运行时间增加则逐渐下降。

（2）玻璃钢的强度保留率均大于 85%，根据 Kunststoff 的评定标准从统计的观点来判断，玻璃钢保持了其耐腐蚀性。

（3）玻璃钢的硬度产生一定程度的下降，玻璃化转变温度稍微降低（118.5℃），特别是玻璃化转变温度的稳定性说明输送介质对树脂基体产生了一定程度降解作用，但未对材料性能产生明显影响。

（4）从玻璃钢螺纹接头的短时水压失效压力测量值分析，API 螺纹连接接头保持了结构的完整性，密封性能满足设计压力的要求。

（5）通过对现场玻璃钢输送管的力学测试和理化性能测试，证明了在役五打线玻璃钢复合管线处于安全运行状态。

3. 非金属管材在大庆油田的应用

自 20 世纪 90 年代初，大庆油田先后在水驱、聚驱及三元复合驱的注入管线，集输油、气管线及供给管线，应用了高压玻璃钢管、钢骨架塑料复合管、柔性复合高压输送管及塑料合金复合管四大类非金属管道。据统计，截至 2008 年年底，油田所用各类非金属管道总长度已达 6800km 以上[24]。表 9-2 为大庆油田非金属管道建设情况统计。

表 9-2　大庆油田非金属管道建设情况统计

管材类型	集油管/km	输油管/km	集气管/km	输气管/km	供给管/km	注入管/km	合计/km
玻璃钢管	119	13	13	12	110	36665	5005
钢骨架增强塑料复合管	0	17.1	3.6	28.84	530.968	0	580
柔性复合高压输送管	547	0	13.6	0	0	50	609
塑料合金复合管	393.6	0	0	0	77.1	182.3	652
合计	2131.8	30.3	29.2	41.1	718.6	3897.9	6849

由于非金属管道具有优良的耐蚀性，内壁光滑，输送能耗及安装维护费用低，具有较好的绝缘性能、不需阴极保护、使用寿命长、综合经济效益好等特点，在大庆油田工程建设中得到了广泛应用，近几年用量以每年 1000km 以上增加，仅 2009 年油田新建非金属管道为 1438.5km，占全年管道建设总量的 39.7%，有效提高了埋地管道对介质的耐腐蚀性能。

1）高压玻璃钢管的应用

高压玻璃钢管包括酸酐固化玻璃钢管和胺固化玻璃钢管，最大口径为 200mm，主要用于集输油、掺水和热洗管道，工作压力小于等于 6.3MPa。注入管道工作压力小于等于 25MPa，其输送介质温度应根据介质的组成选用，用于输送油田常规介质时，酸酐固化玻璃钢管最高使用温度为 80℃，长期使用温度小于等于 65℃；胺固化玻璃钢管最高使用温度为 93℃，在碱性介质中长期使用温度小于等于 65℃。

酸酐固化玻璃钢管于 1994 年首次在大庆油田采油二厂地势低洼、强腐蚀地区的南 7-40-621 井和南 7-40-624 井上进行了试验应用，井口注入压力 13.1MPa，管线埋深 2.1m，经过 14 年的生产运行仍完好无损。玻璃钢管道在注水系统的成功应用，为非金属管道在油田工程建设中的推广起到了示范性作用，随即在污水、注聚及单井集油管线开始应用，且应用量逐年增加，截至 2009 年，已累计应用 2770km 以上，积累了较为成熟的应用经验。2006 年大庆油田开始在三元复合驱注入系统主要推广应用胺固化玻璃钢管，解决了因金属管道的腐蚀产物对三元复合驱注入体系产生化学降解而影响注入体系性能的问题，缓解了三元复合驱注采系统结垢的趋势，至今已累计应用 2235km。

2）钢骨架聚乙烯塑料复合管

钢骨架塑料复合管包括钢骨架聚乙烯塑料复合管、钢丝网骨架塑料复合管和孔网钢带塑料复合管。该类管道是以聚乙烯为内、外层，用钢丝或钢带编织缠绕成增强骨架，通过特殊工艺成型的复合管，以法兰和电熔两种方式连接。孔网钢带塑料复合管是以钢带冲孔后进行焊接成型的管状带孔薄壁钢管作为增强骨架，经注塑中密度聚乙烯塑料而成的一种复合管，工作压力为 0.4～5MPa，长期工作温度小于等于 60℃。目前，在大庆油田该管道主要用于低洼地区的低压供水系统。图 9-5 为钢骨架聚乙烯复合管应用施工图。

图 9-5　钢骨架聚乙烯复合管的应用

钢骨架聚乙烯塑料复合管是采用低碳钢丝编网并高速点焊、塑料挤出填注同步成型而成的一种复合管，长期输送介质温度为 0～70℃，工作压力小于等于 4.0MPa，最大管径为 500mm。该管适用于埋地供水、污水、聚合物母液输送管线。由于该管道内外基体为高密度聚乙烯，其承压低、耐温差，一般情况下不适用于集油管网，但是在满足介质工作温度、压力等条件下也可以使用。该管线自 2001 年开始在聚合物母液输送、供水、污水等管线应用，累计应用 700km 以上，2006～2009 年期间，在燃气管道应用了 110km，集油管道 16km，目前使用效果较好。但管线现场连接技术条件要求较高，需厂家提供专业的设备，小口径管道价格较高。

3）柔性复合管

2002 年开始，在大庆油田单井集油、掺水、热洗管线及较高温度污水输送管线应用柔性复合管，由于金属钢丝或钢带的连续导电性，解决了非金属管道在运行过程中的冻堵和寻线问题。截至目前，已累计应用 700km 以上，总体效果较好，但也存在一些问题。因柔性复合管为连续软管，当管道需要保温时，其保温工艺需在现场完成，增大了对保温质量的控制难度。由于管线连接采用金属扣压式接头，早期的接口内部采用六瓣密封，在管线运行过程的内压作用下，液体易从缝隙间渗出，腐蚀端面的金属结构层，出现渗漏现象。2007 年对接头结构进行了改进，采用环状密封或将管线端头用树脂密封以保证结构层与介质隔离。外护层由改性聚氨酯和聚乙烯复合而成，柔性复合高压输送管输送介质温度超过 60℃时，外护层与内衬层收缩率不一致，造成外护层表面出现收缩隆起现象，介质易从管道端面进入结构层，外护层及结构层难以起到相应的作用。因此该管线不适合输送温度高于 60℃的介质。图 9-6 为柔性复合管与其施工过程。

图 9-6　柔性复合管与施工过程

4）塑料合金复合管

塑料合金复合管包括塑料合金防腐蚀复合管，玻璃钢增强塑料复合管及中、高压玻璃钢塑料复合管。三种管道均为内衬塑料合金管的玻璃钢管，其耐温性能主要由 PVC-C 的含量来确定，输送介质最高温度小于等于 110℃，长期输送介质温度为 70℃。当介质温度大于 50℃时，塑料合金中氯化聚氯乙烯含量应满足使用温度的要求。最高公称压力为 32MPa，集油管道使用压力小于等于 6.3MPa，注水和注聚管道使用压力小于等于 25MPa，采用金属螺纹活节连接。

塑料合金防腐蚀复合管和中、高压玻璃钢塑料复合管内衬层均为塑料合金（由 PVC、PVC-C、CPE 等材料共混拉制而成），增强层为不饱和聚酯树脂和无碱玻璃纤维，通过特殊工艺缠绕在内衬层上，外表层为富树一脂层。主要用于原油集输、掺水、含油污水和注水、注聚等埋地敷设管道。

玻璃钢增强塑料复合管内衬层为改性 PVC-C，外护层为 PE2480（聚乙烯），增强层为无碱玻璃纤维和环氧树脂合成，通过特殊工艺缠绕在内衬层上。该管道与塑料合金防腐蚀复合管的生产工艺相同，主要用于油田注入系统。

塑料合金复合管于 2002 年开始应用于污水、原油输送系统，截至目前已累计应用 660km 以上，最高使用温度为 70℃，总体效果较好。2003 年在采油九厂 425 站外输油系统工程中使用塑料合金复合管 26.6km，输送温度为 67℃的介质，从投产至今未出现因材质问题而造成的渗漏现象。但塑料合金复合管结构层为玻璃钢，材质脆，与钢的密度相差较大，当受弯曲应力作用时，易在接口处出现破损，造成渗漏。

9.4.3　非金属压力管道腐蚀调研情况与建议

1. 调研情况

1）金属耐腐蚀管道在新疆油田的调研情况

新疆油田从 1999 年开始就引入非金属压力管道作为油气输送的重要方式，截至目前，新疆油田应用非金属管道总长度为 3774.68km。其中玻璃钢管使用 228km，主要应用于油田注水管网、原油集输及外输。钢骨架塑料复合管使用 550km，主要应用于原油集输。塑料合金防腐蚀复合管使用 2613.68km，主要应用于油田注水管网、原油集输及外输。柔性复合连续管使用 383km，主要应用于单井注醇、单井注水、单井集油管道、伴生气管道和非金属管道具有良好的防腐蚀、防结垢特点，其破损和更换率远低于钢管。从近 5 年使用的钢管用量和非金属管线用量中可以得出：8000km 钢管集油管线共破损 4789 次，更换 286.5km，占管线总长的 3.5%；220km 非金属集油管线共破损 113 次，更换 5.3km，占管线总长的 0.24%；2074km 钢管注水管线共破损 1437 次，更换 165km，占管线总长的 7.9%；1500km 非金属注水管线共破损 377 次，更换 12km，占管线总长的 0.8%[26]。

非金属管道是一种非均质工程材料，其材质、结构、制造工艺等与钢管有很大的差别，在设计选型和使用过程中出现的问题也与钢管不同。调查发现：非金属管道在新疆油田应用过程中出现了接头渗漏拉断、管体破裂、内衬管收缩变形等问题。数据线束，管道接头渗漏拉断约占管道破损的 80%，管体破裂约占 15%，内衬管收缩变形约占 5%。调查分析数据得出产生以上问题的原因大致有以下几个方面。

（1）方案设计选型无依据。各种管材有自己的行业标准或企业标准，标准内容宽泛不具体，面向的是全国范围。目前还没有单独针对新疆油田不同油品物性、土质情况、使用环境温度等条件的设计标准来指导管道的选型，且非金属管道种类多，生产厂家较多，管材质量参差不齐，相互间存在性能差异，设计人员对非金属管道的认知有限。因此，管道设计选型无依据极易造成非金属管道选型不正确，导致管道失效。

（2）接头处渗漏拉断。从现场应用情况来看，最易出现接头处渗漏拉断的非金属管道是玻璃钢管和塑料合金复合管。玻璃钢管接头渗漏是安装时未对正，螺纹错扣造成损伤及下沟时过度弯曲造成的损伤所致。塑料合金复合管接头渗漏主要是施工过程中装卸不规范，工人野蛮装卸，砸坏金属接头部位管体所致。

（3）管线破裂穿孔。管线破裂穿孔的原因主要有：①管线的腐蚀，由于输送介质中多含腐蚀液体或气体，长期使用过程中，非金属管材发生腐蚀破坏导致穿孔；②现场施工不规范，造成管道受力不均，产生应力集中损坏管道，致使管道破裂；③缺乏探测手段，因外力造成的破裂，在勘探开发过程中，由于没有探测工具，外力开挖造成管道破裂。

（4）内衬管收缩变形。非金属管道耐温性能有一定的局限性，带内衬的非金属管道进行热洗时，若热洗温度高于管材的使用温度，会出现内衬层的分层、收缩和卷曲。

2）金属耐腐蚀管道在吐哈油田的调研情况

吐哈油田地处冬季干冷、夏季酷热、年降水量少、蒸发量、温差变化剧烈、盐渍土分部广泛的戈壁荒漠地带，其特殊的气象、地质条件决定了该地区上壤腐蚀性处于弱强交替变化之中。油田目前管道外防腐主要采用石油沥青、环氧煤沥青加强防腐、包覆聚乙烯（黄夹克）防腐、聚乙烯胶黏带防腐（二层 PP）、环氧粉末聚乙烯复合结构（三层 PP）、外加阴极保护等防腐技术。2005 年后，三层 PE 防腐技术在吐哈油田也逐步推广，并得到了广泛应用，目前新建管线 65mm 以上埋地钢质管道基本上均采用三层 PE 普通或加强级防腐，局部或用量较小时采用聚乙烯胶黏带加强级防腐，其阴极保护基本上处于停用状态。从目前各用户反馈效果来看，防腐性能优良，效果好。

表 9-3～表 9-5 分别是吐哈油田三种典型非金属压力管道的应用概况[28]。

表 9-3　吐哈油田玻璃钢管典型应用概况表

管道	规格/mm	长度/km	设计压力/MPa	投产时间	运行状况
温米联合站污水管道	250	0.7	1.6	2001 年 4 月	良好
温 3 选-温 5 计集输管道	150	4	3.5	2007 年 9 月	良好
牛圈湖单井注水管道	40	10	25	2007 年 11 月	良好
红连联合站-红南 2 注水管道	80	4	16	2006 年 1 月	良好

表 9-4　吐哈油田钢骨架复合管典型应用概况表

管道	规格/mm	长度/km	设计压力/MPa	投产时间	运行状况
丘陵采出水处理站内管道	50～200	0.8	1.6	2005 年 4 月	良好
神泉采出水处理站站内管道	50～200	0.5	1.6	2006 年 9 月	良好
雁木西采出水处理站站内管道	50～150	0.6	1.6	2007 年 1 月	良好
鲁 2 站-鲁中联合站污水管线	100	4.8	2.5	2008 年 6 月	良好
鄯善采油厂油气集输管线	80～200	11.6	2.5	2006 年/2007 年	良好
鄯善火车站镇燃气主管	150～200	4.8	0.8	2009 年 5 月	良好

表 9-5　吐哈油田超高相对分子质量钢骨架复合管典型应用概况表

管道	规格/mm	长度/km	设计压力/MPa	投产时间	运行状况
牛圈湖-牛东供水管线	200	19	3.0	2008 年 1 月	良好

吐哈油田其他常用的非金属管还有：主要用于给水及热水系统的 PP-R 管；用于工业及民用建筑排水的 PVC-U 双壁波纹管；用于加药系统的铝塑复合管等。从以上数据可以看出，非金属管道主要在吐哈油田油气集输、注水、污水处理、城镇燃气及给排水管线上得以应用效果良好，具有广阔的推广前景。

2. 应用的几点建议

1）加强非金属压力管道相关标准的制定

对于标准相对成熟的产品，如玻璃钢管、钢骨架增强聚乙烯复合管等，订货时油田用户、生产厂家和施工单位应研究现有标准条款，加强沟通，明确产品质量验收、施工标准，避免出现参考标准不同造成内容交叉甚至矛盾的现象。对于标准尚不完善的产品，在设计过程中应充分征求有经验的应用和研究单位的意见，采购时在现有行业或企业标准的基础上制定补充订货条件。没有施工标准的产品在施工过程中应参考其他非金属管的施工标准，结合产品自身特点制定施工规范，并在实际应用过程中逐步完善，从而最大限度地保证非金属管的质量。另外，在制定标准时应考虑不同应用区域及实际工况综合多方面因素。

2）适当增加非金属管道使用压力等级及尺寸规格

在非金属压力管道设计和应用过程中，应适当增加管线的承载压力和管线直径，增加非金属压力管道的运输性能。例如，吐哈油田注水系统压力一般在 25～35MPa，在用非金属管材除部分 65mm 以下规格的管道设计额定压力能达到 25MPa 外，其余 100mm 以上规格的管道设计压力均较低，无法满足生产需要，建议进一步加大此类管道的技术研发和改进。

3）建立完善的腐蚀监控系统

非金属压力管道由于自身的绝缘特性，导致腐蚀监控系统设计较为困难。但是管线的腐蚀防护问题一直是众多专家和学者关注的焦点。如何建立行之有效的腐蚀监控系统是摆在我们面前的首要课题。另外，非金属管线的多点实时监控将对管线的安全有重要作用。

4）严格施工过程管理、建立专业化的管护队伍

建议管材厂家提供管材的同时，提供安装、试压、检验和验收等施工技术标准、维护保养技术服务，加强技术培训，建立完善的施工管理制度，以提高管线安装使用效率，减少因后期维护时间长对生产造成的影响。

参 考 文 献

[1] 范军，蒲继文，周丹，等. 天然气长输管道建设对生态环境的影响及防范措施. 油气田环境保护，2010，20（3）：9-12.

[2] 刘绘新，苏永平. 川东气田油管腐蚀现象的基本特征. 天然气工业，2000，20（5）：77-79.

[3] 中国腐蚀与防护学会. 腐蚀科学与防腐蚀工程技术新进展. 北京：化学工业出版社，1999.

[4] 张建强. 热塑性塑料管材在油气田腐蚀介质中性能退化规律研究. 西安：西安石油大学硕士学位论文，2015.

[5] BP 世界能源统计年鉴. BP Company，2014.

[6] 于文金，朱大奎. 中国能源安全与南海开发. 世界地理研究，2007，15（4）：11-16.

[7] 周延东，刘日柱. 我国海底管道的发展状况与前景. 中国海上油气（工程），1998，10（4）：1-5.

[8] 李金成. 海底管道拖拉法施工分析及其软件. 杭州：浙江大学硕士学位论文，2007.

[9] Tocnomare S P A. Arctic offshere pipelines design and installation challenges. Arcop，Workshop N4，2004.

[10] 南发学. 高压天然气非金属玻璃钢管承载能力与应用研究. 南充：西南石油大学博士学位论文，2011.

[11] 常宏岗，罗勤，陈赓良，等. 天然气气质管理与能量计量. 北京：石油工业出版社，2008.

[12] 张玉川. 高压增强热塑性塑料管. 国外塑料，2008，26（10）：42-45.

[13] 田建峰，王兴龙，常永峰，等. 柔性复合高压注醇软管在长庆油田的应用. 石油化工应用，2008，27（5）：86-88.

[14] 张万杰. 非金属管道在油气集输系统中的应用. 油气田地面工程，2003，22（7）：92.

[15] 田建峰，王兴龙，张劲，等. 新兴的非金属材料在油气田中的应用. 国外油田工程，2001，17（5）：43-47.

[16] 丁楠，戚东涛，蔡雪华，等. 油气田用复合材料管材的水压试验. 管道技术与设备，2010，(4)：51-54.

[17] 王勃，孙洪波，朱国承，等. PE 管穿越曲率半径及长度的选择. 天然气与石油，2012，30（2）：23-26.

[18] 蒋增伙. PE 塑料的综合性能及 PE 管在燃气管网中的应用. 天然气与石油，1998，16（4）：63-67.

[19] 韩方勇，丁建宇，孙铁民，等. 油气田应用非金属管道技术研究. 石油规划设计，2012，23（6）：5-9.

[20] 天华化工机械及自动化研究设计院. 腐蚀与防护手册：腐蚀理论试验及监测. 1 卷. 2 版. 北京：化学工业出版社，2009.

[21] 天华化工机械及自动化研究设计院. 腐蚀与防护手册：耐腐蚀非金属材料及防腐施工. 3 卷. 2 版. 北京：化学工业出版社，2008.

[22] 徐佩弦. 塑料件的失效. 北京：国防工业出版社，1998.

[23] 苏海平，王登海，刘银春，等. 非金属管道在天然气输送中的应用分析. 内蒙古石油化工，2013，(22)：32-35.

[24] 张丽. 大庆油田非金属管道应用技术现状及对策. 油气田地面工程，2012，31（11）：14-16.

[25] 齐国权，李鹤林，李循迹，等. 油田非金属管国内标准的发展与应用. 油气储运，2014，33（10）：1029-1033.

[26] 何冯清，吴燕，刘炜，等. 非金属管道在新疆油田的应用. 油气田地面工程，2016，35（1）：94-96.

[27] 刘丽娟. 非金属管道在大庆油田的应用及存在问题分析. 中国石油和化工标准与质量，2013，(5)：219.

[28] 王小康，曹约良，李冲. 吐哈油田埋地钢质管道防腐技术及非金属管应用. 科技视界，2012，(21)：219-220.

[29] 郭强，孙阳洋，刘兴茂，等. 非金属管在油田的应用及探讨. 天然气与石油，2012，30（6）：19-21+6.

第10章 典型塑料管道的耐腐蚀性及应用

10.1 概 述

近几年，随着工业、建筑业、市政工程、水利工程和农业等行业市场需求的不断加大，中国塑料管道行业呈现出高速发展的态势。到2015年，在全国新建、改建、扩建工程中，建筑排水管道85%采用塑料管，建筑雨水排水管80%采用塑料管，城市排水管道的塑料管使用量达到50%，建筑给水、热水供应和供暖管85%采用塑料管，城市供水管道（400mm以下）80%采用塑料管，村镇供水管道90%采用塑料管，城市燃气塑料管（中低压管）的应用量达到40%，建筑电线穿线护套管90%采用塑料管，塑料管道在全国各类管道中市场占有率超过60%[1]。据预测，“十三五”期间我国塑料管道生产量还将保持10%以上的增长速度。作为占据塑料管道半壁江山的聚乙烯、聚氯乙烯、玻璃钢典型塑料管道的耐腐蚀性及应用，本章将做单独介绍。

10.1.1 聚乙烯燃气管的发展概述

聚乙烯是1933年被ICI公司的研究人员发现的，当他们把乙烯和苯甲醛置于200℃和140MPa试图进行缩合反应时却意外得到了极少量的白色固体，经过大量的反复试验及研究验证，后来证明了氧可以在高温高压下引发乙烯聚合。这样一来，就在高分子发展史上首次发明制得了聚乙烯。到1939年，这一工艺技术实现了空前的工业化。用这种以自由基作引发剂的高压工艺制得的聚乙烯有高度支化的结构和低结晶度，密度为0.915～0.925g/cm^3，称为低密度聚乙烯。在20世纪50年代，Phillips石油公司和Mobil石油公司分别用氧化铬和氧化钼作催化剂，在相对较低的温度、较低的压力下制得了基本呈线形的聚乙烯，这就是密度为0.940～0.970g/cm^{3}的高密度聚乙烯。50年代中期最重要的事件是Ziegler发现$TiCl_4$和烷基铝组成的催化体系可使乙烯在较低温度、较低压力下聚合，并实现了乙烯和丁烯等其他α-烯烃的共聚，这一催化剂后经发展形成著名的Ziegler-Natta催化剂。共聚形成的支链降低了聚合物的结晶度，也降低了聚合物的密度，但大分子链呈线形，无长支链或枝杈状支链。用这种催化剂可以在低于4MPa的适中条件下生产线形低密度聚乙烯[2]。

近十几年来，聚乙烯管在世界各国发展很快，发达国家在给水领域和燃气领域应用聚乙烯管已占绝对优势。聚乙烯管不但大量用来代替传统的钢管、铸铁管等金属管，还在代替聚氯乙烯管，原因就在于：近十几年来聚乙烯管的技术研发与创新。一方面材料有重大的进步，通过聚丙烯管聚合生产工艺的改进，聚乙烯管材专用料的强度提高超过了 1 倍以上。另一方面应用技术在突飞猛进地发展，例如，多年来不用开挖管沟，采用定向钻孔方法铺设聚乙烯管的技术充分发挥了聚乙烯管的优越性，使传统管材在适合采用这种方法的场合根本没有竞争能力。材料本身品质的提高，应用工艺的改进与发展，使聚乙烯管在市场中的竞争更加有力。

10.1.2 聚氯乙烯管道发展概述

聚氯乙烯，英文简称 PVC（polyvinyl chloride)，是氯乙烯单体（vinyl chloride monomer，VCM）在过氧化物、偶氮化合物等引发剂，或在光、热作用下按自由基聚合反应机理聚合而成的聚合物。氯乙烯均聚物和氯乙烯共聚物统称为氯乙烯树脂。PVC 在 19 世纪被发现过两次，一次是 Henri Victor Regnault 在 1835 年发现的，另一次是 Eugen Baumann 在 1872 年发现的。1926 年，美国 B. F. Goodrich 公司的 Waldo Semon 合成了 PVC 并在美国申请了专利，还利用加入各种助剂塑化 PVC 的方法，使它成为更柔韧、更易加工的材料并很快得到广泛的商业应用。中国自行设计的 PVC 生产装置于 1956 年在辽宁锦西化工厂进行试生产。20 世纪 60 年代以前，单体氯乙烯的生产基本是以电石乙炔为主，由于电石生产需耗大量电能和焦炭，成本高。60 年代初乙烯氧氯化法生产氯乙烯工业化后，各国转向了以更便宜的石油为原料。PVC 是 30 年代初实现工业化的，从 30 年代起，在很长的时间里，PVC 产量一直在世界塑料用量中居第一位。60 年代后期，聚乙烯取代了 PVC。现 PVC 塑料虽退居第二位，但产量仍占塑料总产量的 1/4 以上[3]。

PVC 因加入增塑剂不同，可分为软质和硬质两类。其中硬 PVC 大约占市场的 2/3，软 PVC 占 1/3。软 PVC 一般用于地板、天花板及皮革的表层，但由于软 PVC 中含有增塑剂（这也是软 PVC 与硬 PVC 的区别)，物理性能较差（如上水管需要承受一定水压，软质 PVC 就不适合使用)，所以其使用范围受到了限制。硬 PVC（通常称 PVC-U）不含增塑剂，因此易成型，物理性能佳，还可通过改性获得特定用途（如 PVC-M、PVC-O）等。因此具有很大的开发应用价值，可广泛应用于化工、建筑、冶金等领域。

氯化聚氯乙烯（PVC-C）是 PVC 进一步氯化改性的产品，其氯含量一般为 65%～72%（体积分数）。目前主要有两种加工方法：一是 20 世纪 60 年代初，美国 B. F. Goodrich 公司首先采用水相悬浮法生产 PVC-C，悬浮法生产工艺简单、生产流程短，生产的产品具有良好的耐热性和机械性能，生产成本也较低，是国内外普遍采用的方法。其不足之处是生产过程产生的酸性废气需要处理，产品后处理较烦琐。二是西德劳伦尔公司 1958 年首先报道的气-固相氯化法，气-固相氯化法是常压将 PVC 树脂在干燥状态下放入反应釜或流化床内，直接进行氯化反应。该工艺生产流程短，具有易于连续化，投资少，且生产过程没有废酸、废水产生，基本无设备腐蚀，后处理大大简化和对环境污染少的优点。

PVC-C 管道除了兼有 PVC 的很多优良性能外，其所具有的耐腐蚀性、耐热性、可溶性、阻燃性、机械强度等均比 PVC 有较大的提高，因而 PVC-C 是性能优良的新型材料，被广泛用于建筑、化工、冶金、造船、电器、纺织等领域，应用前景十分广阔。

10.1.3　玻璃钢管道发展概述

玻璃钢材料在本书第 6 章已做了详细介绍，此处不再重复。玻璃钢是近五十多年来发展迅速的一种复合材料，玻璃纤维产量的 70%都用来制造玻璃钢。玻璃钢管道或用玻璃钢增强的复合管加工容易，不锈不烂，不需油漆，广泛用于油田、通风、污水和废水的处理等管路中[4]。

10.2　典型塑料管道的耐腐蚀性

不同塑料管道针对不同的工况介质耐腐蚀性各不相同，同种管道因产品质量不等，耐腐蚀性也会有明显的差异。

聚乙烯管道具有优异的化学稳定性，室温下耐盐酸、氢氟酸、磷酸、甲酸、胺类、氢氧化钠、氢氧化钾等各种化学物质，硝酸和硫酸对聚乙烯有较强的破坏作用。耐腐蚀性见表 12-16～表 12-24。

硬聚氯乙烯管道具有耐腐蚀性强、质量轻、绝热、绝缘性能好易加工、易安装等特点，可输送多种酸、碱、盐及有机溶剂，其使用温度范围最高不能超 60℃。其氯化聚氯乙烯（PVC-C）管道具有稳定的物理化学性质，不溶于水、酒精、汽油，气体、水汽渗漏性低；在常温下可耐任何浓度的盐酸、90%以下的硫酸、50%～60%的硝酸和 20%以下的烧碱溶液，对盐类相当稳定。耐腐蚀性数据见表 12-16～表 12-24。

玻璃钢管道具有长期耐水浸泡、透水率低、粘接性强、耐水压强度高、耐酸碱腐蚀、防腐防霉、无毒无害、使用寿命长、施工简便、无需保护层等优点。

典型塑料管道耐腐蚀案例如图 10-1 所示。

(a) 北方某工厂使用的PE给水管

(b) 南昌某区PE燃气管换老旧铸铁燃气管

(c) 甘肃某化工输送浓酸、湿氯使用的PVC-C管道

(d) 河北沧州某氯碱厂输送盐水使用的PVC-C管道

(e) 山东某化工反应塔输送管用FRP/PVC管道

(f) 城市污水处理使用的沧州某公司的FRP管道

图 10-1 典型塑料管道耐腐蚀案例

10.3　典型塑料管道的腐蚀机理

10.3.1　聚乙烯燃气管的腐蚀机理及其破坏形式

乙烯的聚合是自由基反应，首先是乙烯双键断开，得到乙烯自由基，然后再重复相连得到长链状的聚乙烯聚合物。因为乙烯变成聚乙烯的反应符合聚合反应的条件，所以属于聚合反应。又因为乙烯变成聚乙烯的反应符合加成反应的条件，所以属于加成反应，故总称为加聚反应。

聚乙烯本身是高分子化合物，它是由乙烯加成聚合得到的，所以不能再发生加成反应了，因为它的分子本身已经没有不饱和键了，即聚乙烯中，已经把 C ═ C 变成了 C—C，不能发生加成反应了。下面举两个例子。

（1）聚乙烯与苯不可能发生加成反应，但可以发生取代反应，生成聚乙烯苯。此反应即为“易取代，难加成”。

聚乙烯吸收苯及其芳香烃族化合物，会产生溶胀的现象，导致聚乙烯管材强度降低，屈服强度可降低约 18%。在应力的作用下，会加速脆性破坏。但吸入成分放出后，能恢复原有的物理性能，其结构无改变。

（2）浓硫酸或浓硝酸与聚乙烯发生反应主要是由于浓酸的氧化性，它们不会发生加成反应。

浓硝酸分子式为 HNO_3，纯 HNO_3 是无色有刺激性气味的液体，市售浓硝酸质量分数约为 6%，密度约为 $1.4g/cm^3$，沸点为 83℃，易挥发，可以任意比例溶于水。浓度大于 86%的硝酸称为“发烟硝酸”，这种酸更易挥发，遇潮湿空气形成白色烟雾，有腐蚀性。部分酸在水中电离分解为正、负离子，可导电。

不稳定性：

$$4HNO_3 \xlongequal{\text{光/加热}} 2H_2O + O_2\uparrow + 4NO_2\uparrow$$

浓硝酸在光照下会分解出 NO_2 而呈黄色，所以常将浓硝酸盛放在棕色试剂瓶中，且放置于阴暗处。

强氧化性，与绝大部分金属反应（不产生氢气）：

$$Cu+4HNO_3\text{（浓）} \xlongequal{\quad} Cu(NO_3)_2+2NO_2\uparrow+2H_2O$$

$$3Cu+8HNO_3\text{（稀）} \xlongequal{\quad} 3Cu(NO_3)_2+2NO\uparrow+4H_2O$$

强氧化性，与非金属反应：

$$C+4HNO_3（浓）\xlongequal{\triangle}2H_2O+CO_2\uparrow+4NO_2\uparrow$$

$$S+6HNO_3（浓）\xlongequal{\triangle}2H_2O+H_2SO_4+6NO_2\uparrow$$

$$P+5HNO_3（浓）\xlongequal{\triangle}H_2O+H_3PO_4+5NO_2\uparrow$$

在反应中，非金属被氧化为最高价氧化物或其对应的含氧酸。被氧化腐蚀的结果会产生壁厚减薄、强度下降等，氧化腐蚀的不均匀性还会导致局部应力集中，加速管道的破坏程度，降低管道的使用寿命[5]。

10.3.2　聚氯乙烯管道的腐蚀机理及其破坏形式

在腐蚀机理方面：聚氯乙烯管道材料是绝缘体，腐蚀表现为纯化学或物理过程，且物理腐蚀破坏是管道被腐蚀的主要方式。

在腐蚀形态方面：聚氯乙烯管道腐蚀中常见的有溶胀腐蚀、渗透腐蚀、界面腐蚀等腐蚀现象。它可以溶解于酮类（如甲己酮、环己酮）、芳香族溶剂（如甲苯、二甲苯）、二甲基甲酰、四氢呋喃。在含有这类介质成分时容易溶胀，甚至溶解。

在腐蚀过程方面：聚氯乙烯管道材料则表现为介质分子在高分子材料的聚集态大分子缝隙中的渗透、扩散和迁移，表现出强烈的力学性能下降。

10.3.3　玻璃钢管道的腐蚀机理及其破坏形式

在玻璃钢管道中，拉伸强度很高的玻璃纤维起着增强作用，而耐压耐磨性较强的合成树脂则作为基体材料黏结纤维，使其起共同的成型和承载作用。玻璃钢管道的管壁结构，通常由两部分组成：结构层——由按设计缠绕角交叉缠绕的连续玻璃纤维粗纱作为增强骨架，以邻苯型或间苯型不饱和聚酯树脂作为黏结基体。其中，玻璃纤维的质量占 65%～70%，树脂的质量占 30%～35%。为加强结构刚度，在玻璃纤维缠绕层中间，可以增加树脂砂浆层。内衬层——防腐防渗层，若工艺处理不好容易出现渗漏问题。

10.3.4　典型塑料管道腐蚀破坏形式

腐蚀破坏是指管道材料在内部输送物料和外部环境介质的化学和电化学作用（也包括机械等方面的共同作用）下，引起管道壁由厚变薄或材料组织结构改变、机械性能降低，使压力管道承载能力不够而发生的破坏。主要包括均匀腐蚀、点腐蚀、缝隙腐蚀、晶间腐蚀、应力腐蚀、氢腐蚀和磨损腐蚀等形式。腐蚀破坏可能是一个方面，也可能是多个方面共同作用引起，应对不同的破坏形式深入分析，采取措施（案例图如图 10-2 所示）。

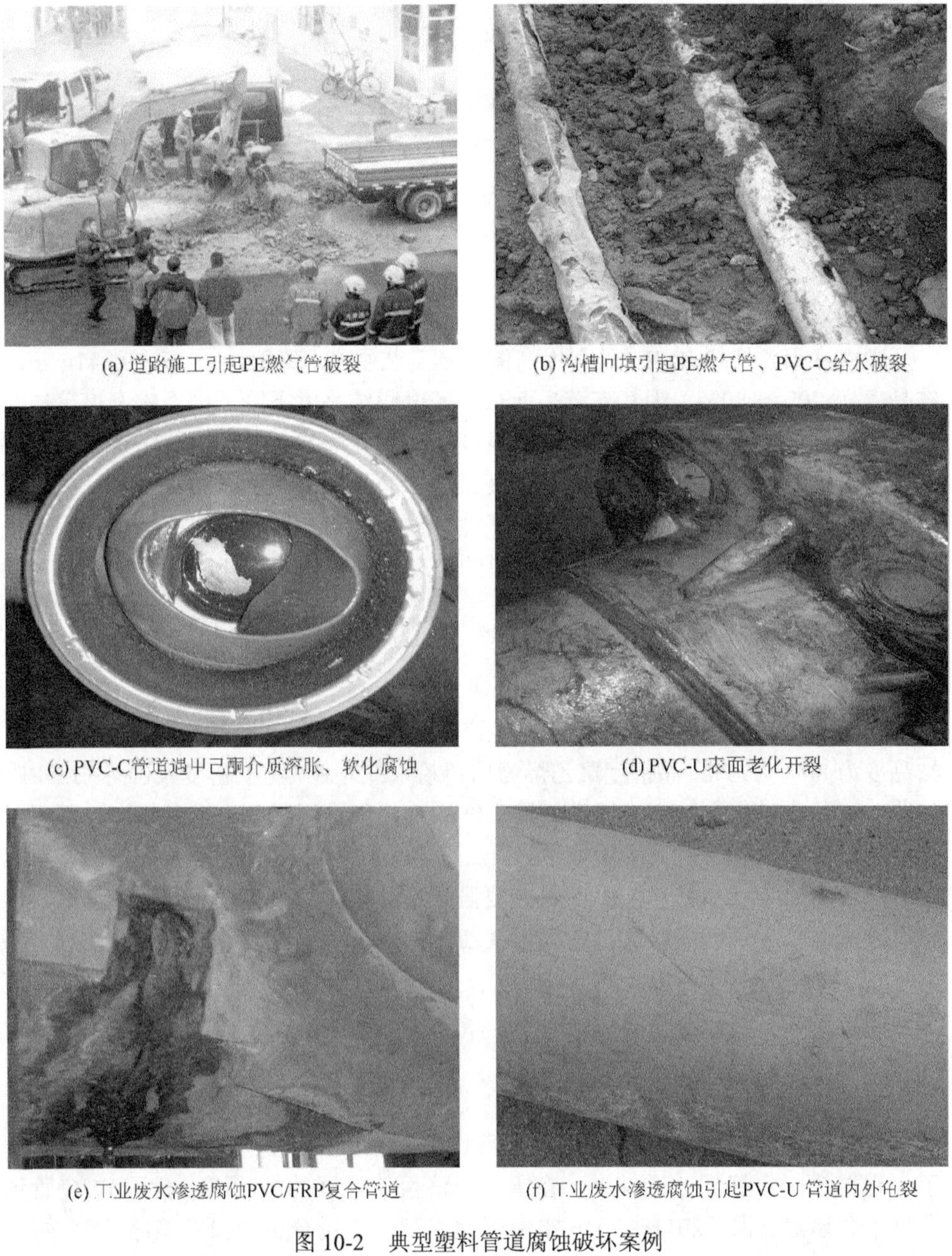

(a) 道路施工引起PE燃气管破裂　(b) 沟槽回填引起PE燃气管、PVC-C给水破裂

(c) PVC-C管道遇甲己酮介质溶胀、软化腐蚀　(d) PVC-U表面老化开裂

(e) 工业废水渗透腐蚀PVC/FRP复合管道　(f) 工业废水渗透腐蚀引起PVC-U 管道内外龟裂

图 10-2　典型塑料管道腐蚀破坏案例

10.4　典型塑料管道的应用

典型塑料管道的用途十分广泛，应用于化工、建筑、电力、冶金、石油、食

品等行业。特别是在腐蚀介质输送、燃气输送、给水、排污等行业得到了更为广泛的应用。

10.4.1　聚乙烯管道的应用

依据聚乙烯密度的不同将其分为低密度、中密度、高密度三类[6]。不同密度的聚乙烯具有不同的结构和不同的性能。塑料管道主要使用中密度和高密度聚乙烯。

1. 中密度聚乙烯

中密度聚乙烯（MDPE）是利用高催化剂工艺生产，密度为 0.925～0.941g/cm^3，结晶度为 70%～80%，因其支链多而长，密度和结晶度下降，因而中密度聚乙烯具有较好的柔性和低温特性，拉伸强度、硬度、耐热性等不如高密度聚乙烯（HDPE）管。因为共聚烯烃可使中密度聚乙烯晶体的晶片间联结链增多，其耐慢速裂纹开裂性能和机械强度的长期保证性有很大改善。所以，中密度聚乙烯广泛用于燃气压力管及各种容器和包装薄膜的生产，现时使用的 PE80 燃气管，一般以中密度聚乙烯原料制成。

2. 高密度聚乙烯

高密度聚乙烯是用低压聚合工艺生产，呈线形，密度为 0.941～0.965g/cm^3，结晶度为 80%～95%。高密度聚乙烯为白色粉末或颗粒，与低密度聚乙烯（LDPE）相比，因其分子上支链少，近乎呈线形结构，分子排列规整，堆砌紧密，因而结晶度高，密度大，相对分子质量常为十几万到几十万，熔体流动速率范围狭窄。它具有较高的刚度和韧性，优良的机械强度和耐热性，还有较好的耐溶剂性、耐蒸汽渗透性。高密度聚乙烯在各类的聚乙烯材料中渗透性最小，耐腐蚀性好，并具有良好的刚度，主要用于燃气和水管，有些国家已将其使用在 0.7MPa 的燃气管网络中。

10.4.2　聚氯乙烯管道的应用

聚氯乙烯管道凭借其自重轻、耐腐蚀、耐压强度高、安全方便等特点受到了工程界的一致好评。近年来，在国内经济快速发展的拉动下，我国 PVC 管道发展十分迅速。据《2011～2016 年中国化工管道市场分析及投资策略研究报告》显示：当前，国内 PVC 管道中小企业加工能力主要集中在排水管。“十二五”期间房屋建筑与市政工程仍提供稳定内需，将拉动 PVC 排水管的市场需求增长。未来一段时间内，PVC 管道市场需求量仍然会受到建设需求拉动而不断增长。但值得注意的是，PVC 管道企业还应该结合实际情况对产品结构进行调整，以环保和质量为核心重点开发符合市场需求的建材产品，这样才能在塑料管道市场上立于不败之地。

氯化聚氯乙烯管路多用于化工领域，主要用在工艺流体输送管道上，如氯碱行业使用在电解及合成工艺中输送盐酸、次氯酸钠等流体；另外，近年来，PVC-C 管道开始被应用在民用热水管路上，由于其具备较好的耐高温/低温性能、防紫外线能力和方便的连接方式，逐渐被行业认可。

10.4.3　玻璃钢管道的应用

玻璃钢管道是一种轻质、高强、耐腐蚀的非金属管道，应用于石油、化工及排水、电缆保护管等行业。我国玻璃钢管道生产发展快，数量逐年上涨，应用范围及部门也越来越广。

油田领域：①高压管道——油田所用的高压管道主要包括注水管和油井管等，管径较小，大多为 50～200mm，压力高，一般为 5～30MPa，对玻璃钢而言，条件较为苛刻，国产的玻璃纤维制品性能上很难满足要求，生产此类管道所需玻璃纤维需从国外进口；②中、低压玻璃钢管道——油田生产过程中使用的大量管道中，80%的管道是用来输送高含水油、油气混输及油田采出水。

化工领域：目前，我国应用于化工领域的玻璃钢管道大多用作工艺管线及长距离输送管线。化工领域使用的玻璃钢管管径一般较小，大多在 800mm 以下，压力从常压至 4.0MPa 不等，温度：–40～100℃。由于化工厂家众多，所以，涉及的介质条件包括了酸、碱、盐、溶剂、酸碱交替等各个方面。

给排水领域：用于给水领域的玻璃钢管道大多为中、小口径，用于排水领域的大多为大、中口径，给排水时压力一般均很低，所以，耐腐蚀性能好、质量轻、安装方便、水力性能优异，但一般不能承受高压力的（加砂）玻璃钢管道尤其适用于此领域。

参 考 文 献

[1] 中国调研网. 2015～2020 年中国塑料管道行业发展研究分析与市场前景预测报告. http：//www.20087. com.

[2] 郭彦永. 聚乙烯管材在燃气管道施工中的应用. 科技论坛，2014，11：48.

[3] 吴玉初，郑伟义，吴运亨. 浅析氯化聚氯乙烯在我国的发展前景. 海口：中国腐蚀与防护学会高分子管道和容器专业委员会论文集，2016.

[4] 潘玉琴. 玻璃钢复合材料基体树脂的发展现状. 纤维复合材料，2006，（4）：55-59.

[5] 辛明亮，李茂东，张术宽，等. 聚乙烯燃气管道失效模式研究进展. 中国塑料，2015，29（3）：16-20.

[6] 赵启辉，左寿华，刘志伟. 工业常用塑料管道设计手册. 北京：中国标准出版社，2008.

第 11 章　非金属承压设备的使用寿命及风险评估

11.1　概　　述

承压设备是指以压力为基本载荷涉及生命安全、危险性较大的压力容器（含气瓶）、压力管道、高压氧舱等，是化工、石油、核能、电力、轻工、食品、纺织、医药、宇航、海洋开发、国防等行业具有潜在泄漏和爆炸危险的关键设备，确保其在全寿命内安全可靠地运行，对保障人民群众生命和财产安全、促进国民经济发展具有重要的意义。

防腐蚀方法种类很多，根据防腐蚀材料可分为石墨材料、玻璃钢材料、塑料防腐、搪玻璃等；根据施工方法分为内衬防腐蚀材料、内涂防腐材料、搪玻璃、外层防腐等。衬里是一种综合利用不同材料的特性，具有较长使用寿命的防腐方法。根据不同的介质条件，大多是在钢铁或混凝土设备上选衬各种非金属材料[1-4]。这种处理方法一般是在设备制造的过程中完成的。目前应用广泛的是碳钢设备表面衬里、管道衬里、玻璃钢衬里、橡胶衬里、化工搪瓷等。

表面覆盖防腐层法，对化工压力容器表面覆盖一层保护层，将周围介质和金属材料有效隔离，例如，在化工压力容器表面覆盖搪瓷、涂刷油漆等物质，避免水或者空气直接和钢制品相接触。

图 11-1 为缠绕成型 HDPE 容器，用于储存 70%硝酸，使用 10 年的图片。储存时间对 HDPE 材料的性能影响较大，因此针对此类腐蚀将适当缩短其使用年限，保证设备安全稳定运行。

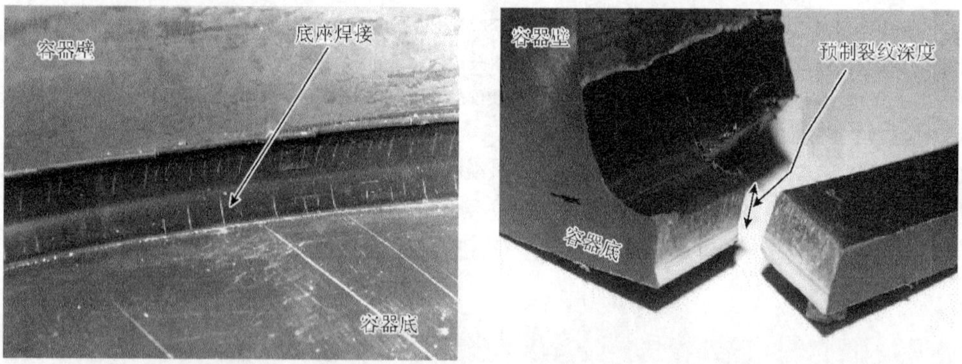

硝酸腐蚀　　　　基材破裂

图 11-1　缠绕成型 HDPE 容器

图 11-2 为 PTFE 衬里设备，当 PTFE 衬里层发生破坏，尤其是在焊接过程中的接头部分，以及在进行负压实验时材料出现抽扁损坏，上述情况的出现将引起设备在使用过程中出现腐蚀现象甚至导致事故发生。

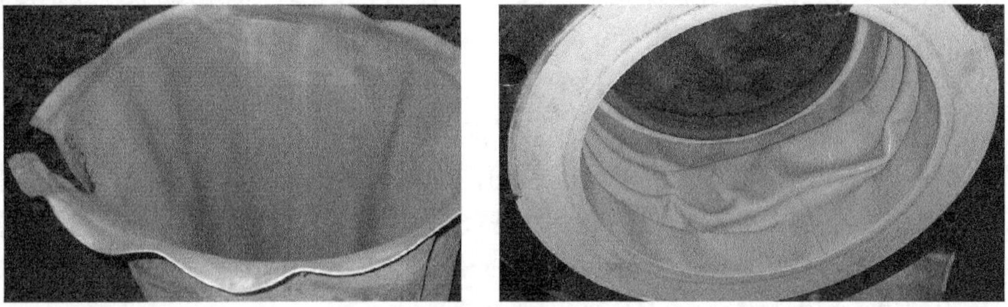

图 11-2　PTFE 衬里设备

现代工业中氯气处理装置原先选用耐盐酸的搪玻璃，也有采用全氟乙烯共聚物（FEP）作为盐酸尾气处理装置。采用的是内衬 FEP 外部玻璃钢加强的结构。此种复合材料结构内部采用了 FEP 挤出板材作为抗腐蚀层，完全解决了盐酸在中高温（150℃以下）情况下的腐蚀问题。保证了洗涤塔在绝对真空情况下也能正常运行，内衬层 FEP 不会由于真空导致从外部玻璃钢结构层上脱落。

图 11-3 上面的三张图片是搪玻璃材质，使用不到半年出现的腐蚀问题，图 11-3 下面的三张图片为采用改造后的 FEP 内衬玻璃钢设备，正常运行四年后的设备情况，设备内表面未见任何腐蚀情况，同时期的 PVDF 塔内件已由于离子渗透等原因由原来的乳白色变成咖啡色。

图 11-3　玻璃钢

为了减少油管腐蚀造成的损失，首先应正确选用管材，在采油、注水等工程中适用的场合使用玻璃钢油管等非金属管材是一种正确的选择。

玻璃纤维的腐蚀是介质浸入复合材料渗过树脂层与玻璃纤维作用的效应。侵入的途径：①通过工艺过程中形成的气泡及应力作用下破坏而形成的裂纹扩展通道；②树脂内部的杂质遇介质后溶解产生渗透压，进而形成微裂纹，使介质渗入；③介质沿界面渗入，使纤维与基体的黏着性能劣化，并增加了微裂纹。

氟塑料衬里中的渗透是一个分子级的物理现象，是小分子的物料迁移通过衬里材料的过程。渗透驱动力是衬里材料两侧物料化学势的差，即通常所说的物料浓度梯度。当物料是气体或呈气态时，浓度梯度即为压力差。在几乎所有的氟塑料衬里化工设备应用中，化学物料的渗透一般是指从内部向外部的单向迁移现象。渗透引起设备腐蚀如图 11-4 所示。

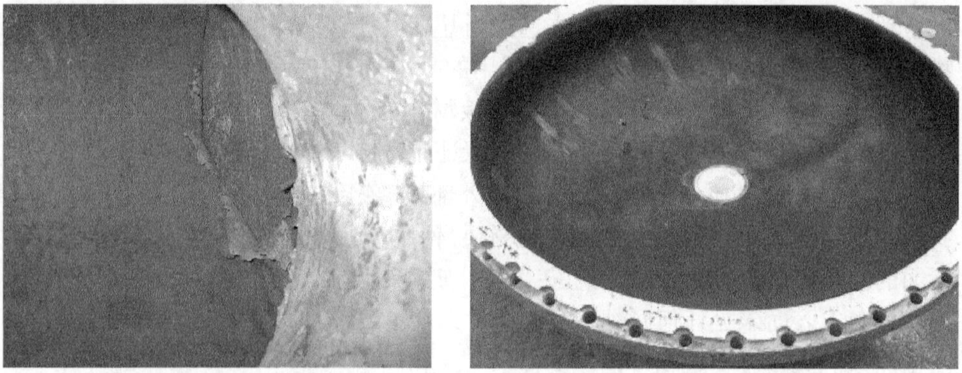

(a) 喷涂ETFE损坏（脱落）　　(b) PTFE封头渗透变黑

图 11-4　PTFE 衬里设备缺陷

渗透物对氟塑料衬里及衬里设备都会产生多种后果。一些情况下渗透物可以穿越衬里层影响外层钢壳而对衬里层不产生影响，有些情况下渗透物可能会进入氟塑料结构中，分离氟塑料分子，对衬里层的机械性能造成负面影响。

非金属设备的使用越来越受到重视，可用非金属材料替代金属材料使用的场合，选用塑料、玻璃钢、石墨等材料制备得到的非金属设备本身就耐腐蚀，因此也在一定程度上延长了设备防腐蚀能力，是一种有效的防腐方法。

非金属承压设备的使用寿命备受关注，本章总结了几种常见的非金属设备的失效模式及失效机理，并列举了几种寿命及风险评估方法。非金属设备实际使用过程中往往根据经验总结出此类设备的使用年限，并没有成熟可靠的方法表征设备的使用寿命及剩余寿命。随着新型检测技术的发展和非金属材料科学技术的进步，对其寿命的分析也会更加清晰准确，将进一步降低此类设备的使用风险。

11.2　非金属承压设备失效模式与机理

国内外每年都有承压设备爆炸和泄漏的事故发生，造成人员伤亡、企业停产、财产损失和环境污染等。事故调查和分析表明：常见的非金属承压设备失效形式大致分为第三方破坏、强度失效、失稳失效、泄漏失效等。

11.2.1　石墨制压力容器失效模式与机理

石墨制压力容器已经广泛应用于氯碱工业、磷酸盐、磷肥工业及氢氟酸等化工行业的生产。石墨材料、石墨制压力容器制造过程中在石墨材料的入库检验、粘接质量控制、浸渍质量控制、粘接试件试验控制是石墨制压力容器产品安全性能的决定因素[5]。

制造化工设备用的不透性石墨材料，绝大部分采用浸渍的方法，达到不渗透的目的。浸渍剂不仅作为填孔之用，还能增强浸渍后的石墨材料力学性能等[6]。目前国内使用量最多的浸渍剂是酚醛树脂，石墨材料浸渍工序质量好坏，将直接关系到设备的质量及使用寿命。浸渍工艺的制定和评定是企业生产过程中很重要的环节。

在压应力作用下，承压设备突然失去其原有的规则几何形状引起的失效，称为失稳失效。当承压设备所承受的横向外压达到某极限值时，其横断面会突然失去原来的圆形，被压扁或出现有规则的波纹，此种现象称为外压设备的周向失稳；当承压设备所承受的轴向外压或轴向均布载荷达到某极限值时，其轴向截面会突然形成有规则的波纹，则称为承压设备的轴向失稳。对于薄壁外压承压设备，失稳破坏往往在强度破坏之前发生，即失稳时承压设备中的应力低于材料的强度极限。因此，稳定性计算是薄壁外压承压设备设计中应主要考虑的问题。承受外压的承压设备失稳时的器壁应力如果低于材料的屈服强度，则称为承压设备的弹性失稳，承压设备弹性失稳的一个重要特征是弹性挠度与载荷不成比例，且临界压力与材料的强度无关，主要取决于设备的尺寸和材料的弹性性质。当承压设备中的应力水平超过材料的屈服强度而发生失稳时，则称为承压设备的塑性失稳。承压设备的塑性失稳就是随着所受外压的增加，材料首先屈服，继而产生失稳。这时，承压设备失稳的临界压力还与材料的强度有关。当承压设备所承受的外压小于临界压力时，即使产生微小的变形也不会导致失稳。但当外压达到临界压力时，承压设备由稳定平衡转为不稳定平衡，其横截面对正圆形任意微小的偏离都会使弯曲应力及其变形突然增加而形成一定的波纹数。

所以，承压设备失稳的根本原因并不是承压设备材料的不均匀和几何形状的初始偏差，但承压设备材料的不均匀和几何形状的初始偏差-初始不圆度会导致其临界压力数值的降低。例如，受轴向压缩载荷作用的薄壁圆柱壳当其轴向压缩应力达到某一数值时，就会发生轴向失稳，失稳时在轴向截面产生有规则的波纹。

11.2.2 玻璃钢制压力容器失效模式与机理

玻璃钢制压力容器容易老化，耐冲击性能差，致使复合材料结构性能下降，严重时会造成重大经济损失。玻璃钢制压力容器有多种损伤形式，如基体开裂、界面分离、纤维脱黏、纤维断裂等[7]。

玻璃钢制压力容器常用的强度理论有最大应力强度准则、最大应变强力应变准则、Tsai-Wu 失效准则、Hashin 失效准则、Puck 失效准则、Christensen 失效准则等。这些准则对 FRP 复合材料宏观损伤分析提供了一种简便的分析方法[8]。

FRP 复合材料刚度退化准则，随着载荷的增加，复合材料结构内部将产生损伤，刚度也将随损伤而发生衰减致失效。失效前假定是线弹性的，裂纹扩展的预测基于能量耗散的理论。复合材料结构总是受到空间力的作用，用 ABAQUS 有限元软件建立能真实反映玻璃纤维复合材料压力容器结构的有限元模型，进行了准静态和渐进损伤分析，用有限元分析方法详细地分析了压力容器在受内压时的应力分布情况。

建立与研究对象的力学特性尽可能一致的有限元模型是应用有限元法解决工程问题的关键，有限元模型的准确性决定了分析计算结果的正确性[9]。压力容器结构上分为五部分：左封头、左封头过渡段、筒身、右封头、右封头过渡段。FRP 复合材料压力容器结构决定了有限元建模的复杂性。

FRP 复合材料压力容器的结构是由纤维缠绕复合层与橡胶内衬组成[10]。内衬由圆柱段和封头组成。纤维缠绕复合层采用纤维螺旋缠绕和环向缠绕相组合，其中封头部分为螺旋缠绕，圆柱段为螺旋缠绕和环向缠绕的组合。圆柱段的螺旋缠绕角为 24°，圆柱段上的环向缠绕角为 90°。两端封头为钢结构，采用实体建模。

11.2.3 塑料及衬里制压力容器失效模式与机理

承压设备在静载荷作用下，随着载荷的逐渐增大，整个厚壁材料达到屈服，从而使承压设备沿壁厚全部产生塑性变形，称为总体塑性变形。在介质压力或其他机械载荷的作用下，当某些点的材料发生屈服后，承压设备在局部区域开始出现小的塑性区。由于该局部区域的塑性变形被其周围的低应力弹性材料所包围，因此，塑性变形的进一步发展扩大受到了限制。随着载荷的持续增加，塑性区的范围越来越大，当载荷增大到一定程度时，塑性区扩展到整个结构的壁厚，产生显著的塑性流动，使承压设备失去了继续承载的能力。因此，承压设备的总体塑性变形是由于其承受了过量的静载荷产生的，如果载荷不加以限制，最终会导致承压设备的破裂。

在实际问题中，外载荷往往在一定范围内变化。当载荷在一定范围内做周期性的变化或按其他规律变化时，则称此载荷为变动载荷。在变动加载作用下，要计算承压设备的安定载荷。当外载荷控制在安定载荷以下时，承压设备除了在最初几次加载循环中产生少量的塑性变形外，在以后的加载历史中将始终保持弹性行为，不会出现新的塑性变形。如果承压设备在经历有限次塑性变形而达到一定的残余应力状态后，外载荷的继续作用将使该承压设备在此残余应力之上仍作弹性响应的话，则可认为承压设备是安全的，我们就称之为处于安定状态。

当外载荷超过安定载荷以后，每次加载循环都会产生新的塑性变形，经过有限次循环后，塑性变形的不断累积将导致承压设备的最终破坏。在循环载荷的作用下，失去安定以后，承压设备有两种典型的破坏形式：循环塑性破坏和渐增塑性破坏。

国内某核电站自商用以来，反应堆硼和水补给系统制硼罐出口隔离阀（球阀 REAl80VB）已累计发生了近 10 次故障，其中有 3 次是出口聚四氟乙烯（PTFE）阀座破碎的情况。经调查，其他核电站同类阀门也存在相似的故障。这是一种重发和共模事件。

由于泄漏而引起的失效称为泄漏失效。承压设备的连接部位包括密封件、连接件和辅助装置等的型式、结构或材料选择不当等引起泄漏失效；在制造过程中如果存在渗漏性缺陷，如焊接过程中形成的各种裂纹、气孔等缺陷，容易造成泄漏；安装不当、化学介质对密封的腐蚀、辅助密封件的损坏、工作温度和压力的波动、机械振动或冲击、密封材料的高温退化或蠕变疲劳等都能够引起泄漏。

当衬塑设备受负压时，引起内衬材料损坏破裂，介质与管道金属材料接触引发金属腐蚀。

材料劣化是材料在温度或介质作用下，材料性能发生变化，强度降低的现象。Cai 等[11]研究发现纤维增强管道在温度从 0℃到 65℃破坏程度增加，对于外保护层影响不大而对纤维增强体影响较大。通过进行破坏性试验研究多层塑料管道失效模式，结果显示裂纹首先在管道内表面或接近内表面的地方出现然后扩展引起失效，通过裂纹动力学研究评估管道寿命。

11.2.4　搪玻璃压力容器失效模式与机理

搪玻璃压力容器在实际使用中长期受腐蚀或强腐蚀介质侵蚀，并通过无数次的冷热交替、机械搅拌的设备，极易出现破损现象，这给正常的工业生产带来了巨大损失[12]。

搪玻璃压力容器生产制造过程中引起爆瓷的原因：金属基体缺陷引起的爆瓷、鱼鳞爆瓷、应力脱瓷、焊接缺陷爆瓷。

在冶炼过程中，钢水脱气造渣不充分，在轴制钢材时出现钢板分层、夹灰、气孔、微裂纹等内部缺陷，导致在搪烧过程中，瓷釉与金属基体密着不牢，夹杂物中的杂质继续进行物理化学反应，并伴随着气体的溶解和析出，致使瓷层出现麻泡、气孔[13]。

鳞爆是搪瓷设备中最严重也是最常见的缺陷之一，它来势凶猛，破坏性强，且不可修复。鳞爆典型的外观表现为成品设备瓷釉出现鱼鳞状掉瓷，脱落的瓷片大小均匀，数量多，有的掉瓷为较薄的瓷屑，不易发现；掉瓷的瓷面有的露底釉，有的限于表面瓷层。鳞爆是搪瓷设备的严重缺陷，国家标准中对鳞爆缺陷有严格的规定，即合格品不允许鳞爆存在[14]。

应力脱瓷现象主要产生于基体钢板厚薄不均匀的凸面部位，发生在凹面部位的极少。

由于焊丝、焊剂、焊条未进行烘干处理，或者焊接基体表面未擦白，导致焊缝气孔、夹渣缺陷引起爆瓷；另外，若焊接速度过快、焊接电流太大，易造成焊缝及热影响区金属过热，进而引起晶相转变，晶粒度增大、游离渗碳体增多，致使焊缝处金属韧性、塑性降低，在涂搪时易出现麻泡爆瓷或“白条”爆瓷。

搪玻璃压力容器使用引起的爆瓷失效有：机械损坏、热应力损伤、静电荷刺穿、应力罐夹套爆炸。

搪玻璃搅拌釜氯磺化聚乙烯装置 R-201A 溶解预氯釜为搪玻璃搅拌釜，利用装置停车检修机会对反应釜内部进行检查时，发现设备出现损坏情况。一是搅拌器主轴及 3 层搅拌叶搪瓷釉面有多处损坏且损坏处为桨叶与主轴过盈配合的较精密部位；二是溶解预氯釜内部釜壁初步检查出 15 处搪瓷釉面爆瓷，电火花检测均漏电；三是溶解预氯釜内插入管搪瓷釉面表面观察情况较好，但电火花检测出现麻点状分布的漏电区域。

搪玻璃设备瓷层的损坏与搪玻璃釉的性质是紧密相关联的。搪玻璃釉类似于玻璃，它最大的弱点是有很大的脆性，同时其延伸率很低、弹性差、承受的抗拉（张）强度小，在圆弧处，瓷层受到压应力的同时还受到一个向外推的合力，所以外圆弧处瓷层的稳定性较平面上的差一些。聚乙烯颗粒以一定速度对筒壁进行撞击，长时间撞击使搪玻璃应力发生变化，造成筒壁搪玻璃发生脱落。另外，聚乙烯溶解是一个逐渐的过程，在溶解过程中不可避免地会形成结块，一旦结块形成对筒壁的撞击产生的能量会急剧增加，对搪玻璃层造成重大的损伤。

11.2.5 非金属压力管道失效模式与机理

塑料管道在静液压作用下有三种失效模式：蠕变韧性破坏，慢速裂纹脆性破坏，材料劣化破坏。随着聚乙烯材料的性能不断提升，其耐慢速裂纹扩展性能的增强，韧性失效已成为 PE 燃气管道最大的隐患之一。

李明阳等[15]针对国内外没有用聚乙烯（PE）管道进行蠕变性能测试实验和成熟的力学分析方法，依据黏弹性理论，设计实施了 PE 管恒侧压实验，得到管道的蠕变情况。对实验进行有限元分析，比较两种方法得到的管道直径变形量与时间的关系，结果表明，两种方法所得结果基本一致，验证了 PE 管黏弹性力学模型的正确性。研究结果为 PE 管道蠕变性能测试和力学计算提供了新方法。侯向陶等[16]研究了慢速裂纹增长和快速裂纹增长两种常见的塑料管道失效模式，详细阐述了塑料管道的失效机理及寿命预测方法，线弹性断裂力学、标准外推法、弹塑性断裂力学、银纹机理等，指出了塑料管道寿命预测理论还不成熟，方法还不完善，有待进一步研究[17]。通过分析 HDPE 管道的蠕变过程中的脆性和韧性断裂行为，结果表明韧性失效主要取决于材料的屈服应力的大小，与管道的密度或结晶度有关，即与材料的相对分子质量、相对分子质量分布和支化度有关。

塑料管道在介质或环境作用下发生的开裂，包含接头断裂、疲劳断裂及银纹扩展等[18]。朱志斌等[19]研究含球孔缺陷聚乙烯管道热熔接头力学性能，采用 Prony 级数模拟黏弹性材料属性，发现随着球孔尺寸的增大，聚乙烯管道的最大应力也增大，且聚乙烯管道的失效寿命缩短，当球孔尺寸超过一定值时，聚乙烯管道的寿命将无法满足要求。

非金属承压设备出现破损或穿孔，主要由于人为施工、机械占压和自然灾害。PE 管的铺设采用非开挖铺管工艺，利用定向钻孔技术在地底为 PE 管打出一个长度约为几百米的孔道，然后将 PE 管牵引穿过该孔道完成铺管。当聚乙烯管在金属旧管中拖动前进时，聚乙烯管壁不可避免地会产生划痕。

内衬管修复旧管线也同样面临产生较深划痕的风险，在承压设备运输、安装、使用中都会在设备壁造成划痕。采用热熔焊接接头常会由于焊接过程的失误，导致焊缝处环形管壁断面上焊接质量不均，焊接环状面上局部未焊好的地方成为了泄漏或裂纹的来源[20]。

塑料管道在加工、施工和使用过程中由于受到机械损伤或外界载荷，常常会引起塑料管道的失效。给水管道发生失效形式常常表现为漏水，塑料管漏水发生的部位也多集中在接口处，主要发生在经过改造后的小区表井与支管的接口处。分析原因，车辆碾压、路面沉降、施工质量等因素是产生漏水的主要原因[21]。研究人员[22]跟踪研究了全尺寸玻璃纤维增强管道在 16m 深一年多时间内管道横向和纵向的位移，结果显示此大口径管道外推 60 年其挠度变化小于 5%。

11.3　非金属承压设备寿命预测方法

11.3.1　线弹性断裂力学

线弹性断裂力学（LEFM）主要描述的是线弹性材料中尖端裂纹的行为。其将材料的破坏过程理想化为施加的应力强度因子（SIF）和管材的断裂韧性相平衡的结果[23]。根据 LEFM 理论，破坏过程可以分为三个阶段：在施加载荷和裂纹萌发之间的潜伏期，慢速裂纹增长（SCG）和裂纹萌发之间的潜伏期，SCG 及当施加的 SIF 超过材料的断裂韧性时发生的脆性破坏。图 11-5 为经典的裂纹长度随加载时间的变化图。

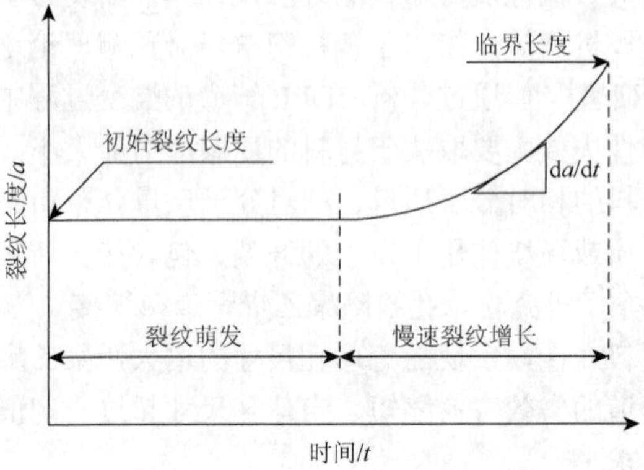

图 11-5　裂纹长度随加载时间变化

裂纹萌发阶段：利用线弹性断裂理论[24]，结合数值计算方法和蠕变裂纹增长实验描述了高密度聚乙烯塑料管道慢速裂纹增长并对其进行了寿命预测，得出裂纹的几何参数对管道寿命评估具有重要意义，并确定了影响寿命评估的基本因素（初始缺陷尺寸、阈值附近的裂纹增长等）。采用同样的方法研究 PE 管材在挤出过程中产生的残余应力对其寿命的影响[25]，并给出了评估应力强度因子数值的简化公式。

但是，利用 LEFM 方法来预测管道寿命有以下局限性。第一，缺乏管道上裂纹萌发位置的尺寸和形状信息，而这些会影响裂纹萌发和原始裂纹扩展阶段。第二，在断裂力学样本中，材料默认在线性黏弹性范围内承受应力和应变（低于 1～2MPa），而实际的内压管道承受的压力水平一般在非线性黏弹性范围（高于 4MPa），这有可能导致 LEFM 理论失效。并且，新开发的 PE 管材原料具有更大的裂纹尖端塑性，这也限制了 LEFM 理论的有效性。第三，在使用 LEFM 方法时，必须对材料的老化效应进行正确的评估。

11.3.2　标准外推法

塑料管的失效行为可根据应力破坏曲线（由静液压实验得到）进行分析。静液压实验是将样管放置于一定温度的环境中（如水或空气），样管内充满所选的介质，对其施加不同的压力，记录样品的破坏时间。根据大量实验，可以得出塑料压力管道主要有 3 种失效模式。如图 11-6 所示，S 为环向应力，t_f 为失效时间。区域 A 为韧性破坏，在较高内压下，塑料管发生大量塑性变形，导致在管道最薄弱部位发生隆起，并很快发生变化。区域 B 为脆性或准脆性破坏，在较小内压下管材将在缺陷处发生裂纹萌发、慢速裂纹增长导致失效。该过程对长期应用的塑料管道的寿命起决定性作用。区域 B′为机械疲劳极限区，该区只是理论存在的，并没有相关的实验数据，表示当应力低于某一极限值时管材将不发生应力失效。区域 C 为管材老化导致材料整体下降，从而导致脆性失效，这一过程一般很长。

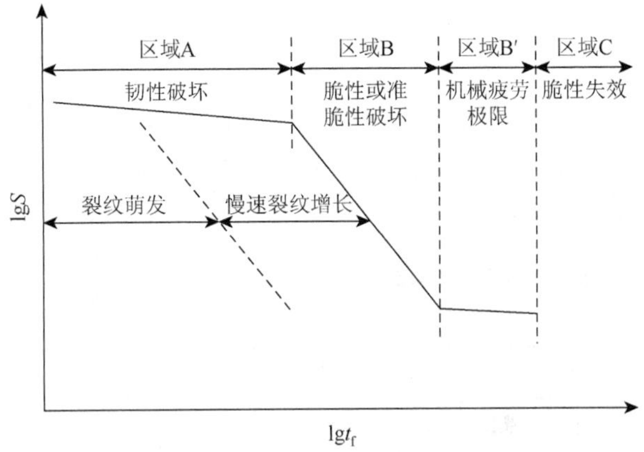

图 11-6　内压管道应力断裂曲线

标准外推法（SEM）由国际标准化组织 ISO/TC 138“流体输送塑料管材、管件及阀门技术委员会”制定，目前，最新标准为 EN ISO 9080-2012。SEM 在不同温度下，对管材样品进行长期静液压实验，并利用统计方法对实验数据进行拟合，建立数学模型。再由 20℃、破坏时间 50 年、存活率 97.5%的环向应力除以总使用系数便得到 20℃、保证 50 年使用寿命的设计应力。

使用标准外推法时，应注意材料老化和材料缺陷的影响。在管材制造、安装过程中，会造成管材的初始缺陷，研究表明商业管道的最大随机缺陷平均尺寸约为 100μm。在利用标准外推法进行管道设计时，考虑到这些缺陷的影响，应引入安全系数。相对于标准外推法，有研究者提出了极限应变外推法和畸变能外推法，并指出前者依据应变失效准则，适用于脆性和纤维增强材料；后者对应畸变能，则适用于广泛的材料模型。

11.3.3　弹塑性断裂力学法

韧性材料在发生破坏时会发生较大的塑性变形，这时弹塑性断裂力学法（EPFM）是适用的[26]。EPFM 进行失效预测时主要基于描述裂纹尖端参数-裂纹驱动力积分。对于非线性弹性固体，裂纹驱动力积分是单位裂纹面积的能量释放，相当于单位宽度裂纹前缘的裂纹驱动力。欧洲结构完整性协会描述，裂纹增长阻力 J_R 为实验方法测得。发生 0.2mm 裂纹扩展的 J_R 值为裂纹扩展所需的 J_R 临界值，对应于弹塑性裂纹萌生的韧性驱动力 J_C。弹塑性断裂力学认为，当单位宽度的裂

纹驱动力 J 超过 J_C 时，即发生裂纹萌生。裂纹萌生后，将按照图 11-7 中曲线 2 形式发展。当有效裂纹长度超过管壁厚度时，首先将发生稳定裂纹增长，当稳定裂纹增长至 J-a 曲线与 J_R-Δa 曲线相切时即发生不稳定裂纹增长，失效准则如图 11-7 所示。

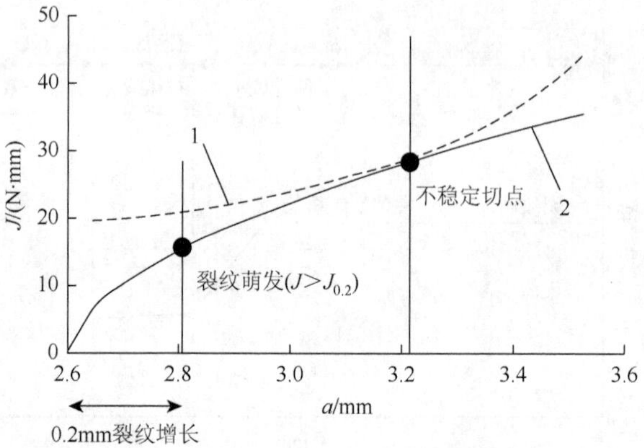

1. J-a 变化曲线；2. J_R-Δa 变化曲线

图 11-7　J 积分失效准则

11.3.4　银纹机理法

尽管单因素断裂力学（LEFM 或 EPFM）可以应用在许多场合，但是新开发的聚合物（如双峰 PE 材料）可以在裂纹尖端形成有原纤维的银纹区域，有可能导致这些理论失效。

对于一定的构件，蠕变将导致应力重新分配，银纹区的应力则可以通过“参考应力”理论来评估。参考应力的上限为构建负载与屈服应力的乘积除以构件刚塑性极限载荷得到，对于某些特定 PE 管材，裂纹萌发时间为应力上限除以 21.45 的–20 次幂。对于承受恒压的断裂韧性试样，其预测的裂纹萌发时间与测出值是一致的[27]。

但是，银纹机理法（CM）假定材料的使用寿命在裂纹萌发后即终止，随后的裂纹扩展时间被忽略，这导致该方法预测的时间比预期的短。因此，银纹机理法还需要进一步发展，以模拟裂纹扩展过程。

11.3.5　其他方法

有研究人员[28]提出了蠕变固体断裂力学法（FMCS），该法认为蠕变载荷参数是失效时间相关的主要参数，并建立了二者的关系式，该法被认为是一个非常有前途的工程应用方法。依据裂纹层（CL）理论并结合实验数据对 HDPE 管道进行寿命预测，并指出今后将研究蠕变裂纹扩展（CCG）和疲劳裂纹扩展（FCG）动力学间的关系。同时，该研究者依据同样的理论对慢速应力腐蚀裂纹扩展过程进行建模，并讨论了用来评估在应力和腐蚀环境下塑料管道寿命的算法。

研究者[29]提出了一种概率方法，比较了基于时间的寿命预测模型和基于蠕变应变的寿命预测模型，并对各种操作条件下的管道进行了可靠性评估。该方法结合静液压实验进行了 PE100 级输水管道寿命评估，同时指出该方法适用于其他塑料管道。

11.4　非金属承压设备风险评估方法

风险评价技术按照量化程度可以分为定性、定量和半定量三类。定性风险评价是根据现有资料的搜集和管理者的经验分析，对系统风险的特点和性质进行定性判断，及时找出系统中的风险要害，评价其危害程度。这种方法使用起来往往比较简单，但相对不够精确，如故障树分析法、预先危险性分析法、故障类型及影响分析等。定量风险评价方法是通过运用大量的实验结果和历史资料统计信息，得出一些数学模型或相应指标，对生产工艺、设备、环境等做出定量计算的一种评价方法，这种方法得出的结果是事故发生的概率、风险造成的伤害程度及失效因素对事故的重要度等。该方法精确度高，不过过程往往复杂且成本昂贵，如利用统计概率论、可靠性技术方法等。半定量评价法是根据风险因素分析，将风险对象表述为某种形式的分度值并与风险的量比较，它是定性评价方法与定量评价方法综合的产物，并且兼顾二者的优势，如模糊综合评判法。

11.4.1　故障树法

故障树法（FTA）是通过分析造成事故发生的原因及这些基本事件之间的某种特定组合逻辑关系，运用逻辑演绎法绘制成树形图，然后利用相关计算原理对图形分析，得出基本事件的影响度及故障树顶端事件发生概率，从而采取应对措施的定性定量分析方法。

故障树分析包括定性分析和定量分析，常常根据分析对象的深度、经济决策等原因进行不同的量化分析。在定性分析中，我们不考虑各基本事件的发生概率，或者认为各基本事件发生的概率相等，仅从结构上和逻辑关系上进行分析，得出失效发生的主要、次要基本事件及这些基本事件的重要度排序。定量分析一般要依据各基本事件的发生概率，根据代数计算确定顶上事件的发生概率。故障树分析法是一种简单、有效、快速的逻辑判断方法，是进行潜在危险因素查找、事故查询的常用方法。

11.4.2　危险性预分析法

危险性预分析法（preliminary hazard analysis）是在工程活动之前，对系统存在的各种危险因素进行宏观分析和对事故后果进行粗略分析的系统安全方法。危险性预分析的一般步骤如图 11-8 所示。

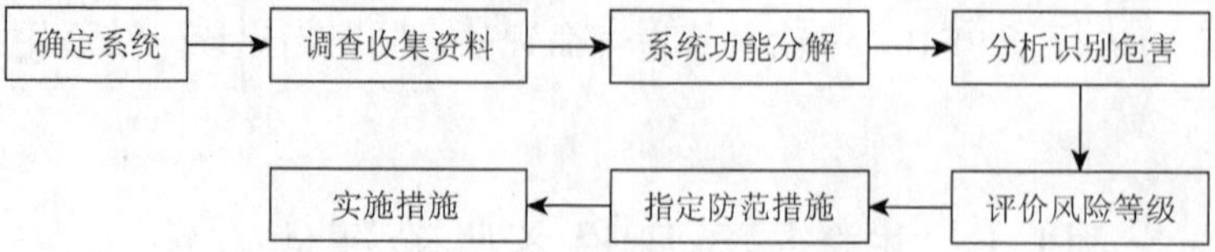

图 11-8　危险性预分析的步骤

表 11-1 是典型的危险性预分析表，表格简单明了。

表 11-1　危险性预分析表

序号	危险有害因素	触发事件	现象	事故原因	危险事件	后果	风险等级	措施
1								
2								
3								

对于表 11-1 中风险等级分为 4 级，如表 11-2 所示。

表 11-2　风险等级划分表[30]

等级	状态	后果
一级	安全的	可以忽略
二级	临界的	处于事故边缘状态
三级	危险的	会造成人身伤亡和财产损失
四级	破坏性的	严重事故

危险性预分析方法在一定程度上对危险因素进行了评价分析，能够发现潜在的危害因素，指出相应的后果和措施，但是分析的深度不够，尤其在风险等级的划分中主管性较强，不够精确。

11.4.3　危险和可操作性研究（HAZOP）

危险和可操作性研究（hazard and operability studies）是一种定性的风险评价方法，基本过程是以 7 个关键词为引导，找出工艺状态参数（压力、流量等）与规定的基准状态可能出现的偏差[31]，然后再分析造成偏差的原因、后果及相应的措施。7 个关键词见表 11-3。

表 11-3 关键词及其含义

序号	关键词	含义	说明
1	没有（否）none	完全没有实现设计或操作规定的要求	如无流量，无压力显示等
2	低（少）less	数值比基数值偏小，或滞后到达	如压力、流量比规定值偏小
3	高（多）more	数值比基数偏大，或提前到达	如压力、流量比规定值偏大
4	部分 part of	只完成规定功能的一部分	—
5	伴随（多余）as well as	完成规定功能的同时，伴随多余事件发生	—
6	（反相）reverse	出事和规定要求完全相反的事或物	如流量方向相反
7	异常 other than	出现和规定要求不相同的事或物	—

11.4.4 故障类型及影响分析

故障类型及影响分析（failure mode and effects analysis，FMEA）[32]是按照一定的顺序对系统或产品中的各个组成部分进行系统分析和考察的方法。在这个过程中，要分析系统中各子系统或元件的故障类型，最后提出预防措施以保障系统或者部件的安全性。如果将这种方法和故障后果程度分析结合起来，就构成了故障类型、影响及致命度分析（failure mode，effects and criticality analysis，FMECA），这个应用将大幅度提高系统的可靠性和安全性。

FMEA 方法是一种归纳方法，结果简单明了。

11.4.5 肯特管道风险评估

肯特（W. Kent Muhlbauer）管道风险评价方法是在专家打分的基础上，求取管道相对风险数大小的方法。它的基本步骤是：首先是收集相关资料文献，根据管线状况进行分段，其次认真分析各个管段的详细情况，结合管道的具体情况，由专家给相关的指数进行打分，最后通过数学计算，得到管线的相对风险，风险评价流程如图 11-9 所示。

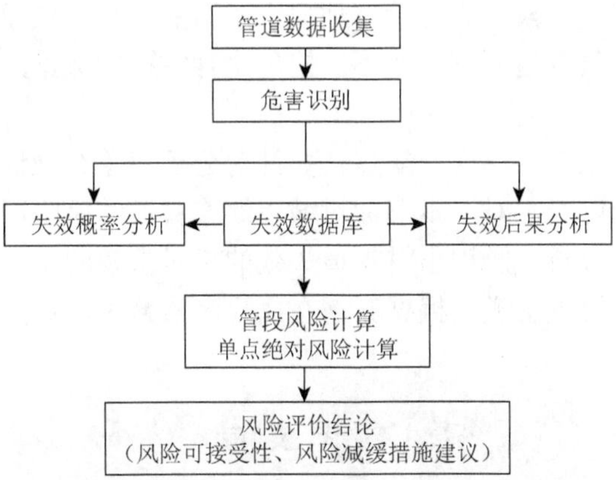

图 11-9 Kent 风险评价流程图

11.4.6 模糊综合评价法

模糊综合评价法是针对分析对象复杂、数据少，系统数学模型不能准确建立时，通过使用一些模糊的语言对分析对象做出量化分析的评价方法[33]。

城市燃气管道的附属设备众多，结构复杂，环境又多变不定，造成管道失效的影响因素有上百个之多，又由于我国燃气管道建设和运营初期管理资料的方式不够完善，致使大量的数据资料流失，这些历史客观因素一定程度上影响了风险评价的准确性，给建立城市燃气管道风险评价模型、定量开展风险评价工作带来了很大的难度。

通过引入模糊数学的理论，在专家打分的基础之上充分考虑城市燃气管网的复杂性，从而对影响指标做出危害程度的判断是极为有效的。

11.4.7 模拟仿真和概率法

模拟仿真和概率法是利用蒙特卡洛原理，将系统中所有的失效影响因素汇集在一起进行模拟，使用随机抽样的方法，对每一组合发生的概率进行统计分析，得出各个风险因子对系统的重要度，并且通过概率分布将相关故障表示出来的一种模拟方法。

在进行模拟前要详细了解系统设备、人的行为、环境影响等各种潜在因素，建模后要对比实际的状况，验证模型的可靠度，最后评估出风险因素发生的概率，从而提出针对性的预防措施。

11.4.8 结构可靠性评估法

为了定量评估系统失效的概率，在失效数据、强度理论、经济分析的基础上，建立影响指标随机变量的函数，然后计算分析系统完成规定功能的能力。这是近年来提出的一种评估手段，为定量评估提出了新的方法，然而它要以大量数据资料为基础，对于燃气管道而言，还不能提供这种完整的数据，因而应用起来有一定的难度。

在这些评价方法中，各有优缺点，要针对分析对象合理选择，并根据分析深度和经济决策合理筛选。对于本书针对城市燃气管道的风险评价，采用故障树分析的手段进行定性分析，辨识出对管道失效的相对重要的影响因素。为了进一步详细分析研究城市燃气管道，根据其潜在风险因素繁多，数据不全，采用模糊综合评价进行。

参 考 文 献

[1] 胡远银，赵建军，杨辉. 衬氟塑料阀门设计若干问题探讨. 阀门，2007，(3)：5-8.

[2] 楼荣根. 新型衬氟塑料化工泵. 上海化工，1992，17（1）：25-27.
[3] 胡远银，许定舜，刘丽芬，等. 新型氟塑料衬里蝶阀设计、制造与工艺. 全面腐蚀控制，2010，24（5）：53-61.
[4] 胡远银，胡思文. 氟塑料衬里阀门的种类与选用. 全面腐蚀控制，2013，27（2）：8-18+41.
[5] 张志勋，齐广辉，周坤，等. 管壳式石墨换热器及其泄漏原因分析. 石油化工设备，2010，39（2）：84-87.
[6] 佟林. 石墨换热器处理含盐废水的性能研究. 大连：大连理工大学硕士学位论文，2011.
[7] 王桂英. 高压玻璃钢管成型工艺及失效预测研究. 哈尔滨：东北林业大学博士学位论文，2013.
[8] 马来增，张辛，徐兴平. 玻璃钢油管失效分析及对策. 石油矿场机械，2011，40（11）：61-64.
[9] 孙友梅. 耐腐蚀玻璃钢衬里失效分析及解决方法. 腐蚀与防护，2000，21（12）：565-566.
[10] 陈博. 世纪之交的中国玻璃钢工业. 玻璃钢/复合材料，2001，（2）：51-55.
[11] Cai X，Qi D，Ding N，et al. Failure Analysis of RTP for Natural Gas Transportation in Changqing Oilfield. International Conference Pipelines and Trenchless Technology，2009：2064-2068.
[12] 张延经. 中国搪玻璃设备行业发展 60 年（上）. 中国化工装备，2009，（4）：11-19.
[13] 张延经. 中国搪玻璃设备行业发展 60 年（下）. 中国化工装备，2010，（1）：5-10.
[14] 杨柱强. 钢制搪玻璃设备高性能瓷釉及烧成工艺的研究. 北京：北京化工大学硕士学位论文，2015.
[15] 李明阳，戚政武，姚炯，等. PE 管恒侧压实验及有限元分析. 材料导报，2015，29：121-124.
[16] 侯向陶，许忠斌，顾云柱. 塑料管道失效分析及寿命预测的研究进展. 中国塑料，2014，28（7）：11-16.
[17] Krishnaswamy R K. Analysis of ductile and brittle failures from creep rupture testing of high-density polyethylene（HDPE）pipes. Polymer，2005，46（25）：11664-11672.
[18] 辛明亮，李茂东，张术宽，等. 聚乙烯燃气管道失效模式研究进展. 中国塑料，2015，29（3）：16-20.
[19] 朱志彬，陈丽静，杨晓翔，等. 含球孔缺陷聚乙烯管道热熔接头力学性能分析. 石油化工设备. 2014，43（3）：30-33.
[20] Hutař P，Zouhar M，Nahlik L，et al. Multilayer polymer pipes failure assessment based on a fracture mechanics approach. Engineering Failure Analysis，2013，33：151-162.
[21] 王晴. 天津市给水管道漏水成因分析. 供水技术，2015，9（4）：58-60.
[22] Lee Y G，Kim S H，Park J S，et al. Full-scale field test for buried glass-fiber reinforced plastic pipe with large diameter. Composite Structures，2015，120：167-173.
[23] Williams J G. Applications of Linear Fracture Mechanics. Berlin：Springer Berlin Heidelberg，1978.
[24] Hutar P，Sevcik M，Nahlik L，et al. A numerical methodology for lifetime estimation of HDPE pressure pipes. Engineering Fracture Mechanics，2011，78（17）：3049-3058.
[25] Hutar P，Sevcik M，Frank A，et al. The effect of residual stress on polymer pipe lifetime. Engineering Fracture Mechanics，2013，108（S1）：98-108.
[26] Williams J G. Introduction to elastic plastic fracture mechanics. European Structural Integrity Society，2001，28：119-122.
[27] Pandya K C，Williams J G. Measurement of cohesive zone parameters in tough polyethylene. Polymer Engineering and Science，2000，40（8）：1765-1776.
[28] Ben Hadj Hamouda H，Laiarinandrasana L，Piques R. Fracture mechanics global approach concepts applied to creep slow crack growth in a medium density polyethylene（MDPE）. Engineering Fracture Mechanics，2007，74（14）：2187-2204.
[29] Khelif R，Chateauneuf A，Chaoui K. Reliability-based assessment of polyethylene pipe creep lifetime. International Journal of Pressure Vessels and Piping，2007，84（12）：697-707.

[30] 曲静原，刘原中. 风险研究中的若干问题. 辐射防护，1998，18（1）：61-68+48.
[31] 郑晓晨. 工业企业安全管理创新模式研究. 北京：北京交通大学硕士学位论文，2008.
[32] 岳辉. 企业职业安全健康管理体系策划研究. 天津：天津大学硕士学位论文，2003.
[33] 杨东源，严静. 建筑工程施工安全风险的模糊综合评价. 广西城镇建设，2010，（10）：105-108.

第 12 章　非金属承压设备的常用检测方法

12.1　概　　述

非金属压力容器因具有耐强酸强碱腐蚀、质量轻、强度高、阻燃和耐冲击等特点，越来越广泛地应用于化工产品的生产、贮存和运输过程。尤其是航空航天和交通运输中广泛采用复合材料制成的非金属压力容器盛装液化燃料气体。多层非金属压力容器最内层为内衬材料，可采用喷涂法、电沉积或纤维缠绕的方法制作；第二层是承载层，可以是石墨树脂等材料构成；第三层是保温绝热层；最外层是复合材料阻燃或抗冲击层。

非金属承压设备的检测方法有很多，主要是检测非金属承压设备的机械性能、物理性能、耐热性能、耐候性能、长期稳定性、耐腐蚀性能、密封性能和耐负压（外压）性能。同时，不同领域不同要求的非金属承压设备需要检测的项目也不同，本节将分别进行简单介绍。

非金属承压设备应用领域广、种类繁多、形状不一、尺寸变化大、介质使用范围广、功能要求多样、温度要求高低不等，所以相关测试方法也不一样。有的要进行寿命的试验验证和剩余寿命的评估试验，需进行很长时间的测试来验证几年、几十年的寿命；有的要用简单、快速、方便的方法来检测长期、复杂的性能；有的检测使用性能：腐蚀性能、耐候性、稳定性、密封性、耐热性等；有的还会根据不同材料、不同要求进行专门的测试；有时会根据不同目的进行设计验证、性能检验、制造现场检验、施工现场检验。总之，相关测试的方法很多，本节可能不会全部涵盖。

用于非金属承压设备焊接部位的破坏性检测体系已基本建立，本节也将介绍。但相对于金属压力容器对于焊接部位完善的无损检测体系，非金属焊接的无损检测体系还有待完善。对于无损检测，本节介绍了超声检测、声发射检测、微波检测、红外热成像检测和超声导波检测。现在我国已有 GB/T 29460—2012《含缺陷聚乙烯管道电熔接头安全评定》、GB/T 29461—2012《聚乙烯管道电熔接头超声检验》两项国家标准及 JB/T 12530.1—2015《塑料焊缝无损检测方法 第 1 部分：通用要求》、JB/T 12530.2—2015《塑料焊缝无损检测方法 第 2 部分：目视检测》、JB/T 12530.3—2015《塑料焊缝无损检测方法 第 3 部分：射线检测》、JB/T 12530.4—2015《塑料焊缝无损检测方法 第 4 部分：超声检测》四项行业标准用于规范非金属承压设备焊接部位的无损检测。国外也有 DVS 2206-2011 用 X 射线和超声测试进行相关检测。但是到目前为止，所有无损检测只进行缺陷检测而不能进行性能检测，这点需要特别注意。

非金属由于其良好的耐腐蚀性能越来越多地应用到了非金属承压设备领域，所以耐腐蚀性能检测尤为重要。ISO 4433-1997《热塑性塑料管-耐液体化学药品-分类》的浸泡试验方法给出了热塑性塑料管耐液体化学药品的分类方法。按该分类方法进行分类的试验时，根据质量及拉伸试验时各参数的变化情况确定不同材料在不同介质、不同温度、不同浓度下的耐腐蚀性能，由此得到 ISO/TR 10358-1993《塑料管材和管件-综合抗化学性能分类表》，但要注意该表的数据是无压状态下的数值。如果进行承压设计，应根据分类法对不同参数经浸泡后性能变化的情况适当提高安全系数或根据相关方法进行材料的耐化学系数和该介质下的长期强度试验，得到材料在该介质下的长期强度再进行设计。

需要特别注意的是，测试方法是人为设计出来的，有自身的明确目的，规定了范围、原理、方法、程序、设备、试样和评价方法。所以它具有很强的针对性，不是万能的，有适用性、时效性和局限性；正因为如此，测试方法标准也有不严谨甚至错误的地方；同时，测试方法必须经过试验验证并有可操作性。

12.2 基本检测方法

12.2.1 无损检测

1. 制造过程中的无损检测

原材料的无损检测，与非金属压力容器配套的承压金属材料质量按《压力容器安全技术监察规程》和相关标准要求进行检测。

非金属压力容器用材料的质量及规格应符合相应的国家和行业标准的规定。材料制造单位应按相应安全技术规范和标准的规定向用户提供质量证明书，并在材料或材料的包装上明显部位作出清晰、牢固的，至少包括材料制造的标准代号、材料牌号及规格、批号、材料生产单位名称及检验印鉴的标志。材料质量证明书的内容必须齐全、清晰，并加盖材料制造单位的质量检验章。

原材料的检测主要是目视检测和材料产品说明书和证明文件的复查，必要时辅以化学和物理测试，如树脂含量、材料性能、不可溶组分的测定，用于换热器受压元件的石墨材料，有时需复验热导率、电阻率、膨胀系数和渗透性等。射线、超声、磁粉和渗透等金属压力容器无损检测技术通常并不适用。

制造过程中的无损检测主要是目视检测（必要时辅以放大镜）。

受压钢制壳体的检验应满足 GB 150—2011《压力容器》和图样上的技术条件。

石墨制容器的零部件外观检查应符合图样尺寸要求，其内外表面应光滑，无气泡、砂眼、凹坑和裂纹，不得有突变的尖锐划痕等缺陷。

玻璃钢制压力容器内外表面应当光滑平整，不应有杂质、纤维外露、裂纹、明显划痕、疵点、白化和严重色泽不均现象；在任意 300mm×300mm 面积内，最大直径为 3mm 的气泡应大于等于 2 个；总质量应大于设计值的 95%；巴氏硬度值大于 40；外形尺寸、法兰平面与接管轴线的垂直度及法兰接管的方位偏差及角度偏差不得大于规定值。塑料压力容器焊缝按 HG 20640—1997《塑料设备》的规定检查。罐体内外表面应无机械划痕及撞击伤痕，内外表面所有焊缝应整齐美观，不应有咬边和未焊透等缺陷。罐体内外表面不得有应力腐蚀裂纹及老化、氧化、溶胀、软化和腐蚀等现象。

2. 在役检验中的无损检测技术

为了确保压力容器运行的安全，需对投入运行的压力容器进行定期检验。我国政府有关规程规定，压力容器在用检验分为不停机的年度检查和停机全面检验；年度检查每年至少一次，全面检验应当由经过国家质检总局核准的检验机构进行。石墨制非金属压力容器至少每 5 年进行一次检验，玻璃钢制压力容器至少每 3 年进行一次，全塑料制压力容器至少每年进行一次。非金属压力容器由于材料的原因按 NB/J 47013—2015《承压设备无损检测》的规定通常很难实施，全面检验主要以目视检测为主，对于如玻璃钢等复合材料制成的压力容器，国际上研究较多的还有超声和声发射检测技术。

1）目视检测

非金属压力容器的目视检测主要有如下内容。

（1）石墨制压力容器：①石墨件表面有无分层、碎片和裂纹等；②石墨粘接缝的胶泥是否完好。

（2）玻璃钢制压力容器：①容器角接、搭接及筒体与封头的内粘接缝胶料是否饱满，有否脱胶、胶层起皮及粘接缝裸露，粘接基面法兰有否角裂、起皮、分层、破损等质量缺陷；②人孔、检查孔、接管法兰及其内补强结构区有无破损、起皮、分层和翘边等缺陷；③容器本体、内支撑架及内件联结是否牢固，联结受力区有无裂纹和破损等质量缺陷；④容器内表面应光滑平整，无杂质、纤维裸露、裂纹和明显划痕；⑤容器内表面有无变色、龟裂、树脂粉化和纤维失强（失去强度）等化学腐蚀缺陷；⑥容器内表面有否破损、裂纹、银纹等力学腐蚀缺陷；⑦容器内表面有无溶胀、分层和鼓泡等浸渗腐蚀缺陷。

（3）全塑料制压力容器：①其本体、接口部位、焊接接头及内壁等老化程度、变形和泄漏等；②安全附件检查；③支承或支座的损坏、倾斜、开裂和紧固螺栓的完好情况；④运行的稳定情况。

2）超声检测技术

超声检测技术可应用于复合材料制成的非金属压力容器的裂纹及接头的结合质量检测，检测原理示于图 12-1。在超声检测中，用一个宽带传感器在被检非金属压力容器表面发送一系列可重复的超声脉冲波，将另一传感器置于容器同一侧离发射传感器的给定距离处，以接收由发射超声脉冲所形成的沿容器壁传播的应力波。对单层非金属压力容器所关注的是应力波能量传递效率；对胶黏及多层复合材料压力容器，应力波经受了容器材料边界表面多重反射并与占有显著比例的胶接层相互作用，因而会含有结构中微结构与组织性质的信息。超声测量结果会受到传感器布置方式、发送与接收装置的性能与设置等有关因素的影响。在超声检测过程中，除传感器的压紧力外，取向、位置、发送-接收传感器距离及偶合剂类型等都是检测能否成功的关键。

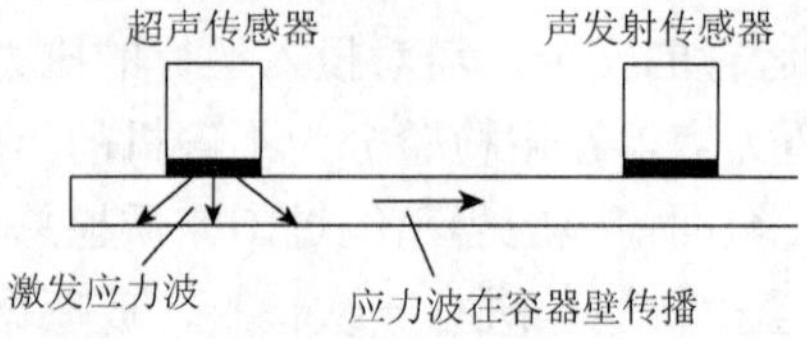

图 12-1　超声检测原理示意图

发射和接收传感器可以选择带阻尼的宽带超声传感器和谐振或宽带声发射传感器。谐振式声发射传感器的检测灵敏度高，对于具有高衰减系数的非金属压力容器能够增加传感器的间距，从而提高检测效率。非金属压力容器检测用声发射传感器谐振中心频率可选 0.5～5MHz，频率的选择主要依据容器的材料和几何尺寸，以保证可靠的检测灵敏度和较高的检测效率。传感器的间距主要取决于容器壁声波的衰减、传感器的带宽和灵敏度、容器的壁厚和形状、探头尺寸及检测缺陷要求的空间分辨率等因素。偶合剂的选用与声发射检测类似，通常选用真空脂或凡士林。传感器与被检容器的压紧力对测得的声发射信号量值的影响是明显的，所以要求传感器背部用弹簧加压以保持压紧力的恒定。实际应用中，采用 0.02MPa 作为压紧力的标准，还可通过试验确定最佳压紧力。GB/T 29461—2012《聚乙烯管道电熔接头超声检验》、GB/T 29460—2012《含缺陷聚乙烯管道电熔接头安全评定》及 JB/T 12530.4—2015《塑料焊缝无损检测方法　第 4 部分：超声检测》规范了用超声检测方法进行非金属承压设备焊接部位的无损检测。

3）声发射检测技术

20 世纪 70 年代，美国化学工业用玻璃钢压力容器和储罐发生过许多破坏。这类破坏多与选材、设计、运输及制造方面的失误有关，而对此又没有可行的无损检测方法。

1978 年，塑料工业协会成立了增强塑料声发射检测委员会，经合作攻关，于 1982～1983 年相继制定了压力容器与贮罐和管道的声发射检测方法，后来又纳入 ASME 规范[1]和 ASTM 标准[2]。

至 1986 年，累计检测了 7000 件压力容器与贮罐和 10 000 件管道。1979 年以来，采取 100%声发射检测措施后，便消除了破坏事故，获得了重大社会经济效益。

非金属压力容器声发射检测通常采用区域定位方式，一般使用 6～30 个传感器通道，通道数取决于容器尺寸。一般同时采用高频（约 150kHz）和低频（约 30kHz）两种谐振式传感器。前者布置于高应力区，如接头、管嘴和人孔等部位，后者布置于大范围的非关键部位。

非金属压力容器声发射检测，除引入恒载保压周期外，还增加反复加载周期，以便在加载过程中评价费利西蒂比。评价判据随容器的类型有所不同，主要包括恒载声发射、费利西蒂比、振铃计数和大幅度事件计数等。对检测得到的有意义声发射源复验一般仍采用目视检测。

与金属压力容器声发射检测不同的是，非金属压力容器要充分考虑声发射信号的衰减，尤其是不同方向声发射信号的衰减规律和声速的变化。当采用时差定位时要合理设置声速和阈值，并通过不同位置的智能判断和修正才能得到相对精确的声发射源定位。无损检测对保证非金属压力容器的质量和安全运行起着极其重要的作用。原材料的检测，以目视、物理和化学分析为主；制造过程的检测，以目视检测及量具测量为主；应用过程中的定期检测，以目视宏观检测（包括内窥镜检测）为主，还可应用超声和声发射检测等检测技术。

4）微波检测技术

微波无损检测是微波技术的工业应用之一，它以微波为传递信息的媒介，对被检材料、构件或产品进行非破坏性检测，判断其内部是否存在缺陷或测定其物理参数。该技术始于 20 世纪 50 年代，虽在 60～90 年代期间得到了一定的发展，但只是到最近才引起无损检测界的极大兴趣[3]。

微波无损检测是继超声、激光、红外、X 射线、γ 射线和涡流检测等方法之后的一种新型无损检测技术。与其他检测技术相比，它在检测复合材料和其他非金属材料方面有很多显著优点[4]：①微波的频谱较宽，可以根据被测对象的特点选择不同的测量频率；②微波穿透介电材料能力很强，很适合测量厚复合材料的结构和内部缺陷，能很好地检测到材料的分层，可以完成准确的厚度测量；③微波无损检测与逆扫描成像方法结合，能够获得比热成像和涡流成像技术更清晰的图像；④微波对被检材料特性的变化很灵敏，能够很好地检测材料的密度、湿度和疏松状况等；⑤微波无损检测不需偶合剂，同时具有快速、准确和连续的特点，这使微波无损检测容易用于在线检测和材料生产的过程控制；⑥微波检测受烟雾、粉尘、空气状况及温度的影响很小，适应在这些状况变化环境下的检测；⑦微波测量信号是电信号，无需进行非电量的转换，从而简化了传感器与处理器间的接口；⑧相对来说微波辐射危害较低，所以屏蔽设备简单，降低了检测设备的成本，微波检测设备使用寿命较长，维护成本低，操作简单。

基于上述特点，微波检测技术在非金属材料检测方面取得了很大发展，广泛地用于非金属材料的特征参数测量、湿度的测量、材料内部金属颗粒/气泡和疏松的探测、混凝土的内部探伤、夹层复合材料的厚度测量等。

5）红外热成像检测技术

红外热成像检测是通过采用外部热源加热被检试样，利用由于被检材料内部热学性质的差异而使得在试样表面局部区域产生的温度差异，再借助红外热像仪探测被检试件的辐射分布，分析其在热图上的反映从而推断内部的缺陷情况。红外热成像无损检测适用于各种压力容器、承载装置表面及表面下疲劳裂纹的探测。可用于大到航天飞机，小到纤维、薄膜，不同材料、不同结构和检测环境的各类探伤和检测问题[5]。对于检测复合材料薄板和金属粘接结构中的界面脱黏类型缺陷尤其适用，复合材料中分层的深度可被准确地检测出来。

在检测过程中，通过一定的方法使被检测对象与周围背景环境产生一定的温差，该温差会导致物体内部热运动的产生，同时自发向外辐射能量，当被测物体内部存在缺陷时，缺陷的存在会影响物体材料内部连续性，材料的不连续性会影响热量传输过程，从而会影响向外辐射能量的分布情况，根据红外辐射理论中辐射能量与温度的对应关系，辐射情况的改变会导致被检测表面温度场的改变，通过对表面温度场的分析，在表面温度场中常用色差表示温度的高低温区域，发现所谓的“热区”和“冷区”，通过这些温度异常区域对缺陷进行判断[6]。

曹文浩[7]运用红外热成像无损检测技术对物体近表面的孔洞缺陷进行检测，通过仿真与实验对表面温度场进行了比对、分析，总结加热-冷却过程中表面温度场的变化规律，并利用中心表面温度差最大值时刻与图片边缘检测技术对孔洞缺陷的深度、大小分别进行了半定量、定量分析。红外热成像技术具有非接触、实时、高效、直观的特点，一次测量可覆盖达平方米级，现已成功运用于各种压力容器，承载装置表面及表面下疲劳裂纹的探测。其检测对象较为广泛，适用于复合材料、金属、非金属等材料检测，是一种很有前途的无损检测方法，有望在塑料制管道的缺陷检测中得到应用。

6）超声导波技术

超声导波技术作为一种较为“年轻”却又备受瞩目的无损检测方法，对于板、杆和管等结构的缺陷检测十分适用，是一种能够进行快速、长距离、大范围、相对低成本的无损检测方法。超声导波在固体中传播，由于其自身特性，沿传播路径的衰减非常小，从而克服了逐点扫描法的缺点，可以进行大范围、长距离的缺陷检测；并且在充液、带包覆层的管道中超声导波也可以传播，这大大降低了工业管道的检测费用。迄今，柱面超声导波的检测研究是超声导波技术应用的焦点。柱面超声导波对于检测沿管道横向分布的缺陷具有较高的灵敏度，但却不能很好地检测出沿管道纵向分布的缺陷。为了较好地检测出纵向分布的缺陷，采用周向导波技术不失为一个不错的选择。

在国外，导波技术已经商业化，如英国的 Wavemaker 公司已有成熟的设备出售。M. V. Brook 等[8]利用在管道一端施加法向载荷激励轴向导波，对管道进行检测，从而证明了利用柱状导波对管道进行检测的可行性。M. J. S. Lowe 等[9]利用大约 70kHz 的单频导波对管道缺陷进行检测，此建立反射函数来表征缺陷敏感性，进行数值的模拟。国内超声导波发展起步较晚，刘镇清[10]综述了最近几年以来国内外在超声导波技术、声发射技术及新型超声非接触换能方法和超声信号处理与模式识别等方面的一些研究成果，并分别对不锈钢直管、工程塑料管和铜弯管进行了相关实验研究，得到了初步成果。王禹钦[11]介绍了超声导波技术检测在输气站场埋地管道的相关应用，对检测结果的分析过程进行了重点讨论。其检测结果证明，超声导波检测技术适用于站场含缺陷管道的检测。超声导波技术还可以应用在纤维增强复合材料的无损检测，余锋祥等[12]通过对该方法进行理论分析和实验验证，实现了复合材料板结构的缺陷检测与成像，并提出基于超声导波成像技术的复合材料板结构健康状况监测方法。

超声导波检测技术局限于无法精确定量缺陷尺寸。此外，迄今所有的超声导波检测设备对结蜡原油管道、塑料管道沥青防腐层存在检测距离短，较难检测表面圆滑、独立凹坑的渐进式缺陷，轴向裂缝和焊缝中的小凹坑等缺陷的局限性。因此，对于现场含缺陷管道的检测还需要进行进一步的应用研究。

12.2.2　破坏性检测

1. 常规试验

非金属设备检测方法中常用的大多数情况是破坏性检测，如相对分子质量及其分布、熔体流动速率、热稳定性、立项性能等。

1）耐候性

热塑性塑料按照 GB/T 16422.2—2014 的规定进行，选用方法 A 循环 1 进行试验。紫外辐照总量为 1500kJ/cm^2，试验后检查试样的外观，并按照 GB/T 1040.2—2006 进行拉伸断裂标称应变的测试，样条类型选用 1B 型，拉伸速度根据材料的种类进行选取。

2）耐腐蚀性

聚氯乙烯、聚乙烯、聚丙烯和氟塑料按照 ISO 4433-1997 的规定进行，其他材料按照 GB/T 11547—2008 进行，腐蚀性评级参考 ISO/TR 10358-1993 进行。

3）拉伸性能

拉伸屈服应力和拉伸断裂标称应变按照 GB/T 1040.2—2006 的规定进行，样条类型选用 1B 型，拉伸速度根据材料的种类进行选取。

4）维卡软化温度

按照 GB/T 1633—2000 的规定进行，选用 B50 法。

5）密度

按照 GB/T 1033.1—2008 的规定进行，选用方法 A。

6）氧化诱导时间

按照 GB/T 19466.6—2009 的规定进行，聚乙烯材料试验温度 200℃。

7）熔体流动速率

按照 GB/T 3682—2000 的规定进行，选用方法 A，试验温度 190℃、载荷 2.16kg。

8）弯曲强度

按照 GB/T 9341—2008 的规定进行，试验速率 2mm/min。

9）简支梁缺口冲击强度

按照 GB/T 1043.1—2008 的规定进行。

10）落锤冲击

按 GB/T 11548—1989、GB/T 14153—1993、GB/T 14152—2001 的规定进行。

2. 寿命评估和剩余寿命预测

由于选取许用应力时已考虑到了材料的长期强度，所以可以按照长期强度预测曲线和公式，对于金属压力容器进行寿命验证和剩余寿命预测。

1）设计寿命验证

按照长期强度预测曲线和公式，从表 12-1 中选取一些特征点进行控制点验证，试验就能验证和证明设计寿命。

表 12-1　常用特征点（应力）

材料	20℃	60℃	80℃	95℃
PVC-U	38MPa，1h 30MPa，100h	10MPa，1000h	—	—
PVC-C	43MPa，1h	—	—	5.6MPa，165h； 4.6MPa，1000h
PE80	9MPa，100h	—	4.5MPa，165h； 4.0MPa，1000h	—

续表

材料	20℃	60℃	80℃	95℃
PE100	12.4 MPa	—	5.4MPa，165h； 5.0MPa，1000h	—
PP-H	21.0MPa，1h	—	—	5.1MPa，22h； 4.2MPa，165h； 3.6MPa，1000h
PP-B	16.0MPa，1h	—	—	3.5MPa，22h； 3.0MPa，165h； 2.6MPa，1000h
PP-R	16.0MPa，1h	—	—	4.3MPa，22h； 3.8MPa，165h； 3.5MPa，1000h
ABS	25.0MPa，1h 20.6MPa，100h	7MPa，1000h	—	—

2）损伤量试验

对于已经使用过的压力容器可以进行损伤量试验，方法是：①用已知使用材料的长期强度公式，按照线性损伤原则计算出剩余寿命时间对应的应力值，再按此进行剩余寿命验证，来确定已经使用阶段的损伤是否超出设计损伤；②用上述公式进行试验直至破坏，就可以计算出实际损伤量和剩余寿命。

3）剩余寿命预测

用上述两种方法可以验证剩余寿命是否达到设计要求及实际剩余寿命值。

4）寿命评估的加速试验

无论寿命验证试验还是实际寿命预测测试都可以用加速试验方法。

（1）提高应力，用长期强度预测曲线及公式选取或计算加速试验对应的应力值，进行试验看对应时间是否破坏或测出实际破坏时间。

（2）提高温度，按 Arrhenius 方程时温等效关系建立外推时间因子。K_e 见表 12-2 和表 12-3。

表 12-2　聚烯烃 ΔT 与 K_e 的关系

ΔT/K	K_e	ΔT/K	K_e
≥10	2.5	≥30	18
≥15	4	≥35	30
≥20	6	≥40	50
≥25	12	≥60	100

表 12-3　聚氯乙烯 ΔT 与 K_e 的关系

ΔT/K	K_e	ΔT/K	K_e
≥5	2.5	≥20	25
≥10	5	≥25	50
≥15	10	≥30	100

这样相对于 20℃（K）常温的破坏时间就可以用高温试验比较短的时间来验证或测试出实际值，如 PE 材料用 80℃试验（ΔT=60℃）876h 就可以外推出 87600h（10 年）的寿命结果。

3. 焊接部位试验

EN 12814 和 DVS 2203 可以对塑料焊接的性能进行评价，包括长期试验和常规短期试验。

1）常规试验

（1）拉伸按照 GB/T 19810—2005（ISO 13953-2001）、DVS 2203-2-2001、EN12814-2-2000 规定进行。评价指标是拉伸强度不低于基体材料，更重要的是不发生脆性破坏。

（2）弯曲试验。相关标准为 HG/T 4283—2011、DVS 2203-5、EN 12814-1-2000。用厚度不大于 30mm 的焊接试样进行三点弯曲试验，弯曲中获得的弯曲角和破坏图形可对焊接接口的质量做出判断，同时反映焊缝的变形能力，试验还可对焊接参数进行评价。

（3）低温拉伸试验（EN 12814-6-2000）。低温拉伸试验像常温拉伸试验一样，只不过需配置低温箱使试样在低温状态下受拉伸应力。

（4）拉伸冲击试验（DVS 2203-3）。拉伸冲击在摆锤冲击试验机上进行，不过试样不受三点弯曲的力作用，而是像拉伸一样受拉力作用，但受的是瞬间高变形速率的冲击拉力作用。

2）长期拉伸蠕变试验

用带焊缝的试样进行长期拉伸蠕变试验根据拉伸应力的大小，试验可进行几千小时至几万小时，用多个样品进行试验可以得到焊接部位的长期强度曲线；也可以有带焊缝的试样与不带焊缝试样进行相同条件的长期拉伸试验得到“用时间表达”的焊接因子。

由于上述试验时间太长，可用强化试验方法来完成。方法是用 80℃高温并在活性液体状态下进行大约数千小时试验。

3）脆性破坏试验

（1）ISO 16770-2004 全缺口蠕变试验（FNCT）。方法是在缺口试样上进行 80℃高温活性液体状态下的拉伸试验。

（2）ISO 16241-2005（ASTM F1473）PENT 缺口拉伸试验。该试验的原理与 FNCT 试验相似，是三缺口蠕变试验。

（3）EN 12814-3-2014 两切口拉伸蠕变试验（2NCT）。

（4）GB/T 19810—2005、GB/T 19806—2005、GB/T 19808—2005 主要针对 PE 压力管道焊接性能的评价，它们都是通过出现脆性破坏概率的大小来评价，是一种常规检验方法。

4）密封试验、压力试验和电火花试验

焊接压力容器还要进行密封试验、压力试验和电火花试验。

4. 密封试验

1）水密封试验

由注水系统、排气系统、加压系统、测控系统对压力容器加水压到 1.3 倍工作压力进行 1h 试验观察有没有泄漏情况。

2）气密封试验

对压力容器施加 0.3MPa，工作压力的空气或氮气进行一定时间的密封试验观察没有泄漏情况。小型或中空器件在水浴中测试，可以通过产生的气泡来检测泄漏，检测大型器件时，可以在焊缝及其他接头处涂抹适量肥皂水（不能使用表面活性剂，否则可能会引起环境应力开裂），通过产生的气泡可以检测泄漏。

3）高要求密封容器

同气密封试验一样对压力容器施加一定压力的特殊介质（如卤烷烃）用合适的专用设备检测微孔或裂缝中扩散出来的气体。

4）负压试验

对压力容器施加 0.7 倍工作压力，工作压力的负压观察一定时间（如 1h）内压力的变化不能超过某一数值。

5. 衬里压力容器试验

（1）抗弯强度试验，按 GB/T 13465.2—2014 的规定进行。

（2）抗压强度试验，按 GB/T 13465.3—2014 的规定进行。

（3）冲击强度试验，按 GB/T 13465.4—2014 的规定进行。

（4）不透性石墨酚醛粘接剂收缩率试验，按 GB/T 13465.5—2009 的规定进行。

（5）不透性石墨管水压爆破试验，按 GB/T 13465.6—2009 的规定进行。

（6）不透性石墨增重率和填孔率试验，按 GB/T 13465.7—2009 的规定进行。

（7）不透性石墨粘接剂粘接剪切强度试验，按 GB/T 13465.8—2009 的规定进行。

（8）不透性石墨粘接剂粘接抗拉强度试验，按 GB/T 13465.9—2009 的规定进行。

（9）不透性石墨材料抗拉强度试验，按 GB/T 21921—2008 的规定进行。

（10）不透性石墨设备水压试验，按 GB/T 21921—2011 的规定进行。

6. 纤维增强塑料压力容器试验

1）常规试验

（1）轴向拉伸性能试验。纤维增强热固性塑料管轴向拉伸性能试验按 GB/T 5349—2005 的规定进行。

（2）轴向压缩性能试验。纤维增强热固性塑料管轴向压缩性能试验按 GB/T 5350—2005 的规定进行。

（3）内压试验。纤维缠绕压力容器内压试验按 GB/T 6058 的规定进行。

（4）结构层界面剪切强度试验。纤维增强塑料压力容器结构层界面剪切强度试验按 GB/T 28889—2012 的规定进行。

2）玻璃纤维增强塑料夹砂管（GB/T 21238—2007）试验

（1）初始环刚度试验，按 GB/T 5352 的规定进行。

（2）初始环向拉伸试验，按 GB/T 1458—2008、GB/T 1447—2005 的规定进行。

（3）初始轴向拉伸试验，按 GB/T 5349、GB/T 1447—2005 的规定进行。

（4）水压渗漏试验，按 GB/T 5351—2005 的规定进行。

（5）短时失效水压试验，按 GB/T 5351—2005 的规定进行。

（6）初始挠曲性试验，按 GB/T 5352—2005 的规定进行。

（7）初始环向弯曲试验，按 GB/T 1449—2005、GB/T 5352—2005 的规定进行。

（8）长期水压设计压力基准 HPP，按 IS 10928 的规定进行。

3）油气用玻璃纤维管（SY/T 6267—2006、SY/T 6266—2004）试验

（1）长期静水压强度试验，按 ASTM D2992-2012 的规定进行。

（2）疲劳强度试验按，ASTM D2992-2012 的规定进行。

（3）短期静水压失效压力，按 ASTM D1599-2005 的规定进行。

（4）轴向拉伸强度和弹性模量试验，按 ASTM 2105-2007 的规定进行。

（5）同时还要进行冲击试验、环刚度试验、热膨胀系数试验、环向拉伸强度、模量、泊松比试验。

4）油气用柔性管（SY/T 6794—2010）试验

需进行长期强度、最小弯曲半径、轴向负荷、抗外压、抗紫外线、热膨胀系数、承压下的伸长与收缩、PE 层的耐裂纹快速增长等试验。

5）海洋用柔性石油管试验

（1）长期性能试验。长期基准设计压力 HDP 和长期基准设计应力 HDB 试验。

（2）标准的原型试验。需进行爆破压力测试、轴向拉力测试和塌陷测试等试验。

（3）专门的原型试验。需进行动态疲劳测试、压垮强度测试、组合弯曲和拉力测试、酸性运用测试、燃烧测试、侵蚀测试、TFL 测试、真空测试、煤油测试、黏合测试、全尺寸起泡测试等试验。

（4）特殊性能和其他原型试验。需进行弯曲刚度测试、抗扭刚度测试、磨损测试、快速泄压测试、轴向压缩测试、热性能测试、温度测试、极冷测试、环境测试、结构减振测试等试验。

7. 衬里压力容器试验

1）水压试验

水压试验（正压试验）应按照 HG/T 4089—2008 进行。

2）电火花试验

电火花试验应按照 HG/T 4090—2008 进行。

3）耐温试验

（1）耐温试验分高温试验和低温试验。

（2）高、低温试验应按照 HG/T 4091—2008 进行。

4）热胀冷缩试验

热胀冷缩试验应按照 HG/T 4092—2008 进行。

5）衬里耐负压试验

衬里耐负压试验应按照 HG/T 4093—2008 进行。

8. 负压容器试验

1）稳定性

将被测压力容器加负压至规定值，测量重要部位和薄弱部位的变形值，并记录 0.1h、1h、4h、24h、168h、336h、504h、600h、696h、864h、1008h 变形量，按 GB/T 18042《热塑性塑料管材蠕变比率的试验方法》中规定的最小二乘法外推 50 年（或寿命期）变形量，不应超过规定值，并不发生塌陷、裂纹等破坏。

2）耐久性

在规定温度下进行上述试验，检验耐久性。

9. 搪玻璃压力容器的检验

（1）设备运转中。注意法兰、接口、人孔及密封箱的密封情况，发现泄漏应立即采取相应的措施。

（2）设备停车间隙。检查搪玻璃设备，通过目视、手摸等方法检查各个部位瓷面是否有化学或机械损伤、爆瓷现象。

（3）采用瓷层测厚仪进行检验。

（4）采用电火花检测仪进行检验。

（5）搪玻璃设备金属壁厚检测，定期监测搪玻璃设备壁厚。

（6）瓷层损伤报警装置，安装搪玻璃设备运行瓷层损伤报警装置及早发现设备瓷层损坏情况。

10. 疲劳试验

纤维增强塑料压力容器和一些特殊用途压力容器及有压力波动负载的压力容器需进行疲劳试验。方法是以 0MPa 为下限压力，以公称压力为上限压力进行频率为每分钟几次到几十次的压力循环试验。

12.3　耐腐蚀性检测方法

腐蚀就是指材料在环境的作用下引起的破坏或变质的现象。根据腐蚀的形态，可分为均匀（全面）腐蚀和局部腐蚀两类。根据腐蚀的作用原理，可分为化学腐蚀和电化学腐蚀。根据腐蚀环境，可分为大气腐蚀、土壤腐蚀、海水腐蚀、物理腐蚀等。腐蚀的危害非常大，它使材料变为废物，导致设备报废，并因此引起生产停顿、产品或原材料流失、环境污染等，从而造成巨大的经济损失。腐蚀不仅会造成经济损失，也经常威胁着人身、环境安全。腐蚀的另一个危害是加速了自然资源的耗损。地球上的资源是有限的。腐蚀正加剧着地球上的不可再生资源的流失。在工程设计中，腐蚀是每一个设计人员需要特别注意的一个设计因素。在工程上，通常可以通过选择合适的耐腐蚀材料和正确的防腐蚀处理方法来降低设备被腐蚀的风险。

ISO 4433-1997《热塑性塑料管材-耐液体化学物质-分类》用浸泡的试验方法给出了热塑性塑料管材耐液体化学物质的分类方法[13]。

第一部分浸泡方法规定了范围、原理、材料、设备、试样、步骤、试验温度、浸泡周期等内容。

典型的试验温度见表 12-4。

表 12-4　试验温度参数

材料	浸泡温度/℃				
	23±2	40±2	60±2	80±2	100±2
PE（LD，MD，HD）	√	√	√	√	—
PP	√	√	√	√	√
PB	√	√	√	√	√
PE-X	√	√	√	√	√

续表

材料	浸泡温度/℃				
	23±2	40±2	60±2	80±2	100±2
ABS	√	√	√	—	—
PVC（U；HI）	√	√	√	—	—
PVC-C	√	√	√	√	—
PVDF	√	√	√	√	√

注：这些试验温度是标准值，也可以依据实际应用工作温度和被测材料的物理性能选择其他试验温度。

典型的浸泡周期是：7 天、14 天、28 天、56 天、112 天。

由上述各试验参数可以确定浸泡时间和质量变化的函数关系及拉伸性能的变化，从而确定不同材料在不同介质、不同温度下的耐腐蚀性能。

拉伸试验时按 ISO 527-2012 要求进行，其中拉伸速率按表 12-5 选取。

表 12-5　拉伸速率表

材料	速率/（mm/min）	材料	速率/（mm/min）
PE（LD，MD，HD）	100	PVC-U	25
PP	100	PVC-HI	25
PB	100	PVC-C	25
PE-X	100	PVDF	25
ABS	100		

第二部分确定了聚烯烃管材、硬聚氯乙烯（PVC-U）高抗冲聚氯乙烯（PVC-HI）、氯化聚氯乙烯（PVC-C）管材和聚偏氟乙烯（PVDF）管材按上述分类方法进行分类的试验时，质量、拉伸弹性模量、拉伸屈服强度、拉伸断裂强度、屈服伸长率、断裂伸长率的变化情况，并依据变化量确定不同材料在不同介质、不同温度、不同浓度下的耐腐蚀性能。

其中，“S”表示耐浸蚀，管材可在既无压力也无其他应力下使用；在有压力下使用时，最终的评价应基于进一步的压力试验。

“L”表示有限的耐浸蚀，管材可在既无压力也无其他应力下使用；但化学物质引起的性能变化应在可接收的范围内；在有压力下使用，最终的评价应基于进一步的压力试验。

“NS”表示不耐浸蚀，管材被强烈浸蚀，不论有无压力均不适用；进一步的后续试验没有意义，因为其结果肯定是不令人满意。

用此分类方法的结果形成了 ISO/TR 10358-1993《塑料管材和管件-综合抗化

学性能分类表》，确立了在一系列温度范围内对于特定流体的耐化学浸蚀性分级。通常情况下可以根据此分类表选择材料进行压力容器设计，但需注意以下几点。

第一，分类表中没有的材料或介质应按 ISO 4433-1997《热塑性塑料管材-耐液体化学物质-分类的浸泡试验方法》进行试验得到和 ISO/TR 10358-1993《塑料管材和管件-综合抗耐化学性能分类表》一样的相关表格。

第二，用 ISO 4433-1997《热塑性塑料管材-耐液体化学物质-分类》的浸泡方法进行浸泡和拉伸试验得到的 ISO/TR 10358-1993《塑料管材和管件-综合抗化学性能分类表》是无压状态下的数值。如果进行承压设计，应根据分类法对不同参数经浸泡后性能变化的情况适当提高安全系数。

第三，如果进行大容积、高压力、高介质浓度及重要场合的压力容器设计应根据 ISO 8584-1990 进行材料的耐化学系数和该介质下的长期强度试验，得到材料在该介质下的长期强度再进行设计。

各参数浸泡后不同变化量对应的耐腐蚀性能如下所述。

（1）质量变化，见表 12-6。

表 12-6　按照浸泡 112 天后的质量变化Δm百分数的平均值确定耐浸蚀性（表内数值均为平均值）

管材材料		Δm 的允许范围/%		
		耐浸蚀 S	有限的耐浸蚀 L	不耐浸蚀 NS
聚烯烃	PE（LD，HD，MD） PP PB PE-X	$-2\leqslant\Delta m\leqslant10$	$10<\Delta m\leqslant15$ $-2>\Delta m\geqslant-5$	$\Delta m>15$ $\Delta m<-5$
PVC-U PVC-HI PVC-C PVDF		$-0.8\leqslant\Delta m\leqslant3.6$	$3.6<\Delta m\leqslant10$ $-0.8>\Delta m\geqslant-2$	$\Delta m>10$ $\Delta m<-2$

（2）弹性模量的变化，见表 12-7。

表 12-7　按照浸泡 112 天后的弹性模量 Q_E 变化平均百分数值确定管材材料的耐浸蚀性

管材材料		Q_E 的允许范围/%		
		耐浸蚀 S	有限的耐浸蚀 L	不耐浸蚀 NS
聚烯烃	PE（LD，HD，MD） PP PB PE-X	$Q_E\geqslant38$	$38>Q_E\geqslant31$	$Q_E<31$

续表

管材材料	Q_E的允许范围/%		
	耐浸蚀 S	有限的耐浸蚀 L	不耐浸蚀 NS
PVC-U PVC-HI PVC-C	$Q_E \geqslant 83$	$83 > Q_E \geqslant 46$	$Q_E < 46$
PVDF	$43 \leqslant Q_E$	$30 \leqslant Q_E < 43$	$Q_E < 30$

（3）拉伸屈服强度的变化，见表 12-8。

表 12-8　按照浸泡 112 天后的拉伸屈服强度变化平均百分数 Q_{ty} 确定管材材料的耐浸蚀性

管材材料		Q_{ty}值的允许范围/%		
		耐浸蚀 S	有限的耐浸蚀 L	不耐浸蚀 NS
聚烯烃	PE（LD，HD，MD） PP PB PE-X	$Q_{ty} \geqslant 80$	$38 > Q_{ty} \geqslant 46$	$Q_{ty} < 46$
PVC-U PVC-HI PVC-C				
PVDF				

（4）拉伸断裂强度的变化，见表 12-9。

表 12-9　按照浸泡 112 天后的拉伸断裂强度变化平均百分数与 Q_{tb} 确定管材材料的耐浸泡性

管材材料		Q_{tb}值的允许范围/%		
		耐浸蚀 S	有限的耐浸蚀 L	不耐浸蚀 NS
聚烯烃	PE（LD，HD，MD） PP PB PE-X	$Q_{tb} \geqslant 80$	$38 > Q_{tb} \geqslant 46$	$Q_{tb} < 46$
PVC-U PVC-HI PVC-C				
PVDF				

（5）屈服点伸长率的变化，见表 12-10。

表 12-10 按照浸泡 112 天后的屈服点伸长率变化百分数平均值 Q_{Ey} 确定聚烯烃管材材料的耐浸蚀性

<table>
<tr><th rowspan="2">聚烯烃管材材料</th><th colspan="3">Q_{Ey} 的允许范围/%</th></tr>
<tr><th>耐浸蚀
S</th><th>有限的耐浸蚀
L</th><th>不耐浸蚀
NS</th></tr>
<tr><td>PE（LD，HD，MD）
PP
PB
PE-X</td><td>$80 \leqslant Q_{Ey} \leqslant 200$</td><td>$80 > Q_{Ey} \geqslant 46$
$200 < Q_{Ey} \leqslant 300$</td><td>$Q_{Ey} < 46$
$Q_{Ey} > 300$</td></tr>
</table>

（6）断裂伸长率的变化，见表 12-11。

表 12-11 按照浸泡 112 天后的断裂伸长率的变化百分数平均值 $Q_{\varepsilon b}$ 确定管材材料的耐浸蚀性

<table>
<tr><th colspan="2" rowspan="2">管材材料</th><th colspan="3">$Q_{\varepsilon b}$ 的允许范围/%</th></tr>
<tr><th>耐浸蚀
S</th><th>有限的耐浸蚀
L</th><th>不耐浸蚀
NS</th></tr>
<tr><td>聚烯烃</td><td>PE（LD，HD，MD）
PP
PB
PE-X</td><td>$50 \leqslant Q_{\varepsilon b} \leqslant 200$</td><td>$50 > Q_{\varepsilon b} \geqslant 30$
$200 < Q_{\varepsilon b} \leqslant 300$</td><td>$Q_{\varepsilon b} < 30$
$Q_{\varepsilon b} > 300$</td></tr>
<tr><td colspan="2">PVC-U
PVC-HI
PVC-C
PVDF</td><td>$50 \leqslant Q_{\varepsilon b} \leqslant 125$</td><td>$50 > Q_{\varepsilon b} \geqslant 30$
$125 < Q_{\varepsilon b} \leqslant 150$</td><td>$Q_{\varepsilon b} < 30$
$Q_{\varepsilon b} > 150$</td></tr>
</table>

前面已提到用 ISO 4433-1997 方法得到的分类表是无压状态下的数值，如果进行承压设计可以使用 ISO 8584-1990《热塑性塑料管材-耐化学系数和基础应力试验方法》。用于确定材料的耐化学系数和耐化学腐蚀状态下的长期强度，该标准同 GB/T 18252—2008 类似，用不同温度、不同应力的试验结果，外推该材料在该介质下的长期强度。同时用不同介质与水介质的不同破坏时间确定该材料的耐化学系数。

这样一方面可根据现有管材制品的设计应力值确定，不同材料、不同寿命、不同耐化学系数状态下的设计应力能否满足设计要求；另一方面可直接根据试验结果得到的长期强度选取合适的设计应力进行压力容器设计，这是最安全的方法。

用 ISO 8584-1990 进行耐化学系数和耐化学介质下的长期强度试验的试验温度见表 12-12。

表 12-12　试验温度

材料	试验温度/℃					
硬聚氯乙烯（PVC-U）					60±1	40±1
氯化聚氯乙烯（PVC-C）			100±1*	80±1	60±1	
聚氯乙烯（PVC）	140±1	120±1	100±1*	80±1		

* 用水浴做试验时，使用（95±1）℃。

用 ISO 8584-1990 进行耐化学系数和基础应力得到的部分材料的耐化学系数和基础应力值见表 12-13～表 12-15，表中，T_s代表操作温度；t代表破坏时间；f_{CR}代表耐化学系数；$\delta_{B,水}$代表以水为介质的基础应力。

表 12-13　公称应力 δ_{LPL}=5MPa 的聚乙烯管材基础应力值

T_s/℃	t/a	$\delta_{B,水}$ f_{CR}=1（MPa）	$\delta_{B,介质}$，当f_{CR}= 0.3MPa	0.1MPa	0.03MPa	0.01MPa	0.003MPa
20	0.5	6.7	—	—	6.14	5	3.99
	1	6.63	—	—	5.39	4.39	3.5
	2.5	6.54	—	5.69	4.54	3.7	2.95
	5	6.47	6.14	5	3.99	3.25	2.59
	10	6.4	5.39	4.39	3.5	2.85	3.28
	25	5.69	4.54	3.7	2.95	2.4	—
	50	5	3.99	3.25	2.59	—	—
30	0.5	5.9	—	5.39	4.29	3.48	2.76
	1	5.83	5.82	4.72	3.76	3.05	2.42
	2.5	5.75	4.89	3.97	3.15	2.56	2.03
	5	5.39	4.29	3.48	2.76	2.24	1.78
	10	4.72	3.76	3.05	2.42	1.96	—
	25	3.97	3.15	2.56	—	—	—
	50	3.48	2.76	—	—	—	—
40	0.5	5.19	4.62	3.73	2.96	2.39	1.89
	1	5.1	4.04	3.26	2.58	2.09	1.65
	2.5	4.27	3.38	2.73	2.16	1.75	—
	5	3.73	2.96	2.39	1.89	—	—
	10	3.26	2.58	2.09	—	—	—
	25	2.73	—	—	—	—	—
50	0.5	4.03	3.17	2.55	2	1.62	1.28
	1	3.51	2.77	2.23	1.76	1.14	—
	2.5	2.93	2.31	1.86	—	—	—
	5	2.55	2.01	—	—	—	—
	10	2.23	—	—	—	—	—

续表

T_s/℃	t/a	$\delta_{B,水}$ f_{CR}=1（MPa）	$\delta_{B,介质}$，当 f_{CR}= 0.3MPa	0.1MPa	0.03MPa	0.01MPa	0.003MPa
60	0.5	2.75	2.15	1.73	1.36	—	—
	1	2.39	1.87	1.5	—	—	—
	2.5	1.99	1.56	—	—	—	—
	5	1.73	—	—	—	—	—
70	0.5	1.85	1.45	1.15	—	—	—
	1	1.6	—	—	—	—	—

表 12-14 公称应力 δ_{LPL}=10MPa 的硬聚氯乙烯（PVC-U）管材基础应力值

T_s/℃	t/a	$\delta_{B,水}$ f_{CR}=1（MPa）	$\delta_{B,介质}$，当 f_{CR}= 0.8MPa	0.63MPa	0.5MPa	0.4MPa	0.32MPa	0.25MPa	0.2MPa
20	0.5	12.04	9.55	7.45	5.86	4.64	3.68	2.85	2.26
	2.5	11.29	8.95	6.98	5.49	4.35	3.45	2.67	2.12
	10	10.67	8.46	6.6	5.19	4.11	3.26	2.52	—
	25	10.29	8.15	6.36	5	3.96	—	—	—
	50	10	7.93	6.18	—	—	—	—	—
30	0.5	10.21	8.08	6.3	4.94	3.91	3.1	2.39	1.89
	2.5	9.47	7.5	5.84	4.59	3.63	2.87	2.22	2.12
	10	8.88	7.03	5.48	4.3	3.4	2.69	2.08	—
	25	8.51	6.74	5.25	4.12	—	—	—	—
	50	8.24	6.52	5.08	—	—	—	—	—
40	0.5	7.85	6.21	4.82	3.78	2.99	2.36	1.82	1.44
	2.5	7.19	5.68	4.41	3.46	2.73	2.16	1.66	1.32
	10	6.66	5.26	4.09	3.2	2.53	—	—	—
	25	6.33	5	3.89	—	—	—	—	—
	50	6.09	—	—	—	—	—	—	—
50	0.5	5.48	4.32	3.35	2.62	2.06	1.63	1.25	0.99
	2.5	4.93	3.88	3.01	2.35	1.86	1.46	1.12	—
	10	4.5	3.54	2.75	2.15	—	—	—	—
	25	4.23	—	—	—	—	—	—	—
60	0.5	3.27	2.72	2.11	1.64	1.29	1.01	0.78	—
	2.5	3.05	2.4	1.85	1.44	1.14	—	—	—
	5	2.89	2.27	1.76	—	—	—	—	—
	10	2.74	2.15	—	—	—	—	—	—

表 12-15　公称应力 δ_{LPL}=10MPa 的氯化聚氯乙烯（PVC-C）管材基础应力值

T_s/℃	t/a	$\delta_{B,水}$ f_{CR}=1（MPa）	$\delta_{B,介质}$，当 f_{CR}=						
			0.8MPa	0.63MPa	0.5MPa	0.4MPa	0.32MPa	0.25MPa	0.2MPa
20	0.5	11.65	9.25	7.23	5.69	4.52	3.59	2.78	2.21
	1	11.38	9.04	7.06	5.56	4.42	3.51	2.72	2.16
	2.5	11.04	8.77	6.85	5.4	4.29	3.4	2.64	2.09
	5	10.79	8.57	6.7	5.27	4.19	3.33	2.58	2.05
	10	10.55	8.38	6.54	5.15	4.09	3.25	2.52	2
	25	10.23	8.13	6.35	5	3.97	3.15	2.44	—
	50	10	7.94	6.2	—	—	—	—	—
30	0.5	9.92	7.88	6.16	4.85	3.85	3.06	2.37	1.88
	1	9.7	7.7	6.02	4.74	3.76	2.99	2.32	1.84
	2.5	9.41	7.47	5.84	4.6	3.65	2.9	2.25	1.78
	5	9.19	7.3	5.7	4.49	3.57	2.83	2.2	1.74
	10	8.99	7.14	5.58	4.39	3.49	2.77	2.15	1.7
	25	8.72	6.92	5.41	4.26	3.38	2.69	—	—
	50	8.52	6.77	—	—	—	—	—	—
40	0.5	8.04	6.38	4.98	3.91	3.11	2.46	1.91	1.51
	1	7.83	6.21	4.85	3.81	3.03	2.4	1.86	1.47
	2.5	7.56	6	4.68	3.68	2.92	2.32	1.79	1.42
	5	7.37	5.85	4.56	3.59	2.85	2.26	1.75	1.39
	10	7.18	5.7	4.45	3.5	2.77	2.2	1.7	1.35
	25	6.94	5.5	4.29	3.38	2.68	—	—	—
	50	6.76	—	—	—	—	—	—	—
50	0.5	6.19	4.5	3.82	3	2.37	1.88	1.45	1.15
	1	5.99	4.74	3.69	2.9	2.3	1.82	1.4	1.11
	2.5	5.74	4.54	3.54	2.78	2.2	1.74	1.34	1.06
	5	5.56	4.4	3.43	2.69	2.13	1.69	1.3	1.03
	10	5.38	4.26	3.32	2.6	2.06	1.63	1.26	1
	25	5.15	4.08	3.18	2.49	—	—	—	—
60	0.5	4.53	3.58	2.78	2.17	2.72	1.35	1.04	0.82
	1	4.35	3.43	2.66	2.08	1.64	1.3	1	0.79
	2.5	4.11	3.25	2.52	1.97	1.56	1.23	0.95	0.75
	5	3.94	3.11	2.42	1.89	1.49	1.18	0.91	0.72
	10	3.78	2.98	2.32	1.81	1.43	1.13	0.87	—
	25	3.58	2.82	—	—	—	—	—	—

续表

T_s/℃	t/a	$\delta_{B,水}$ f_{CR}=1（MPa）	$\delta_{B,介质}$，当 f_{CR}=						
			0.8MPa	0.63MPa	0.5MPa	0.4MPa	0.32MPa	0.25MPa	0.2MPa
70	0.5	3.16	2.48	1.92	1.49	1.18	0.92	0.71	0.56
	1	2.99	2.35	1.82	1.42	1.11	0.87	0.67	0.53
	2.5	2.78	2.19	1.69	1.32	1.03	0.81	0.62	0.49
	5	2.63	2.07	1.6	1.25	0.98	0.77	0.59	0.46
	10	2.49	1.96	1.51	1.18	0.93	—	—	—
80	0.5	2.09	1.64	1.26	0.97	0.76	0.6	0.45	0.35
	1	1.95	1.52	1.17	0.91	0.71	0.56	0.42	0.33
	2.5	1.77	1.39	1.07	0.83	0.65	0.51	0.38	0.3
	5	1.65	1.29	0.99	0.77	0.6	0.47	—	—
	10	1.54	1.2	0.93	—	—	—	—	—
90	0.5	1.32	1.02	0.78	0.6	0.47	0.36	0.28	0.21
	1	1.2	0.94	0.71	0.55	0.43	0.33	0.25	0.2
	2.5	1.1	0.83	0.63	0.49	0.38	0.29	0.22	0.17
	5	0.98	0.76	0.58	0.45	—	—	—	—
	10	0.89	—	—	—	—	—	—	—

ISO/TR 10358-1993《塑料管材和管件-综合抗化学性能分类表》提供的一种管材和管件在无压下耐化学性的初步分类法，确立了一系列温度范围对于特定流体的耐化学侵蚀性分级，见表 12-16。

表 12-16　材料的耐化学腐蚀性

编号	化学品	熔点/℃	沸点/℃	浓度（质量分数）/%	温度/℃	PE-LD	PE-HD	PP	PVC-U	PVC-C	ABS	PVDF
1	乙醛	−123	21	40	20	L	S		NS	NS	NS	NS
					50					NS	NS	NS
					60	NS	L		NS	NS		NS
					80							NS
				工业纯（液体）	20	L	S		NS		NS	NS
					50						NS	NS
					60	NS	L		NS			NS
					80							NS
2	乙酰胺	82	221	5	20						S	
					50						S	
3	乙酸	17	118	−10	20	S	S	S	S	S	S	S
					50					S	S	
					60	S	S	S	S	S		S
					80							
					100			S				
					120							

续表

编号	化学品	熔点/℃	沸点/℃	浓度（质量分数）/%	温度/℃	PE-LD	PE-HD	PP	PVC-U	PVC-C	ABS	PVDF
3	乙酸	17	118	10～40	20 50 60 80	S	S	S S	S L	S S S	NS NS	S S S
				50	20 50 60 80 100	S	S	S S L	S L	S S S S	NS NS	S S S
		17	18	40～60	20 40 50 60 80	S	S		S L		NS NS	S S
				60	20 40 50 60	S L	S		S L		NS NS	S S
				80	20 40 50 60 100		S				NS NS	S S L L L
				95	20 40					L NS		
				≥96	20 40 50 60 100	L NS	S L	S L	NS NS		NS NS	S S L L L
4	乙酸酐	−73	140	工业纯液体	20 50 60 100	L NS	S L	S	NS NS	NS	NS NS	NS
5	丙酮	−95	56	工业纯液体	20 50 60	L NS	L L	S S	NS NS	NS	NS NS	
6	苯乙酮	20	202	工业纯液体	20 50 60			S L	NS NS	NS	NS NS	S
7	乙酰氯		51	工业纯液体	20 50						NS NS	NS
8	乙炔电石气	−84		工业纯液体	20 60							
9	丙烯腈	−82	77	工业纯液体	20 50			S			NS NS	L

续表

编号	化学品	熔点/℃	沸点/℃	浓度（质量分数）/%	温度/℃	PE-LD	PE-HD	PP	PVC-U	PVC-C	ABS	PVDF
10	脂肪酸	151	265 100	饱和水溶液（1.4%）	20	S	S	S	S	S		
					60	S	S	S	L	S		
					80					S		
					100					L		
				工业纯固态	80							
11	空气			工业纯气体	20	S	S	S	S	S	S	S
					50					S	S	S
					60	S	S	S	S	S		S
					100			S		S		S
					140							S
12	丙烯醇	−129	97	工业纯液体	20	L	S	S	L		NS	
					50							
					60	NS	S	S	NS			
13	烯丙基氯	−136	45	饱和水溶液	20				NS		NS	
					50						NS	
					60				NS			
14	杏仁油			工业纯液体	20			S				
15	明矾见21项硫酸铝钾											
16	氯化铝			饱和水溶液	20	S	S	S	S	S	S	S
					50					S	S	S
					60	S	S	S	S	S		S
					80					S		S
					100					L		S
17	氟化铝	250		饱和悬浊液	20	S	S	S	S	S	S	S
					50					S	S	S
					60	S	S	S	S	S		S
					100							S
18	氢氧化铝			饱和悬浊液	20	S	S	S	S		S	S
					50						S	S
					60	S	S	S	S			S
					100							S
19	硝酸铝			饱和水溶液	20	S	S	S	S	S	S	S
					50					S	S	S
					60	S	S	S	S	S		S
					100							S
20	氯氧化铝			饱和悬浊液	20	S	S	S	S		S	
					50						S	
					60	S	S	S	S			
21	硫酸铝钾			饱和水溶液	20	S	S	S	S	S	S	S
					50					S	S	S
					60	S	S	S	S	S		S
					80					S		S
					100					L		S

续表

编号	化学品	熔点/℃	沸点/℃	浓度（质量分数）/%	温度/℃	PE-LD	PE-HD	PP	PVC-U	PVC-C	ABS	PVDF
22	硫酸铝			饱和水溶液	20	S	S	S	S	S	S	S
					50					S	S	S
					60	S	S	S	S	S		S
					100							S
23	氨水溶液			饱和水溶液	20	S	S	S	S	S	NS	S
					50					S	NS	
					60	S	S	S	S	S		
24	氨水（干）	−78	−34	工业纯气体	20	S	S	S	S	S	NS	S
					50					S	NS	
					60	S	S		S	S		
25	氨水液体	−78	−34	工业纯气体	20	L	S	S	L		NS	
					50						NS	
					60	L	S		NS			
26	乙酸铵			饱和水溶液	20			S				S
					60			S				S
					100							S
27	二氟化铵			饱和水溶液	20							
					60							
28	碳酸铵 分解温度 58℃			饱和水溶液	20	S	S	S	S		S	S
					50						S	S
					60	S	S	S	S			S
					100							S
					120							S
29	氯化铵			饱和水溶液	20	S	S	S	S	S	S	S
					50					S	S	S
					60	S	S	S	S	S		S
					100							S
30	氟化铵			饱和水溶液	100							S
				20	20							S
					60							S
					100							S
31	碳酸氢铵			饱和水溶液	20	S	S	S	S			
					60	S	S	S	S			
32	偏磷酸铵			饱和水溶液	20	S	S	S	S			S
					60	S	S	S	S			S
					100			S				S
					120							S
33	钼酸铵				20					S	S	
					50						S	
34	硝酸铵	170		饱和水溶液	20	S	S	S	S	S	S	S
					50					S	S	S
					60	S	S	S	S	S		S
					100					L		S

续表

编号	化学品	熔点/℃	沸点/℃	浓度（质量分数）/%	温度/℃	PE-LD	PE-HD	PP	PVC-U	PVC-C	ABS	PVDF
35	过硫酸铵			饱和水溶液	20	S	S	S	S		S	S
					50						S	S
					60	S	S	S	S			S
					100							S
36	磷酸铵			饱和水溶液	20			S	S		S	S
					50						S	S
					60				S			S
					120							S
37	硫酸铵			饱和水溶液	20	S	S	S	S		S	S
					50						S	S
					60	S	S	S	S			S
					100			S				S
38	硫化铵			饱和水溶液	20	S	S	S	S	L	S	S
					50					L	S	S
					60	S	S	S	S	L		S
					100					NS		S
39	硫氰酸铵			饱和水溶液	20	S	S	S	S	S	S	S
					50						S	S
					60	S	S	S	S			S
					100							S
40	乙酸脂	−100	142	工业纯液体	20	NS	S	L	NS		NS	S
					50						NS	S
					60	NS	L		NS			
					80							
41	戊醇	−79	137	工业纯液体	20	L	S	S	S	S	NS	S
					50					S	NS	S
					60	L	L	S	L			S
					100			S				S
42	戊基氯	−99	108	工业纯液体	20	NS			NS		NS	S
					50						NS	S
					60	NS			NS			S
					100							S
43	苯胺	−6	184	饱和水溶液	20	NS			NS	NS	NS	
					50						NS	
					60	NS			NS			
				工业纯液体	20	NS	S	S	NS	NS	NS	S
					50					NS	NS	
					60	NS	L	S	NS	NS		
44	氢氧化苯胺配合特	199	215	饱和水溶液	20				NS		NS	
					50						NS	
					60				NS			
45	硫酸蒽醌	214		饱和悬浊液	20				S			
					60				S			
46	氧化锑	73	223	饱和水溶液	20	S	S	S	S	S	S	S
					50					S	S	S
					60	S	S	S	S	S		S
				90	60							S
				工业纯固体	40							S

续表

编号	化学品	熔点/℃	沸点/℃	浓度（质量分数）/%	温度/℃	PE-LD	PE-HD	PP	PVC-U	PVC-C	ABS	PVDF
47	苹果酱			工业浓度	20	S	S	S	S	S	S	S
					50					S	S	S
					60				S	S		S
48	王水				20	MS	NS	NS	NS	NS	S	NS
					50						S	NS
					60	NS	NS	NS	NS	NS	S	
					90							
					100			NS				
49	吡酸	36		饱和水溶液	20	S	S		S	S		
					60	S	S		L	S		
				80	120							
50	溴化钡			饱和水溶液	20	S	S	S	S		S	
					50						S	
					60	S	S	S	S			
					100			S				
51	硫酸钡				20	S	S	S	S	S	S	S
					50					S	S	S
					60	S	S	S	S	S		S
					100			S				S
					120							S
52	氯化钡				20	S	S	S	S	S	S	S
					50					S	S	S
					60	S	S	S	S	S		S
					100			S				S
53	氢氧化钡	78			20	S	S	S	S	S	S	S
					50					S	S	S
					60	S	S	S	S	S		S
					100			S				S
54	硫酸钡				20	S	S	S	S	S	S	S
					50					S	S	S
					60	S	S	S	S	S		S
					100			S				S
55	硫化钡				20	S	S	S	S	S	S	S
					50					S	S	S
					60	S	S	S	S	S		S
					100			S				S
					120							S
56	啤酒			工业浓度	20	S	S	S	S	S	S	S
					50					S	S	S
					60	S	S	S	S	S		S
					120							S

续表

编号	化学品	熔点/℃	沸点/℃	浓度（质量分数）/%	温度/℃	PE-LD	PE-HD	PP	PVC-U	PVC-C	ABS	PVDF
57	苯甲醛	−26	178	0.1	20				NS		NS	
					50						NS	
					60				NS			
				工业纯液体	20	L	S		NS	NS	NS	L
					50					NS	NS	
					60	NS	L		NS	NS		
58	苯	6	80	工业纯液体	20	NS	L	L	NS	NS	NS	S
					50						NS	L
					60	NS	L	NS	NS			
					100			NS				
59	苯甲酸	122	250	饱和水溶液	20	S	S	S	L	S	S	S
					50					S	S	S
					60	S	S	S	NS			S
					120							S
60	苯甲酰氯	−1	198	饱和水溶液	20							L
				工业纯液体	20	NS			NS		NS	
					50						NS	
					60	NS			NS			
61	苯甲醇	−15	205	工业纯液体	20	NS		S			NS	S
					50						NS	S
					60	NS		L				
62	氯化苯	−39	179	工业纯液体	20						NS	S
					50						NS	S
					60							S
63	碳酸铋			饱和水溶液	20	S	S	S	S		S	
					50						S	
					60	S	S	S	S			
64	硼砂			＞10，不饱和	20	S	S	S	S		S	S
					50						S	S
					60	S	S	S	S			S
					100							S
65	硼砂			＜10，稀溶液	20	S	S	S	S	S	S	S
					50					S	S	S
					60	S	S		L			S
					100							S
				饱和水溶液	20	S	S	S		S	S	S
					50					S	S	S
					60	S	S					S
					100							S
66	三氧化硼	−129	−101	饱和水溶液	20	S	S	S	S	S		
					60							

续表

编号	化学品	熔点/℃	沸点/℃	浓度（质量分数）/%	温度/℃	PE-LD	PE-HD	PP	PVC-U	PVC-C	ABS	PVDF
67	溴酸			饱和水溶液	20							S
					60							S
				10	20				S			S
				工业纯固体	100							S
68	溴（气体）	−7	58	工业纯气体	20	NS	NS	NS	NS		NS	
					50						NS	
					60	NS	NS	NS	NS			
					100			NS				
69	溴（液体）	−7	58	工业纯液体	20	NS	NS	NS	NS		NS	S
					50						NS	S
					60	NS	NS	NS	NS			S
					100			NS				S
					120							S
70	溴水			饱和水溶液	20					L		S
					60					L		S
					80							S
71	溴乙烷	−119	38	工业纯液体	20				NS		NS	
					50						NS	
					60				NS			
72	丁二烯（气体）			工业纯固体	20				S	S		S
					60				S			S
					100							S
73	丁烷（气体）	−135	−0.5	工业纯气体	20		S	S	S	S	S	S
					50						S	
					60		S		S			
74	正丁醇	−80	117	工业纯液体	20	S	S	S	S	S	NS	S
					50					S	NS	S
					60	L	S	L	L	S		S
					80					L		
					100			L		NS		
75	丁基乙酸盐乙酸丁酯	−77	126	工业纯液体	20			L	NS	NS	NS	
					40					NS		L
					50					NS	NS	
					60			NS	NS	NS		
					100			NS		NS		
76	乙烯丁醇		171	工业纯液体	20			S			S	S
					50						NS	S
					100							S
77	丁基苯酚对叔丁基苯酚	98	237	饱和水溶液	20			S	NS		NS	S
					50						NS	S
					60				NS			S
					80							S
78	邻苯二甲酸丁酯	＜10	210	工业纯液体	20			S	NS	NS	NS	S
					50						NS	S
					60			L	NS			S
					100			L				

续表

编号	化学品	熔点/℃	沸点/℃	浓度（质量分数）/%	温度/℃	PE-LD	PE-HD	PP	PVC-U	PVC-C	ABS	PVDF
79	丁酸	–5	164	20	20				S	S	NS	S
					50						NS	S
					60				NS			S
					100							S
				工业纯液体	20	L	S		NS	S	NS	S
					50						NS	S
					60	L	L		NS			S
					80							S
80	正丁酰氯	–89	100	工业纯液体	20						NS	
					50						NS	
81	亚硫酸氢钙			饱和水溶液	20					S	S	S
					50						S	S
					60							S
					120							S
82	溴化钙			饱和水溶液	20					S	S	
					50					S	S	
83	碳酸钙			饱和悬浊液	20	S	S	S	S	S	S	S
					50							S
					60	S	S	S	S	S	S	S
					100			S		S		S
					120							S
84	氯酸钙			饱和水溶液	20	S	S	S	S	S	S	S
					50					S	S	S
					60	S	S	S	S	S		S
					100							S
85	氯化钙			饱和水溶液	20	S	S	S	S	S	S	S
					50					S	S	S
					60	S	S	S	S	S		S
					80					S		S
					100			S		L		S
					120							S
86	氢氧化钙			饱和水溶液	20	S	S		S	S	S	NS
					50			SS		S	S	
					60	S	S		S	S		
87	次氯酸钙分解温度10%氯			溶液	20	S	S	S		S	S	
					50					S	S	
					60	S	S			S		
				饱和水溶液	100							L
				50	100							S
88	硝酸钙			饱和水溶液	20	S	S	S	S	S	S	
					50					S	S	
					60	S	S	S	S	S		
					80							
				50	100							S

续表

编号	化学品	熔点/℃	沸点/℃	浓度（质量分数）/%	温度/℃	PE-LD	PE-HD	PP	PVC-U	PVC-C	ABS	PVDF
89	硫酸钙			饱和悬浊液	20 50 60 120	S S	S S	S S	S S	S S S	S S	S S S S
90	硫化钙			稀溶液	20 60		L L			S		
91	硫化氢钙			不饱和水溶液	20 60 120	S S	S S	S S	S S	S S		S S S
92	樟脑油		175～200	工业纯液体	20 60 100			NS NS NS				
93	二氧化碳气溶胶			饱和水溶液	20 50 60				S S	S S S	S S	
94	二氧化碳（干气体）			工业纯气体	20 50 60 120	S S	S S	S S	S S	S S S	S S	S S S S
95	二氧化碳（湿气体）			工业纯气体	20 50 60	S S	S S	S S	S S	S S S	S S	
96	二硫化碳	–112	46	工业纯液体	20 50 60 100	NS NS	L NS	S NS NS	NS NS		NS NS	
97	一氧化碳（气体）			工业纯气体	20 50 60	S S	S S	S S	S S	S S S	S S	S S S
98	四氯化碳	–23	77	工业纯液体	20 50 60 100	NS NS	L NS	NS NS NS	NS NS	NS	NS NS	
99	芭麻油			工业纯液体	20 60			S S				
100	氯，蒸汽见102项氯水											
101	氯（干气体）			工业纯气体	20 50 60 100	NS NS	L NS	NS NS NS	L NS		NS NS	S S S S
102	氯水			工业纯液体	20 50 60 80 100	NS NS	L NS	S L		S S S S L	S S	S S S S S

续表

编号	化学品	熔点/℃	沸点/℃	浓度（质量分数）/%	温度/℃	PE-LD	PE-HD	PP	PVC-U	PVC-C	ABS	PVDF
103	氯（湿气）			工业纯气体	20					S	NS	NS
					50					S	NS	
					60					S		
					80					S		
104	氯乙酸	61	188	不饱和水溶液	20		S	S	S			S
					60		S		L			S
				饱和水溶液	20					S		
					60					S		
					80					S		
					100					L		
				50	100							S
105	氯苯	–45	132	工业纯液体	20	NS			NS	NS	NS	S
					50						NS	S
					60	NS			NS			S
					80							
					100							
106	氯乙醇	–89	129	工业纯液体	20			S	NS		N	S
					50						NS	S
					60				NS			
107	氯仿	–64	62	工业纯液体	20	NS	NS	L	NS	NS	NS	S
					50						NS	S
					60	NS	NS	NS	NS	NS		S
					100			NS		NS		S
108	氯甲烷	–97	–24	工业纯气体	20	L	L		NS		NS	S
					50						NS	S
					60				NS			S
					100							S
109	氯丙烷	–123	36	工业纯液体＜47	20				NS		NS	
					50						NS	
					60				NS			
110	氯苯	–45	132	50	20							S
				工业纯固体	20	NS	NS	NS	L	NS	NS	
					50						NS	
					60	NS	NS	NS	NS	NS		
					100			NS		NS		

参 考 文 献

[1] ASME. 锅炉及压力容器规范. 5 卷. 2001.

[2] E94-E2373. Nondestructive Testing. Annual Book of ASTM Standards（Vol 03，03）.

[3] Zoughi R. Microwave and millimeter wave nondestructive testing International Journal of Numerical Methods in Engineering，1995，53：461-462.

[4] Weedon W H，Chew W C，Mayes P E. A step-frequency radar imaging system for microwave nondestructive evaluation. Progress in Electro magnetics Research-pier. 2000，28：121-146.

[5] 王迅，金万平，张存林，等. 红外热波无损检测技术及其进展. 无损检测，2004，26（10）：497-501.

[6] 薛书文，雷雨，陈习权，等. 脉冲红外热成像无损检测的物理检测机理. 电子科技大学学报，2005，34（3）：320-322+327.

[7] 曹文浩. 基于红外热成像的内部孔洞缺陷检测方法. 杭州：中国计量学院硕士学位论文，2013.

[8] Brook M V，Ngoc T D K，Eder J E. Ultrasonic inspection of steam generator tubing by cylindrical guided waves. Review of Progress in Quantitative. Nondestructive Evaluation，1980，9：243-249.

[9] Alleyne D N，Pavlakovic B，Lowe M J S，et al. Rapid long-range inspection of chemical plant pipework using guided waves. Insight，2001，43（101）：93-96.

[10] 刘镇清. 圆管中的超声导波. 无损检测，1999，21（12）：560-562.

[11] 王禹钦，王维斌，陈长坤，等. 输气管道超声导波检测技术. 无损检测，2008，30（9）：617-619.

[12] 刘增华，余锋祥，于洪涛，等. 基于群速度校准的超声导波技术及其在复合材料缺陷检测中的应用. 机械工程学报，2012，48（20）：9-15.

[13] 赵启辉，左寿华，刘志伟. 工业常用塑料管道设计手册. 北京：中国标准出版社，2008.